Olaf Stieglitz / Jürgen Martschukat (Hrsg.)

race&sex: Eine Geschichte der Neuzeit
49 Schlüsseltexte aus vier Jahrhunderten neu gelesen

Olaf Stieglitz / Jürgen Martschukat (Hrsg.)

race & sex: Eine Geschichte der Neuzeit

49 Schlüsseltexte aus vier Jahrhunderten neu gelesen

Neofelis Verlag

Bibliografische Information der Deutschen Nationalbibliothek
Die Deutsche Nationalbibliothek verzeichnet diese Publikation in der Deutschen Nationalbibliografie; detaillierte bibliografische Daten sind im Internet über http://dnb.d-nb.de abrufbar.

Umschlaggestaltung: Neofelis Verlag, unter Verwendung von Grey Villet: *Image of Mildred and Richard Loving on Porch*
© Grey Villet Photography

Lektorat & Satz: Neofelis Verlag (fs)

Druck: PRESSEL Digitaler Produktionsdruck, Remshalden
Gedruckt auf FSC-zertifiziertem Papier.
ISBN (Print): 978-3-95808-034-8
ISBN (PDF): 978-3-95808-097-3
2. Auflage, 2016

Für Norbert Finzsch,
der uns auf die Spur gebracht hat.

Inhalt

race & sex: Eine Geschichte der Neuzeit
Oder: Grenzüberschreitungen einer kritischen Geschichtswissenschaft

Jürgen Martschukat / Olaf Stieglitz

Westlich neuzeitliche Gesellschaften sind getrieben von der Obsession zu vergleichen und zu unterscheiden, zu differenzieren und zu hierarchisieren, Grenzen zu ziehen und Taxinomien zu erstellen (Foucault 1966). Diese Grenzen und Ordnungen können territorialer, politischer, wissenschaftlicher, sozialer, körperlicher oder identitärer Art sein; alles und jede_r soll einen bestimmten, genau begründeten und möglichst stabilen Platz haben. Doch die Geschichte der Neuzeit ist nicht nur eine Geschichte von Einhegungen und Zuordnungen, sondern zugleich auch von Grenzverschiebungen und -überschreitungen. Freilich sind auch diese nicht nur territorial zu denken, sondern als vielschichtige Operationen, die ebenfalls politischer, wissenschaftlicher, sozialer, körperlicher und identitärer Art sein können und die lokal ebenso wie global wirkmächtig sind (Baily). Menschen sind sperrig und ‚eigensinnig', manchmal gar widerständig; sie verhalten sich bisweilen anders als gedacht und passen nicht notwendig in die für sie vorgesehenen Räume und Raster (Lüdtke; Stoler / Cooper). Und mehr noch: Das Verschieben und Überschreiten von Grenzen in unterschiedlichster Form muss sogar als politische Praxis und als Gestus verstanden werden, die für das Selbstverständnis westlich neuzeitlicher Gesellschaften von zentraler Bedeutung sind. Denn auch Mobilität in vielerlei Form ist ein wesentliches Charakteristikum des ‚westlichen Projekts der Moderne' und seiner Gesellschaften. Schließlich entwerfen sich diese als freiwillige Vereinigungen von Menschen, die sich so das Recht auf Leben, Freiheit und das Streben nach Glück sichern. Nach Michel Foucault (1963) bedingen sich die Grenze und die Überschreitung wechselseitig, und sie „verdanken einander die Dichte ihres Seins" (S. 325).

Wenn wir hier von ‚westlich' sprechen, so tun wir dies nicht, um eine Himmelsrichtung oder ein begrenztes Territorium zu bezeichnen (nämlich des nordatlantischen Raums). Wir verweisen so vielmehr auf eine historisch spezifische Konfiguration, die sich seit dem 16. Jahrhundert entfaltet und dabei für sich und gegenüber anderen *den Anspruch formuliert hat*, Modell und Maßstab für ‚den Rest' zu sein. „‚The West' is as much an idea as a fact of geography", schreibt Stuart Hall in diesem Sinne, um dann zuzuspitzen, „‚the West' is a historical, not a geographical, construct." (Hall, S. 276; Chakrabarty) Der Glaube an eine eigene Modellhaftigkeit und Überlegenheit korrespondierte aufs Engste mit den Operationen von Grenzüberschreitung und Grenzziehung. Denn das Selbstverständnis und der Anspruch der Neuzeit, das Zeitalter des Aufbruchs zu neuen Ufern und menschlicher Befreiung zu sein, ist untrennbar verwoben mit den Geschichten derjenigen Menschen und Kulturen, die als ‚anders' gesehen, beschrieben, erfasst, klassifiziert und ausgegrenzt wurden: von denen es hieß, ihnen ermangele es auf die eine oder andere Art und Weise an den Fähigkeiten und Möglichkeiten, sich als freie Subjekte zu bilden. Mehrere Dinge sind in dieser Hinsicht bemerkenswert: Diese ‚Anderen' sind keineswegs als jenseits des Westens und seines Selbstentwurfs zu sehen, sondern sie sind für diese konstitutiv und damit Teil von ihr (zusammenfassend Moebius / Reckwitz, S. 16; Castro Varela / Dhawan). Sie können in fernen Ländern, aber auch vor der eigenen Haustüre oder im Inneren des als klar abgezirkelt gedachten Gemeinwesens verortet werden. Denn Menschen sind nicht nur in Bewegung und überschreiten territoriale Grenzen, sondern auch die Kategorien, die ihren Ausschluss von gesellschaftlicher Teilhabe begründen, sind vielfältig: Neben *race* und Ethnizität sind hier Geschlecht, Klasse, Sexualität, Religion und andere mehr zu nennen.

Die Geschichtsschreibung hat Grenzziehungen wie Grenzüberschreitungen seit geraumer Zeit zu einem ihrer zentralen Anliegen gemacht. So ist die Überwindung des Nationalen nicht nur das Thema, sondern auch der programmatische Kern der Globalgeschichte, und Ähnliches ließe sich von der Geschichte der Sexualitäten sagen: Auch sie verfolgt das Ziel, Operationen von Grenzziehung und -überschreitung und die damit verbundenen Ein- und Ausschlüsse sichtbar zu machen, diese historisch zu erklären und so auch zu überwinden (Wiesner-Hanks; Meyerowitz). Bemerkenswert ist dabei, dass die Herausbildung der Nation als zentraler Fluchtpunkt politischer Ordnung und die Profilierung der Sexualität als zentrales Scharnier von Machtverhältnissen auf unterschiedlichster Ebene und mit unterschiedlichster

Reichweite (Foucault 1977) historisch ineinander griffen. Beide operierten zudem, indem sie eine ganz spezifische hegemoniale Ordnung als ‚natürlich' kodierten und die Nation als heterosexuelles Projekt markierten (z. B. Canaday). Global- wie Sexualitätsgeschichte haben seit geraumer Zeit Vielschichtigkeiten und Mehrdeutigkeiten in den Blick genommen und die Sperrigkeit menschlicher Existenz betont, die jedes Raster und jede Taxonomie wie einen verzweifelten Versuch erscheinen lassen müssen, das Durcheinander in eine Ordnung zu pressen (Rosenberg / Fitzpatrick).

Die Bedeutung des Sexes für die Geschichte der Neuzeit kann gar nicht überschätzt werden – für das nicht enden wollende und interdependente Spiel simultaner Grenzziehungen und Grenzüberschreitungen. Hier sei nur auf die wegweisenden Arbeiten Michel Foucaults (1977) und Ann Laura Stolers (1995) verwiesen, die dies verdeutlicht haben. Letztere hat gezeigt, dass sich die Bedeutung von *sex* nicht adäquat erfassen lässt, ohne die Wucht von *race* einzubeziehen (Wiese in diesem Band; Hodes 1999; McClintock, die auch auf die Bedeutung von *class* in diesem Kontext verweist). Mit der Entstehung von Globalität wird *race* zum zentralen Prinzip der Ordnung des Wissens und der Welt. Keine Geschichte der Neuzeit kann ohne die Geschichte des Rassismus geschrieben werden. Zugleich muss die Geschichte des Rassismus als eine Geschichte des Sexes geschrieben werden. Sex, so der Historiker und postkoloniale Theoretiker Robert C. Young (S. 19, 93), stehe im Zentrum einer Kultur und Gesellschaft, die sich zunehmend über *race* definiert und grenzüberschreitend agiert habe. So zeigen die „slave codes" Virginias oder South Carolinas, wie sich Kolonialgesellschaften seit dem 17. Jahrhundert eine Ordnung des Sozialen gaben, in der *race&sex* auf das Engste ineinander verschränkt waren (Jobs in diesem Band). Und im 19. Jahrhundert kreisten die Theorien des wissenschaftlichen Rassismus von Nordamerika über Europa bis nach Ozeanien um den Sex, um grenzüberschreitende Verhältnisse unterschiedlichster Art und deren Effekte, die bis in unsere Gegenwart fortwirken (Young, S. 9; Hodes 2006; Schaffer in diesem Band). Beide Beispiele verdeutlichen, wie sehr sich Grenzüberschreitung und das Ringen um Grenzziehung wechselseitig bedingen und einander „die Dichte ihres Seins [verdanken]", um noch einmal an die foucaultsche Diagnose zu erinnern. Sie zeigen zugleich, dass eine Geschichte der Neuzeit als eine Geschichte von Körpern geschrieben werden muss: Der Beobachtung, Normierung und Regulierung, aber auch der Möglichkeiten und Widerständigkeiten von Körpern, die immer in Bewegung sind und die ihnen gesetzten Grenzen nicht immer respektieren. Körper, so betonen Tony Ballantyne und Antoinette Burton, sind Archive von Leiden und Lüsten, die sie innerhalb des Dispositvs von *race & sex* erfahren und erzeugt haben (Ballantyne / Burton 2005, S. 406; siehe auch dies. 2009; Netzwerk „Körper in den Kulturwissenschaften").

Die Selbstdefinition des ‚Westens' als ‚weiß' hat sich im Zeitalter globaler Expansion erst in den Begegnungen mit ‚nicht-weißen Anderen' vollzogen (Painter). Erst durch diese Begegnungen konnten zutiefst rassistische Vorstellungen von ‚Nation' und ‚Volk' Kontur annehmen. Diese standen für ‚Reinheit', ‚Weiß-' oder ‚Arischsein' und wurden zu den schwergewichtigsten biopolitischen Axiomen des 19. und 20. Jahrhunderts (Foucault 1999, S. 276–305; Young, S. 36). Je gefährdeter sie schienen, desto besessener wurden sie patrouilliert. Schließlich zeugten schon die ersten Reiseberichte aus der so genannten Neuen Welt von einer Faszination, die ‚die Anderen' offenbar ausstrahlten. Die Begegnung mit ihnen bedeutete immer eine Überschreitung vielfacher Grenzen – ganz gleich ob in kolonialen ‚Kontaktzonen' (Pratt) oder modern urbanen ‚Interzonen' (Mumford), die gleichermaßen Räume von Interaktion, Austausch, Vereinigung, aber auch der gewaltsamen Konfrontation waren und sind. Dabei war und ist die koloniale Expansion als Maschine der Eroberung, Unterwerfung und Verwaltung auch „machine désirante" bzw. „Wunschmaschine" (Deleuze / Guattari): Die Kolonien, aber auch die Sklavenplantagen in den Amerikas des 19. Jahrhunderts erschienen als Orte, in denen für die Kolonisatoren bzw. die *masters* alles möglich sein sollte. Dabei war der Sex Instrument und Technik gewalttätiger Unterwerfung der ‚Anderen'. Das Amalgam von *race & sex* war zudem Motor von Stereotypsierungen, etwa denjenigen des ‚Orientalischen' (Said; Stieglitz in diesem Band), des ‚Indianischen' (Scheerer in diesem Band) oder auch ‚weißer Weiblichkeit', um hier nur einige von vielen möglichen Beispielen zu nennen. Auch hielt dieses Amalgam die Bürokratien und die Wissenschaften an, zu zählen, zu messen, zu klassifizieren, da das biopolitische Reinheitsprogramm verlangte zu regulieren, welche Menschen wie an Gesellschaft teilhaben und auf deren Ressourcen zugreifen konnten. *Race & sex* konnte den ‚anders' Klassifizierten aber auch Möglichkeiten schaffen, für sich Räume zu eröffnen, die ihnen ansonsten verschlossen blieben, oder wie etwa im Fall der *Metis* die Formierung neuer Selbstentwürfe evozieren (Lehmkuhl in diesem Band). Das Bild von der „Wunschmaschine" erlaubt so auch einen Blick auf die immer wieder erfolgreichen Versuche, in denen Mobilität und Grenzüberschreitungen zu Akten von Selbstermächtigung wurden. Gerade Globalgeschichten haben auf die neuen, veränderten Möglichkeiten für Körper und Menschen hingewiesen, die in der Neuzeit in den Räumen des Transnationalen ‚unterwegs' waren und sich dabei immer wieder allzu starren Zuschreibungen, Kategorisierungen und Regulierungen entziehen konnten (Rosenberg), beispielsweise durch die kreative Aneignung einer gleichfalls global zirkulierenden und von *race&sex* geprägten Populärkultur (Kusser und Fenske in diesem Band). Andererseits war es dieselbe transnationale Konsumkultur des globalen Kapitalismus, die scheinbar stabile hierarchische Ordnungen immer wieder aufs Neue untermauerte (Hackenesch, Dominguez und Greiner in diesem Band).

So oder so operierte Sex als Motor der Hybridisierung kolonialer Räume wie auch des ‚Westens'. Dies bringt die grundlegende Ambivalenz von Macht- und Unterwerfungsoperationen zum Ausdruck, die grenzüberschreitend und grenzkonsolidierend zugleich sind (Bhabha, S. 154; Stoler 1995, 1997; Kraft et al.). Hybridisierungen, wie sie etwa in den USA des 19. Jahrhunderts als „miscegenation" (Horton in diesem Band) oder im kolonialen Deutschland als „Verkafferung" (Axster in diesem Band) gedacht und gefürchtet wurden, sind mithin der Grenzüberschreitung inhärent. Die Unkontrollierbarkeit menschlicher Verbindungen und ihrer Effekte befeuerte die Angst vor der Zerstörung rassisch gedachter Reinheit und westlicher Überlegenheit, deren Grenzen durch den Sex perforiert, verschoben, aufgeweicht oder gar aufgelöst werden konnten und wurden (siehe auch Burbank / Cooper).

Eine Wissenschaft, die die grenzziehende Wucht von *race&sex* in der Geschichte ebenso wie die endlosen Grenzüberschreitungen und Verschiebungen in den Blick nimmt, trägt dazu bei, Grenzen jeglicher Art ihrer Evidenz zu berauben und deren Historizität aufzuzeigen. Sie macht sich somit zum Teil der Kämpfe gegen Grenzen und deren Naturalisierung und ist insofern als kritisch zu bezeichnen, als dass sie selbst eine Praxis der Grenzüberschreitung und -auflösung ist (Scott; Martschukat). Vielfalt, Heterogenität, Hybridität, Unabgeschlossenheit und *Queerness* werden zu den Prinzipien historischer Betrachtung (Stoler; Young). Dies ist deshalb umso wichtiger, da das historische Dispositiv von *race&sex*, das im 17. Jahrhundert begann, schärfere Konturen anzunehmen, bis in unsere Gegenwart fortwirkt. Dabei sollten wir freilich nicht von einem linearen Geschichtsmodell ausgehen, sondern von historischen Kontinuitäten wie Kontingenzen, die das Denken und Wahrnehmen, die Selbst- und Fremdverständnisse unserer Gegenwart auf unterschiedlichste Art speisen. Die afroamerikanische Künstlerin Kara Walker bot in ihrer Ausstellung mit dem Titel *After the Deluge* im New Yorker Metropolitan Museum (und im dazugehörigen Katalog) eine Lesart afroamerikanischen Seins in New

Orleans, nachdem der Hurrikan Katrina im Spätsommer des Jahres 2005 vor allem die ärmeren Teile der Stadt nachhaltig mit Wasser und Schlamm bedeckt hatte. Ihre Kunst, so Walker, sei von der Idee getragen, dass der ‚Schwarze Körper' ein ‚Container' vergangener Zuschreibungen und Erfahrungen sei, der zugleich das Potenzial berge, aus dem trüben und giftigen Schlamm Kraft zur Veränderung zu generieren.

Das vorliegende Buch teilt diese kritische Perspektive. Dabei will es nicht den Anspruch erheben, die *eine* Geschichte von *race&sex* zu schreiben. Vielmehr will es zeigen, wie sich in den zurückliegenden Jahrhunderten ein komplexes und vielschichtiges Dispositiv um *race&sex* aufgespannt hat, das unsere Gegenwart informiert und strukturiert, heute aber doch ein anderes ist, als vor 20, 50, 100 oder 400 Jahren. Wir wollen also herausarbeiten, wie über *race&sex* und dessen vielfältige Facetten und Wirkungsweisen gedacht und geschrieben worden ist. Daher werden 50 Historiker_innen, Kultur- und Literaturwissenschaftler_innen vielfältige Texte, die zwischen dem frühen 17. und dem späten 20. Jahrhundert erschienen sind und um *race&sex* kreisen, einer Relektüre unterziehen. Bei den Relektüren kann und soll es nicht darum gehen, den gesamten jeweiligen Forschungsstand zu diesen – aus unserer Sicht – Schlüsseltexten zu präsentieren. Vielmehr sollen diese aus analytischen, politischen und durchaus auch persönlichen Perspektiven des 21. Jahrhunderts neu gelesen werden. Dabei verstehen wir das Lesen, Nachdenken und Schreiben als performative Praxis, und zwar sowohl das vergangene Schreiben wie auch unser eigenes in unserer Gegenwart. Mithin will unsere Arbeit dazu beitragen, die kulturelle, soziale und politische Produktivität des historischen Diskurses aufzuzeigen und über die Relektüren das Denken und die Positionen der eigenen Gegenwart zu schärfen.

Das Spektrum der betrachteten Texte ist entsprechend breit. Es reicht von Kolonialberichten des frühen 17. Jahrhunderts über Gesetzestexte bis hin zu Werbeikonen und Spielfilmen des 20. Jahrhunderts, von politischen Pamphleten über Zeitschriftenartikel und Fotografien bis hin zu Gründungstexten der Queer und Postcolonial Studies, um hier nur einige wenige Schlaglichter zu werfen. Die Auswahl spiegelt auch Konjunkturen und Facetten des Diskurses über *race&sex* – mit Verdichtungen ab der Mitte des 19. Jahrhunderts und ab den 1970er Jahren. Meistens, aber nicht immer befassen sich die ausgewählten Schlüsseltexte mit *race* und *sex*, bisweilen setzen sie auch einen Akzent auf *race* oder *sex*, der aber für das Verständnis des gesamten diskursiven Feldes unverzichtbar ist. Wir nehmen insbesondere Texte aus den USA und Europa in den Blick, streifen auf den amerikanischen

Kontinenten aber auch von Kanada über die Karibik bis nach Südamerika. Gleichermaßen richtet sich die Aufmerksamkeit auch auf Afrika, Asien und Ozeanien und auf die Vielfalt der Stimmen, die den globalen Diskurs um *race&sex* geprägt haben. Freilich sind die Aussagen und die Wirkmächtigkeit vieler Texte ohnehin nicht lokal, regional oder gar kontinental eingrenzbar.

Nach welchen Kriterien könnte man nun ein solches Buch über *race&sex* in der Neuzeit ordnen? Wie die Einheiten des Diskurses bestimmen, die ihn charakterisieren? (Foucault 1969, S. 48–112) Hier scheinen sich auf einen ersten Blick zahlreiche Möglichkeiten anzubieten, die ausgewählten Schlüsseltexte zu sortieren und zu gruppieren, um so Zusammenhänge herzustellen, dem Band eine Struktur zu geben und Leser_innen zu führen. Wir wollen im Folgenden nur fünf der vielen Möglichkeiten anreißen, dabei allerdings zugleich auf die Ausschlüsse, Einhegungen und Reduktionen verweisen, die die jeweiligen Ordnungen erzeugen würden. Wir werden dies jeweils mit einigen Beispielen aus unserem Band illustrieren, dabei insgesamt aber nur einen Bruchteil der behandelten Schlüsseltexte ansprechen.

Man könnte sich, erstens, etwa vorstellen, die Texte dieser Anthologie ihren Wirkungsbereichen zuzuordnen und würde dann womöglich Felder wie Wissenschaft, Politik oder Populärkultur identifizieren. Allerdings käme man dabei rasch zu der Einsicht, dass die meisten der hier versammelten Beiträge keinesfalls nur eines, sondern mehrere der so eingeführten Felder berühren. Helmut Schelskys *Soziologie der Sexualität* aus dem Jahr 1955 (Schildt in diesem Band) etwa ist zunächst ein akademisches Buch, es erreichte darüber hinaus aber auch weite Teile der Öffentlichkeit und seine Wirkungsgeschichte weist zentral in das politische Selbstverständnis der frühen Bundesrepublik hinein. Umgekehrt entstand Eldridge Cleavers 1967 veröffentlichte Textsammlung *Soul on Ice* (Wendt in diesem Band) als literarischer Text, bevor er dann aber zugleich in (nicht allein) afroamerikanischen politischen Debatten und in wissenschaftlichen Diskussionen einflussreich wurde. Dann soll hier noch der 1997 von der australischen Regierung veröffentlichte *Stolen Children Report* über die Verschleppung von Kindern aus ihren Aborigines-Familien genannt werden. Der Bericht war das Ergebnis eines politischen Prozesses, der aber nicht ohne ‚wissenschaftliche Expertise' oder einen kulturellen *Frame* funktionieren konnte (Schaffer in diesem Band). Insgesamt ist es ein zentrales Argument unseres Bandes, die Texte selbst als grenzüberschreitend zu verstehen, weshalb eine solche Ordnung nach Wirkungsbereichen notwendig unbefriedigend bliebe.

In einer anderen Ordnung könnte man, zweitens, versuchen, unsere Schlüsseltexte nach Textgattungen zu sortieren. Doch auch ein solches Vorgehen würde sich rasch als unzulänglich erweisen. Ein Gerichtsurteil bzw. eine Urteilsbegründung wie *Loving v. Virginia* aus dem Jahr 1967 (Ortlepp in diesem Band) stellen formaljuristische Texte dar, gleiches gilt für Gesetze wie zum Beispiel den US-amerikanischen *Chinese Exclusion Act* aus dem Jahr 1882 (Schmidt in diesem Band). In Hinblick auf die Verästelungen im Diskurs um *race&sex* entfalten diese Texte ihre ganzen Bedeutungsdimensionen aber erst dann, wenn man sie etwa zu populären Filmen wie Spike Lees *Jungle Fever* (Fenske in diesem Band) oder D. W. Griffiths *Birth of a Nation* (Löhrer in diesem Band) in Beziehung setzt. Darüber hinaus liefe man mit einem starren Textgattungsraster Gefahr, inhaltliche Schnittmengen zu übersehen, etwa zwischen einem Kolonialfoto von den Philippinen einerseits, auf dem ein US-Amerikaner und seine philippinische Ehefrau zu sehen sind (Niedermeier in diesem Band), und einem Artikel im bundesdeutschen Magazin *Stern* andererseits, der grenzüberschreitende Verbindungen deutscher Frauen und italienischer Männer im Kontext von Arbeitsmigration und Massentourismus der 1960er Jahre diskutiert (Möhring in diesem Band).

Drittens könnte man sich für unseren Band auch eine geografische Gliederung der Texte vorstellen, etwa nach den Kontinenten, in denen sie jeweils entstanden sind. Oder auf die sie sich beziehen? In denen sie besonders verbreitet waren? Wenn die globale Neuzeit durch Mobilität, durch Migration, Transfers und Verflechtung gekennzeichnet ist, dann wird jede scheinbar eindeutige lokale, regionale, nationale oder kontinentale Verortung schwierig. Wo ordnet man etwa die Bilder des amerikanischen Fotografen J. T. Zealy ein, die von dem Schweizer Naturforscher Louis Agassiz initiiert waren, in den USA gemacht wurden und Sklav_innen abbildeten, um zum einen diese Menschen als ‚afrikanisch' zu verorten und um zum anderen mit Hilfe dieser Aufnahmen das System der Sklaverei im Süden den USA zu rechtfertigen? (Jäger in diesem Band) Wie geht man mit einer Person wie Wilhelm Marr um, der nach Amerika ging, um über die dort gewonnenen ‚Einsichten' seinen deutschen Antisemitismus zu profilieren? (Bruns in diesem Band) Und wie bekäme man in den Blick, wie sich *race&sex* im Antisemitismus sowohl in den Vereinigten Staaten als auch in Deutschland visuell herstellte? (Kerl sowie Marszolek in diesem Band)

Viertens könnte man auch einen Band entwerfen, der seine Texte nach Sprecher_innen und deren Position im Diskurs gruppiert. Affirmieren sie mit ihrer Rede einen hegemonialen *race&sex*-Diskurs, entziehen sie sich ihm, unterlaufen sie ihn, zeigen sie sich widerständig? Sprechen die Autor_innen für sich selbst, oder geben sie vor, im Namen einer Gruppe Stellung zu beziehen? Doch auch dieses Arrangement würde, kaum wären die Zuordnungen vorgenommen, hinterfragt werden müssen. Denn sehr bald wäre ersichtlich, wie sich viele der Autor_innen unserer Texte einer vereindeutigenden Zuordnung entziehen. In den *Pinturas de Castas*, Malereien aus dem kolonialen Mexiko des 18. Jahrhunderts, wurden die physischen Merkmale der unterschiedlichen Bevölkerungsgruppen in einen Zusammenhang mit Klassen- und Herrschaftskonzepten gebracht. Wenn die Abbildungen auf diese Weise die herrschende Ordnung einerseits legitimierten, so konnte mit ihnen indes auch Kritik zum Ausdruck gebracht werden (Fischer in diesem Band). Von Fanny Smith, einer der damals letzten Überlebenden der tasmanischen Aborigines, wurden um 1900 Tonaufnahmen gemacht, die ‚eigentlich' aus einem anthropologischen Forschungsinteresse der damaligen weißen Eilte heraus entstanden und in einem ‚weißen' Museum ihren Platz fanden. Zugleich sind sie das Dokument einer lebendigen kulturellen Praxis und Tradition (Bischoff in diesem Band). Und dass jede Sprecher_innenposition uneindeutig und vielschichtig ist, wissen wir spätestens seit Kimberlé Crenshaw und der Konjunktur des Intersektionalitätskonzepts (Mackert in diesem Band).

Fünftens könnte man die Essays unserer Anthologie Zeiträumen oder Epochen zuordnen. Aber auch dies würde eine Abgeschlossenheit suggerieren, die so nicht existiert. Betrachtet man etwa Immanuel Kants „Idee zu einer allgemeinen Geschichte in weltbürgerlicher Absicht" von 1784 (Hostettler in diesem Band) lediglich als einen Text der Aufklärungszeit, dann würde dessen Bedeutung für eine Analyse unserer Gegenwart übersehen werden. Und viele der eher in jüngerer Zeit entstandenen wissenschaftlichen Texte in unserer Sammlung haben inzwischen ihre eigene Wirkungsgeschichte, die uns zu einer Historisierung auffordert. Andere der hier versammelten Texte sind wiederum nicht zuletzt auch für erinnerungspolitische Projekte und Initiativen wichtig geworden; auch sie verweisen so aus ihrem Entstehungskontext hinaus. So finden sich beispielsweise in Gloria Anzaldúas Arbeiten zu den *Borderlands* zwischen den USA und Mexiko seit dem späten 20. Jahrhundert Spuren der weit zurückreichenden Geschichte der Menschen und ihrer Beziehungen zueinander in dieser Region (Lüthi in diesem Band).

Mithin zeigen die fünf Beispiele, dass die Versuche, Beziehungen zwischen Aussagen zu beschreiben und ‚Cluster' von Texten zu erstellen, dort Einheit, Stabilität und Kontinuität suggerieren, wo Vielheit, Brüchigkeit und Diskontinuität herrscht. Letztlich entzieht sich das Ensemble der hier versammelten Texte jeder Form der Gruppierung, und wir wollen nicht vorschnell dort Ordnungen herstellen, wo auch Unordnung herrscht, oder spezifische Verknüpfungen in den Vordergrund rücken, wo auch ganz andere gesehen werden könnten. Und mit Sicherheit werden unsere Leser_innen weitere vielfältige und auch überraschende Beziehungen zwischen Aussagen und Texten knüpfen, die wir gar nicht gesehen und hergestellt haben. In ihrer Gesamtschau zeigt die Textsammlung, wie vielschichtig und verschachtelt der Diskurs um *race&sex* ist, und zwar bisweilen auch dort, wo man es nicht vermuten und eher einen Sog zur Vereindeutigung erwarten würde.

Wir haben uns daher letztlich für eine Anordnung der Beiträge nach der Entstehungszeit der Schlüsseltexte entschieden, und zwar von den neuesten aus- und in die Vergangenheit zurückgehend. Dies verdeutlicht noch einmal, dass der vorliegende Band eine Geschichte der Gegenwart skizziert, die im Heute ansetzt und deren Ziel es ist, die anhaltende Wirkungsmacht des Denkens, der Praktiken und Politiken um *race&sex* aufzuzeigen. Selbstverständlich wollen wir mit dieser Anordnung keinen linearen, eindeutigen Verlauf einer Geschichte suggerieren, die ganz im Gegenteil von Überlagerungen, Querverbindungen, Brüchen, Verflechtungen und vielfältigen Zusammenhängen geprägt ist. Querverweise am Ende der Texte sollen dazu dienen, zumindest einige dieser Zusammenhänge anzuzeigen. Dies soll und wird freilich niemanden davon abhalten, sich auf ganz eigenen und anderen Pfaden durch den Diskurs von *race&sex* zu bewegen.

Literatur

Baily, Christopher: *Die Geburt der modernen Welt. Eine Globalgeschichte, 1780–1914.* Frankfurt am Main: Campus 2006.

Ballantyne, Tony / Antoinette Burton: Introduction. The Politics of Intimacy in an Age of Empire. In: Dies. (Hrsg.): *Moving Subjects: Gender, Mobility, and Intimacy in an Age of Global Empire.* Urbana, IL: University of Illinois Press 2009, S. 1–28.

—: Postscript: Bodies, Genders, Empires. Reimagining World Histories. In: Dies. (Hrsg.): *Bodies in Contact: Rethinking Colonial Encounters in World History.* Durham, NC: Duke UP 2005, S. 407–423.

Bhabha, Homi K.: Signs Taken for Wonders: Questions of Ambivalence and Authority under a Tree outside Delhi, May 1817. In: *Critical Inquiry* 12,1 (1985), S. 144–165.

Burbank, Jane / Frederick Cooper: *Empires in World History. Power and the Politics of Difference.* Princeton, NJ: Princeton UP 2010.

Canaday, Margot: *The Straight State. Sexuality and Citizenship in Twentieth-Century America.* Princeton, NJ: Princeton UP 2011.

Castro Varela, Maria do Mar / Nikita Dhawan: *Postkoloniale Theorie. Eine kritische Einführung.* Bielefeld: Transcript 2005.

Chakrabarty, Dipesh: *Provincializing Europe. Postcolonial Thought and Historical Difference.* Princeton, NJ: Princeton UP 2000.

Deleuze, Gilles / Félix Guattari: *Anti-Ödipus. Kapitalismus und Schizophrenie I.* Frankfurt am Main: Suhrkamp 1974.

Foucault, Michel: Vorrede zur Überschreitung (1963): In: Ders.: *Dits et Écrits I: Schriften 1954–1969.* Frankfurt am Main: Suhrkamp 2001, S. 320–342.

—: *Die Ordnung der Dinge* [1966]. Frankfurt am Main: Suhrkamp 1994.

—: *Die Archäologie des Wissens* [1969]. Frankfurt am Main: Suhrkamp 1994.

—: *In Verteidigung der Gesellschaft. Vorlesungen am Collège de France (1975–76).* Frankfurt am Main: Suhrkamp 1999.

—: *Sexualität und Wahrheit I. Der Wille zum Wissen* [1976]. Frankfurt am Main: Suhrkamp 1983.

Hall, Stuart: The West and the Rest. Discourse and Power. In: Ders. / Bram Gieben (Hrsg.): *Formations of Modernity.* Cambridge: Polity 1992, S. 275–320.

Hodes, Martha (Hrsg.): *Sex, Love, Race. Crossing Boundaries in North American History.* New York: NYU Press 1999.

—: *The Sea Captain's Wife. A True Story of Love, Race, and War in the Nineteenth Century.* New York: Norton 2006.

Kraft, Claudia / Alf Lüdtke / Jürgen Martschukat: Einleitung. Kolonialgeschichten. Regionale Perspektiven auf ein globales Phänomen. In: Dies. (Hrsg.): *Kolonialgeschichten. Regionale Perspektiven auf ein globales Phänomen.* Frankfurt am Main: Campus 2010, S. 9–25.

Lüdtke, Alf: *Eigen-Sinn. Fabrikalltag, Arbeitererfahrungen und Politik vom Kaiserreich bis in den Faschismus.* Hamburg: Ergebnisse 1993.

Martschukat, Jürgen: Eine kritische Geschichte der Gegenwart. In: *WerkstattGeschichte* 61 (2013), S. 15–27.

McClintock, Anne: *Imperial Leather. Race, Gender and Sexuality in the Colonial Contest*. London: Routledge 1995.

Meyerowitz, Joanne: Transnational Sex and U.S. History. In: *American Historical Review* 114,5 (2009), S. 1273–1286.

Moebius, Stephan / Andreas Reckwitz: Einleitung. Poststrukturalismus und Sozialwissenschaften. Eine Standortbestimmung. In: Dies. (Hrsg.): *Poststrukturalistische Sozialwissenschaften*. Frankfurt am Main: Suhrkamp 2008, S. 1–23.

Mumford Kevin: *Interzones. Black/White Sex Districts in Chicago and New York in the Early Twentieth Century*. New York: Columbia UP 1997.

Netzwerk „Körper in den Kulturwissenschaften" (Hrsg.): *What Can a Body Do? Praktiken und Figurationen des Körpers in den Kulturwissenschaften*. Frankfurt am Main / New York: Campus 2012.

Painter, Nell I.: *The History of White People*. New York: Norton 2010.

Pratt, Marie Louise: *Imperial Eyes. Travel Writing and Transculturation*. New York: Routledge 2007.

Rosenberg, Emily S.: Transnationale Strömungen in einer Welt, die zusammenrückt. In: Dies. (Hrsg.): *Geschichte der Welt 1870–1945. Weltmärkte und Weltkriege*. München: Beck 2012.

Rosenberg, Emily S. / Shanon Fitzpatrick: *Body and Nation. The Global Realm of U.S. Body Politics in the Twentieth Century*. Durham / London: Duke UP 2014.

Said, Edward: *Orientalism* [1978]. London: Penguin 2003.

Scott, Joan: Geschichte schreiben als Kritik. In: *Historische Anthropologie* 23,1 (2015), S. 93–114.

Stoler, Ann Laura: *Race and the Education of Desire. Foucault's History of Sexuality and the Colonial Order of Things*. Durham: Duke UP 1995.

Stoler, Ann Laura / Frederick Cooper: Between Metropole and Colony. Rethinking a Research Agenda. In: Ann Laura Stoler (Hrsg.): *Tensions of Empire. Colonial Cultures in a Bourgeois World*. Berkeley, CA: University of California Press 1997, S. 1–56 (Auszüge auf Dt. publ. als: Zwischen Metropole und Kolonie: Ein Forschungsprogramm neu denken. In: Claudia Kraft / Alf Lüdtke / Jürgen Martschukat (Hrsg.): *Kolonialgeschichten. Regionale Perspektiven auf ein globales Phänomen*. Frankfurt am Main: Campus 2010, S. 26–66).

Walker, Kara: *After the Deluge*. New York: Rizzoli 2007.

Wiesner-Hanks, Merry E.: Crossing Borders in Transnational Gender History. In: *Journal of Global History* 6,3 (2011), S. 357–379.

Young, Robert C.: *Colonial Desire. Hybridity in Theory, Culture, and Race*. New York: Routledge 1995.

Bringing Them Home (1997)
Oder: Versöhnungspolitik in Australien

Kay Schaffer

Im Jahr 1997 veröffentlichte die australische Human Rights and Equal Opportunity Commission (HREOC) ihren Bericht *Bringing Them Home: National Inquiry into the Separation of Aboriginal and Torres Strait Islander Children from Their Families*. Dieser gewichtige Band wurde in Australien zum meistgelesenen Regierungsdokument aller Zeiten. Er beschreibt detailliert die Aussagen von 585 individuellen und institutionellen Zeuginnen und Zeugen über die schmerzhaften Auswirkungen, die die erzwungene Entfernung von ‚gemischten' Kindern von Aborigines und weißen Australier_innen in ihren Familien und Gemeinden verursachten. Diese war Teil einer Assimilationspolitik gewesen, die zwischen 1910 und 1970 in allen Staaten Australiens durchgeführt worden war und zur Verschleppung von circa 50.000 bis 100.000 Kindern geführt hatte. Diese Kinder, mehrheitlich Mädchen, wurden in öffentlichen und kirchlichen Institutionen sowie bei weißen Pflegefamilien untergebracht, wo einige mit Respekt behandelt wurden, die meisten aber belogen, von ihrer Sprache, ihrer Kultur und ihren Familien fern gehalten, beschämt, betrogen, schlecht ernährt und schlecht gebildet, ihrer Rechte beraubt und zur Arbeit als Viehhirten oder Hausbedienstete angehalten wurden – und insbesondere Mädchen sexuellem Missbrauch ausgesetzt waren. Sie wurden aufgrund ihrer Hautfarbe segregiert, und ihnen wurde das Recht verweigert, mit Menschen dunklerer Haut zusammen zu sein oder diese zu heiraten.

Die Trennung hatte unbeschreibliche Auswirkungen auf die Kinder, auf ihre Familien und auf zukünftige Generationen. HREOC Mitglied Sir Ronald Wilson bezeichnete die Trennung der Kinder von ihrer Sprache, ihrer Kultur und ihrem Erbe als eine Form des Genozids. Der Bericht forderte die Nation dazu auf, für ihre Menschenrechtsverletzungen gemäß der UN-Statuten und -Protokolle gerade zu stehen. Er gab eine Reihe von Empfehlungen ab, von denen die bedeutendste sicher die einer nationalen Entschuldigung sowie die Zahlung von Reparationen an die *Stolen Generations* war, um Wiedergutmachung dafür zu leisten, dass das Leben der Kinder und ihrer Familien zerstört worden waren. Die damalige Regierung unter dem Liberalen Premierminister John Howard verweigerte eine Entschuldigung. Es sollte noch über ein Jahrzehnt dauern, bevor der Labour-Premierminister Kevin Rudd als eine seiner ersten Amtshandlungen im Februar 2008 eine solche Entschuldigung aussprach.

Der Bericht sandte Schockwellen durch die Nation. In diesen Jahren entfaltete sich eine breite aktivistische Bewegung. Das *Sorry Movement* brachte eine Reihe persönlicher, institutioneller und kollektiver Entschuldigungen hervor. So genannte *Sorry*-Bücher (in denen Menschen ihrer Scham und ihrem Bedauern Ausdruck verleihen konnten), nationale *Sorry*-Tage, Brückenmärsche zur Versöhnung, die Installation des *Sea of Hands* am Parlamentsgebäude in Canberra und anderen Orten in ganz Australien[1] sowie Hunderte weiterer symbolischer Ausdrucksformen waren darauf ausgerichtet, die verursachten Leiden und Schäden anzuerkennen und die Nation zu versöhnen. Der Bericht gab dem nationalen Council for Reconciliation (CAR) weitere Dringlichkeit. Dieser Rat zur Versöhnung war bereits 1991 mit dem Ziel eingerichtet worden, bis zum Jahr 2000 einen Vertrag zwischen Indigenen und nicht-Indigenen Australier_innen zu schließen. Die Australische Nationalbibliothek initiierte ein Oral History-Projekt mit dem Ziel, Hunderte von Geschichten von Opfern aus der Stolen Generation zusammenzutragen. Filme wie Philip Noyces preisgekrönter *Rabbit-Proof Fence* (2002) gewannen die Sympathien von Zuschauer_innen auf der ganzen Welt und trugen dazu bei, die missliche Situation der Indigenen Australier_innen mit den Erfahrungen anderer indigener Gruppen in Südafrika, Neuseeland und Kanada zu verbinden. Für Indigene Australier schuf der Bericht die

1 Das *Sea of Hands* ist ein australisches Symbol für Indigene Rechte, den anhaltenden Versöhnungsprozess und den Wunsch nach größerem gegenseitigem Verständnis und Respekt zwischen den Indigenen und nicht-Indigenen Bevölkerungsgruppen. Beinahe 300.000 Australier_innen haben auf einer der Hände im *Sea of Hands* mit ihren Namen unterzeichnet und dabei mitgeholfen, die größte Kunstinstallation Australiens in zahlreiche größere und auch kleinere Städte zu bringen. Die sechs Farben der Hände repräsentieren die Farben der Flaggen der Aborigines (rot, schwarz, gelb), der *Torres Strait Islanders* (blau, grün und weiß) und des australischen Nationalstaats (blau, rot und weiß).

Möglichkeit, ihre Geschichten zu erzählen und Anerkennung zu erhalten. Er riss auch alte und bestehende Wunden in der australischen Öffentlichkeit wieder auf und brachte Hunderte lokaler Initiativen hervor, die das Ziel der ‚Heilung', der Anerkennung und der Wiedergutmachung verfolgten. Unter einigen nicht-Indigenen Australier_innen erzeugte der Bericht Sorge, Schuld und Scham, aber auch zornige Ablehnung unter anderen, die das Problem in die Vergangenheit verfrachten und es entweder vernachlässigen oder vergessen wollten. Nur wenige der Empfehlungen aus dem *Bringing them Home*-Bericht wurden letztlich umgesetzt. Es gab keine Reparationen für Opfer der Kindsverschleppungen. Das Jahrzehnt der Wiedergutmachung endete im Jahr 2000 ohne größeres Ergebnis, ohne Vertrag, ohne Verfassungspräambel, die die Rechte Indigener Australier_innen anerkannt hätten. Auch 15 Jahre später hat sich nicht viel verändert. In der Tat könnte man argumentieren, dass sich die Bedingungen eher verschlechtert haben, insbesondere für diejenigen Aborigines, die in den abgelegenen ländlichen Gebieten des Northern Territory leben, wo die Regierung über ‚Notstandsgesetze' interveniert hat, angeblich um Kinder vor sexueller Gewalt zu schützen, de facto aber um das Leben und die Lebensführung Indigener Australier_innen in diesen abgelegenen Gemeinden zu kontrollieren.

Was ist schief gelaufen?

Bringing Them Home war von großem pädagogischem Wert in der Erziehung der Bevölkerung über Australiens ‚schändliche Vergangenheit', doch zugleich erzählte der Bericht nur eine unvollständige Geschichte und bewirkte wenig, was die sozialen und materiellen Lebensbedingungen Indigener betraf. Aus heutiger Sicht lassen sich einige argumentative und politische Aspekte des Berichts und der von ihm ausgehenden *Sorry Bewegung* erkennen, die die Wirksamkeit der Kampagne für die Anerkennung vergangener und gegenwärtiger Menschenrechtsverstöße und für Wiedergutmachung begrenzten. Und diese Fehlstellungen schwächten auch andere Anstrengungen und verwässerten den nationalen Fokus auf indigene Rechte noch mehr. So war die Konzentration auf das Leid individueller Kinder ein Aspekt des Berichts, der die Bewegung für Indigene Rechte unbeabsichtigt schwächte, weil er so die größere Geschichte kolonialer Enteignung ignorierte, die chronischen Krankheiten, die vielen Massaker, die Verweigerung von Grundrechten des Wohnens, der Gesundheit, der Arbeit, der Gleichbehandlung im Rechtssystem, die hohen Inhaftierungsquoten sowie die hohen Todesraten von Aborigines in Haft, die unterschiedlichen Sterblichkeitsraten generell, die Armut und die Menschenrechtsverletzungen, die alle von früheren

Kommissionen und in Jahrzehnten des Indigenen Aktivismus dokumentiert worden waren. Weiterhin erklärte der Fokus des Berichts auf *Stolen Children* Verschleppung zur vordringlichen Erfahrung Indigener Australier_innen und schloss andere Leidensformen und -gründe aus. Er spaltete Indigene Gemeinden und nahm Indigenen Forderungen nach Land, Selbstbestimmung, Souveränität und kulturellen Rechten an Bedeutung. Außerdem wurde die Schlussfolgerung, dass die Verschleppungen eine Form kulturellen Genozids waren (eine provozierende Aussage übrigens, die Aborigines spätestens seit den 1960er Jahren in voller Kenntnis der UN-Konvention über die Verhütung und Bestrafung des Völkermordes (1948) getätigt und schriftlich festgehalten hatten) von einer Mehrheit der nicht-Indigenen Bevölkerung abgelehnt und zurückgewiesen. Die Forderung nach der Anerkennung eines Genozids nährte eine Gegenbewegung, die sich dem Streben nach Versöhnung in den Weg stellte.

Die Kampagne für Versöhnung hatte im Dezember 1992 zu Beginn des Internationalen Jahres für Indigene Völker mit der berühmten Rede des Labour-Premierministers Paul Keating im Redfern Park in Redfern, New South Wales, begonnen. In seiner Rede skizzierte Keating eine Geschichte der Ungerechtigkeit, die indigenen Menschen in Australien widerfahren sei und bis zu den Anfängen der Kolonisation zurückreiche:

> It begins, I think, with the act of recognition. Recognition that it was we who did the dispossessing. We took the traditional lands and smashed the traditional way of life. We brought the disasters. The Alcohol. We committed the murders. We took the children from their mothers. We practiced discrimination and exclusion. It was our ignorance and our prejudice. And our failure to imagine these things being done to us. With some noble exceptions, we failed to make the most basic human response and enter into their hearts and minds. We failed to ask—how would I feel if this were done to me?

Keating verortet die Anfänge der Ungerechtigkeit in den ersten Enteignungen von Land, die Aborigines widerfuhren und denen weitere Katastrophen folgten. Zu diesen gehörten der Verlust ihrer Kultur, Fragen der Gesundheit, gewalttätige Massaker, Kindesverschleppungen, Diskriminierungen und Ausschlüsse. Die Verschleppung der Kinder ist nicht der alles überlagernde Punkt, sondern eines von vielen Übeln, die ‚wir' im Namen der Nation begangen haben. Im Verlauf der Anhörungen, die die Kommission zwischen 1995 und 1997 durchgeführt hat, und nach der Veröffentlichung von *Bringing Them Home* sollte die Verschleppung der Kinder immer mehr in das Zentrum der Aufmerksamkeit und der öffentlichen Sympathie rücken und das Leid sämtlicher Indigener Australier_innen repräsentieren. Der Kampf um Land trat damit in den Hintergrund. Die Redfern-Rede forderte ‚uns' auch dazu auf, empathisch auf die Ungerechtigkeiten zu reagieren, die den Indigenen widerfahren waren: ‚Wie würde ich fühlen, wenn mir dies widerführe?' Die Aufforderung zu Mitleid wurde auch von der Veröffentlichung des *Bringing Them Home*-Berichts und dem Appell von Philip Noyces wegweisendem Film *Rabbit-Proof Fence* begleitet. Der Film gründet auf Doris Pilkington Garimaras generationenübergreifender Erzählung *Follow the Rabbit-Proof Fence* über die Verschleppung Indigener Kinder. Buch und Film berichten von der rund 1.600 Kilometer langen und schweren Reise dreier junger Mädchen zurück zu ihren Gemeinden im Jahr 1931. Sie flohen von dem Moore River Native Settlement in Perth, wohin sie als Mündel des Staates und auf Grundlage des *Aboriginal Protection Act* gebracht worden waren. Über dem amerikanischen Poster des Films thronte die Schlagzeile: „What if the government kidnapped your daughter?"

Es ist wichtig festzuhalten, dass sowohl im *Bringing Them Home*-Bericht als auch im Film *Rabbit-Proof Fence* die emotionale Identifikationskraft auf die Figur des unschuldigen weiblichen Kindes gelenkt wird, das dann das archetypische Opfer staatlicher Unterdrückung wird – eine Subjektform mit einer besonderen Geschichte, die zugleich zur Identifikation einlädt. Dieser Appell etabliert eine ethische Verbindung über rassisch gedachte Grenzen hinweg, diskriminiert zugleich entlang rassialisierter und sexualisierter Identitätskategorien und stimuliert eine Welle weißer Sympathie, während er zugleich die Aufmerksamkeit von der Politik der Differenz ablenkt und zerstreut. Aus diesem Blickwinkel erschienen Indigene Australier_innen nicht mehr wie eine unterscheidbare Gruppe mit spezifischen Forderungen aufgrund ihres Status als *first people*, sondern als ‚Menschen wie wir'. Was also mit Keatings Redfern-Rede begonnen und in ein Jahrzehnt des Kampfes für Indigene Gerechtigkeit hinsichtlich eines ganzen Spektrums von Themen hineingeführt hatte – inklusive der Forderung nach Landrechten und Selbstbestimmung, des Kampfes gegen die hohen Inhaftierungsquoten und die hohen Todesraten in Haft, gegen die schlechte Gesundheit und niedrige Lebenserwartung, die Armut und Diskriminierung – war zum Ende der Dekade diskursiv und politisch auf die erzwungene Trennung von den Kindern reduziert und in der Figur des unschuldigen (weiblichen) Kindes gebündelt.

Als Kevin Rudd im Jahr 2008 die (verspätete) Entschuldigung der Nation formulierte, sagte er:

> Today we honour the Indigenous peoples of this land, the oldest continuing culture in human history.
> We reflect on their past mistreatment.
> We reflect in particular on the mistreatment of those who were stolen generations – this blemished chapter in our nation's history.
> The time has now come for the nation to turn a new page in Australia's history by righting the wrongs of the past and so moving forward with confidence to the future.
> We apologise for the laws and policies of successive parliaments and governments that have inflicted profound grief, suffering and loss on these our fellow Australians.
> We apologise specifically for the removal of Aboriginal and Torres Strait Islander children from their families, their communities and their country.
> For the pain, suffering and hurt of these stolen generations, their descendants and for their families left behind, we say sorry.
> To the mothers and the fathers, the brothers and the sisters, for the breaking up of families and communities, we say sorry.
> And for the indignity and degradation thus inflicted on a proud people and a proud culture, we say sorry.

Während Keatings Redfern-Rede also ein größeres Set an Punkten angesprochen hatte, war Rudds Entschuldigung insbesondere darauf ausgerichtet, eine Entschuldigung für die erzwungene Trennung der Kinder von ihren Familien auszusprechen. Während Keatings Rede vergangenes und gegenwärtiges Unrecht anerkannte, sprach Rudds Entschuldigung insbesondere ‚das Unrecht der Vergangenheit' an und verschleierte so das anhaltende Leid. Die Entschuldigung bei der Stolen Generation repräsentiert somit sämtliche Indigene Ungerechtigkeitserfahrungen in Vergangenheit und Zukunft. Das Gefühl gegenüber unschuldigen Kindern führt dazu, dass andere Formen der Unterdrückung und Viktimisierung verschleiert und größere politische und materielle Forderungen ausgebremst werden.

Andere Stimmen, andere Kläger

Zugleich eröffnete der *Bringing Them Home*-Report und die nationale Entschuldigung Räume für andere, nicht-Indigene Australier_innen mit ähnlichen Erfahrungen der Kindesverschleppung und des Missbrauchs. Deren Geschichten wurden nun gehört, was die Spezifik der Indigenen politischen Forderungen gegenüber der Nation weiter verschleierte. Vielen nicht-Indigenen Australier_innen, die zum Publikum von Keatings Redfern-Rede oder Rudds Entschuldigung gehörten, konnten mühelos nachempfinden, wie sie gefühlt hätten, wenn ihnen ähnliches widerfahren wäre. Sie wussten es. Dies waren Migrantenkinder, die aus England nach Australien verschifft worden waren, und die so genannten *Forgotten Australians*, die im Laufe des 20. Jahrhunderts aus ihren Familien gerissen und in staatliche oder kirchliche Einrichtungen gegeben worden waren, etwa aufgrund von elterlicher Armut, Vernachlässigung, familiärem Zerfall oder weil sie uneheliche Kinder waren. Denise Cuthbert und Marian Quartly betonen diesbezüglich diesem Sinne in der Zeitschrift *American Indian Quarterly*:

> What had been framed as an Indigenous issue for national reconciliation and thus gained more broadly based popular support than any other Indigenous issue before (or since) also proved ripe for co-opting by non-Indigenous groups with similar claims. (S. 188)

Damit soll nicht gesagt sein, dass die Leiden der anderen keine Anerkennung verdienten. Es zeigt vielmehr, wie staatliche Kampagnen so geführt werden können, dass sie das nationale Bewusstsein für größere strukturelle Angelegenheiten schmälern sowie die spezifischen Unterdrückungsweisen von ‚Rasse', Klasse und Geschlecht verschleiern. Die Folgen waren zum Teil verheerend für die Indigenen Gemeinden.

Eine halbe Million migrantischer und verwaister Australier_innen begann nach Rudds Entschuldigung und mit Unterstützung der konservativen Medien ihren Forderungen Nachdruck zu verleihen. Sie nutzten den Stolen Generation-Bericht als Vorbild und Anlass, um zu argumentieren, dass Kindesmissbrauch keine rassisch markierbaren Unterschiede kenne. Sie adoptierten die Rhetorik der Stolen Generation, und manche nannten sich die *White Stolen Generation* oder – im Falle der Mütter, die gezwungen worden waren, ihre unehelichen Kinder zu Adoption freizugeben – die *Mothers of the White Stolen Generation*. Dies brachte verschiedene weitere nationale und einzelstaatliche Untersuchungen auf den Weg, so in den Jahren 2000–2001 für Kindermigrant_innen, die 2003 den Bericht über *Lost Innocents: Righting the Record* herausbrachte. Eine weitere Untersuchung für *Forgotten Australians* führte zu einem Bericht im Jahr 2004. Im November 2009 formulierte der damalige Premierminister Kevin Rudd eine *National Apology to the Forgotten Australians and Former Child Migrants*. In dieser länglichen Entschuldigung führt Rudd abermals das Leid aus, das unschuldigen Kindern angetan worden sei, ohne allerdings den Schmerz und das Leid der Mütter anzuerkennen. So wurden nicht bloß die spezifisch rassisch markierten Forderungen und Erinnerungen der Stolen Generation-Bewegung verwässert und auf ein nicht-rassifiziertes, ahistorisches Leid von Kindern generell reduziert. Auch die alleinstehenden Mütter der zur Adoption gegebenen Kinder, die Schmähungen und sozialem Ausschluss unterworfen worden waren, moralistischer Beratung in Mütterheimen und häufig auch dem Missbrauch während ihrer Wegschließung, wurden in der Entschuldigung noch nicht einmal erwähnt. Die geschlechtliche Struktur dieser Adoptionspraktiken wurde dadurch noch weiter verschleiert. Letztlich richtete erst im März 2013 die erste Premierministerin Australiens, Julia Gillard, eine Entschuldigung an die Mütter der adoptierten Kinder. Diese hatte lange auf sich warten lassen. Natürlich verleugnet, in Australien wie in anderen westlichen Nationen, die katholische Kirche ihre Verantwortung und Schuld für den verbreiteten Kindesmissbrauch und die Pädophilie in ihren Institutionen, dabei war sie eine der zentralen Instanzen, die die Indigenen, migrantischen und Adoptionskinder verwaltete. Und als endlich eine Entschuldigung ausgesprochen wurde, blieb diese ohne Wiedergutmachung und Kompensation für die Leiden und somit weithin symbolisch. In all diesen Fällen spielen Hierarchien der Macht eine wichtige Rolle, die darauf ausgerichtet sind, ihren Kern zu bewahren und die spezifischen Strukturen der Diskriminierung entlang der Kategorien ‚Rasse', Klasse und Geschlecht zur verschleiern.

Der Prozess der Versöhnung ist zum Stillstand gekommen. Ende des Jahres 2015 sind Gesetze zur Sicherung der *Aboriginal Land Rights* und gegen rassistische Diskriminierung bedroht und versprochene Bemühungen einer Anerkennung Indigener in der Verfassung erlahmen. Jetzt, da wir uns dem fünfzigsten Jahrestag des Referendums von 1967 nähern, als Indigene Australier_innen erstmals in den Zensus aufgenommen wurden, scheint es doch so, dass ihnen noch ein sehr langer Weg bevorsteht, bis sie ein sicheres ‚Zuhause' in dem Land gefunden haben werden, das sie die letzten 40.000 Jahre bewohnt haben.

Aus dem Englischen von Jürgen Martschukat

Querverweise

- Duke Redbird: *We Are Metis* (1980)
- *Loving v. Virginia* (1967)
- H. W. Harnish / J. P. Barnes: *Mixed Family – Mr. Bennet (American) and Filipino Wife* (1902)
- Fanny Cochrane Smith: *Spring Song* (1899)

Literatur

Cuthbert, Denise / Marian Quartly: Forced Child Removal and the Politics of National Apologies in Australia. In: *The American Indian Quarterly* 37,1–2 (2013), S. 178–202.

Garimara, Pilkington Doris: *Follow the Rabbit-Proof Fence*. St. Lucia, QLD: University of Queensland Press 1996.

Human Rights and Equal Opportunity Commission: *Bringing Them Home: National Inquiry into the Separation of Aboriginal and Torres Strait Islander Children from their Families*. 1997. https://www.humanrights.gov.au/sites/default/files/content/pdf/social_justice/bringing_them_home_report.pdf (Zugriff am 07.02.2014).

Film

Rabbit-Proof Fence (AUS 2002, R: Philip Noyce).

Stuart Hall: Wer braucht Identität? (1996) Oder: Vorläufige Antworten auf eine gute Frage

Vera Nünning / Ansgar Nünning

Historiker_innen haben es schon immer gewusst: Meist sind die Dinge viel komplizierter als man zunächst meinen könnte, wie es sinngemäß, aber stilistisch sehr viel eleganter, Erich Angermann, der Begründer der anglo-amerikanischen Geschichte in Deutschland, nicht müde wurde zu betonen. Das gilt nicht nur für die meisten Fragen und Themen, mit denen sich Historiker_innen herumschlagen, sondern auch für viele Konzepte, mit denen sie dabei – ob bewusst oder unbewusst, explizit oder implizit, theoretisch reflektiert oder eher intuitiv – arbeiten. Zu den notorisch komplexen Begriffen, die ebenso schillernd wie oftmals unterbestimmt sind, zählt auch eines der Schlüsselkonzepte der modernen Geschichts- und Kulturwissenschaften, das einer der bedeutendsten Begründer und Vertreter der *British Cultural Studies*, der 1932 in Kingston Jamaika geborene und am 10. Februar 2014 verstorbene Stuart Hall, in den Mittelpunkt eines seiner besonders einflussreichen Essays gestellt und zugleich in dessen Titel als Frage formuliert hat: „Wer braucht ‚Identität'?" Gute Frage, könnte man zunächst zu antworten geneigt sein, aber erst nach der Relektüre seines Textes erkennt man, wie vielschichtig sowohl die Frage als auch die möglichen Antworten darauf sind. Dass in einem kurzen Essay nur einige der vielen Aspekte, die Hall differenziert erörtert, angesprochen werden können, mag sich von selbst verstehen, sei aber dennoch vorweggeschickt, zumal jeder Versuch, sich auf wenigen Seiten mit Halls Überlegungen auseinanderzusetzen, notgedrungen den Vorwurf auf sich ziehen mag, im Vergleich zum Prätext unterkomplex geraten zu sein. Aber sei's drum, ein Essay ist ja bekanntlich nichts anderes als ein Versuch.

Liest man Halls mehrfach nachgedruckten Aufsatz mit jenem Privileg der historischen Rückschau und zeitlichen Distanz von fast 20 Jahren, das im Englischen so treffend als „benefit of hindsight" bezeichnet wird, so ist es zunächst einmal verblüffend, wie viele der Aspekte und Themen, die die interdisziplinäre Identitätsforschung seitdem eingehend diskutiert hat, Hall in seinem Text bereits vorwegnimmt. Dazu zählen etwa seine wegweisenden Einsichten, dass „eine kritische Begrifflichkeit von Identität *nicht* an einem stabilen Kern des Selbst festhalten" (S. 170) könne, dass Identitäten „niemals einheitlich" oder „eindeutig" (ebd.), sondern „zunehmend fragmentiert und zerstreut" (ebd.) seien, dass sie „innerhalb und nicht außerhalb des Diskursiven konstruiert sind" (S. 171) und dass „soziale Identitäten durch Machthandlungen konstituiert werden" (S. 172). Zudem erkannte schon Hall, dass Identitäten insofern „Gegenstand einer radikalen Historisierung" sind bzw. sein sollten, als sie „beständig im Prozess der Veränderung und Transformation begriffen" (S. 170) seien. Daher könne man Identitäten wohl am besten als Effekte bzw. Resultat dynamischer und niemals abgeschlossener Konstruktionsprozesse, an denen verschiedenste Diskurse und Praktiken beteiligt seien, konzeptualisieren. Ebenso wie das Subjekt sind auch Identitäten stets „Produkt ‚eines Effektes' in Diskursen und hergestellt innerhalb spezifischer diskursiver Formationen" (S. 178). Wie wegweisend diese Einsichten waren und sind, zeigt sich nicht zuletzt daran, dass sie bis heute in ganz unterschiedlich akzentuierten Identitätstheorien als weithin akzeptiert gelten dürfen.

Bemüht man sich allerdings um eine Historisierung und Kontextualisierung von Halls Text, so ist gleichwohl unverkennbar, dass seine Überlegungen in vielerlei Hinsicht den wissenschaftsgeschichtlichen, theoretischen und institutionellen Kontexten verpflichtet sind, aus denen sie entstanden sind und auf die sie zugleich reagieren. Damit sind nicht allein oder primär die vielen Referenzen auf jene theoretischen Ansätze gemeint, die zu der Zeit, als Hall seinen Essay schrieb und veröffentlichte, besonders en vogue waren und die den theoretischen Bezugsrahmen bilden, in dem Hall seine Überlegungen zum Identitätsbegriff entfaltet – allen voran natürlich der Poststrukturalismus bzw. Dekonstruktivismus, dem er einige Überlegungen widmet, Louis Althussers einflussreicher Text *Ideologie und ideologische Staatsapparate*, Jacques Lacans Psychoanalyse, Michel Foucaults Diskurs- und Machttheorien sowie Judith Butlers Einsichten zur Performativität von Sprache, Subjekt und Geschlechtsidentitäten sowie den Wechselbeziehungen zwischen Subjekt, Körper und Identitätsentwürfen, um nur einige der bekanntesten Namen und Ansätze zu nennen. Vielmehr lässt sich Halls Essay auch in anderer Weise historisieren und kontextualisieren, aber aus heutiger Sicht auch in einigen Punkten kritisieren bzw. ergänzen.

Signifikant ist zunächst einmal, wie Hall seine Frage formuliert hat: Weder fragt er danach, was Identität sei, noch danach, wie andere Ansätze (etwa sozialpsychologische) dieses Konzept definieren. Die erste Frage ist aus seiner Sicht schon deshalb obsolet, weil sie essentialistisch ist, Hall sich jedoch der Problematik essentialistischer Konzepte vollauf bewusst war und deshalb von einer dekonstruierten Fassung des Begriffs ausgeht, der zu Folge Identität ein Begriff ist, „der als durchgestrichen (*under erasure*) sich im Übergang der Bedeutungen formiert" (S. 168). Als erste seiner beiden Antworten auf die vom Titel seines Essays aufgeworfene Frage, wer Identität brauche, verweist er gleich zu Anfang auf „die Reichweite der ‚Dekonstruktion' des Essentialismus" (S. 167). Trotz der dekonstruktiven Kritik der „Kernelemente des vorherrschenden Begriffsapparates" (ebd.) und herkömmlicher Identitätsdefinitionen gelte es, mit Hilfe eines radikal veränderten, nicht-essentialistischen Identitätskonzepts „die historisch spezifischen Entwicklungen und Praktiken" (S. 170) zu erforschen, die an der diskursiven Konstruktion von Differenzkategorien, Identitäten und Macht beteiligt sind.

Nicht umsonst stellt Hall mit der im Titel formulierten Frage „Wer braucht Identität?" nicht bloß sogleich den oder die konkreten Akteure („Wer") an den Anfang, sondern auch den pragmatischen Nutzen des Begriffs („braucht") in den Mittelpunkt seiner Überlegungen. Ebenso wie die wichtigsten Repräsentanten der *British Cultural Studies* generell, als deren (Mit-)Begründer Hall zu Recht gilt, interessierte ihn stets die politische Dimension der Konzepte, mit denen Kulturwissenschaftler_innen arbeiten. So weist Hall darauf hin, dass dieser Begriff nach wie vor wichtige Funktionen erfülle, die vor allem in ihrer Bedeutung für ‚Identitätspolitiken' liegen und bei denen es stets um Macht und Ausschluss davon gehe. „Alle Identitäten", so lautete Halls hellsichtige Beobachtung, „funktionieren über Ausschließung, mittels der diskursiven Konstruktion und der Herstellung verachteter und marginalisierter Subjekte" (S. 185). Die Art, wie Hall seine Titelfrage formuliert, verweist somit bereits auf die zentrale Bedeutung von gesellschaftlichen Praktiken, von Macht und von Handlungsfähigkeit (*agency*), allesamt Konzepte, die auf die politische und aktivistische Ausrichtung der British Cultural Studies verweisen. Hall zufolge sind Identitäten „Positionen, die das Subjekt ergreifen muss" (S. 173). Eine sehr vorläufige, recht saloppe und unterkomplexe Antwort auf die Titelfrage könnte also lauten: Jede(r) braucht Identität, der oder die sich „als diskursiv bestimmtes gesellschaftliches Wesen" (S. 173) verorten und sich an jenem

„Spiel der Macht und des Ausschlusses“ (S. 172), innerhalb dessen Identitäten konstruiert seien, mit gewissem Erfolg beteiligen möchte.

Darüber hinaus ist es symptomatisch für die Arbeiten von Stuart Hall und die British Cultural Studies generell, dass die Frage, wer Identität wozu braucht, insofern die Ebene der sozialen Praxis mit der Metaebene der wissenschaftlichen Beobachtung verschränkt, als sie sich nicht eindeutig auf eine dieser Ebenen bezieht. Vielmehr ist die von Hall gestellte Frage nicht nur für beide gleichermaßen relevant, sondern sie verweist zugleich auf die enge Verknüpfung von wissenschaftlicher Beobachtung mit der Lebenswelt. Soziale und historische Akteurinnen und Akteure brauchen Identität im Alltag nicht bloß zur Kommunikation, sondern vor allem zur Handlungsfähigkeit. Für Wissenschaftler_innen verschiedener Disziplinen ist Identität trotz der notorischen Unschärfe des Begriffs und der Vielfalt heterogener Identitätstheorien ein zentrales und unverzichtbares Konzept, das im Verbund mit den dazugehörigen Analyse- und Differenzkategorien überhaupt erst eine Rekonstruktion und Beschreibung historischer Identitäten und Lebenswelten ermöglicht.

Da Hall bereits mit dem Titel seines Essays die Frage nach dem Nutzen und Nachteil der Identität für das Leben und die Wissenschaften in den Mittelpunkt rückt, bietet es sich im Rahmen eines kurzen Essays, der als Relektüre seines Textes angelegt sein soll, natürlich an, auch nach dem Nutzen und Nachteil seines Textes für die Geschichts- und Kulturwissenschaften zu fragen. Ohne die visionäre Kraft von Halls Essay in irgendeiner Weise in Zweifel ziehen zu wollen, sei also danach gefragt, welchen Aspekten und Dimensionen seiner Thematik er vielleicht nicht die Bedeutung schenkt, die sie zumindest aus heutiger Sicht der Geschichts- und Kulturwissenschaften verdienen. Obgleich Halls Text sehr viele Anschlussmöglichkeiten eröffnet, seien im Folgenden drei Aspekte exemplarisch herausgegriffen, die Hall nicht oder nur am Rande anspricht, die für die Thematik dieses Bandes gleichwohl zentral erscheinen und die der historischen Identitätsforschung wichtige Impulse geben könnten: Identität als ‚reisendes Konzept‘ (*travelling concept*), der Zusammenhang zwischen Identität und Narration sowie drittens die Bedeutung von Intersektionalität.

Obgleich Halls Essay keinen Zweifel daran lässt, dass er sich der inter- und transdisziplinären Heterogenität und Vielschichtigkeit des Identitätsbegriffs durchaus bewusst war, widmet er den Prozessen, die bei der Aneignung, Übernahme und Übersetzung von Begriffen aus anderen disziplinären Kontexten eine Rolle spielen, kaum Beachtung. Das ist allein schon deshalb misslich, weil der Begriff der Identität geradezu ein Musterbeispiel für das ist, was die niederländische Kulturwissenschaftlerin Mieke Bal als ‚reisende Konzepte' bzw. *travelling concepts* bezeichnet hat. Der Frage, welchen Prozessen und Veränderungen der Begriff der Identität bei seinen Reisen über die Grenzen zwischen verschiedenen Disziplinen, theoretischen Bezugsrahmen und institutionellen Kontexten unterliegt, schenkt Hall kaum Bedeutung. Obgleich er die oben genannten Theoretiker_innen, deren Werke als dialogische Bezugsfolien seines Essays fungieren, keineswegs als ‚Säulenheilige' behandelt und selbst ein Meister des Genres ist, das er als „kritische Relektüren" (S. 174) bezeichnet, fragt er weder nach den weitreichenden disziplinären und institutionellen Unterschieden zwischen ihren Ansätzen und Arbeiten noch danach, was jeweils im Prozess der Adaption, Aneignung oder Übersetzung von Konzepten in andere diskursive und theoretische Kontexte passiert.

Ein zweiter Aspekt, dem Hall deutlich zu wenig Beachtung schenkt, ist der Zusammenhang zwischen Identität und Narrativität bzw. Erzählen. Zwar bemerkt Hall an einer Stelle beiläufig, Identitäten gingen „aus der Narrativierung des Selbst hervor" (S. 171), aber er geht diesem Prozess nicht weiter nach. Vielmehr zieht er daraus einen ähnlichen argumentativen Kurzschluss wie Hayden White, indem er Narrativität mit Fiktionalität gleichsetzt und sogar „die notwendige fiktionale Natur dieses Prozesses" (ebd.) postuliert. Obgleich diese Behauptung wohl auf einer Vermischung heterogener Kategorien (konkret: von narrativer Konstituiertheit und Fiktionalität) beruht, die an Hayden Whites höchst umstrittene These gemahnt, Geschichte sei nichts anderes als eine ‚verbale Fiktion', weist Hall doch zu Recht darauf hin, dass die narrative Konstitution von Identitäten „in keiner Weise ihre diskursive, materiale und politische Effektivität" (ebd.) unterminiere. Der enge Zusammenhang zwischen Narration und Identität ist in den letzten Jahren vor allem von Vertretern der Narrativen Psychologie, allen voran etwa Jerome Bruner und Jürgen Straub, von der Autobiographieforschung sowie von narrativistischen Ansätzen in den Literatur- und Kulturwissenschaften eingehend untersucht worden.

Bezieht man diese Einsichten zur zentralen Bedeutung von Narration für die Konstitution und fortwährende Neuverhandlung von Identität auf die Kategorien von *race* und *sex*, so rücken Fragen nach der narrativen Konstruktion von Geschlechtsidentitäten, der performativen Qualität allen Erzählens und der Performativität von Geschlecht bzw. von *gender*, *race* und *sex* (sensu Judith Butler) in den Blick. Aus dieser Sicht erscheint Erzählen somit als einer der performativen Akte, die nicht bloß Geschlechtsidentitäten, sondern ethnische, kulturelle, sexuelle und soziale Identitäten generell erzeugen und kulturell stabilisieren oder auch destabilisieren können. Dabei handelt es sich durchweg um Forschungsfragen, die für die narrative Konstruktion weiterer Differenzkategorien ebenso relevant sind wie für die historische Identitätsforschung.

Darüber hinaus ist unübersehbar, dass Halls Essay in inhaltlicher, struktureller und methodischer Hinsicht Einsichten vorwegnimmt, die inzwischen durch die Forschung zur Intersektionalität auf weitere Differenzkategorien ausgeweitet, angewendet und weiterentwickelt worden sind. Während etwa in der feministischen Forschung und *gender*-orientierten Erzähltextanalyse naturgemäß Fragen nach dem Zusammenhang zwischen Narration und der Kategorie ‚Geschlecht' bzw. *gender* sowie in jüngerer Zeit auch Sexualität (*sex*) und der Körper (*body*) im Mittelpunkt des Interesses stehen, werden durch die intersektionelle Forschung strukturell ähnliche Differenzkategorien einbezogen, die historische, kulturelle und soziale Aspekte in das Blickfeld der Identitätsforschung rücken. Dazu zählen neben *race*, *class*, *gender*, die in der anglo-amerikanischen Geschichtswissenschaft schon seit längerer Zeit in einem Atemzug genannt werden, vor allem Kategorien wie Alter, Generation, Religion, Nation, Region und Hierarchie- bzw. Machtverhältnisse aller Art. Wichtiger noch als die bloße Hinzuziehung weiterer kultureller Parameter ist dabei die Frage, wie bestimmte Differenzkategorien jeweils in konkreten kulturgeschichtlichen Kontexten und Narrationen zusammenwirken, wie Birgit Neumann (2005, 2009) und Stefanie Bock (2013) am Beispiel des Wechselspiels von Geschlecht und Nation exemplarisch gezeigt haben.

Durch die Verbindung narratologischer und intersektioneller Perspektiven könnte vor allem die Weiterentwicklung einer kulturgeschichtlichen Identitätsforschung profitieren, der es um Erzählungen als Medium der Darstellung, Reflexion und Konstruktion von Geschlechtsidentitäten, aber auch ethnischer, sozialer und (sub-)kultureller Identitäten geht. Wenn man mit einer narrativen bzw. narrativistischen Theorie der Kultur und der Kulturgeschichte Kulturen als Erzähl- und Gedächtnisgemeinschaften konzeptualisiert und analysiert, dann rücken die Fragen in den Mittelpunkt, welche Rolle Erzählungen für die Modellierung von kollektiven Gedächtnissen und für jene „zeitgenössischen Formen von ‚Identitätspolitiken'" (S. 168) haben, die Stuart Hall und die Repräsentanten der British Cultural Studies in das Zentrum ihrer Forschungen gestellt haben. Diese Fragen sind von weitreichender Bedeutung, um Einsichten in narrative Konstruktionen von soziokulturellen Differenzen und damit auch in die Dynamik und historische und kulturelle Variabilität von Identitäten zu gewinnen.

Reisende Konzepte, Narrativität und Intersektionalität – das alles klingt sehr abstrakt und theoretisch, aber Stuart Hall hatte auch die seltene Gabe, komplexe Prozesse einfach und anschaulich zu erläutern, ohne sich dem Vorwurf des Reduktionismus oder der unzulässigen Simplifizierung komplizierter Sachverhalte auszusetzen. Wie die Prozesse von Identitätskonstruktionen bzw. Identitätszuschreibungen durch jene Differenzkategorien, die die Intersektionalitätsforschung in den letzten Jahren eingehend beleuchtet hat, konkret funktionieren, verdeutlicht Hall etwa sehr anschaulich in einem anderen Essay (1985) mittels eines kurzen autobiographischen Exkurses. Ganz plastisch beschreibt er anhand seiner eigenen Erfahrungen, welche Bedeutung ethnische und sonstige Differenzkategorien und die damit implizierten Identitätszuschreibungen entfalten können und wie kontextabhängig sie zugleich sind. Während er in seinen über dreißig Jahren in England (aus denen letztlich über sechzig wurden) wahlweise als „‚farbig', ‚Westinder', ‚Neger', ‚schwarz', ‚Einwanderer' angesprochen oder angerufen worden" (S. 57) sei, hätte er in seiner Kindheit und Jugend in Jamaika stets als ‚farbig' gegolten, wobei „‚farbig' zu sein hieß, in die ‚gemischten' Reihen der braunen Mittelklasse zu gehören" (ebd.). Solche Bezeichnungen, so Hall, erfüllten die Funktionen, Menschen bzw. Subjekte „einem ‚Platz' in einer bedeutungstragenden Kette" einzuschreiben, „die Identität über die Kategorien von Hautfarbe, Ethnie und Rasse konstruiert" (ebd.), wobei er die Übersetzung in die Theoriesprache des Poststrukturalismus nicht schuldig bleibt: „Kurzum, derselbe Begriff hatte sehr verschiedene Konnotationen, weil er in verschiedenen ‚Systemen von Differenzen und Äquivalenzen' operierte." (Ebd.)

Gerade weil Historiker_innen es stets mit „verschiedenen ‚Systemen von Differenzen und Äquivalenzen'" zu tun haben, braucht man gewiss kein Prophet zu sein, um vorauszusagen, dass die wissenschaftlichen Gespräche über Identität und Identitätspolitik(en) noch lange weitergehen werden und dass dabei sowohl Halls wegweisende Überlegungen als auch die vielen Impulse, die Norbert Finzsch in seinen Arbeiten zum Thema dieses Bandes geliefert hat, eine wichtige Rolle spielen werden. Historiker_innen haben, wie wir einleitend angemerkt haben, ja nicht nur schon seit langem gewusst, dass Identitätskonstruktion stets auf dem Zusammenspiel von verschiedenen Differenzkategorien beruht, sie haben auch früher als andere Disziplinen erkannt, welch wichtige Rolle *sex* und *race* dabei spielen. Würde man nicht theoretische Texte wie Halls „Wer braucht Identität?" einer

Relektüre unterziehen, sondern einige der Aufsätze von Norbert Finzsch zum gleichen Thema, so würde man feststellen, dass kaum etwas mehr vor unhaltbaren Generalisierungen und Wiederentdeckungen schützt als ein ausgiebiges „Quellenbad", um eine der Lieblingsmetaphern (und Lieblingstätigkeiten!) des bedeutenden deutschen England- und Globalhistorikers Hermann Wellenreuther zu zitieren. Zu welch wichtigen Einsichten man dabei über den Zusammenhang von *sex* und *race* kommen kann, erfährt man wohl nirgendwo anschaulicher und eindrücklicher als in den Arbeiten Norbert Finzschs.

Querverweise

- Judith Butler: *Gender Trouble* (1990)
- Eve Kosofsky Sedgwick: *Epistemology of the Closet* (1990)
- Edward Said: *Orientalism* (1978)
- Frantz Fanon: *Schwarze Haut, Weiße Masken* (1952)

Literatur

Bock, Stefanie: *Grundzüge einer gender-orientierten Imagologie am Beispiel von Deutschlandstereotypen in Werken englischsprachiger Autorinnen von 1890 bis 1918.* Trier: WVT 2013.

Brockmeier, Jens / Donal Carbaugh (Hrsg.): *Narrative and Identity. Studies in Autobiography, Self and Culture.* Amsterdam / Philadelphia: Benjamins 2001.

Bruner, Jerome: *Acts of Meaning.* Cambridge, MA / London: Harvard UP 1990.

Eakin, Paul John: *How Our Lives Become Stories. Making Selves.* Ithaka, NY: Cornell UP 1999.

Hall, Stuart: Bedeutung, Repräsentation, Ideologie. Althusser und die poststrukturalistischen Debatten (1985). In: Ders.: *Ideologie, Identität, Repräsentation. Ausgewählte Schriften*, Bd. 4, hrsg. v. Juha Koivisto / Andreas Merkens. Hamburg: Argument 2004, S. 34–65.

—: Wer braucht Identität? (1996). In: Ebd., S. 167–187.

Lutz, Helga / Maria Teresa Herrera Vivar / Linda Supik (Hrsg.): *Framing Intersectionality. Debates on a Multi-Faceted Concept in Gender Studies.* Surrey / Burlington, VT: Ashgate 2011.

McAdams, Dan P.: *The Redemptive Self. Stories Americans Live By* [2005]. Rev. and expand. ed. New York: Oxford UP 2013.

Neumann, Birgit: *Erinnerung – Identität – Narration. Gattungstypologie und Funktionen kanadischer 'Fictions of Memory'.* Berlin / New York: de Gruyter 2005.

—: *Die Rhetorik der Nation in britischer Literatur und anderen Medien des 18. Jahrhunderts*. Trier: WVT 2009.

Neumann, Birgit / Ansgar Nünning / Bo Pettersson (Hrsg.): *Narrative and Identity. Theoretical Approaches and Critical Analyses*. Trier: WVT 2008.

Straub, Jürgen (Hrsg.): *Erzählen, Identität und historisches Bewusstsein. Die psychologische Konstruktion von Zeit und Geschichte.* Frankfurt am Main: Suhrkamp 1998.

Ann Laura Stoler: *Race and the Education of Desire* (1995) Oder: Die Effekte kolonialer Machtverhältnisse

Doro Wiese

Bestände Genialität darin, das Offensichtliche zum ersten Mal zu entdecken, wäre Ann Laura Stoler ein Genie. Denn die Beobachtung, von der sie sich in *Race and the Education of Desire* leiten lässt, rückt eine offenkundige Leerstelle von Michel Foucaults Werk in den Mittelpunkt: sein Versäumnis, koloniale Geschichte als prägend für die Entstehung des von ihm herausgearbeiteten modernen, westlichen Sexualitätsdispositivs anzusehen. Einmal in das Zentrum des Nachdenkens gestellt, wird diese Leerstelle in ihren Konsequenzen deutlich erkennbar. Sie ist ein schwarzes Loch, so mitreißend und gewichtig, dass kein Theorem Foucaults zur abendländischen Sexualität von ihrer Anziehungskraft verschont bleibt. Stoler wagt sich an diese Leerstelle heran und schafft es, sie nicht nur zu durchdringen, sondern ihr grundlegende Beobachtungen abzugewinnen. *Race and the Education of Desire* zeigt mit größter Überzeugungskraft, dass die Geschichte der europäischen Sexualität untrennbar mit jener in den Kolonialgebieten verwoben ist. Dass Stoler sich darüber hinaus nicht etwa von Foucaults Thesen abwendet, sondern ihre eigene Argumentation vielmehr auf seine Einsichten stützt, ist ein weiteres Indiz für ihre wissenschaftliche Sorgfalt und Ernsthaftigkeit.

Wie zeigt Stoler auf, dass die diskursive Regulierung von Körpern und Körperlichkeit, die in Europa zu Kolonialzeiten stattfindet, nicht an den Grenzen einer Nation oder des Kontinents endet? Wie kann sie darlegen, dass die Körperpolitiken und -praktiken in den Kolonien sich nicht etwa nur in einer angenommenen Peripherie abspielen, sondern direkt im Herzen der Metropolen Auswirkungen haben? Und welche Folgen hat der Aufstieg der Bourgeoisie zur ideologischen und wirtschaftlichen Herrschaftsmacht für die Disziplinierung von Körpern und die Regulierung von Lüsten?

Muss ferner angenommen werden, dass Diskurse, Praktiken und biopolitische Eingriffe sich weltweit in gleicher Weise entfalten, oder handelt es sich um ein höchst differenziertes Geflecht von Einflussnahmen?

Um Foucaults grundlegende Einsichten in die Wirkungsweise von diskursiver Macht fruchtbar zu machen, schließt Stoler eine argumentative Lücke in dessen Werk. Wie Stoler feststellt, entwickelt Foucault bereits in *Der Wille zum Wissen* den Begriff der Biomacht (S. 161–190). Für Foucault ist diese neue Machtformation (staatliche Regulierungen, wissenschaftliche Diskurse, institutionelle Praktiken etc.) eng verknüpft mit der Entstehung der Nationalstaaten und dem damit einhergehenden Konzept der Bevölkerung. Der Staat reguliert das imaginäre Volksgebilde mit dem Ziel, das Reich des Lebens auszudehnen: „Es geht nicht mehr darum, auf dem Feld der Souveränität den Tod auszuspielen, sondern das Lebende in einem Bereich von Wert und Nutzen zu organisieren" (Foucault 1983, S. 171). In den Vorlesungen am *Collège de France* im Jahr 1975–1976, die Foucault nach Fertigstellung des ersten Bandes von *Sexualität und Wahrheit* gab, bleiben die Begriffe Biopolitik und Biomacht weiterhin zentral. Sexualität, in großen Teilen von *Der Wille zum Wissen* als körperlicher Effekt diskursiver Praktiken verstanden, bekommt in den Vorlesungen eine Scharnierfunktion, die den Körper des Individuums mit dem sozialen Körper der Bevölkerung zusammenfallen lässt. Des Weiteren behauptet Foucault, dass Rassismus für die Biopolitik unabdingbar sei. Rassismus erlaube jenen Einschnitt, der eine Unterscheidung zwischen dem, was „leben und dem, was sterben muß", ermögliche. Mit anderen Worten: Rassismus kennzeichnet innerhalb von modernen Nationalstaaten die Möglichkeit, Unterscheidungen zwischen lebenswertem und ‚sterbenswertem' Leben innerhalb der Bevölkerung zu treffen. Diese Möglichkeit der Unterscheidung legitimiert laut Foucault Biomacht, da sie ihre Macht über das Leben verdeutliche. Denn vorgeblich dienen ihre Eingriffe immer einer ‚Verbesserung des Lebens' (vgl. Foucault 1992). Für Stoler haben diese Ansätze Foucaults weitreichende Bedeutung für eine Analyse des Zusammenhangs von Metropole und Kolonie. Foucault verweist in seinen Schriften und Vorlesungen jedoch nur kursorisch auf Kolonialgeschichte: In seiner Analyse des Rassismus bezieht er sich vorwiegend auf das NS-Regime und auf den Stalinismus als Beispiele einer biopolitischen Vernichtungspolitik, die auf einer internen biopolitischen Differenzierung innerhalb von Nationalstaaten basiere (vgl. Foucault 1992). Stolers Beweisführung, die foucaultsche Ideen über eine Sexualität regulierende und rassisierende Biopolitik aufgreifen will, wird des Weiteren dadurch erschwert, dass

Foucault genau jene biopolitische Gedankenspur bis zu seinem Tod im Jahre 1984 nicht mehr in größerem Maße weiterverfolgt hat. Wenngleich Biopolitik und Biomacht grundlegende Begriffe in seinen Vorlesungen im Jahr 1975–1976 sind (später erschienen unter *Il faut défendre la société)*, so wendet er sich in seinem schriftlichen Werk, vor allem dem zweiten und dritten Band von *Sexualität und Wahrheit*, vielmehr der Antike zu, die Foucault als wesentlich für eine alternative Ethik der Selbstsorge und für einen nicht-christlichen Gebrauch der Lüste ansieht. Diejenigen Elemente aus Foucaults Hinterlassenschaft, die Stolers Projekt maßgeblich vorantreiben könnten, sind also nicht mehr (und nicht weniger) als Sprungbretter: Sie bieten ihr den nötigen Schwung und Antrieb, um die foucaultsche Schanierfunktion der Sexualität um die folgenschweren sozialen Kategorien von ‚Rasse', Klasse und Geschlecht zu erweitern.

Wie bereits ausgeführt, besteht für Foucault die Scharnierfunktion der Sexualität darin, den individuellen, disziplinierten und diskursiv-geformten Körper des Individuums mit dem Sozialkörper zu verbinden, auf den Biomacht zielt. Grundsätzlich müssen die Diskurse über Sexualität, die auf das Individuum und auf den Sozialkörper zielen, als produktiv verstanden werden, es handelt sich um ein „feines Netz von Diskursen, Wissen, Lüsten, Mächten, das unter Strom gesetzt wird" (Foucault 1983, S. 92). Stoler nimmt den Faden eines foucaultschen Denkens auf, das die Lust als etwas versteht, das durch diskursive Formationen und Dispositive erst hervorgebracht wird. Sie modifiziert Foucault jedoch in entscheidender Weise. Foucaults Beschreibung über die diskursive Produktion von normativer Sexualität bleibt allgemein; er rückt die Figuren der hysterischen Frau, des masturbierenden Kindes und des perversen Erwachsenen als Formen der Abweichung ins Zentrum der Betrachtung, die der normativen Sexualität Kontur verleihen. Stoler hingegen zeigt auf, dass gerade die bürgerliche Sexualität permanent angefochten wird und dass die Gegensätze zwischen Norm und Abweichung entlang der sozialen Kategorien von Geschlecht, Klasse, und Rasse fortwährend verschwimmen. Über den Körper der Bevölkerung spannt sich ein diskursives, biopolitisches Netz, das gerade dadurch seine Wirkungsmacht entfaltet, weil es von vielfältigen Graduierungen durchzogen ist. Graduelle Unterschiede zwischen und innerhalb von Klassen, Geschlechtern und ‚Rassen' sind es, die die Herstellung der bürgerlichen Subjektivität bedrohen. Für Stoler ist daher nicht allein die Produktion von Lust maßgeblich für Biopolitik. Sollen biopolitische Diskurse effektiv sein, ist die Herstellung von Angst ebenso entscheidend wie die Führung der Lüste. Gerade weil es auf vielfältige Weise möglich ist,

den Normen der Bürgerlichkeit nicht zu entsprechen, wird die Besorgnis angefacht, aufgrund von Arbeits- und Sexualverhalten, einer nicht-weißen Hautfarbe oder fehlenden Kenntnissen der Kolonialsprache den bürgerlichen Status nicht zugesprochen zu bekommen oder zu verlieren.
Um ihre These zu untermauern, entwickelt Stoler drei Problemfelder, die die bürgerliche Subjektivität bedrohen: ‚Rassenmischung', Kindererziehung und eine Exotisierung der Körper von kolonialisierten Frauen. Diese drei Felder sind insofern relevant, als dass eine Fülle von historischen Materialien darauf hinweist, dass gerade sie jenen Bereich markieren, auf dem die bürgerliche Subjektivität fortwährend angefochten wird. Stoler nimmt die ehemalige niederländische Kolonie Indonesien zum Ausgangspunkt, um anhand von staatlichen Regulierungen vom sechzehnten bis zum zwanzigsten Jahrhundert aufzuzeigen, wie genau ‚Rassenmischung', Kindererziehung und die Exotisierung indonesischer Frauenkörper zu umkämpften Problemfeldern *werden*. Um Stolers Argumentation zu verstehen, muss vorausgesetzt werden, dass es erst biopolitische Maßnahmen sind, die diese Felder als problematisch markieren. In der niederländischen Kolonie Indonesien wurde Sexualität sehr früh reguliert. Bereits 1642 entstand in Batavia ein Frauengefängnis, das jene Frauen aus der Öffentlichkeit entfernte, deren skandalträchtiges Leben junge Männer und Kinder von ehrwürdigen Häusern in den Schmutz zu ziehen drohte (Stoler, S. 40). Ferner wies die große Anzahl von so genannten ‚Rassenmischlingen' auf vielfältige sexuelle Beziehungen zwischen den Kolonisator_innen und den Kolonisierten hin. Frühzeitig begann die Diskriminierung dieser ‚Mestizo'-Bevölkerungsgruppe, die in Indonesien schon 1680 vom Verwaltungsdienst ausgeschlossen wurde (Stoler, S. 27). Im frühen neunzehnten Jahrhundert wurde darüber hinaus eine Schulerziehung in den Niederlanden zur Eintrittsbedingung für den administrativen Dienst. Arme, in Indonesien wohnende Bevölkerungsschichten, die es sich nicht leisten konnten, ihre Söhne (sic!) für den Schulbesuch ins ‚Vaterland' zu schicken, wurden somit systematisch am Klassenaufstieg gehindert. Die Klassenzugehörigkeit zur Bourgeoisie wurde gerade dadurch reguliert, dass sie entlang von Hautfarbe (weiß) und Besitzstand (wohlhabend) funktionierte; Frauen jeglicher Couleur wurde der Aufstieg zur bürgerlichen Klasse durch die Einschränkung von Berufsfeldern und Bildungsmöglichkeiten entscheidend erschwert. Foucault behauptet, der Aufstieg des Bürgertums löse eine Herrschaft des Blutes (des Adels) durch ein Allianzdispositiv ab – eine „Verhäkelung von Allianz und Sexualität in der Familie" (1983, S. 131). Stolers Studie erlaubt eine folgenreiche Differenzierung von

Foucaults Theorem. Denn biopolitische Maßnahmen in den Kolonien sorgten dafür, dass das Allianzdispositiv (die durch Heirat zementierte Stiftung von Bündnissen durch Sexualität) entlang der Kategorien von ‚Rasse', Klasse und Geschlecht re-biologisiert wurde. Es ist nicht erst der sexuelle Akt, legitimiert durch Heirat, der die Allianz stiftet. ‚Rasse', Klasse und Geschlecht sind verkörperte Narrative, entlang derer entschieden wird, wer für eine Allianz tauglich ist, oftmals durch die Konstruktion eines (imaginären) sexuellen Verhaltens, das sich nicht für das Bürgertum geziemt.

Wie bereits erwähnt, werden die Grenzen der Bürgerlichkeit von zwei weiteren Figuren bedroht, die aufzeigen, dass scharfe Trennungen zwischen Klassen und ‚Rassen' nicht aufrechtzuerhalten sind. Denn die Grenzen werden angefochten von denjenigen, die sich mitten im Herzen der Grundfesten bürgerlicher Subjekte befinden, dem Zuhause und dem Begehren. Hausangestellte, die Bürgerskinder betreuen, spielen im bürgerlichen Diskurs eine mehrdeutige Rolle. Einerseits gehören sie der Schicht an, von der sich das Bürgertum abgrenzen will und deren Lebensführung als unmoralisch gedeutet wird. Andererseits ist das Bürgertum fundamental von der Arbeit der Hausangestellten abhängig und überlässt ihnen wichtige ideologische Bereiche der Selbsterschaffung wie beispielsweise die Kindererziehung. Gleichzeitig sorgt eine wissenschaftliche und literarische Pornographie dafür, dass das Bild der exotisierten, begehrenswerten Anderen in bürgerlichen Kreisen zirkuliert.

Um hier zum Abschluss einen Einblick in Stolers scharfe Beobachtungsgabe zu geben, möchte ich in einem letzten Schritt darlegen, wie Stoler die foucaultsche Figur des onanierenden Kinds erweitert. Auch hier gelingt es ihr aufzudecken, dass es nicht allein die kindliche Sexualität ist, die von einem im neunzehnten Jahrhundert breit geführten Diskurs über Onanie zu einem Problemfeld gemacht wurde. Vielmehr erfasste der Diskurs über kindliche Sexualität den ganzen Bereich der Erziehung. Als Problemfeld wurde kindliche Sexualität in einem differenzierten Koordinatensystem erfasst, in dem Geschlecht, ‚Rasse' und Klasse äußert wichtige Knotenpunkte waren. Gerade weil Kinder bürgerlicher Herkunft nicht in Isolation aufwuchsen, sondern von Ammen, Kindermädchen, Gärtnern, Köchinnen, Waschfrauen, Stallburschen umgeben waren, war ihre Erziehung zu bürgerlichen Werten und Empfindsamkeiten gefährdet. Stoler führt an, dass es den kolonialen Administratoren erst in den 1930er Jahren gelang, die Töchter europäischer Männer und indonesischer Frauen zu ‚isolieren', das heißt aus der mütterlichen Dorfgemeinschaft auszugliedern. Als weitere ‚Gefahrenquellen' für Bürgerkinder wurde das Spielen

auf der Straße mit indonesischen Kindern, der Besuch in einer indonesischen Schule oder der vermeintlich verderbliche Einfluss einheimischer Ammen angesehen (S. 112). Durch diese Beispiele verdeutlich Stoler die Unumgänglichkeit der ‚Gefahren', der die bürgerliche Subjektwerdung ausgesetzt war. Gerade weil der kindliche Alltag geprägt war von Situationen, die den Kontakt mit den Einheimischen oder den Angehörigen der Arbeiterklasse unvermeidlich machten, wurden weiße, bürgerliche Kinder in ihrem Verhalten, in ihren emotionalen Bezügen, in ihren möglichen Begehrensweisen, in ihrer Körperlichkeit von einer Kultur geprägt, die sie als anders, fremd oder ihre Moral gefährdend wahrnahmen.
Stoler zeigt die Projekthaftigkeit des Unternehmens Bürgertum auf und verdeutlicht, dass es getrieben und getragen wurde von all denjenigen, die aufgrund ihrer Klasse, ‚Rasse', ihrer Herkunft, ihres Geschlechts oder ihrer Sexualität nicht zu ihm gehören sollten. Sie füllt die Leerstelle, die Foucault mit seiner Missachtung der Kolonialgeschichte hinterlassen hatte, und bevölkert diese mit vielfältigen Geschichten und Zeugnissen über die Verwobenheit, die zwischen Metropole und Kolonie, zwischen Bürger_innen und Arbeiter_innen, zwischen Kolonisierenden und Kolonisierten bestand. Über Foucault hinausgehend vermag sie dergestalt einer Geschichte Ausdruck zu verleihen, die vielleicht noch lange verschwiegen geblieben wäre, hätte Stoler sich nicht mit Sorgfalt und Wagemut jenem schwarzen, gewichtigen Loch gewidmet, das die Kolonialgeschichte in sich verschwinden zu lassen drohte.

Querverweise

- Sander Gilman: Black Bodies, White Bodies (1985)
- Edward Said: *Orientalism* (1978)
- Michel Foucault: *Der Wille zum Wissen* (1976)
- H. W. Harnish / J. P. Barnes: *Mixed Family – Mr. Bennet (American) and Filipino Wife* (1902)

Literatur

Foucault, Michel: *Sexualität und Wahrheit I. Der Wille zum Wissen* [1976]. Frankfurt am Main: Suhrkamp 1983.

—: Leben machen und sterben lassen. Die Geburt des Rassismus. In: Ders. / Sebastian Reinfeld / Richard Schwarz (Hrsg.): *Bio-Macht*. Duisburg: Diss 1992, S. 27–51.

—: *Il faut défendre la sociéte. Cours au collège de France (1975–1976)*. Paris: Gallimard 1997.

Stoler, Ann Laura: *Race and the Education of Desire. Foucault's History of Sexuality and the Colonial Order of Things*. Durham: Duke UP 1995.

Kimberlé Crenshaw: Mapping the Margins (1991)
Oder: Die umkämpfte Kreuzung

Nina Mackert

Über Intersektionalität zu schreiben, heißt darüber zu schreiben, dass *race* und *sex* nicht getrennt voneinander betrachtet werden können. Es heißt auch anzuerkennen, dass Intersektionalität ein kollektives Projekt ist, das viele genealogische *roots* hat. Diese Perspektive entstand zu unterschiedlichen Zeiten und an unterschiedlichen Orten, sie muss aber in jedem Fall mit afroamerikanischen Feminist_innen in Verbindung gebracht werden. Diese haben in ihren Kämpfen in und mit dem *Civil Rights Movement* und der – weiß dominierten – Frauenbewegung einen analytischen Zugriff entwickelt, der die komplexen Verschränkungen von *race*, *sex*, *gender* und *class* erst zu erfassen vermochte. Seit den 1970er Jahren tauchte diese Perspektive in Texten unterschiedlicher *women of color* auf; das ‚Dach' Intersektionalität erhielt sie durch die Arbeiten der afroamerikanischen Juristin Kimberlé Crenshaw, die den Begriff unter anderem in dem Aufsatz „Mapping the Margins" prägte.

Intersektionalität ist nicht nur ein kollektives Projekt, sondern auch ein Thema von immenser wissenschaftlicher und politischer Brisanz. Aus Respekt vor einer Unterdrückungsgeschichte, die nicht die eigene ist, könnte meine Relektüre von „Mapping the Margins" vor Verweisen auf Bücher und Artikel strotzen, die sich in den vergangenen 25 Jahren mit Intersektionalität beschäftigt haben. Die Debatten um die Genealogie und Denkweisen von Intersektionalität sind Kämpfe um Macht, um Forschungssichtbarkeit und Anerkennung. Der bewegungspolitische Kontext von Intersektionalität beispielsweise wurde und wird häufig ausgeblendet. Und nicht zuletzt ist strittig, wie intersektional gedacht und geforscht werden soll, ob es sich hier um ‚Intersektionen' handelt, um Durchkreuzungen oder Verschränkungen von Differenzkategorien, ob es um die ‚Simultaneität von Machtverhältnissen' oder um ‚Achsen der Ungleichheit' geht.

Mittlerweile scheint Intersektionalität auch ein Label geworden zu sein, das Forschungsprojekte schmückt, oft genug aber ein Lippenbekenntnis bleibt. Anders gesagt: Intersektionalität steht häufig drauf, ist aber weniger oft drin und erschöpft sich nicht selten in einer bloßen Addition von Kategorien. Mit begrifflichen und konzeptionellen Abgrenzungen wie Interdependenz oder Assemblage kritisierten Forscher_innen unter anderem einen solchen mechanischen Umgang mit der Verschränkung von *race* und *sex*. Den Begriff der Intersektionalität dagegen möchten viele von ihnen deshalb nicht mehr benutzen. Dabei war Crenshaws Einsatz sehr wichtig für das Verständnis der Dynamik von Machtverhältnissen – und viel weniger statisch, als es in der Rezeption des Konzepts gängig ist.

Die Geschichte von Intersektionalität ist also nicht minder politisch oder dynamisch als das Konzept selbst. Und da diese Auseinandersetzungen in letzter Zeit bereits in mehreren Bänden bilanziert wurden (zuletzt Cho / Crenshaw / McCall 2013), kümmere ich mich hier mehr um das, was in dem Text an sich steckt. Crenshaw selbst hat in „Mapping the Margins“ wenig abstrakt und stattdessen sehr konkret über Intersektionalität geschrieben. Grundlage ihrer Überlegungen war die Kritik an einem Rechtssystem, in dem kein Raum dafür war, die simultane Diskriminierung schwarzer Frauen über *race* und *gender* anzugreifen.

Die Kreuzung

Schwarze Frauen, so Crenshaw, befänden sich auf der „Kreuzung“ von Diskriminierungen aufgrund ihrer Hautfarbe und ihres Geschlechts (1991, S. 1278). Es ist dieses Bild der Kreuzung, für das Crenshaw in der deutschsprachigen Debatte um Intersektionalität am bekanntesten ist – und am häufigsten kritisiert wurde. Schon in „Demarginalizing the Intersection of Race and Sex“ (1989) – einem Aufsatz, der noch häufiger als „Ursprungsort“ von Intersektionalität genannt wird – verglich Crenshaw die Position schwarzer Frauen mit der Mitte einer Kreuzung, auf der sich der Verkehr auf den Straßen Rassismus und Sexismus treffe. An diesem Ort sei das Risiko nicht nur größer, verletzt zu werden, sondern es ließe sich auch nicht immer klar benennen, aus welcher Richtung das Unfall verursachende Auto gekommen sei, das heißt, ob Sexismus oder Rassismus oder nicht vielmehr beide gleichzeitig für die Verletzung verantwortlich seien. Auf diese Komplexität – und das ist einer von Crenshaws zentralen Kritikpunkten – würde aber die Antidiskriminierungsgesetzgebung nicht reagieren. Diese funktioniert in Crenshaws Metapher wie die Entscheidung einer Notärztin, nur dann erste Hilfe zu leisten, wenn das Unfallauto bestimmt werden konnte (ebd., S. 149).

In vielen theoriegeleiteten Texten ist das Bild der Kreuzung zu einem Symbol für ein vereinfachtes Nachdenken über

Intersektionalität geworden. Es gilt als Beispiel für ein Konzept von Unterdrückungsverhältnissen, in dem die Kategorien eigentlich als statisch und separat voneinander gedacht werden. Dabei wandte sich Crenshaw mit dem Bild der Straßenkreuzung ausdrücklich gegen diese Vorstellung. Sie intervenierte mit ihren Texten in eine rechtspolitische Diskussion und kritisierte ein eindimensionales Verständnis von Diskriminierung, dass dazu führte, dass schwarze Frauen keinen Rechtsschutz in Anspruch nehmen konnten. Ein statisches Verständnis von Unterdrückung führt dazu, dass die Position in der Mitte der Kreuzung nicht denkbar, nicht juristisch anerkennbar ist. Das ist es gerade, was Crenshaw hier kritisiert. Wenn das Bild der Kreuzung von den konkreten Analysen abstrahiert wird, die Crenhaw in ihren Arbeiten liefert, geht dessen Komplexität verloren.

Analyse und Bewegung

In „Mapping the Margins“ widmet sich Crenshaw unter anderem den Aufnahmepolitiken von Frauenhäusern in Los Angeles und den Debatten um Vergewaltigung in New York City. Dabei weist ihre Kritik in zwei Richtungen. Zum einen zeigt sie den intersektionalen Charakter der Gewalterfahrungen von *women of color* und untersucht konkret, wie Rassismus über Sexismus funktioniert und umgekehrt. Und zum anderen kritisiert sie, dass die Erfahrungen und Interessen von *women of color* sowohl im US-amerikanischen Feminismus als auch in der afroamerikanischen Bürgerrechtsbewegung keine Rolle spielten. In diesen Bewegungen seien jeweils nur *gender* oder *race* als Identitätskategorien berücksichtigt, die Interessen von weißen Frauen und schwarzen Männern privilegiert und schwarze Frauen so unsichtbar gemacht worden.

Das Beispiel von Frauenhäusern in Los Angeles verdeutlicht beide Kritikpunkte. Crenshaw führte um 1990 eine Feldstudie zur Situation in Frauenhäusern in *minority communities* in Los Angeles durch. Sie stellte fest, dass die Gewalterfahrungen, die *women of color* in die Frauenhäuser brächten, nur ein Aspekt ihrer komplizierten Situation waren. Armut, Sorgearbeit und wenig Zugang zu Bildung träfen auf einen rassistischen Job- und Wohnungsmarkt (S. 1245–1246). Überdies seien *women of color* überproportional in den Frauenhäusern vertreten, weil sie weniger als weiße Frauen auf ein ökonomisch stabiles Netzwerk zurückgreifen könnten. Hier liefen, das zeigt Crenshaw, vielschichtige Formen von Unterdrückung zusammen. Daher müssten auch die Gegenstrategien intersektional sein, weil sie sonst ihr Ziel verfehlten. So müssten Gesetze, die Frauen vor der Gewalt ihrer Ehemänner schützen sollen, etwa die spezifische Situation migrantischer

Frauen berücksichtigen, um wirksam sein zu können. Und auch am Beispiel der Auseinandersetzungen, die innerhalb der *communities* über häusliche Gewalt und Vergewaltigung geführt wurden, zeigt Crenshaw die verletzenden Effekte multipler Diskriminierung. Dort würden Versuche, Gewalt anzuklagen, oft mit dem Vorwurf zurückgedrängt, die Community zu spalten, weil sie etwa dem rassistischen Stereotyp des schwarzen Vergewaltigers Vorschub leisten könnten. Durch diese Abwehr würden aber die Gewalterfahrungen von *women of color* sowohl innerhalb als auch außerhalb der Community heruntergespielt. Und, so befindet Crenshaw scharf: „[W]omen of color need not await the ultimate triumph over racism before they can expect to live violence-free lives." (Crenshaw 1991, S. 1258)

Positionen und Koalitionen

Wenn in Anerkennungskämpfen entweder Rassismus oder Sexismus ignoriert würden, so Crenshaw, gerieten die Funktionsweisen von beidem aus dem Blickfeld. Damit gingen antirassistische und antisexistische Politiken nicht nur auf Kosten der jeweils anderen Bewegung, sie begrenzten sich auch selbst.

In „Mapping the Margins" setzt sich Crenshaw für Identitätspolitiken ein. Die Vielschichtigkeit ihrer Analyse ist oft übersehen worden. Sie beginnt ihren Artikel mit dem enormen Nutzen, den die Politisierung von Identität seit den späten 1960er Jahren unter anderem für Frauen, *African Americans* und andere *people of color*, Schwule und Lesben hatte. Schnell wird aber auch ihre Kritik an solchen Identitätspolitiken deutlich, die Differenzen verwischen: Sie ignorierten die multiplen Dimensionen der Erfahrungen schwarzer Frauen und machten diese so unsichtbar. Die Positionen von *women of color* wieder erzählbar zu machen, ist Crenshaws Ziel in „Mapping the Margins". In diesem Sinne ist ihr Text ein Plädoyer für eine andere Identitätspolitik. Intersektionalität ist für Crenshaw das Werkzeug für eine Bewegungspolitik, an der ich zwei Aspekte hervorheben möchte: Erstens soll sie eine Politik der Koalitionen ermöglichen und zweitens soll sie zeigen, wie Kategorien von Macht durchdrungen sind.

Erstens: Intersektionalität bietet für Crenshaw einen Weg, zwischen der Notwendigkeit von Identitätspolitik und der Anerkennung von Differenzen zu vermitteln. So versteht Crenshaw etwa *race* nicht als Grundlage einer homogenen Gruppe, sondern als Koalition von *people of color*. Denn ein solches Verständnis von *race* eröffne Möglichkeiten für *women of color*, häusliche Gewalt und Vergewaltigung zu bekämpfen und sich nicht mehr von dem Argument zurückdrängen zu lassen, sie würden damit die Community gefährden. Für Crenshaw war es 1991 angesichts des anhaltenden Rassismus und Sexismus politisch vielversprechender, eine Identitätspolitik an den Intersektionen zu verfolgen, anstatt Identitätskategorien zu verwerfen. Denn eine solche Politik erlaube *agency*:

> At this point in history, a strong case can be made that the most critical resistance strategy for disempowered groups is to occupy and defend a politics of social location rather than to vacate and destroy it. (Crenshaw 1991, S. 1297)

Zweitens: Anzuerkennen, dass Identitätspolitiken *agency* ermöglichen, heißt für Crenshaw aber nicht, die Machtprozesse auszublenden, die Kategorien durchziehen. Mit anderen Worten: Weil Kategorisierungen immer Ausschlüsse produzieren, muss das Augenmerk auch auf die Prozesse gerichtet werden, die diese Kategorien hervorbringen und wichtig werden lassen. Spätere Texte zu Intersektionalität haben die Notwendigkeit hervorgehoben, die Herrschaftsverhältnisse zu untersuchen, in denen solche Kategorien erzeugt werden. Das tut Crenshaw, wenn sie in ihren Texten ein (Rechts-)System angreift, das mit einem eindimensionalen Verständnis von Unterdrückung operiert. Die Konsequenz daraus ist für sie nicht, mehrere Kategorien zusammenzuaddieren und die Liste der Unterdrückungen immer länger werden zu lassen. Vielmehr fordert sie dazu auf, die unterschiedlichen Wege zu untersuchen, in denen Kategorien mit Bedeutung aufgeladen werden und sich wechselseitig konstituieren.

Bei genauerem Hinsehen hat Crenshaw in der Tat bereits vieles von dem umgesetzt, was die späteren Theoriedebatten um Intersektionalität fordern sollten. Die Feststellung ist für sich allein genommen nicht besonders beeindruckend. Aber sie wirft ein anderes Licht auf diese Debatten, etwa auf die seither vieldiskutierte Frage, welche Kategorien für eine intersektionale Analyse herangezogen werden müssen. Crenshaw hat in „Mapping the Margins" *race* und *gender* fokussiert und *class* miteinbezogen, gleichwohl aber kein bestimmtes Set an Kategorien vorgeschlagen, sondern eine spezifische historische Situation kritisch analysiert. Zudem problematisiert sie, dass auch ihre Untersuchung Ausschlüsse vornimmt und komplexe Machtverhältnisse vereinfacht, etwa indem sie aus einer schwarz-feministischen Perspektive über Gewalterfahrungen von *women of color* spricht. Auch in ihren späteren Texten zeigt sie sich skeptisch gegenüber der Vorstellung von Intersektionalität als starrer Methode, die mit einer „Liste aller Differenzen" operiert. Abstrakte „Spekulationen" über Intersektionalität seien in den vergangenen Dekaden weit weniger produktiv gewesen als empirische Forschungen, die mit der Idee wirklich gearbeitet hätten (Crenshaw 2011, S. 222–223). Crenshaw betont so den bewegungspolitischen historischen Kontext von Intersektionalität und erinnert damit daran, dass die Theorie ein Produkt von Kämpfen ist.

Intersektionales Denken verändert sich also mit seinen Subjekten, was eine starre Methodologie weder erwünscht noch empfehlenswert macht. 20 Jahre nach „Mapping the Margins" schreibt Crenshaw:

> That intersectionality doesn't meet the standards of something that it never claimed to be and, in fact, implicitly contests, justifies neither a call to celebrate its so-called ‚incompleteness' nor a need to muscle it up to run with the big boys. (Crenshaw 2011, S. 232)

Meines Erachtens liegt dennoch gerade in besagter ‚Unvollständigkeit' eine große Stärke dieses emanzipatorischen Werkzeugs – nicht, wenn ich sie als Mangel, sondern wenn ich sie als Unabgeschlossenheit begreife. Die untersuchten Differenzen und Fluchtpunkte der politischen Interventionen variieren und formieren sich in den unterschiedlichen Bewegungen und kritischen Forschungskontexten immer wieder neu. Daher wirkt die Perspektive der Intersektionalität, zum Teil unter anderen Begriffen, auch in einer Vielzahl von unterschiedlichen Feldern kritischer Wissenschaft – so etwa in den *Subaltern Studies* oder *Dis/ability Studies*. Solange Intersektionalität nicht zu einer starren Forschungsformel wird, kann sie die Relationalität und Dynamik von Macht zeigen und kritisches Wissen hervorbringen – immer wieder neu.

Querverweise

- Stuart Hall: Wer braucht Identität? (1996)
- Judith Butler: *Gender Trouble* (1990)
- Gloria Anzaldúa: *Borderlands / La Frontera: The New Mestiza* (1987)
- Sojourner Truth: Ain't I a Woman? (1851)

Literatur

Anzaldúa, Gloria / Cherrie Moraga (Hrsg.): *This Bridge Called my Back. Writings by Radical Women of Color.* New York: Kitchen Table 1981.

Chebout, Lucy: Back to the Roots! Intersectionality und die Arbeiten von Kimberlé Crenshaw. http://portal-intersektionalitaet.de/theoriebildung/schluesseltexte/chebout/ (Zugriff am 12.11.2013).

Cho, Sumi / Kimberlé W. Crenshaw / Leslie McCall (Hrsg.): *Intersectionality: Theorizing Power, Empowering Theory* (= *Signs* 38,4 (2013)).

Combahee River Collective: A Black Feminist Statement. In: Zillah Eisenstein (Hrsg.): *Capitalist Patriarchy. The Case for Socialist Feminism.* New York: Monthly Review Press 1979, S. 362–437.

Crenshaw, Kimberlé: Demarginalizing the Intersection of Race and Sex. A Black Feminist Critique of Antidiscrimination Doctrine, Feminist Theory, and Antiracist Politics. In: *University of Chicago Legal Forum* (1989), S. 139–167.

—: Mapping the Margins. Intersectionality, Identity Politics, and Violence Against Women of Color. In: *Stanford Law Review* 43,6 (1991), S. 1241–1299.

—: Postscript. In: Helma Lutz / Maria Herrera Vivar / Linda Supik (Hrsg.): *Framing Intersectionality. Debates on a Multi-Faceted Concept in Gender Studies.* Burlington, VT: Ashgate 2011, S. 221–233.

Erel, Umut et al.: Intersektionalität oder Simultaneität?! Zur Verschränkung und Gleichzeitigkeit mehrfacher Machtverhältnisse. Eine Einführung. In: Jutta Hartmann et al. (Hrsg.): *Heteronormativität. Empirische Studien zu Geschlecht, Sexualität und Macht.* Wiesbaden: VS 2007, S. 239–250.

Gutiérrez-Rodríguez, Encarnacíon: Intersektionalität oder: Wie nicht über Rassismus sprechen? In: Sabine Hess / Nikola Langreiter / Elisabeth Timm (Hrsg.): *Intersektionalität revisited. Empirische, theoretische und methodische Erkundungen.* Bielefeld: Transcript 2011, S. 77–100.

Knapp, Gudrun-Axeli / Angelika Wetterer (Hrsg.): *Achsen der Differenz. Gesellschaftstheorie und feministische Kritik II.* Münster: Westfälisches Dampfboot 2003.

Kossek, Brigitte: Rassismen & Feminismen. In: Brigitte Fuchs / Gabriele Habinger (Hrsg.): *Rassismen & Feminismen. Differenzen, Machtverhältnisse und Solidarität zwischen Frauen.* Wien: Promedia 1996, S. 11–22.

McCall, Leslie: The Complexity of Intersectionality. In: *Signs* 3,3 (2005), S. 1771–1800.

Puar, Jasbir: *Terrorist Assemblages. Homonationalism in Queer Times.* Durham: Duke UP 2007.

Spike Lee: *Jungle Fever* (1991)
Oder: Liebe überwindet keine Grenzen

Uta Fenske

> I've got jungle fever, she's got jungle fever
> We've got jungle fever, we're in love
> She's gone black-boy crazy, I've gone white-girl hazy
>
> (Stevie Wonder)

Zum Soundtrack von Stevie Wonders *Jungle Fever* sehen wir sonnige Straßenzüge Harlems und Bensonhursts (Brooklyn) und darüber eingeblendet Verkehrsschilder, die die Richtung vorgeben – zumeist Verbote. Den Schilderreigen eröffnet ein Einfahrt-verboten-Schild mit der Aufschrift ‚*Jungle Fever*'; Bensonhurst zeigt ein allgemeines Verbotsschild für ‚Niggers' und Harlem erklärt sich als ‚Guinea freezone', also als ‚Spaghettifresserfreie Zone' ... Der Vorspann steckt die Koordinaten klar ab: Afro- und Italoamerikaner_innen sollen je unter sich bleiben und räumliche sowie Rassengrenzen nicht überschreiten, von Beziehungen zwischen ihnen ganz zu schweigen. Die grenzüberschreitende Affäre von Flipper Purify (Wesley Snipes) und Angie Tucci (Annabella Sciorra), die die Handlung des Films motiviert, steht folglich – trotz der Leichtigkeit des Vorspanns – unter keinem guten Stern. Der Begriff des Fiebers eröffnet derweil ein Assoziationsfeld von Hitze, Krankheit, von Delirium oder irrationaler Leidenschaft, das sich der Reglementierung widersetzt. Die Beziehung zwischen Angie und Flipper ist aber keine irrationaler Leidenschaften, sondern gehört eher in die Kategorie erhöhte Temperatur. Im Fieberwahn scheint allein das jeweilige Umfeld der beiden zu sein, nachdem die Affäre publik wird. Es reagiert entsetzt auf die Transgression der hegemonialen Ordnung. Da dem Reden und Handeln der Anderen in *Jungle Fever* eine große Bedeutung zukommt, wird die Liebesgeschichte der beiden gleichsam vergesellschaftet. Es geht dem Film also nicht um die Individualisierung von

Liebeskonzepten, sondern um die gesellschaftlichen Bedingungen einer Liebe in dieser Konstellation – ein Ansatz, der die Figuren zwar etwas holzschnittartig wirken lässt, doch gleichzeitig ein Kaleidoskop der afro- und italoamerikanischen Communities erzeugt.

Der *San Francisco Chronicle* nannte *Jungle Fever* „one of the most talked-about films this year“ und Regisseur Spike Lee bezeichnet ihn als seinen am kontroversesten besprochenen Film. Auch wenn eine solche Rhetorik zum Filmgeschäft gehören mag, ist unbestreitbar, dass *Jungle Fever* im Sommer 1991 mit großer Spannung erwartet wurde. Denn Lee war zu dem Zeitpunkt bereits einer der bekanntesten US-Regisseure, der als einer der ersten erfolgreichen afroamerikanischen Filmproduzenten des Mainstreamkinos gefeiert wurde. Seine Filme ziehen ein breites schwarzes und weißes Publikum an, weil sie das urbane afroamerikanische Leben zeigen, aber trotzdem nicht nur darum kreisen. Lee hatte zwei Jahre zuvor mit dem viel diskutierten *Do the Right Thing* die gewaltvolle Entwicklung eines *riot* in Brooklyn geschildert und damit die Frage aufgeworfen, welcher Weg für Schwarze in einer rassistischen Gesellschaft der richtige sei – gewaltsamer oder ziviler Widerstand? Insbesondere die frühen Filme des 1957 in Atlanta, Georgia geborenen und in Brooklyn, New York aufgewachsenen Regisseurs sind auch Auseinandersetzungen mit gesellschaftspolitisch relevanten Themen. Dies gilt genauso für *Jungle Fever*, der im Wettbewerb der Filmfestspiele in Cannes Premiere hatte. Lee selbst bezeichnete seine Filme zu dieser Zeit als Lackmustests gesellschaftlicher Stimmungen – in diesem Fall zum Thema der (Un)möglichkeit von Liebesbeziehungen zwischen Schwarzen und Weißen. *Jungle Fever* ist dem Andenken Yusuf K. Hawkins gewidmet: Der 16-jährige Schwarze Hawkins wurde 1989 im italoamerikanisch dominierten Bensonhurst getötet, weil ihm unterstellt wurde, dass er mit einer weißen Frau ausgehen wollte. Auch wenn der Film neben der Anziehung zwischen Schwarz und Weiß auch andere Themen behandelt – insbesondere die zerstörerische Kraft von Crack in der afroamerikanischen Community oder das Auseinanderdriften der schwarzen Mittel- und Unterschicht – stellt Spike Lee die *interracial*-Beziehung in den Mittelpunkt des Films – zumindest ins Zentrum seiner Marketingstrategie. Eine Strategie, die aufgeht und dem Film große mediale Präsenz sicherte. Der *Playboy* druckte im Juli 1991 ein ausführliches Interview mit Lee und *Newsweek* brachte kurz vor dem US-Filmstart die Titelgeschichte „Tackling a Taboo – Spike Lee's Take on Interracial Romance – Mixed Couples on Love and Prejudice“ mit den Hauptdarsteller_innen auf dem Cover. Auch mein Beitrag konzentriert sich darauf und vernachlässigt folglich die anderen Plots.

Es gibt nur wenige Hollywoodfilme, die sich in ernsthafter Weise mit Liebe und/oder sexueller Anziehung zwischen Weißen und Schwarzen beschäftigen. Der rassistische Film *Birth of a Nation* (1915) zeigt Schwarze gemäß den Darstellungskonventionen der frühen Filmindustrie mit den Stereotypen von Komik und Servilität. Aber er war auch wegweisend für die filmische sexuelle Stereotypisierung schwarzer Männer: Er ist voller Angst vor ihrem auf weiße Frauen gerichteten Begehren und Übergriffen und malt ein Bild der Rekonstruktionszeit, in dem ehemalige Sklaven den Süden terrorisieren. Von 1930 bis 1967 gab der Hays-Code die verpflichtenden moralischen Standards für die Filmindustrie vor und verbot „sex relationships between the white and black races". Und auch nach der Lockerung des Codes in den späten 1960er Jahren gab es nur wenige Filme, die sich des Themas annahmen. Der Filmwissenschaftler Ed Guerrero beschreibt die spezifischen Erzählmuster dieser Filme, die die Perspektive der dominanten weißen Gesellschaft einnehmen und nur eine bescheidene Palette von Möglichkeiten für Beziehungen zwischen Menschen unterschiedlicher Hautfarbe darbieten, folgendermaßen: Meist liebt ein weißer Mann eine nicht-weiße Frau – ihre Liebe wird durch Trennung oder sogar den Tod der nicht-weißen Frau beendet. Spielt die Liebesgeschichte hingegen zwischen einem nicht-weißen Mann und einer weißen Frau, ist der Mann der Frau in irgendeiner Form überlegen. Dieses Muster findet sich z. B. in *Patch of Blue* (1965), in dem sich eine weiße blinde Frau aus der Unterschicht in einen schwarzen Mann verliebt – oder in *Guess Who's Coming to Dinner* (1967), hier ist das Paar ein sehr erfolgreicher Mediziner und eine reiche, schöne Frau ohne berufliche Qualifikationen. In beiden Filmen ist der Protagonist ein Mann der Mittelschicht, der in keiner Weise das in der Rekonstruktionszeit entstandene Stereotyp des hypersexuellen und gewaltbereiten Schwarzen bedient, ganz im Gegenteil: Er wird vollkommen entsexualisiert dargestellt.

Auch in *Jungle Fever* existiert ein Gefälle zwischen den Liebenden. Flipper gehört als gut verdienender Architekt zur schwarzen Mittelschicht, Angie hingegen ist eine italoamerikanische Zeitarbeitssekretärin aus der Unterschicht und ihre Beziehung scheitert am Ende des Films. Aus dieser filmhistorischen Perspektive heraus charakterisiert Guerrero *Jungle Fever* als Film, der in der Tradition des Hays Codes steht:

> When it comes to portraying intimate interracial relations, Lee's film efficiently does what Hollywood films have always done. For Lee has produced a cautionary melodrama about an interracial romance doomed from its inception, a tale that clearly maintains that blacks and whites are better of sticking to their own races and territories. (Guerrero, S. 174)

Ein massiver Kritikpunkt an Lee und Grund für die kontroverse Diskussion des Films war der Vorwurf, dass er Beziehungen zwischen Schwarzen und Weißen ablehne bzw. Beziehungen von Schwarzen und Weißen missdeute. Guerreros Beobachtung geht aber über diesen Punkt hinaus, denn der entscheidende Maßstab, den er an den Film anlegt, ist jener der Repräsentationspolitik, und zwar eines gegen-hegemonialen Entwurfs zum traditionellen Hollywood-Kino. Diese Chance wurde in seinen Augen vergeben, obwohl er konzediert, dass das ‚Clevere' an *Jungle Fever* sei, die Ablehnung aus einer doppelten, oppositionellen schwarzen Perspektive zu formulieren, nämlich einer afrozentrischen und neokonservativen. Der Anspruch, der aus den Reihen der schwarzen Community an Künstler_innen gestellt wird, ist häufig der eines Engagements für die eigenen Belange. Die Bewertung der Künstler_innen richtet sich daher vielmehr nach dem Maßstab des „What have you done for us?" im Kampf um Gleichberechtigung und Toleranz (Gates, S. 201). Dies wirft die Frage nach den Möglichkeiten und Grenzen der Repräsentation auf: Inwieweit sollen positive Identifikationsfiguren präsentiert werden und wer dient als solche? Ist es die schwarze Mittelschicht? bell hooks bemängelte bereits in den 1990er Jahren an der schwarzen Kritik, mediale Repräsentationen fast ausschließlich auf *race* und Rassismus hin zu betrachten, aber Gender außer Acht zu lassen. Und in der Tat ist es lohnend, *Jungle Fever* intersektional zu betrachten, da dem Film nicht an dem Entwurf eines möglichst positiven Bilds der schwarzen Community gelegen ist. Stattdessen buchstabiert er in ironischer Weise die Komplexität von *race,* Gender, Schicht, Ethnizität und Sexualität durch und zeigt die Spannungen und Widersprüche innerhalb der afro- und italoamerikanischen Communities auf. Beide Aspekte werden nachfolgend anhand der Narration skizziert.

Craig Watkins hat es als Lees Verdienst bezeichnet, Bilder für die Vielfalt, Dynamik und Kontextabhängigkeit von Identitäten gefunden zu haben. Flipper wird als glücklicher Ehemann, sorgender Vater und gut verdienender Architekt vorgestellt, also als erfolgreicher Repräsentant der Mittelschicht. Dieser Identität wird im Umfeld seiner Arbeitsstelle eine neue Facette hinzugefügt, wo er der einzige Schwarze ist und die Dimension *race* so in den Vordergrund rückt. Zwei Streitpunkte mit den beiden weißen Inhabern führen dies vor: Er fordert eine afroamerikanische Sekretärin – stattdessen bekommt er Angie Tucci zugewiesen. Sein Anspruch, Teilhaber zu werden, wird ihm ebenfalls verwehrt, sodass er im Kampf um Anerkennung und Aufstieg in der männlichen weißen Arbeitswelt scheitert. Angie gegenüber ist er allerdings – entlang der Achse von Schicht – überlegen.

Die Anziehungskraft und die entstehende Beziehung zu ihr begründet Flipper mit der Neugierde auf weiße Frauen, also mit dem Exotischen. Ihr Begehren erklärt er komplementär dazu mit dem Mythos des hyperpotenten Schwarzen. Die Perspektive von Angie verrät der Film nicht, ihre Worte, „don't tell me what I felt or didn't feel", weisen aber darauf hin, dass seine Erklärung zu einfach ist. *race&sex* spielen nicht nur als Motor der Beziehung eine Rolle, sondern auch in den Konflikten und der Trennung. In jener Szene, in der die Polizei fälschlicherweise einen Angriff Flippers auf Angie vermutet, wird das Bild des schwarzen Vergewaltigers evoziert und Flippers Angst verdeutlicht, wie tief das Wissen um die Unmöglichkeit von Beziehungen zwischen schwarzen Männern und weißen Frauen und die Geschichte der Lynchmorde in ihm verankert ist. Im Trennungsgespräch offenbart sich schließlich eine irritierende Vorstellung von *race*, die einerseits von einer Idee biologischer Reinheit ausgeht: Er argumentiert, keine *mixed*-Kinder haben zu wollen, da diese in keine Kategorie passten. Ihrer Entgegnung, dass die Haut seiner Frau Drew (Lonette McKee) heller als ihre sei, antwortet er hingegen mit einer soziokulturellen Vorstellung von *race*: „In my eyes they look black, they act black, so they are black". Er macht damit deutlich, inwieweit das Konzept von *blackness* konstruiert ist.

Aus der Perspektive afroamerikanischer Frauen beleuchten Drew und ihre Freundinnen den Konnex von *race*, Gender und Begehren. Diese Szene ist im Filmgefüge sehr gelungen, da die Figuren nicht stereotyp agieren und mit keiner endgültigen Wahrheit aufwarten. Ein offener Dialog über ihre Vorstellungen, der auch Widersprüche offenbart: Das Fehlen guter schwarzer Männer wird bemängelt; das Ausgehen schwarzer Frauen mit weißen Männern als Möglichkeit immerhin bedacht, der mythische schwarze *Zulu dick* belächelt, wobei das Anmachen schwarzer Männer durch weiße Frauen keineswegs geduldet ist, so scheint es ihnen immerhin vorstellbar, dass Hautfarbe egal sei, wenn Liebe im Spiel ist.

Die italoamerikanische Community wird klischeehaft als patriarchal engstirnig und rassistisch inszeniert. Für die Männer dieser Community ist Reinheit ebenfalls eine wichtige Kategorie, die sich allerdings nicht nur auf *race*, sondern auch auf Sexualität bezieht und damit Gender im identitären Geflecht betont. So wird Angies Freund Paulie (John Turturro) von ihren Brüdern eingeschüchtert, damit er nicht mit ihr schläft. Als die Affäre bekannt wird, verprügelt ihr Vater sie brutal, um die Grenzüberschreitung hart zu bestrafen. Paulies Freunde, die alle ohne Arbeit zu sein scheinen, werden als ignorante, gewaltbereite, rassistische und sexistische Machos dargestellt – als *white trash*. Ihre italoamerikanische Herkunft und das Wissen darum, in der *whiteness*-Hierarchie nicht ganz oben zu stehen, wird mit „Just because I don't look like that – tall, blond, blue-eyed – doesn't mean I don't feel like that" auf den Punkt gebracht. Und so stellen sie immer wieder durch rassistische Äußerungen ihre Überlegenheit gegenüber Schwarzen performativ her. Ein Lichtblick in dieser dumpfen Runde ist nur Paulie, der sich nach der Trennung von Angie für die schwarze Orin (Tyra Ferrell) zu interessieren beginnt. Interessanterweise beruht die Anziehung nicht auf dem Phantasma von *race&sex,* sondern auf intellektueller Attraktivität. Wenngleich auch Paulie angegriffen wird, lässt das Filmende die Möglichkeit offen, dass diese Beziehung gelingt. Damit scheint die Idee auf, dass die soziale Ordnung dann weniger gefährdet ist, wenn der Mann weiß und die Frau nicht-weiß ist, bzw. wenn die Anziehung eben nicht über den sexuellen Mythos des Exotischen funktioniert.

Jungle Fever bietet wenige positive Identifikationsfiguren und ist kein einem humanistischen Ideal folgender Werbefilm für die alle Schranken überwindende Liebe. Dieser Verzicht auf positive Darstellungen führte sicher dazu, dass der Film das Publikum sehr polarisierte. Er öffnet aber genau dadurch die Augen dafür, wie komplex die Praxis der Repräsentationspolitik ist und ist deswegen in meinen Augen eine erfolgreiche Strategie, die Formen rassistischer Stereotypisierungen offen zu legen. Er wählt eine dialektische Erzählstruktur, die allen Argumenten ein Gegenargument gegenüberstellt, sodass alle Positionen gehört werden können. Das ständige Reden über die Verbindung von *race&sex* demonstriert die (Über)Bedeutung, die diesem Thema zugeschrieben wird. Dadurch führt er die Paradoxien einer Welt vor, die ihre Grenzen entlang von *race* und Sex, Gender und Ethnie streng gezogen hat.

Indem *Jungle Fever* überwiegend mit stereotypen Vorstellungen arbeitet, zeigt er die Abstufungen gesellschaftlicher Hierarchien, die auch heute immer noch existieren. Insofern ist es auch aus aktueller Sicht kein Manko, dass er zu den sozialen Problemen, die er beschreibt, keine klare Aussage trifft oder gar eine Lösung anbietet, wie ihm Teile der damaligen Kritik vorgeworfen haben. Einer derlei utopischen Lösung der Konflikte im Angesicht aktueller aufkeimender ‚Rassenunruhen' in den USA und dem Wissen um die Nachhaltigkeit von Mehrfachdiskriminierungen käme wenig Glaubwürdigkeit zu. Aus einer Gegenwartsperspektive bergen insbesondere die deutliche Männerzentrierung in Perspektive und Handlung und die geringe Beachtung weiblicher Perspektiven Irritationspotenzial, wobei dies auch zum Zeitpunkt des

Erscheinens bereits kritisiert wurde. Aus dem Blickwinkel einer intersektionalen Relektüre, die den Anspruch hat, kritisch zu analysieren und nicht eine hierarchiefreie Gesellschaft zu zeigen, ist Spike Lees Film gelungen.

Querverweise

- *Loving v. Virginia* (1967)
- Eldridge Cleaver: *Soul on Ice* (1967)
- John Ford: *The Searchers* (1956)
- G. W. Pabst: *Geheimnisse einer Seele* (1926)
- D. W. Griffith: *The Birth of a Nation* (1915)
- W. E. B. Du Bois: *The Souls of Black Folk* (1903)
- Ida B. Wells: *Southern Horrors. Lynch Law in All Its Phases* (1892)
- David G. Croly / George Wakeman: *Miscegenation* (1864)
- *An Act for the Better Ordering of Negroes and Slaves* (1712)

Literatur

bell hooks: *Reel to Real. Race, Sex and Class at the Movies*. New York: Routledge 1996.

Gates Jr., Henry Louis: Looking for Modernism. In: Manthia Diawara (Hrsg.): *Black American Cinema*. New York: Routledge 1993, S. 200–207.

Guerrero, Ed: Spike Lee and the Fever in the Racial Jungle. In: Jim Collins / Hilary Radner / Ava Preacher Collins (Hrsg.): *Film Theory Goes to the Movies*. New York: Routledge 1993, S. 170–181.

Paulin, Diana R.: De-Essentializing Interracial Representations. Black and White Border-Crossings in Spike Lee's *Jungle Fever* and Octavia Butler's *Kindred*. In: *Cultural Critique* 36 (1997), S. 165–193.

Watkins, Craig S.: *Representing: Hip Hop Culture and the Production of Black Cinema*. Chicago, IL: University of Chicago Press 1998.

Willis, Sharon: *High Contrast. Race and Gender in Contemporary Hollywood Film*. Durham: Duke UP 1997.

Film

Jungle Fever (USA 1991, R: Spike Lee).

Judith Butler: *Gender Trouble* (1990) Oder: Wider die Schwarzweißmalerei[1]

Sabine Sielke

Judith Butler selbst weist im Vorwort der 10th Anniversary Edition von *Gender Trouble: Feminism and the Subversion of Identity* (1990) darauf hin, dass ihr Buch die deutschen Debatten um Geschlecht und Politik in besonderem Maße beeinflusst hat (S. x). Das ist nicht zuletzt dadurch begründet, dass die Philosophin bis heute in Deutschland Aufsehen erregende Vorträge hält, die sie in den 1990er Jahren auch bei uns zu einem „Theoriestar" machten, wie die *Taz* es damals formulierte. Ich selbst erinnere mich unter anderem an ihre Vorlesung über „Antigones Verlangen" in der Reihe „Erbschaft unserer Zeit: Vorträge über den Wissensstand der Epoche" in der Berliner Staatsbibliothek im Juni 1997. Dorthin strömten die Zuhörer_innen, als wäre es ein Madonna-Konzert. Und regelmäßig musste Butler im Nachgang solcher Auftritte medienträchtige ‚Flurbereinigung' betreiben und die vielen Missverständnisse und irrigen Schlussfolgerungen, die das Publikum aus ihren Ausführungen zog, kommentieren und die Dinge gerade rücken. Denn Butlers Argumentationen fußen auf dem Theoriegebäude von Dekonstruktion und Poststrukturalismus, das viele deutsche Feministinnen und Wissenschaftler_innen nicht bzw. noch nicht rezipiert hatten. Mehr noch, ihre Arbeiten stellten fundamentale Einsichten der Frauenforschung und des autonomen Feminismus in Frage. *Gender trouble indeed.*

Man könnte sich daher durchaus fragen, was ein Text über Butlers *Gender Trouble* in diesem Sammelband zu suchen hat. Vordergründig betrachtet hat *Gender Trouble* wenig am Hut mit den breiten Debatten um *race* und *racism*, die für die rezente Geschichtswissenschaft, die African American

1 Ich danke LeAnn Kearney für kompetente Unterstützung bei der Recherche und Björn Bosserhoff für stilsichere Arbeit am Manuskript.

Studies und postkoloniale Kritik so zentral sind. Böse Zungen behaupten gar, Butler hätte *race* irgendwann zwischen ihrem Bestseller und seinem ‚Supplement' *Bodies That Matter: On the Discursive Limits of Sex* (1993) ‚entdeckt'. So gesehen ist *Gender Trouble* mitnichten ein Schlüsseltext zu *race&sex*. Doch war die Publikation des Buchs ein Ereignis, das sowohl mit einer neuen Konzeption von *race* koinzidierte als auch *race matters* in neuem Licht erscheinen ließ. Gerade deshalb ist der Konnex von *race&sex*, in dem Butlers Text hier verortet wird, aufschlussreich und hilfreich. Dieser Rahmen ist hilfreich, weil es eine Herausforderung ist, 25 Jahre nach Erscheinen von *Gender Trouble* etwas auch nur moderat Originelles über dieses im wortwörtlichen Sinne bahnbrechende Buch zu schreiben. Denn unendlich viel ist bereits über *Das Unbehagen der Geschlechter* (1991) – so der (sehr deutsche) Titel der deutschen Ausgabe – gesagt und geschrieben worden, von Butler selbst wie von Kritiker_innen und Kommentator_innen; auch in meiner Arbeit ließe sich eine Spur der *Gender Studies* Butlerscher Provenienz verfolgen. Butlers Intervention in die Debatten feministischer Kritik und Geschlechterforschung hat Wissenschaft und politische Bewegungen gleichermaßen intensiv und nachhaltig inspiriert. Sie hat damit auch den besten Beweis geliefert, dass feministische Theorie und Praxis im Idealfall in der Tat eng verzahnt und interdependent sind. Und mehr noch: Die intensive Rezeption des Buches unterstreicht einen politischen Impact, der der analytisch ausgerichteten Geschlechterforschung gerne abgesprochen wurde.

Nicht zuletzt deshalb ist Butler Pflichtlektüre für Studierende im Bonner Master „North American Studies". Und manche_r findet das ebenso befremdlich wie die Tatsache, dass für ein Studium der Kommunikationswissenschaften an der Freien Universität Berlin bis in die 1980er Jahre ein „Kapitalkurs" obligatorisch war – und gemeint ist die Auseinandersetzung mit Karl Marx' Werk *Das Kapital* und kein Crash-Kurs in renditeträchtiger Kapitalanlage. Die fortlaufende Auseinandersetzung mit Butler ist deshalb so interessant, weil neue Kontexte immer neue Dimensionen von *Gender Trouble* eröffnen. Mag es (mir) heute erscheinen, als hätten die Debatten um Performativität, Geschlechterverhältnisse und Heteronormativität mittlerweile eine Vielzahl neuer Formen feministischer Intervention hervorgebracht, dann ist das auch ein Zeichen dafür, wie sehr Butlers feministisches Engagement mittlerweile in Vergessenheit geraten ist. Gleichzeitig sollten wir den Weg „von der Parodie zur Politik", den Butler 1990 vorgezeichnet hat, auch immer wieder einmal zurückdenken. Als ich *Gender Trouble* im Rahmen eines Seminars zur feministischen Theorie 1992 zum ersten

Mal unterrichtete, waren einzelne Studentinnen erleichtert, dass ihre Dozentin die Applikation von Nagellack und Lippenstift mit einer feministischen Gesinnung in Einklang bringen konnte, hatten sie doch in ähnlichen Lehrveranstaltungen bislang Schelte für derartige Formen weiblicher Maskerade geerntet. Der durch Butler inspirierte Postfeminismus hat ein Spiel mit Geschlechterpositionen ermöglicht, das auf viele von uns bis heute befreiend wirkt. Auch dafür sei ihr gedankt.

Viel wichtiger jedoch: Die seriell wiederkehrende öffentliche Debatte über Geschlechteridentitäten und -verhältnisse macht nichts deutlicher, als dass es in Sachen Feminismus und Geschlechtergerechtigkeit einer steten Gedächtnishilfe bedarf. Denn mehr noch als andere Interventionen in virulent politische Debatten unterliegen die komplexen Argumentationen und Positionen der feministischen Kritik und der Gender Studies der Amnesie. Auch deshalb werden sie – ähnlich wie Geschlechternormen selbst – immer wieder neu formuliert (oder: zitiert) und in Variationen wiederholt. Nehmen wir heute z. B. Charlotte Perkins Gilmans *Women and Economics* aus dem Jahr 1898 in die Hand, wird eines besonders evident: Der Feminismus ist ein serielles Phänomen – und dies hat uns nicht zuletzt die Geschlechterforschung vor Augen geführt. Gilt dies auch für einen ihm inhärenten Rassismus? Bei Charlotte Perkins Gilman fällt es leicht, diesen Vorwurf zu formulieren. Bei Butler wird die Sache komplizierter.

Der hier gegebene Rahmen für eine erneute Lektüre von Butler ist aufschlussreich, denn einerseits lädt er uns ein, Prozessen der Intersektionalität in Butlers Schriften und ihren nachhaltigen Effekten auf unser Verständnis von *race*, aber auch möglicherweise uneingestandenen Schnittmengen von Geschlechterforschung und *Critical Race Studies* nachzuspüren. Andererseits zwingt uns diese Perspektive zu einer Auseinandersetzung mit den Ansprüchen, die an eine Philosophin gestellt werden, für deren Arbeit die Debatte um *race* nicht zentral ist. Butler ist diese Haltung nicht nur zum Vorwurf gemacht worden; sie ist wiederholt – und bereits lange vor den Kontroversen um die Verleihung des Adorno-Preises 2012 – des Rassismus und Antisemitismus bezichtigt worden. Diese Empörung hat angesichts der Bedeutung von Butlers Arbeiten und politischem Engagement nicht nur etwas kleingeistig-sektiererisches. Sie unterstreicht auch, wie sich *Gender Trouble* in die Debatte von *race&sex* eingeschrieben hat. Welche Bedeutung hat(te) Butlers Intervention in die *sex|gender*-Debatte für landläufige Konzepte von *race*? Was hat Butler entdeckt, als sie *race* entdeckte? Und worum geht es (eigentlich), wenn Butler für die Kontroversen um den Differenzbegriff *race* und den Widerstand gegen

Rassismus vereinnahmt werden soll? Diesen Fragen will ich im Folgenden nachgehen.

Zur Performativität und Politik von *race & gender*

Butlers Dekonstruktion der *sex|gender*-Dichotomie ist selbst Teil eines theoretischen Paradigmenwechsels, der unsere Vorstellungen von Subjekt und Geschichte maßgeblich verändert und unseren Blick auf die Differenzparameter *race* und Ethnizität geschärft hat. Als symptomatisch für diese interdependente Transformation unserer Vorstellungen von *race&sex* lässt sich die Gleichzeitigkeit der Veröffentlichung von Henry Louis Gates' *Signifyin' Monkey: A Theory of African-American Literary Criticism* (1988) und Butlers Essay „Performative Acts and Gender Constitution: an Essay in Phenomenology and Feminist Theory" anführen; letzterer hat 1988 im *Theatre Journal* bekanntermaßen den Grundstein für *Gender Trouble* gelegt. Dabei ist Butlers Intervention notwendigerweise anders aufgestellt als Gates' Theoretisierung der *Black Studies*: Während Butlers Verständnis von Geschlecht als Zitation und Reiteration auf die Phänomenologie Edmund Husserls, die Sprechakttheorie von John L. Austin und John Searle, Erving Goffmans Begriff sozialer Rollen, Viktor Turners Untersuchungen ritueller Prozesse und die *Drama Studies* rekurriert, verfolgt Gates das dezidierte Anliegen, seine Theorie afroamerikanischer Literatur vornehmlich aus den Traditionen afrikanischer kultureller Praxis abzuleiten. Zwar beruft er sich auf William Labovs soziolinguistische Arbeiten zum „black vernacular"; weil Gates gleichzeitig jedoch den Begriff der Signifikation bzw. das „signifyin'" als eine zentrale Strategie afrikanischer und afroamerikanischer Diskurse reinterpretiert, impliziert sein Vorgehen eine fundamentale Inversion unserer Perspektive auf den oben erwähnten Paradigmenwechsel.

Beiden Texten jedoch ist gemein, dass sie Differenzen von *race&sex* nicht mehr als Körpern inhärente Eigenschaften und Merkmale, sondern als Effekte performativer Praxis, diskursiver Prozesse und systemischer Machtstrukturen verstehen, die durch ihre wiederholte parodistische Zitation eben diese Strukturen stets auch ein Stück weit unterwandern. Daraus folgt, dass *race&sex* (vermeintlich natürliche) Körper nicht überformen, sondern diese Körper – nicht zuletzt über Konzeptionen von Natur und Natürlichkeit beispielsweise – überhaupt erst erschaffen. Ebenso wie Weiblichkeit und Männlichkeit sind *blackness* und *whiteness* relationale Begriffe, deren ‚Wirklichkeit' und ‚Authentizität' durch performative Akte in Szene gesetzt und gerahmt werden. Barack Obama beispielsweise beherrscht das Spiel mit diesen Registern bestens und garniert es oft mit einem Augenzwinkern; und sein Publikum weiß, diese Versatilität zu goutieren und zu lesen.

Angesichts der Tatsache, dass die Performativität von *race* und *sex* ein mitnichten neues Phänomen ist, mag ihre späte Theoretisierung durchaus verwundern. Allzu nachhaltig sind die Biologismen des 19. Jahrhunderts, und auch der „strategische Essentialismus“ (Spivak) ist nicht nur ein Phänomen der 1960er und 70er Jahre; *sex & race* werden bis heute vielerorts als valide, körperlich manifeste Differenzparameter reklamiert. Gleichzeitig, so beklagten kritische Vertreter_innen der Geschlechterforschung wie z.B. Joan W. Scott bereits in den 1990er Jahren, gerate uns die ‚gewichtige‘ Materialität der Körper aus dem Blickfeld (vgl. auch Finzsch). In der Tat ist es die anhaltende Gewalt gegen ‚markierte‘, materielle Körper und die Erfahrung fortgesetzter Unterdrückung, die derzeit weltweit – und durchaus inspiriert durch die *Critical Race & Gender Studies* – auf lokaler Ebene neue feministische und anti-rassistisch bzw. ethnisch motivierte Bewegungen hervorbringen. Zielte Butlers *Gender Trouble* auf die Bewegung von der Performanz zur Politik, bleibt es ihr großes Verdienst, unseren Blick für die Performativität des Politischen geschärft zu haben. So greifen die Strategien aktueller feministischer Politik vielerorts ‚alte‘ Forderungen der schwarzen wie weißen feministischen Bewegungen der 1960er, 70er und 80er Jahre auf, die sie jedoch mit neuer Vehemenz und, bisweilen als wirkungsmächtige performative Akte – wie in den postfeministisch inspirierten ‚Slut Walks‘ – in Szene gesetzt, in anderen geopolitischen Kontexten durchzusetzen suchen. Gleichzeitig erleben wir, wie ein US-amerikanischer Präsident multiethnischer Herkunft mit Verve von seinen Anhängern als Schwarzer gefeiert wurde, im Amt jedoch weniger ‚schwarze Politik‘ auf den Weg bringen kann, als das für seinen demokratischen Amtsvorgänger Bill Clinton möglich war. Auch so scheinen sich Butlers antiessentialistische Einsichten zu bewahrheiten.

Race Trouble: Judith Butler in Schwarzweiß

Just als Butlers *Gender Trouble* im Druck befindlich war, hat die US-amerikanische Rechtswissenschaftlerin Kimberlé Crenshaw den Begriff „intersectionality“ geprägt, der das Zusammenwirken unterschiedlicher Differenzparameter bezeichnet. Oder wie Butler (mit Elisabeth Weed) es 2011 formuliert:

> [G]ender as a category never works alone [...] as one pantry item among others, since gender is formed in relation to other social and political modes of social organization and is actively producing and reproducing such modes, including the family, labor, class, slavery, imperialism, immigration politics, and the state, to name a few. (S.4)

Gleiches gilt, wie Butler unterstreicht, für die Performativität der Kategorie *race*: „institutional exercises repeatedly construct race within a set of differentials that seek to maintain and control racial separateness" („There is a person here'", S. 11). Natürlich waren solche Prozesse bereits vor *Gender Trouble* hinlänglich bekannt und wurden in den USA z. B. an den Schnittstellen verschiedener Reformbewegungen wie Abolitionismus und frühem Feminismus diskutiert. In einer Kultur der *political correctness* wurde dieses Bewusstsein über die Komplexität von Subjektpositionen jedoch zur Norm, nach der die Gendertheoretikerin *race matters* nicht außen vorlassen durfte – schon gar nicht, wenn sie selbst weiß ist. Ist sie dagegen schwarz und gender-bewegt, gehen alle davon aus, dass *race* schon immer teil ihrer Rede ist, die stets Partei ergreift für die so genannte *Black Community*.

Offensichtlich ist eine solche Haltung selbst rassistisch und oft anti-feministisch. Die dominanten Perspektiven, die uns Wissenschaft wie öffentlicher Diskurs spätestens seit den 1960er Jahren auf die Erfahrung und Geschichte von Afroamerikaner_innen eröffnet haben, sind historisch-soziologische Betrachtungsweisen. Diese Ansätze verstehen Schwarze stets als „synechdochische Repräsentanten" einer Gruppe, als *pars pro toto* und nur selten als Individuen oder Subjekte (vgl. S. 88). Die Debatten um öffentliche Personen wie Mike Tyson, Clarence Thomas, Oprah Winfrey und Barack Obama belegen dies eindrücklich: Was immer sie tun, wird im Licht einer langen Geschichte von ‚Rassen'-Beziehungen und ‚Rassen'-Konflikten ausgeleuchtet. Auch deshalb sind psychoanalytische Perspektiven der afroamerikanischen Kritik weitgehend fremd, wie Hortense Spillers herausstellt. Wenn Butler 1993 in ihrem Essay „Passing, Queering: Nella Larsen's Psychoanalytic Challenge" den Roman *Passing* (1929) der afroamerikanischen Autorin Larsen als Herausforderung für die Psychoanalyse liest, stellt dies somit gleichzeitig eine Intervention in den dominanten Diskurs der afroamerikanischen Kritik dar – eine Intervention, die schwer als solche kenntlich ist, da sie nicht entlang etablierter Diskurslinien verläuft. Vielmehr sucht Butler zwischen psychoanalytischen und kontextualisierenden Lesarten zu vermitteln, um die psychologische Komplexität des Romans in seinem spezifischen historisch-sozialen Diskursfeld zu verorten und die Konvergenzen von *race&sex*, von *blackness* und *queerness* herauszustellen (S. 173–174). Dabei gelingt es Butler vorzuführen, wie *racializing norms* Geschlechternormen artikulieren und umgekehrt (S. 182). „Hence", so Butlers Schlussfolgerung, „it is no longer possible to make sexual difference prior to racial difference or, for that matter, to make them fully separable axes of social regulation and power" (S. 182).

Kurioserweise wird Butler von ihren Anhänger_innen für ihre antirassistische Haltung vielerorts gepriesen, während kritische Stimmen entweder einwenden, Butler hätte vergleichsweise wenig zum Thema *race* verlautbart, oder sie als „faux anti-racist" (Park) brandmarken. Und in der Tat ist selbst dort, wo *race* drauf steht – wie in Vikki Bells Interview mit Butler „On Speech, Race and Melancholia" (1999) – bisweilen wenig *race* drin. Derart konträre Einschätzungen bezeugen nicht zuletzt, dass wenig Einigkeit über die Begriffe Rassismus und *race* herrscht. Diejenigen, die Butler für einen Mangel an *race consciousness* schelten, verstehen darunter im Regelfall „blackness" und vergessen, dass Butlers Arbeiten ebenso gut als *Whiteness Studies* firmieren können. Gleichzeitig erinnern mich die Wasserstandsmeldungen zum Rassenbewusstsein der Philosophin Butler an die Vorwürfe meiner Mutter, die noch bekrittelte, ich hätte mein Zweites Staatsexamen nicht gemacht und somit mein Lehramtsstudium nicht abgeschlossen, als ich längst als Professorin vereidigt worden war. Will meinen: Judith Butler hat ein wirkungsmächtiges Buch über die Performativität von Geschlechteridentitäten geschrieben, stellt aber schon lange andere, neue politische und ethische Fragen. Sie scheut sich dabei nicht, zwischen den Fronten virulenter ethnischer Konflikte zu agieren und widmet sich in ihrem Buch *Parting Ways: Jewishness and the Critique of Zionism* (2012) auch Debatten, die in den gängigen Intersektionalitätsdebatten randständig bleiben, politisch jedoch von anhaltender Brisanz sind. Dabei rücken Butlers aktuelle Publikationen und ‚Visibilität' die anhaltende Signifikanz von *Gender Trouble* auch in ein neues Licht. Wer Butler heute noch signifikante Auslassungen vorhält, führt uns nicht zuletzt die Grenzen der Intersektionalitätsdebatte vor Augen, die Differenzparameter immer auch ein Stück weit reaffirmiert, während es Butler um ein „undoing gender" und in der Konsequenz wohl auch um ein „undoing race" geht. Beide Projekte gehören zu den Utopien, die die Theorie gerne entwirft, um unseren Blick in die Zukunft zu richten. Aktuelle Arbeiten (vgl. Chadderton) zeigen, wie Butlers Analysen der Prozesse eines „racial framing" mit ihren ursprünglichen Reflektionen über Strategien subversiver Performativität sowohl für die *Critical Race Theory* als auch für bildungspolitische Projekte produktiv gemacht werden können. Sie untermauern, dass Butlers *Gender Trouble* kaum an Aktualität verloren hat.

Querverweise

- Stuart Hall: Wer braucht Identität? (1996)
- Kimberlé Crenshaw: Mapping the Margins (1991)
- Eve Kosofsky Sedgwick: *Epistemology of the Closet* (1990)
- Michel Foucault: *Der Wille zum Wissen* (1976)
- Immanuel Kant: Idee zu einer allgemeinen Geschichte in weltbürgerlicher Absicht (1784)

Literatur

Bell, Vikki: On Speech, Race and Melancholia. An Interview with Judith Butler. In: *Theory, Culture & Society* 16,2 (1999), S. 163–174.

Butler, Judith: Performative Acts and Gender Constitution: an Essay in Phenomenology and Feminist Theory. In: *Theatre Journal* 40,4 (1988), S. 519–531.

—: *Gender Trouble: Feminism and the Subversion of Identity*. New York: Routledge 1990.

—: Passing, Queering. Nella Larsen's Psychoanalytic Challenge. In: Dies.: *Bodies That Matter*. New York: Routledge 1993, S. 167–185.

—: There is a Person Here. An Interview with Judith Butler. In: Margaret Sonser Breen / Warren J. Blumenfeld (Hrsg.): *Butler Matters: Judith Butler's Impact on Feminist and Queer Studies*. Burlington: Ashgate 2005, S. 9–26.

Butler, Judith / Elisabeth Weed: Introduction. In: Dies. (Hrsg.): *The Question of Gender. Joan W. Scott's Critical Feminism*. Bloomington: Indiana UP 2011, S. 1–8.

Chadderton, Charlotte: Towards a Research Framework for Race and Education. Critical Race Theory and Judith Butler. In: *International Journal for Qualitative Studies in Education* 26,1 (2013), S. 39–55.

Crenshaw, Kimberlé: Demarginalizing the Intersection of Race and Sex. A Black Feminist Critique of Antidiscrimination Doctrine, Feminist Theory and Antiracist Politics. In: *University of Chicago Legal Forum* (1989), S. 139–167.

Finzsch, Norbert: Becoming Gay: Deleuze, Feminismus und Queer Theory. In: *Invertito* 12 (2010), S. 104–124.

Gates, Henry Louis: *The Signifying Monkey. A Theory of African-American Literary Criticism*. New York: Oxford UP 1988.

Park, Pauline: Gender Rights Advocate. http://www.paulinepark.com/2010/06/judith-butler-faux-anti-racist/ (Zugriff am 29.08.2014).

Spillers, Hortense: All the Things You Could Be by Now if Sigmund Freud's Wife Was Your Mother. Psychoanalysis and Race. In: *Boundary 2* 23,3 (1996), S. 75–141.

Eve Kosofsky Sedgwick: *Epistemology of the Closet* (1990) Oder: Wissen, Ignoranz, Sexualität, homophobe Kulturen und das Problem einer *Gay Male Feminist Theory*

Christiane König

Eine Lektüre von Eve Kosofksy Sedgwicks *Epistemology of the Closet* (1990) ist bereichernd und anstrengend zugleich. Sie fordert uns dazu auf, jene Widersprüche im Wissen moderner westlicher Kulturen über Homo- und Heterosexualität zu ergründen, die die Epistemologie des schwulen Verstecks produzieren.

Entsprechend dem Anliegen Sedgwicks, den unterschiedlichen Ausdrucksformen des *Closet* analytisch gerecht zu werden, präsentiert sich der Text als komplexe Angelegenheit. Dabei verfolgte Sedgwick, als sie den Text 1990 publizierte, zahlreiche verschiedene, aber miteinander verwobene Gedankenlinien und Interessen: Zuvorderst wollte sie am größeren Projekt gegen Homophobie in europäischen und nordamerikanischen Kulturen teilhaben. Dabei war ihr Ziel, Michel Foucaults Geschichte der Sexualität fortzuschreiben, wie er sie vor allem im ersten Band von *Sexualität und Wahrheit* formuliert hatte. Die seit der Wende zum 20. Jahrhundert bis heute anhaltenden Widersprüche und Inkohärenzen in den modernen Definitionen von Homosexualität und Heterosexualität, von Geschlecht und Sexualität sollten vor allem anhand der Analyse so genannter kanonischer literarischer Texte dramatisiert werden. Außerdem wollte sie eine Pädagogik eines alternativen literarischen Kanons der Minderheiten innerhalb eines bislang dominant männlichen, zugleich homophoben Kanons vorschlagen. Ein männlich-schwules Thema sollte mit Werkzeugen feministischer Theorie sowie lesbischer Lebenserfahrung und Politiken ausgestattet werden. Dabei sollte eine lineare Geschichte der Sexualität, in der ein vermeintlicher Wissenszuwachs zu größerer Transparenz und Evidenz über und von Sexualität sowie Homosexualität führt, dekonstruiert und somit vorgeführt werden, dass nach wie vor eine kulturelle Homophobie bestand und die Epistemologie des Verstecks immer noch äußerst intakt war. All dies lässt sich auf keinen einfachen Nenner bringen, wenn man es sich nicht leicht machen will und schlicht behauptet, bei *Epistemology of the Closet* handele es sich um einen *der* Gründungstexte der *Queer Theory*.

In *Epistemology of the Closet* fällt der Begriff ‚queer' kein einziges Mal, das heißt, der Text bemüht sich nicht um eine Definition des Begriffs beziehungsweise Konzepts ‚queer' oder von *Queerness* oder ‚queerer Theorie' – bewusst verweigerte sich Sedgwick so herkömmlichen Arten der Wissensproduktion. Sie nutzte das Wort ‚queer' erst in dem in der November-Ausgabe von *GLQ: A Journal of Gay and Lesbian Studies* 1993 publizierten Aufsatz „Queer Performativity", wo auch Judith Butlers Artikel „Critically Queer" erschien. Dort entwarf sie die positive ermächtigende Figur der performativen Zurschaustellung männlich-männlichen Begehrens auf der Basis von Scham. In *Epistemology of the Closet* ist ihr epistemologischer Standpunkt düsterer: Da das allgemeine Wissen moderner westlicher Kulturen von Homophobie in jenen inkohärenten, in sich widersprüchlichen Konzepten von Homo- und Heterosexualität lebe, existiere kein Wissensstandpunkt, von dem aus diese Widersprüche und Inkohärenzen im Sinne eines anti-homophoben Projekts gewinnbringend auflösbar wären. Unmöglich sei es also auch, eine Kultur gänzlich ohne homophoben Druck zu imaginieren.

Dementsprechend formulierte sie ihre Thesen: Weil, erstens, in europäischen und nordamerikanischen Kulturen sämtliches moderne Wissen von Sexualität inhaltlich besetzt und strukturell durchdrungen sei, dürfe man die Geschichte der Sexualität keineswegs als Geschichte eines zunehmenden transparenten, objektiven Wissens betrachten. Gerade die historische Perspektive zeige, dass mit der vermeintlichen Zunahme eines allgemeinen Wissens über Sexualität immer ein Geheimwissen beziehungsweise Geheimnis einhergegangen sei. Es handelte sich um ein für den Diskurs der Sexualität zentrales Geheimnis, nämlich das der homosexuellen Person. Diese durfte in christlich-abendländischer Tradition nicht benannt werden, das heißt, sie wurde im Diskurs wirkmächtig ignoriert. Erst anschließend wurde im Zuge einer nahezu zwanghaften Wissensproduktion zur Sexualität eine zweite Person konstituiert, die heterosexuelle Person nämlich, die davon eindeutig binär abgegrenzt werden konnte.

Die zweite These, die Sedgwick in ihrer Analyse der Situation im Jahr 1990 formulierte, lautet, dass sich der Binarismus von Wissen und Ignoranz gegenüber dem schwulen Geheimnis durch zwei wesentliche innere Widersprüche fortgeschrieben habe: Erstens habe der Diskurs einmal von Personen gesprochen, die ‚wahrhaft' homosexuell seien (minorisierende Sichtweise). Zugleich sei dort ausgesagt worden, dass alle Menschen erst durch ein kompliziertes Beziehungsgeflecht von Begehren, Akten und Objektwahlen als Subjekte konstituiert würden (universalisierende Perspektive). Zweitens seien in modernen westlichen Gesellschaften alle Individuen zwangsläufig einem Geschlecht zugeordnet worden. Folglich repräsentierte eine schwule oder lesbische Person die Essenz eines Geschlechts (‚richtig schwul/lesbisch'), während sie zugleich beide Geschlechter verkörperte (‚männliche Seele in weiblichem Körper' beispielsweise).

Sedgwicks dritte These besagte daher, dass das homosexuelle Geheimnis unvorhersehbare und unkontrollierbare Ausdrucksformen annehmen könne. Die Performanz des Closet als Konstituierung eines Subjekts gegenüber anderen sei nicht mittels fester klarer Abgrenzung erfolgt. Mithin mündete ein *coming out* nie in der politischen, lebensweltlichen oder epistemologischen Gewissheit, dass sich das Closet parallel zur Transformation der gesamten Gesellschaft auflöste. In den USA, so betonte Sedgwick 1990, belasse immer noch allein der Umstand, eine schwule oder lesbische Person zu sein, aufgrund der diese Existenz definierenden Widersprüche kaum Raum für diese Existenz. Sie verdeutlicht dies am öffentlichen Diskurs um AIDS, der damals im Resultat homophob gewirkt habe: Bezüglich der ‚Risikogruppe' schwuler Personen würden diese einmal als Minderheit gekennzeichnet, also minorisiert, wohingegen in Hinblick auf die ‚Problemlösung' des ‚safer sex' im Diskurs eine universalisierende, alle Sexualitäten umfassende Perspektive eingenommen werde.

Wenn man nun, wie Sedgwick dies in *Epistemology of the Closet* unternahm, an das tendenziell repressive Closet eine dezidiert anti-homophobe Perspektive anlegen möchte, wird man mit methodischen Schwierigkeiten konfrontiert. Sedgwick benannte vor allem folgende Problembereiche. Die erste konzeptuelle Sackgasse, die sie dabei ausmachte, war die zwischen essentialistischen und konstruktivistischen Argumenten jeweils für oder gegen eine homosexuelle Identität. Ihr erster Einwand gegen den Konstruktivismus war politischer Art, insofern Sedgwick darauf bestand, dass gerade Selbstdefinitionen von Gruppen als politisch sinnvoll und wirkmächtig respektiert und anerkannt werden sollten. Umgekehrt sah sie aber die Gefahr, dass vor allem ein biologisch definierter homosexueller Körper, der als widerständiger gegenüber der heterosexistischen Kultur veranschlagt werde, immer Gefahr laufe, zum Ziel technologischer Eingriffe zu werden. Insbesondere wenn diese im Namen ‚der Natur' erfolgten, werde Homosexualität unveränderbar als Devianz festgeschrieben. Sedgwick erschien deshalb der

Binarismus von minoritär versus universalistisch analytisch ertragreicher als der von Konstruktivismus versus Essenzialismus, insofern er die Perspektive konkreter Personen mit ihren Lebensweisen und Selbstdefinitionen einnimmt, anstatt diejenigen sozialer Normierungen.

Der zweite Problembereich betraf die konzeptionelle und historische Unterscheidung von gleichgeschlechtlichen Beziehungen und Akten auf der einen Seite gegenüber derjenigen der Homosexualität im modernen Sinn („as we know it", Sedgwick, S. 44). Sedgwick erkannte zwar den Wert der historischen Arbeiten wie beispielsweise derjenigen George Chaunceys, Lillian Fadermans und Brigitte Erikssons, Jonathan Goldbergs, David M. Halperins, Jonathan N. Katzs und James D. Steakleys, an, die versuchten, ein differenzierteres Bild gleichgeschlechtlicher Beziehungen und gleichgeschlechtlichen Begehrens im Sinne einer Geschichte der Selbstdefinition zu zeichnen. Die Behauptung jedoch, es habe vor dem Ende des 19. Jahrhunderts eine Zeit der Alterität gegeben, für die man nicht von Homosexualität sprechen könne, drohe das Konzept der Homosexualität ‚an sich' zu homogenisieren. Damit, so Sedgwick, verkehre sich der Effekt dieser Arbeiten, nämlich die Geschichte und Konzepte sexueller Identitäten zu veruneindeutigen und zu de-naturalisieren. Da die Ziel- und Zwecksetzung von *Epistemology of the Closet* darin bestand, insbesondere die eigene Gegenwart des Jahres 1990 zu verfremden und zu denaturalisieren, folgte Sedgwicks eigene historische Einteilung bewusst keinen gängigen Epochengrenzen, sondern sie spannte einen Bogen von 1880 bis 1980. Sowohl ihre Terminologie als auch ihre politische Position, so Sedgwick, seien aber nicht ohne die Widerstände und Effekte von Stonewall 1969 möglich gewesen.

Als dritten Problembereich ging Sedgwick auf das Verhältnis von Geschlecht und Sexualität ein. Zwar erkannte sie deren intrinsische Verknüpfung an, wies aber zugleich darauf hin, dass nach Foucault Sexualität als Diskurs betrachtet werden sollte, der seine ganz eigenständigen Ausdrucksformen hervorbringe. Ihr Argument lautete, dass Sexualität weit davon entfernt sei, sich exklusiv auf den biologischen Reproduktionsvorgang zu beziehen. Vielmehr sei sie mit einer Vielzahl genitaler Akte, mit Affekten und sexuellen Praktiken, aber auch mit kulturellen Narrativen und Techniken verknüpft. Aufgrund dessen sei Sexualität immer stark kulturell bedingt, und sie decke sich nie vollständig mit dem binären Geschlechtersystem. Ein anti-homophobes Projekt sollte sich deshalb vermehrt an Sexualität als Diskurs und Technologie und weniger am Geschlechterdiskurs orientieren. Trotz vieler Überschneidungen solle eine analytische Trennung beider Kategorien aufrechterhalten bleiben. Lege man aber den Fokus allein auf die Unterscheidung von Geschlecht und Sexualität, so Sedgwick, übersehe man leicht, dass beide immer im vielfältigen Wechselspiel mit anderen identitätskonstituierenden Kategorien stünden, wie etwa *race*, Klasse, Alter und andere.

Der vierte und letzte Problembereich umkreiste die Frage, welchen Mehrwert eine feministische Betrachtung eines antihomophoben, auf schwule Männer fokussierten Projektes bringen könne. Sedgwick machte sehr deutlich, dass sowohl das Untersuchungsobjekt Closet als auch der homophobe Druck prominent männlich seien. Oft würde aber gerade deshalb das Closet in einer Art Opferdiskurs glamourisiert und zugleich das *coming out* als einzig transformative Strategie vertreten. Daher sollten die analytischen Werkzeuge einer *Gay Theory* insbesondere von einer lesbischen Theorie und Erfahrung profitieren.

Um also mittels Analysen des Closet am großen anti-homophoben Projekt teilzuhaben, war es für Sedgwick unabdingbar, sich Folgendes immer wieder zu vergegenwärtigen: Eine wirkmächtige Analyse des Closet müsse über diejenigen im Closet hinaus vor allem die Strukturen und Personen in Augenschein nehmen, die von der Existenz des Closet profitierten, ohne selbst den von ihm ausgehenden Repressionen ausgesetzt zu sein. Ein anti-homophobes Projekt sollte mehr auf Sexualität als auf Geschlecht fokussieren, ohne dass beides streng voneinander abgegrenzt sei. Profitabel sei für ein anti-homophobes Projekt weniger die Produktion von eindeutigem Wissen über Homosexualität, als vielmehr die Pluralisierung des Wissens von Sexualität allgemein, vor allem auch durch Formen der Selbstbezeichnung und Selbstidentifikation. Ebenso wirkmächtig sei die Pluralisierung von Nicht-Wissen beziehungsweise von Formen bewusster Ignoranz, weil sie das scheinbar einfache Wissen von Sexualität verkomplizierten und veruneindeutigten. Eine *Gay Male Theory*, so Sedgwick, sei jedoch nur mittels einer Theorie und Erfahrung zu haben, die Weiblichkeit, weibliche/lesbische Erkenntnisweisen und Lebenserfahrungen ins Zentrum stelle. Nur so könnten die herkömmlichen Ausschlüsse von Weiblichkeit vermieden und zudem eine weniger vertraute, de-zentrierte Perspektive auf das Closet erzeugt werden. Zwar komme auch ein anti-homophobes Projekt ohne eine utopische Dimension nicht aus, die konkreten Effekte des Closet mit seinen verschiedenen, vergangenen sowie zukünftigen Ausdrucksformen ließen sich jedoch weiterhin ebenso wenig vollständig auflösen wie das Streben nach pluralisierten sexuellen Identitäten einlösen.

Sedgwicks Analyse der seit dem Ausgang des 19. Jahrhunderts bestehenden Widersprüche in den Definitionen von Homo- und Heterosexualität machte es möglich, das Verständnis vermeintlich homogener und eindeutiger Homosexualität aufzubrechen und seiner scheinbaren Natürlichkeit zu berauben. Sie bereitete den Weg, Homosexualität plural, multikapillar und flexibel zu denken. Mit diesem Denken ließ sich der Diskurs von Sexualität und Geschlecht im anti-homophoben Sinne neu ausrichten und konservative Neueinschreibungen von Geschlecht auch in Zukunft verhindern.

Epistemology of the Closet gab und gibt weiterhin Impulse, die Ordnung der Geschlechter und Sexualität uneindeutig zu machen und aufzubrechen. Zentral ist auch Sedgwicks politisch-interventionistisches Beharren, dass sexuelle Identitäten möglichst plural und multikapillar verstanden und daher offen gehalten werden sollten. Diese Dringlichkeit bestätigt sich, wenn sich das politische Klima ändert und beispielsweise, wie Jasbir Puar in *Terrorist Assemblages* (2008) verdeutlichte, schwule konservative Einschreibungen innerhalb der hegemonialen Kultur bezüglich des Konzepts der Nation stattfinden. Andererseits wird der Kampf gegen Homophobie dort bekräftigt, wo *sex* und *race* zusammenfinden und ein widerständiges Potenzial entfalten – eine Linie, die Sedgwick nur knapp skizziert. Hier ist vor allem auf die Geschichte der Körper zu verweisen, wie etwa in Omise'eke Natasha Tinsleys „Black Atlantic, Queer Atlantic" (2008). Sie entwirft in ihrer materiellen Geschichte einer geografisch informierten Körpererfahrung einen queer-schwarzen Körper als politisches Widerstandspotenzial gegen die Zwangsheterosexualität amerikanisch- und eurozentrischer Kulturen. Auch Sedgwicks düsteres Bild, dass kein Standpunkt existieren könne, von dem aus eine positive queere Zukunft antizipierbar sei,[1] wurde mittlerweile herausgefordert, etwa in José Esteban Muñoz *Cruising Utopia* (2009). Diese dichotomisch geführte Debatte zeigt, dass sich die von Sedgwick aufgezeigten Effekte der hochproduktiven Widersprüche in den Definitionen von Homosexualität in der Wissensproduktion der Queer Theory und Queer Black Theory immer noch und dazu sehr unterschiedlich fortschreiben.

1 Eine Position, die sie teilweise mit Lee Edelman, *No Future* (2004), Jack Halberstam, „The Politics of Negativity in Recent Queer Theory" (2006), Leo Bersanis *Is the Rectum a Grave?* (2010), Teresa de Lauretis, „Queer Texts, Bad Habits, and the Issue of a Future" (2011) teilt.

Querverweise

- Stuart Hall: Wer braucht Identität? (1996)
- Judith Butler: *Gender Trouble* (1990)
- Michel Foucault: *Der Mut zur Wahrheit* (1984)
- R. Lautmann / W. Grikschat / E. Schmidt: Der rosa Winkel (1977)
- James Baldwin: Preservation of Innocence (1949)
- Richard Freiherr von Krafft-Ebing: *Psychopathia sexualis* (1886)

Literatur

Bersani, Leo: *Is the Rectum a Grave? And Other Essays*. Chicago: University of Chicago Press 2010.

Butler, Judith: Critically queer. In: *GLQ. A Journal of Gay and Lesbian Studies* 1,1 (1993), S. 17–32.

Chauncey, George: *Gay New York. Gender, Urban Culture, and the Making of the Gay Male World, 1890–1940*. New York: Basic 1994.

Edelman, Lee: *No Future. Queer Theory and the Death Drive*. Durham: Duke UP 2004.

Faderman, Lillian / Brigitte Eriksson: *Lesbians in Germany: 1890's–1920's*. 2. Aufl. Tallahassee: Naiad 1990.

Foucault, Michel: *Sexualität und Wahrheit I. Der Wille zum Wissen* [1976]. Frankfurt am Main: Suhrkamp 1983.

Goldberg, Jonathan (Hrsg.): *Reclaiming Sodom*. New York: Routledge 1994.

Halberstam, Jack: The Politics of Negativity in Recent Queer Theory. In: *PMLA: Publications of the Modern Language Association* 121,3 (2006), S. 819–828.

Halperin, David M.: *One Hundred Years of Homosexuality*. New York / London: Routledge 1989.

Katz, Jonathan N.: *The Invention of Heterosexuality*. New York: Dutton 1995.

Lauretis, Teresa de: Queer Texts, Bad Habits, and the Issue of a Future. In: *GLQ: A Journal of Gay and Lesbian Studies* 17,2–3 (2011), S. 243–263.

Muñoz, José Esteban: *Cruising Utopia: The Then and There of Queer Futurity*. New York: New York UP 2009.

Puar, Jasbir: *Terrorist Assemblages. Homonationalism in Queer Times*. Durham: Duke UP 2007.

Sedgwick, Eve Kosofsky: *Between Men. English Literature and Homosocial Desire*. New York: Columbia UP 1985.

—: *Epistemology of the Closet*. Berkeley: University of California Press 1990.

—: Queer Performativity. Henry James's The Art of the Novel. In: *GLQ: A Journal of Gay and Lesbian Studies* 1,1 (1993), S. 1–16.

Steakley, James D.: *The Homosexual Emancipation Movement in Germany*. New York: Arno 1975.

Tinsley, Omise'eke Natasha: Black Atlantic, Queer Atlantic. Queer Imaginings of the Middle Passage. In: *GLQ: A Journal of Gay and Lesbian Studies* 14,2–3 (2008), S. 191–215.

Gloria Anzaldúa: *Borderlands / La Frontera: The New Mestiza* (1987) Oder: Die Crux rassischer Genealogien

Barbara Lüthi

Mestiza

> As a *mestiza* I have no country, my homeland cast me out; yet all countries are mine because I am every woman's sister or potential lover. (As a lesbian I have no race, my own people disclaim me; but I am all races because there is the queer of me in all races.) I am cultureless because, as a feminist, I challenge the collective cultural/religious male-derived beliefs of Indo-Hispanics and Anglos; yet I am cultured because I am participating in the creation of yet another culture, a new story to explain the world and our participation in it, a new value system with images and symbols that connect us to each other and to the planet. (S. 103)

Gloria Anzaldúa bezeichnete sich selbst als „chicana dyke-feminist, tejana patlache poet, writer, and cultural theorist". Sie sperrte sich zeitlebens gegen Vereindeutigungen. Man könnte sie in einem Foucaultschen Sinne auch eine ‚Archäologin des Wissens' nennen, unermüdlich auf der Suche nach den Phantasmen der historischen und mythischen Vergangenheit, unermüdlich auch in der Schaffung neuer Genealogien. Ein Blick in die tieferen Genealogien der Rassifizierungen und Sexualisierungen innerhalb der US-mexikanischen *Borderlands*, in denen die Autorin aufgewachsen ist, widersetzt sich bei näherer Betrachtung jeglicher Eindeutigkeit. Was sie jedoch spiegeln, ist eine kontinuierliche Angst der europäischen und anglo-amerikanischen Kolonialisten vor Vermischung, ‚Bastardisierung', Unreinheiten. Schon die vielfältigen (meist pejorativen) Bezeichnungen zeugen davon: *mestizo, castizo, morisco, genízaro, lobo, coyote, mulatos, greaser.*[1]

1 Auch die ethnischen Mexikaner hatten ihre Bezeichnungen für die eindringenden *Americanos* im Südwesten, die sich oftmals auf physische Merkmale bezogen: *canosos* (Grauhaarige), *colorado* (Rotgesichtige), *cara de pan crudo* (Teiggesicht), *ojos de gato* (Katzenauge), *patón* (Großfuß).

Abb. 1: Laura Aguilar: *Three Eagles Flying*, 1990. Silbergelatineabzug; Triptychon, 24" x 60" (60,96 cm x 152,4 cm).

„We call them greasers" heißt ein Gedicht von Gloria Anzaldúa, geschrieben aus der Perspektive eines weißen Mannes, der eine *Mexikana* zu Tode vergewaltigt und deren Ehemann seinen *boys* zum Lynching frei gibt. Die Verschränkung von Rassismus, Sexismus und brachialer Gewalt werden hier wort-gewaltig evoziert. *Greasers*, das war im 19. Jahrhundert die Bezeichnung für die im heutigen Südwesten der USA auf der untersten Lohnskala arbeitenden Mexikanerinnen und Mexikaner, deren Aufgabe es war, Radachsen und Tierhäute einzufetten; während des mexikanisch-amerikanischen Krieges mutierte der Begriff auch zu einer gängigen Bezeichnung unter den US-Truppen.[2] Die Angst vor ‚Rassenmischung' und Unreinheit existierte als ein permanenter Schatten über der Geschichte der Eroberung und Verdrängung. 1774 bezeichnet der spanische Kaufmann Pedro Alonso O'Crouley die Bevölkerung des kolonialen Mexiko als *mulatos*, eine ‚rassische' Mischung aus Spaniern oder Indianern mit *Negros* – das immer in irgendeine Art von „Mulattengemisch" resultiere, was sogar die effektivste Chemie nicht reinigen könne (Deans-Smith / Katzew, S. 1). 1908 beschreibt Alfred P. Schultz, ein Vertreter des Sozialdarwinismus, in seinem Buch *Race or Mongrel* Mexiko als ein Land, das von „whites, Indians, and white-Indian mongrels" bewohnt werde (Schultz, S. 155). Wenn Schultz mit Bezug auf die Mexikaner in seinen Werken immer wieder das Bild des ‚Indianers' als Inbegriff der verschmähten *savagery* und der ‚rassischen Bastardisierung' evozierte, so prägten diese Inventare auch die darauffolgenden Jahrzehnte. 1928 plädiert der Kongressabgeordnete John Box dafür, die mexikanischen Einwanderer in die restriktive Einwanderungsgesetzgebung miteinzubeziehen, um das „white man's country" zu erhalten. Der ‚mexikanische

2 Ebenso negativ wurde der Begriff für italienische und griechische Einwanderinnen und Einwanderer in den USA benutzt mit Bezug auf ihre ‚Grease-Frisuren'.

Arbeitssklave', so John Box, sei eine Kreuzung aus mediterran-spanischen Bauern mit minderwertigen Indianern, die sich nicht der Auslöschung widersetzt und sich als Sklaven unterworfen hätten (Congressional Record 69:3, 70th Congress, 1st Session (1928), S. 817–818). In Kongressdebatten galten Mexikaner als ‚degenerierte Hybride'. Ihr gesetzlich festgelegtes ‚Weißsein' war äußerst instabil; mit Hilfe einer Reihe von Regulierungen musste dem Einhalt geboten werden. Kritisch entgegnete der mexikanische Schriftsteller und Politiker José Vasconcelos in seinem Werk *La raza cósmica* (1925):

> [N]either in antiquity, nor in the present, have we a race capable of forging civilization by itself. The most illustrious epochs of humanity have been precisely, those in which several different peoples have come into contact and mixed with each other. (Zit. n. Dean-Smith / Katzew, S. 2)

Über die Jahrhunderte vermengten sich im Begriff des *Mexican American* Kategorien wie Mexikaner und Indianer, schwarz und weiß immer wieder neu. Gloria Anzaldúa jonglierte in Gedichten und Prosa mit diesem Wandel von Kategorien und deren historischen Mehrdeutigkeiten. Es war vielleicht der zaghafte Versuch, der Wirkungsmächtigkeit der Rassifizierungen zu entkommen, die nicht einfach eine ‚barbarische Unterseite' (Weinstein, S. 91) der europäischen Moderne ausmachten, sondern gerade auch deren hässliches Gesicht zeigten. Anzaldúa wusste aber, dass es kein wirkliches Entkommen gab – dennoch imaginierte sie beharrlich eine ‚andere Kultur' jenseits von Eindeutigkeiten, in der die *Mestiza* die Hauptrolle spielte (Katzew/Deans-Smith).

Borderlands / La Frontera

Die *Borderland Studies* haben die US-mexikanische Grenzzone als „vieldeutige und oft instabile Gebiete bezeichnet, in denen Grenzen auch Kreuzungen, Peripherien auch zentrale Orte, Heimaten auch Durchgangsorte und die Endpunkte des Empires auch Straßengabelungen sind." (Hämäläinen / Truett, S. 338) *Borderlands* stellen eine Gegengeschichte dar. Oder in den Worten von Gloria Anzaldúas:

> To live in the Borderlands means you
> are neither *hispana india negra española*
> *ni gabacha, eres mestiza, mulata,* half-breed
> caught in the crossfire between camps
> while carrying all five races on your back
> not knowing which side to turn to, run from;
> [...]
> To survive the Borderlands
> you must live *sin fronteras*
> be a crossroads. (S. 216–217)

Native Americans (Anasazis, Apachen, Comanche, Hohokam, Hopi, Navajo, Tohono O'Odhams usf.), spanische Kolonisten, Jesuiten, Mexikaner_innen, Chines_innen, Goldgräber, Minenarbeiter, Viehzüchter, Unternehmer, militärische Einheiten, Opiumschmuggler, *rumrunners*, *Border Patrol* und Zollbeamte – dies sind nur einige der Personengruppen, die diesen Raum über die Jahrhunderte besiedelten und durchwanderten. Eine Region, gezeichnet von den Konturen des amerikanischen Imperialismus, der Entstehung eines kapitalistisch geprägten Raumes, die Millionen von Arbeitskräften wie ein Magnet anzog. *Borderlands* sind Orte, die oftmals unvorhersehbare Wendungen nehmen; ein Raum, in dem vernachlässigte Subjekte sichtbar werden, in dem sich die intimen Schichten menschlicher Beziehungen ablagern, in dem sich die Macht personifiziert ebenso wie sie unterlaufen wird; ein Raum von bestechender Schönheit und biologischer Diversität; ein Raum auch, in dem sich Gewalt auf rohe Weise manifestiert, die Natur ihre eigene Gesetze verfolgt. Gloria Anzaldúa schreibt:

> The U.S.-Mexican border *es una herida abierta* [ist eine Wunde; Anm. d. Verf.] where the Third World grates against the first and bleeds. And before a scab forms it hemorrhages again, the lifeblood of two worlds merging to form a third country – a border culture. (S. 25)

Heute ähnelt das Grenzgebiet teilweise dem Bild einer militärischen Sperrzone – diesseits und jenseits der Grenzen bevölkert von *Mestiza Maquiladoras*, dokumentierten und undokumentierten Migrant_innen, Drogenkartellen, Ranchers, sich ausdehnenden Städten, Wüstenlandschaften, durchzogen von Luftüberwachungen, Sensoren, Kameras, *night scopes*, Radarüberwachungen, virtuellen und Metallzäunen. Das Grenzgebiet hat neue physische Formationen angenommen.

Mit dem Erlass der *Secure Fence Act* durch das Department of Homeland Security (DHS) im Jahre 2006 wurden viele staatliche oder auch lokale Gesetze außer Kraft gesetzt, die den Bau der Grenzmauer zuvor verhindern konnten. Die Aufhebung von Gesetzen durch das DHS war extensiv und betraf neben Umwelt- und Naturschutzgesetzgebungen auch Ackerland, historische Stätten und Grabstellen der Native Americans. Der Zaunbau verwandelte die vertikale Topographie in eine horizontale: Erhebungen und Unebenheiten in den Landschaften als charakteristisches Merkmal des Lokalen wurden im Namen des abstrakten geopolitischen Raumes der internationalen Grenze eingeebnet. Damit wird auch ein komplexes ökologisches System, das sich entlang der Grenzlinie entfaltet hat, zerstört. In den Debatten um den *Secure Fence Act* argumentierte 2006 der Republikanische Kongressabgeordnete von Arizona, J. D. Hayworth:

The graffiti is strewn on the wall at our international border in Nogales. 'Borders are scars upon the earth,' it reads. No, Mr. Speaker and my colleagues, borders are not scars upon the earth. They are reasonable and necessary lines of political demarcation between nation states in the post-9/11 world. It is absolutely necessary that we move to secure our borders. And as the poet wrote, 'good fences make good neighbors.' (St. John, S. 199)[3]

Die Worte der *Chicana* Poetin zeichnen ein gänzlich anderes Bild:

I press my hand to the steel curtain –
chainlink fence crowned with rolled barbed wire –
rippling from the sea where Tijuana touches San Diego
unrolling over mountains
and plains
and deserts,
[...]
1'950 mile-long open wound
dividing a *pueblo*, a culture
running down the length of my body
staking fence rods in my flesh
split me splits me
me raja me raja (S. 24)

3 Das alte Sprichwort erscheint in dem Gedicht „Mending Wall" von Robert Frost, das gegen die Errichtung von Mauern gegenüber Nachbarn mahnt.

Militarisierung, Illegalisierung, Inhaftierungen, Deportationen und Tod prägen gegenwärtig das Leben der unerwünschten Grenzgänger_innen in diesem Wüstengebiet (siehe Hämäläinen / Truett; St. John; Inda).

Desert

Experts can't give a definitive schedule of doom. Your own death is largely dictated by factors outside of your control, and beyond accurate prediction. Your own fitness is a factor, your genetics. Gender doesn't seem to affect your chances much. Women are far from being the "weaker" sex. They survive as long as men, and often survive longer. Hydration before the event might buy you time, same with shade, a hat, rest. How much, however, remains unknown. All sources say you will die in a period of time that can vary from hours to days. However long it takes to die, you will pass through six known stages of heat death, or hyperthermia, and they are the same for everyone. It doesn't matter what language you speak or what color your skin. Whether you speed through these stages, or linger at each, hyperthermia will express itself in six ways. The stages are: Heat Stress, Heat Fatigue, Heat Syncope, Heat Cramps, Heat Exhaustion, and Heat Stroke. [...] But the wicked genius of Desolation is that it makes even the young old so that it can kill them more easily. [...] Desolation drinks you first in small sips, then in deep gulps. [...] Desolation has begun to edit you. Erase you. (Urrea, S. 121–123)

In der militärischen Sprache der Border Patrol heißen diese für die amerikanische Regierung vernachlässigbaren Todesfälle in der Wüste *Operation Wetback, Operation Gatekeeper, Operation Hold the Line* – und am treffendsten: *Operation Broken Promise. Desolation* heißt so viel wie Trostlosigkeit, Verlassenheit, Verwüstung, Verödung. Die verschiedenen Facetten der US-mexikanischen Grenze werden in diesem Wort konzis erfasst: Die Wüste als Schwelle der Transzendenz, die Wüste auch als Ort der Todeskämpfe und Auslöschung. Als der deutsche Jesuit Ignaz Pfefferkorn in der ersten Hälfte des 18. Jahrhunderts als Missionar im sogenannten *West Desert* – auch *Camino del Diablo* genannt – eintrifft, schreibt er, man reise stundenlang ohne einen Tropfen Wasser zu finden, ebenso sei die Hitze fast unerträglich und sehr gefährlich für die Menschen. Die Verletzlichkeit der Grenzgänger_innen werde, darauf verweisen immer wieder Experten_innen, von Politiker_innen und Grenzbeamten bewusst in Kauf genommen: billige Arbeitskräfte, auf Grund der Prekarität ihres ‚illegalen' Status gefügig und anpassungsfähig und jederzeit deportierbar. Die Historikerin Mae Ngai bezeichnete dies als ‚revolving door policy' (S. 21). Konkret bedeutet dies, dass Phasen der Abschiebung von undokumentierten Migrant_innen mit einem kontinuierlichen Import einhergehen. Die Produktion von ‚Illegalen' zielte von daher nie darauf ab, sie physisch gänzlich auszuschließen, sondern sie unter den Bedingungen einer erzwungenen und verlängerten Verletzlichkeit sozial einzubinden. Die Tode in der Wüste fallen unter die „unintended consequences" (Magaña, S. 63).

Eine Landschaft der Paradoxe

Dieses Wüstengebiet ist gleichzeitig durchsetzt von den Netzwerken, Prozessen und Bewegungen einer industrialisierten Gesellschaft. Staudämme und Kraftwerke, die die Landschaft durchziehen. Hier wurden auch die wichtigen Innovationen des Kalten Krieges entwickelt – von der Atombombe über den Überschallflug bis zur Interkontinentalrakete; lange Zeit diente diese Landschaft als Versuchslabor. In Playas, New Mexico, wurden nach 9/11 *anti-terrorism training facilities* im Auftrag des DHS eingerichtet, deren verbesserte Infrastruktur wiederum Klienten wie die *U. S. Army* und *SWAT Forces* (Special Weapons and Tactics) anlockte. Die Wüste – als „‚hot nodes' of extreme activity" (Michael Kubo, S. 7) – ist ein Raum menschlicher Kontakte, die Heimstätte technologischer Innovationen und militärischer Einrichtungen, ein Schauplatz massiver Umweltzerstörungen. In Anzaldúas Worten: „This land was Mexican once, / was Indian always / and is. And will be again" (S. 25).

Epilog

Im Jahre 2010 – über 20 Jahre nach dem erstmaligen Erscheinen und in der bereits vierten Auflage – wurde Gloria Anzaldúas Buch *Borderlands / La Frontera* vom Tucson Unified School System in Arizona aus dem Curriculum der öffentlichen Schulen entfernt. Es war das Ergebnis eines neuen Gesetzes (*House Bill 2281*), das *Mexican American Studies* aus dem Curriculum öffentlicher Schulen zu verbannen suchte (siehe auch Lippek). Der Gesetzestext lautet:

> THE LEGISLATURE FINDS AND DECLARES THAT PUBLIC SCHOOL PUPILS SHOULD BE TAUGHT TO TREAT AND VALUE EACH OTHER AS INDIVIDUALS AND NOT BE TAUGHT TO RESENT OR HATE OTHER RACES OR CLASSES OF PEOPLE. [...]
> A. A SCHOOL DISTRICT OR CHARTER SCHOOL IN THIS STATE SHALL NOT INCLUDE IN ITS PROGRAM OF INSTRUCTION ANY COURSES OR CLASSES THAT INCLUDE ANY OF THE FOLLOWING:
> 1. PROMOTE THE OVERTHROW OF THE UNITED STATES GOVERNMENT.
> 2. PROMOTE RESENTMENT TOWARD A RACE OR CLASS OF PEOPLE.
> 3. ARE DESIGNED PRIMARILY FOR PUPILS OF A PARTICULAR ETHNIC GROUP.
> 4. ADVOCATE ETHNIC SOLIDARITY INSTEAD OF THE TREATMENT OF PUPILS AS INDIVIDUALS.
>
> (Zeile 5–16)

Das Werk von Gloria Anzaldúa ist in den Augen der Behörden offensichtlich blasphemisch, weil es die Macht hat, Gleichgültigkeiten aufzurütteln, Ambivalenzen zu tolerieren, jenseits jeglicher kultureller Tyrannei auf der persistenten Neuerfindung von Kulturen, Sprachen, Identitäten zu beharren, ein kollektives Selbst zu imaginieren. In ihrem Gedicht *A Tolerance for Ambiguity* bringt sie es auf den Punkt:

> The new *mestiza* copes by developing a tolerance for contradictions, a tolerance for ambiguity. She learns to be an Indian in Mexican culture, to be Mexican from an Anglo point of view. She learns to juggle cultures. She has a plural personality, she operates in a pluralistic mode – nothing is thrust out, the good the bad and the ugly, nothing rejected, nothing abandoned. Not only does she sustain contradictions, she turns the ambivalence into something else. (S. 101)

Das Weben eines Teppichs aus dem Undenkbaren, dem Unerhörten, dem Grenzenlosen, jenseits der Privilegien der *whiteness* – das war Gloria Anzaldúas Beitrag zu einer Welt „sin fronteras“: „May we seize the arrogance to create outrageously, soñar wildly – for the world becomes as we dream it.“ (Anzaldúa 2009, S. 205)

Querverweise

- Stuart Hall: Wer braucht Identität? (1996)
- Kimberlé Crenshaw: Mapping the Margins (1991)
- Tzvetan Todorov: *Die Eroberung Amerikas* (1982)
- John L. O'Sullivan: *Manifest Destiny* (1845)
- Sojourner Truth: Ain't I a Woman? (1851)

Literatur

Anzaldúa Gloria: Ritual... Prayer... Blessing... for Transformation. In: Frances P. Adler / Debra Busman / Diana García (Hrsg.): *Fire and Ink. An Anthology of Social Action Writing*. Tucson, AZ: University of Arizona Press 2009, S. 204–207.

—: *Borderlands / La Frontera: The New Mestiza*. San Francisco: Aunt Lute 2012.

Behdad, Ali: Ins and Outs. Producing Delinquency at the Border. In: *Aztlan. A Journal of Chicano Studies* 23,1 (1998), S. 103–113.

Hämäläinen, Pekka / Samuel Truett: On Borderlands. In: *Journal of American History* 98,2 (2011), S. 338–361.

Inda, Jonathan Xavier: *Targetting Immigrants. Government, Technology, and Ethics*. Malden: Blackwell 2006.

Katzew, Ilona / Susan Deans-Smith (Hrsg.): *Race and Classification: The Case of Mexican America*. Stanford, CA: Stanford UP 2009.

Kubo, Michael / Irene Hwang / Jaime Salazar (Hrsg.): *Desert America: Territory of Paradox*. Barcelona: Actar 2006.

Lippek, Sarah: Hypothesis. Whiteness is a Dinosaur. http://www.warscapes.com/retrospectives/uncertain-borders/hypothesis-whiteness-dinosaur (Zugriff am 10.04.2014).

Magaña, Rocio: *Bodies On the Line: Life, Death, and Authority on the Arizona-Mexican Border*. PhD-thesis, University of Chicago 2008.

Ngai, Mae: *Impossible Subjects. Illegal Aliens and the Making of America*. Princeton: Princeton UP 2005.

Pfefferkorn, Ignaz: *Beschreibung der Landschaft Sonora samt andern merkwürdigen Nachrichten von den inneren Theilen Neu-Spaniens und Reise aus Amerika bis in Deutschland* [1794]. Bonn: Holos 1996.

Schultz Alfred P.: *Race or Mongrel*. Boston: Page 1908.

St. John, Rachel: *Line in the Sand. A History of the Western U. S.-Mexico Border*. Princeton: Princeton UP 2011.

State of Arizona: House Bill 2281. http://www.azleg.gov/legtext/49leg/2r/bills/hb2281s.pdf (Zugriff am 10.04.2014).

Urrea, Luis Alberto: *The Devil's Highway. A True Story*. New York / Boston: Little, Brown 2004.

Weinstein, Barbara: History Without a Cause? Grand Narratives, World History, and the Postcolonial Dilemma. In: *International Review of Social History* 50 (2005), S. 71–93.

Sander Gilman: Black Bodies, White Bodies (1985)
Oder: Warum man ein Objekt, das man herzeigt, nicht negieren kann

Astrid Kusser

I.

Die britische Sängerin Lily Allen liegt in ihrem 2013 veröffentlichten Musikvideo auf dem Operationstisch von Schönheitschirurgen, während die Ärzte ihr Fett absaugen und dabei sexistische Kommentare abgeben. Allen blickt derweil auf einen Flachbildschirm an der Wand und sieht knapp bekleidete Frauen mit langen schlanken Beinen in einem Musikvideo tanzen. Schließlich befreit sie sich von Schläuchen und Ärzten, verlässt den OP und gesellt sich zu diesen Tänzerinnen. Während Allen selbst eine Art schwarzen Ganzkörperbody trägt und eher zurückhaltend tanzt, schütteln diese virtuos ihre fast nackten Hintern. Singend stellt Allen klar, was sie von diesem Tanzstil, Twerken genannt, hält: „Don't have to shake my ass, 'cause I got brains."

Nach der Veröffentlichung des Songs werfen Blogger_innen und Journalist_innen Lily Allen vor, das Video sei rassistisch (Werthschulte; Rotifer). Allen verteidigt sich: Der Song greift die Musikindustrie an, die Art, wie sie Frauen auf bestimmte vorgefertigte Bilder und Funktionen reduziert. Sie sei zu schüchtern, um selbst so zu tanzen; wenn sie es könnte, dann hätte sie es getan. Außerdem sei ihr ganz egal gewesen, ob die Models weiß oder schwarz waren. Sie habe sie nicht nach Hautfarbe ausgewählt, sondern einfach die besten genommen und das seien eben vor allem schwarze Frauen gewesen.

Ganz in der Tradition eines Rassismus der *Color Blindness* fordert Allen Universalismus ein: Es gehe in dem Video nicht um Hautfarbe, sondern um das Problem, dass Frauen im Showgeschäft bestimmte Erwartungen erfüllen müssten, um Erfolg zu haben. Dass sie ihren eigenen Körper eher verhüllt und nicht twerkt, beschreibt sie als Ausdruck ihrer Individualität, nicht als Strategie oder Umgangsweise mit dem

Showgeschäft. Anders die twerkenden Tänzerinnen: Sie sind Demonstrationsobjekt und haben die Aufgabe, das Problem zu repräsentieren. Eine solidarische Haltung zur Strategie des offensiven Herzeigens eines trainierten (Tanz-)Körpers ist so nicht möglich. Im Gegenteil unterstellt Allen im Text ja Frauen, die twerken, gar Opfer ihrer eigenen Hirnlosigkeit zu sein. Höhepunkt dieses instrumentellen Verhältnisses zwischen weißem Popstar und zumeist schwarzen Backgroundtänzerinnen ist eine Szene, in der Allen einer von ihnen, die gerade vornübergebeugt ist und sich an einer Motorhaube abstützt, auf den nackten Hintern klopft und sich dabei kaputtlacht.

Irritierend ähnlich lief kurz zuvor eine andere *Twerking*-Medien-Bubble ab: der Auftritt der US-amerikanischen Sängerin Miley Cirus bei den MTV Awards. Sie twerkt erst mit schwarzen Background-Sängerinnen auf der Bühne, die allerdings mit riesigen Teddybären auf dem Rücken bestückt sind, so dass sie sich regelmäßig in Stofftiere verwandeln, wenn sie sich umdrehen, was ihre Körper verdeckt und den oft sexuell interpretierten Tanz in eine Art Kinderzimmer-Setting verschiebt. Irgendwann rennt Cirus mit schwingenden Hüften auf einen Laufsteg, vorbei an einer schwarzen Tänzerin ohne Teddy, dafür mit besonders ausladenden Hüften und Pobacken. Cirus beißt ihr im Vorbeigehen pantomimisch in den Hintern und klopft ihr dann, ganz ähnlich wie Allen, noch zusätzlich auf den Po.

Der Skandal dieser Auftritte und Debatten rund um den *Booty Shake* und das *Twerken* liegt, anders als in der Presse danach oft behauptet, nicht in der Tatsache begründet, dass jetzt auch Miley Cirus oder Lily Allen twerken oder twerken lassen. Es ist die Beziehung, die sie zu ihren schwarzen Kolleginnen einnehmen – und damit im weitesten Sinn zur Geschichte des modernen Rassismus und seiner komplexen Beziehung zum ‚Sex' als modernem Wissensobjekt. Sie sind symptomatisch für ein Vergessen der Geschichte ihres eigenen Körpers, der so natürlich oder individuell nicht ist. Es sind weiß gemachte und mit spezifischen Schamgefühlen und Körpergrenzen belegte Körper. Die merkwürdige Macho-Geste des Grabschens und Betatschens, die sich sowohl Allen und Cirus leisten, ersetzt das Betrauern ihrer Verluste und Niederlagen, die sich im 20. Jahrhundert gerade in der Geschichte des Tanzens ereignet haben (Kusser 2013).

II.

Rund um die virtuosen Hüften und Hintern tanzender Frauen ist in der Popkultur der vergangenen Jahre ein massenmediales Konfliktfeld entstanden, das viel Aufmerksamkeit erzeugt und sich gut verkaufen lässt, in dem jedoch

doch nur selten etwas Neues passiert. Meist aktualisiert sich im Fokus auf die tanzenden Hintern von Frauen ein altes, rassistisch-sexistisches Blickregime, das seine Herkunft in der Geschichte von Kolonialismus und Sklaverei und der Ausbeutung und Kriminalisierung von sexueller Arbeit hat. Doch der Tanz selbst hat eine andere Genealogie: Twerking, Booty Shake, wie auch immer er genannt wird, führt in den *Black Atlantic* und erzählt davon, wie sich Körper zu diesem Blickregime verhalten haben. Doch warum fehlt diese Geschichte in vielen Kritiken und wie kommt es, dass sie in ihrer Kritik oft genau die Konstellation visueller Ausbeutung reproduzieren, die sie doch eigentlich angreifen wollen?

In der Auseinandersetzung mit der Popularität des Booty Shakes in der Gegenwart verweisen Kritiker_innen häufig auf die Geschichte von Sara Bartman, einer Frau aus Südafrika, die Anfang des 19. Jahrhunderts in Europa zu einem Schauobjekt für ein wissenschaftliches wie populärkulturelles Publikum gleichermaßen wurde (Schippers; Brandes; Eismann). Als wissenschaftliche Referenz dient meist Sander Gilmans Aufsatz „Black Bodies, White Bodies".

Gilman zeigt in diesem Text, dass populäre und künstlerische Repräsentationen schwarzer Menschen im Europa des 19. Jahrhunderts von wissenschaftlichen Diskursen und Bildpraktiken beeinflusst waren, die auf eine Rassifizierung und Pathologisierung weiblicher Sexualität abzielten. Früher tauchten schwarze Figuren in der europäischen Kunstgeschichte oft da auf, wo ein erotisches Geheimnis oder die Übertretung eines sexuellen Verbots sichtbar gemacht werden sollte. Doch dann verschob sich diese Bedeutung hin zu einer Projektionsfläche für die biopolitisch aufgeladene Gefahr von Krankheit und Ansteckung. Schließlich integrierten Maler den Nexus von Rasse und Sexualität in die Darstellung von weißen Frauen selbst, indem sie Gesten und Körperformen zitierten, die zur gleichen Zeit in wissenschaftlichen Darstellungen oder auch in Karikaturen von schwarzen Frauen zirkulierten. Hierbei fokussierten sie ihren Blick besonders auf den Hintern von Frauen. Es entstand eine visuelle Analogie zwischen Rasse und Sexualität, genau wie in wissenschaftlichen Publikationen der Zeit, die auf Massenuntersuchungen der Geschlechtsteile von Afrikanerinnen und europäischen Prostituierten zurückgehen.

Mit Gilmans Text war ein naives Verhältnis zum Auftauchen schwarzer Figuren in der europäischen Kulturgeschichte nicht mehr aufrecht zu erhalten. Mehr noch: Folgt man seiner Analyse, dann waren auch scheinbar harmlose Bilder weißer Frauen tief in ein Netz biopolitisch aufgeladener Rassismen und Sexismen verstrickt. Dieses Netz verlief quer durch verschiedene Disziplinen der Wissens- und Bildproduktion und verdichtete sich im Blick auf den Po, so dass die anfangs visuell hergestellte Nähe zwischen schwarzen und weißen Frauen irgendwann gar nicht mehr nötig war, sondern einfach durch die Darstellung eines prominent im Bild platzierten Hinterns ersetzt werden konnte.

Bis heute ist Gilmans Text eine Standardreferenz in unterschiedlichsten Disziplinen, von der Kunstgeschichte über die Geschichtswissenschaft hin zu den Black Studies und den Postcolonial Studies, und wurde in zahlreichen Sammelbänden abgedruckt (Gates 1999, Jones 2003, Willis 2010). Gilmans transdisziplinäre Methode und sein Fokus auf visuelle Praktiken als moderne Wissenstechnik nahm einiges von dem vorweg, was später Studien zur visuellen Kultur im Detail untersuchten.

Gilmans Text hat aber auch für Kritik gesorgt, eine Kritik, die gerade in der Frage, was heute rund um den Booty Shake passiert, relevant ist. Der Text führt rassistische Stereotype auf die falsche Interpretation individueller Merkmale und Eigenschaften zurück, die jeweils einer scheinbar beliebig konstruierten Gruppe zugeschrieben werden. Die Geschichte von Rassismus erscheint so als ein reines Dominanzverhältnis, das sich eins zu eins in den Ikonen und Stereotypen einer Gesellschaft ablesen lässt. Es gibt hier nichts Unsichtbares, nichts Unsagbares, nichts, was diese Logik durchkreuzt oder herausgefordert hätte. Handelnde Akteure sind allein europäische Wissenschaftler, dazu kommt die Agentur von Diskursen und Bildern, die wie von selbst durch die Disziplinen wandern. Im Text selbst ist durchgehend von „the black female" oder von „female sexuality" die Rede (S. 235 u. v. a.). Frauen kommen als Akteurinnen nicht vor, im Gegenteil reduziert „the black female" schwarze Frauen ganz und gar auf die Rolle, eine fiktive ‚Gattung' zu repräsentieren. ‚The female', das Weibchen – so sprechen wir eigentlich nur, wenn wir über Tiere sprechen. So macht sich der Text distanzlos die (Bild-)Sprache historischer Diskurse zu Eigen und rekonstruiert eine scheinbare Eigenlogik von Wissens- und Bildproduktion im Austausch von Kunst- und Medizingeschichte.

Diese Kritik geht nicht zuletzt auf Mieke Bal zurück. In ihrem Buch *Double Exposure* zeigt sie, dass man ein Objekt, das man herzeigt, nicht negieren kann. Der oder die Herzeigende benutzt das Bild in der Beweisführung, es hat erklärenden Charakter und wirft notwendigerweise die Frage auf, wer was zu welchem Zweck herzeigt. Dieses Exponieren ist eine performative Handlung, in der Bedeutung hergestellt, bestätigt oder verändert wird. Solche Gesten sind immer affirmativ, Kultur- und Wissensproduzent_innen müssen deshalb die performative Dimension des Zeigens und Sprechens mitreflektieren, so Bal. Doch in Ausstellungen, Veröffentlichungen und selbst in wissenschaftlichen Texten verhielten sie sich oft eher wie PR-Agent_innen – sie zeigten das schockierendste oder das schönste Bild, um ihre These zu illustrieren oder die Aufmerksamkeit der Leser_innen zu erregen – wie schon in der Vergangenheit. Die eigentlich zentrale Frage – welchen Erkenntnisgewinn es hat, dieses oder jenes Bild (nicht) zu zeigen – werde so gar nicht gestellt (Bal, S. 195 ff.).

Kritiker_innen des Booty Shakes verweisen vielleicht heute deshalb so gerne auf Gilmans Text, weil sie sich seiner Schockwirkung sicher sein können. Doch indem sie einfach alte und aktuelle Bilder nebeneinander montieren, wiederholen sie genau jene Form der visuellen Analogie, die der Text ursprünglich analysieren wollte. Wendet man sich dagegen der Geschichte des Tanzens zu – was eigentlich in der Auseinandersetzung mit einem Tanz naheliegen müsste – zeigt sich, dass Körper nicht einfach nur stumme und passive Einschreibfläche für Projektionen und Stereotype waren. Im Gegenteil waren sie auf je spezifische Art und Weise in Bewegung und verhielten sich so zu medialen Techniken der Begrenzung und des Stillstellens.

Zudem konnte die kulturgeschichtliche Forschung zum Verhältnis von Ästhetik, Politik und Wissensproduktion mittlerweile zeigen, dass die visuellen und performativen Techniken kolonialer Wissensproduktion weit weniger leicht zu kontrollieren waren, als in der Forschung anfangs angenommen (Rony). Neben den Archiven von Wissenschaft und Kunst müssen deshalb auch die Archive der Populärkultur als Orte der Wissensproduktion mit einbezogen werden. Massenmedien verbreiteten nicht nur andernorts produzierte Rassismen, sondern ermöglichten auch eine Flut von Zitationen und Karikaturen, die es den Zeitgenoss_innen erlaubte, gesellschaftliche Konfliktfelder neu aufeinander zu beziehen. Die dabei entstandenen Stereotype bestätigten allerdings nicht nur eine geteilte Marginalisierung oder waren wie von Gilman noch angenommen beliebig. Die eigentümlichen Auftritte, Tänze und Selbstinszenierungen der Populärkultur belegen, wie Menschen die Grenzen der gewaltsam eingeforderten Subjektpositionen als Schwarze und Weiße, Männer und Frauen, Homo- und Heterosexuelle herausforderten. Dies geschah nicht nur auf den Bühnen der Unterhaltung, sondern auch in Konflikten des Alltags, nicht zuletzt auf den diversen Tanzflächen des urbanen Nachtlebens.

In den institutionalisierten Archiven des Wissens finden sich davon oft nur Spuren – zurückgeworfene Blicke, verweigertes Lächeln, scheinbar absurdes, groteskes oder unverständliches Verhalten. Die in den Archiven der Populärkultur zirkulierenden Bilder sind zwar auch oft rätselhaft und nicht ohne weiteres lesbar, doch häufig auch selbstreflexiver und polemischer. Diese Geschichte belegt, dass Frauen und ihre Körper nicht immer auf dieselbe Art und Weise Schauobjekt waren.

Im Konfliktfeld *Booty Shake* ist heute mit beidem zu rechnen – mit Rassismus und dem Widerstand dagegen. Nur in diesem Zusammenspiel lässt sich der Gefahr begegnen, in der Kritik der Gegenwart eine Geschichte der Sieger zu schreiben. Rassismus und Sexismus setzten Herrschaft und Ausbeutung gewaltsam durch. Das zerstörte nicht nur Psyche, Körper und Leben von Menschen, sondern produzierte auch ein rassistisches Wissen über die möglichen Beziehungen zwischen ihnen. Dieses Wissen sollte die Erinnerung daran auslöschen, dass historisch immer auch andere Beziehungen möglich waren und anderes Wissen zirkulierte.

Wer was in einem Bild sieht, so ließe sich abschließend mit Kaja Silverman argumentieren, hängt nicht zuletzt davon ab, welche Fantasien sich an eine Pose oder eine Ikone koppeln lassen. Weil nur ein begrenztes Repertoire an möglichen Fantasien zur Verfügung steht, ist das Subjekt alles andere als frei in dieser Wahl. Doch das Problem sind nicht die Körper und ihre Sichtbarkeit, sondern eben diese Fantasien. Kritik muss sich deshalb auch daran messen lassen, welche und wessen Fantasien sie (erneut) ermöglicht, weiterverbreitet, aktualisiert.

Querverweise

- Ann Laura Stoler: *Race and the Education of Desire* (1995)
- G. W. Pabst: *Geheimnisse einer Seele* (1926)
- Der Sarotti-M*** (1918/1922)
- *Kolonie und Heimat* (1907 ff.)
- Fanny Cochrane Smith: *Spring Song* (1899)
- Louis Agassiz / J. T. Zealy: *Delia* (1850)

Literatur

Bal, Mieke: *Double Exposure. The Subject of Cultural Analysis*. New York: Routledge 1996.

Brandes, Kerstin: Porträt, Travelogues und Weblogs – zu visuellen Migrationen der Hottentotten-Venus. In: *FKW//Zeitschrift für Geschlechterforschung und visuelle Kultur* 51 (2011), S. 73–87.

Eismann, Sonja: Doin' the Butt. Rassismen und Sexismen im Umgang mit dem afro-amerikanischen Frauenkörper in der Populärkultur. In: *Testcard. Beiträge zur Popgeschichte* 13 (2004), S. 114–119.

Gates, Henry Louis (Hrsg.): *'Race,' Writing, and Difference*. Chicago, IL et al.: University of Chicago Press 1999.

Gilman, Sander: Black Bodies, White Bodies. Toward an Iconography of Female Sexuality in Late Nineteenth Century Art, Medicine and Literature. In: *Critical Inquiry* 12,1 (1985), S. 223–261.

Jones, Amelia (Hrsg.): *The Feminism and Visual Culture Reader*. London: Routledge 2003.

Kusser, Astrid: *Körper in Schieflage. Tanzen im Strudel des Black Atlantic um 1900*. Bielefeld: Transcript 2013.

Rony, Fatima Tobing: *The Third Eye. Race, Cinema and Ethnographic Spectacle*. Durham, NC / London: Duke UP 1996.

Rotifer, Robert: Don't Need to Shake My Ass. http://fm4.orf.at/stories/1728406/ (Zugriff am 16.12.2013).

Schippers, Mimi: Miley Cirus und Sarah Baartman. http://www.marxindrag.com/Marxindrag/Blog/Entries/2013/8/26_Miley_Cyrus_and_Sarah_Baartman.html (Zugriff am 16.12.2013).

Silverman, Kaja: Dem Blickregime begegnen. In: Christian Kravagna (Hrsg.): *Privileg Blick. Kritik der visuellen Kultur*. Berlin: Edition ID Archiv 1997.

Werthschulte, Christian: Die Ärsche der Anderen. In: *taz*, 15.11.2013. http://www.taz.de/!5054939/ (Zugriff am 16.12.2013).

Willis, Deborah (Hrsg.): *Black Venus 2010. They Called her 'Hottentot'*. Philadelphia, PA: Temple UP 2010.

Michel Foucault: *Der Mut zur Wahrheit* (1984) Oder: Die neunte Technologie des Anders-Seins – eine bestimmte Art von Schuld

Johnny Golding

> Darauf berührte ihn eben dieser, der ihm das Gift gegeben hatte, von Zeit zu Zeit und untersuchte seine Füße und Schenkel. Dann drückte er ihm den Fuß stark und fragte, ob er es fühle; er sagte: „Nein". Und darauf die Knie, und so ging er immer höher hinauf und zeigte uns, wie er erkaltete und erstarrte. Darauf berührte er ihn noch einmal und sagte, wenn ihm das bis ans Herz käme, dann würde er hin sein.
> Als ihm nun schon der Unterleib fast ganz kalt war, da enthüllte er sich, denn er lag verhüllt, und sagte, und das waren seine letzten Worte: „O Kriton, wir sind dem Asklepios einen Hahn schuldig: entrichtet ihm den und versäumt es ja nicht!"
>
> (Platon: *Phaidon*)

Eine bestimmte Art von Schuld

Die dringende Bitte an Kriton, ausgerechnet in den letzten Worten Sokrates', er müsse eine Schuld für ihn begleichen – angeblich in dem Moment geflüstert, bevor er dem Schierling letztlich erlag – wirft eine umstrittene und sonderbar hartnäckige Frage auf. Vielleicht noch viel mehr, wenn sie hier im Text eines Buches über *race&sex* auftaucht. Aber es mag am Ende dann doch nicht so seltsam sein, wie es zunächst erscheint. Denn wie wir sehen werden, wenn wir zwei der bekannteren Interpretationen dazu durchgegangen sein werden, kann diese Bemerkung zur Schuld(igkeit) tatsächlich zumindest einen ersten Einblick in die heterogenen ‚post'-postmodernen Ethiken bereitstellen. Einen Blick, der befeuert wird durch eine spezielle Art von Schuld, der sich aus einer bestimmten Form von Neugier (*zētēsis*) generiert und der von einer queeren, sonderbar sexuell-fleischlichen und ethisch-politisch-ästhetischen Wahrheit (*parrhēsia*) angetrieben ist.[1] Es ist eine Blutschuld-Poetik, diese seltsam

1 Die Sokratische Form von parrhēsia (ethos) umgeht geschickt die fleischlich-sinnliche Praxen des Körpers, wie Sex und Schweiß – aber,

geschmierte Ökonomie mit ethischer Differenz in ihrem Kern, mit Mut als ihrer Trope und einer gemeinsamen ‚Sorge um sich' als Technologie – die wir die neunte Technologie des Anders-Seins nennen werden.

Bevor diese komplizierte und verschachtelte Behauptung hier entwickelt wird, möchte ich mich zunächst kurz Friedrich Nietzsche und Jacques Derrida zuwenden.

In einer der berühmtesten Interpretationen der Sterbeworte von Sokrates folgert Nietzsche, so wie viele andere auch, in *Die fröhliche Wissenschaft*: Da Asklepios der Gott der Heilung war und die allerletzten Worte von Sokrates Kriton ermahnen, das Bezahlen der Schuld ja nicht zu vergessen – und so wie Nietzsche es formuliert hat, eine „lächerliche Schuld" an genau diesen Gott (und keinen anderen) – habe Sokrates auf dem Sterbebett scheinbar eine Verwandlung durchlaufen; eine Wandlung, die aus der Angst vor dem Sterben geboren ist, enttäuschend, wie Nietzsche dachte, und ein schwerer und zutiefst geheimer Pessimismus. Für Nietzsche stellte dies eine komplette Umkehr dessen dar, wofür Sokrates sein ganzes Leben lang gestanden hatte.

wie wir sehen werden, handelt es sich dabei nicht nur um einen ‚interessanten' Aspekt einer queeren parrhēsia, sondern um deren Verifikation.

> War es nun der Tod oder das Gift oder die Frömmigkeit oder die Bosheit – irgend Etwas löste ihm in jenem Augenblick die Zunge und er sagte: „Oh Kriton, ich bin dem Asklepios einen Hahn schuldig". Dieses lächerliche und furchtbare „letzte Wort" heisst für Den, der Ohren hat: „Oh Kriton, das Leben ist eine Krankheit!" Ist es möglich! Ein Mann, wie er, der heiter und vor Aller Augen wie ein Soldat gelebt hat, – war Pessimist! Er hatte eben nur eine gute Miene zum Leben gemacht und zeitlebens sein letztes Urtheil, sein innerstes Gefühl versteckt! Sokrates, Sokrates hat am Leben gelitten! Und er hat noch seine Rache dafür genommen – mit jenem verhüllten, schauerlichen, frommen und blasphemischen Worte! Musste ein Sokrates sich auch noch rächen? War ein Gran Grossmuth zu wenig in seiner überreichen Tugend? – Ach Freunde! Wir müssen auch die Griechen überwinden! (Nietzsche, Abschnitt 340, S. 171)

Auf einem anderen Blatt stehen Derridas Interpretationen, die auf eine multiple Dopplung von Vermächtnis/Schuld und die Niederlegung des letzten Willens und Testaments eines sterbenden Mannes (Sokrates) verweisen. Dessen Worte wurden von jemandem (Plato) aufgezeichnet, der, obwohl er im Moment deren Äußerung nicht anwesend war – anscheinend war er an diesem Tag krank – zumindest eine Erinnerung (oder auf jeden Fall ein Nicht-Vergessen) eines Ereignisses voraussetzen muss, das stattgefunden haben mag oder nicht. Er zeichnet diese letzten Worte auf, um die

Autorität des Sprechers zu brechen, welche er aber stattdessen genau dadurch unsterblich macht. Plato, gefangen sowohl als Empfänger wie auch als Sender, ist nun auf Grund des hin und her wandernden Vermächtnisses der Niederschrift quasi ‚von hinten' mit Sokrates vereint. Hier wird die Endphase des Spiels zum zweideutigen Mittendrin und ändert dabei vollkommen die Regeln des Spiels. Wie Derrida es so plastisch (und seltsam ‚homo-cidally') fasst: Sokrates kann als ewig von Plato gefickt gelten, der entweder wahrnimmt oder nicht, was er da tut und tatsächlich ja auch tun muss. Plato, der ergebene Schüler-Nachkomme auf der einen Seite und Wissensübermittler auf der anderen Seite; Empfänger und Sender. Plato, der die Zwickmühle aufführt, die zwar nach einem unschuldigen Placebo aussieht, aber den Lust/Schmerz-Sadomasochismus des *Pharmakon* erzeugt. Und in all der Zeit schwillt der Schuldenhahn weiter an.
Weiter zu Derrida:

> Den 5. Juni 1977. [...] Ich bin noch nicht wieder zu mir gekommen von dieser offenbarenden Katastrophe: Platon hinter Socrate. Dahinter ist er immer gewesen, dachte man, aber nicht so. Ich, ich habe es immer gewußt, und sie auch, die beiden meine ich. Was für ein Paar. Socrates kehrt le *dos* zu plato, der ihn hat schreiben machen, was er wollte, indem er so tat als empfange er es von ihm. (Die Postkarte, S. 18, Herv. hier ff. i. Orig.)

> Den 4. September 1977. [...] Und da Platon schreibt, ohne zu schreiben, ohne zu wollen, daß eine Spur davon bewahrt werde, da er schreibt, ohne zu schreiben, daß Socrate, der angeblich nie geschrieben hat, in Wahrheit geschrieben haben wird, daß man es wisse (oder nicht), und geschrieben haben wird eben das, was er geschrieben haben wird (aber wer, er?), kannst Du versuchen, das Erbe folgen zu machen. (Die Postkarte, S. 78)

> Den 5. September 1977. [...] P. S. Ich habe sie wieder mit Farben übermalt, schau mal, ich habe unser Paar geschminkt, gefällt's Dir? Du wirst bestimmt nicht dahin kommen, die Tätowierung auf Platos Prothese zu entziffern, diesem dritten Holzbein, diesem Phantom-Glied, das er sich unter dem Arsch von Socrates anwärmt. (Die Postkarte, S. 81)

Selbstverständlich gibt es auch andere Interpretationen der letzten Worte Sokrates', von denen aber die meisten im Laufe der nun seit mehr als zwei Jahrtausenden anhaltenden Debatten dazu tendieren, unter eben die beiden oben skizzierten breiteren Überschriften zu passen. Und das wäre ein weniger als harmloses oder auch nur verdächtiges oder geheimnisvolles ‚Geständnis der letzten Gedanken' oder ‚Wandlung am Sterbebett'. Oder eine, wie auch immer geheimnisvoll ausgedrückte, *pharmakon-eske* Einschreibung des Seins, welche unmittelbar und tief in die Struktur der Zeit selbst, der Zirkulation, der Nachkommenschaft und der Schuld eingewoben ist. Damit ist sie für die (quasi-)transzendentale Bewegung einer Spur, jeder Spur zentral – egal ob für Identität, Sexualität, Demokratie oder tatsächlich auch das Leben selbst.

Den Wert der Münzen ändern (eine bestimmte Art von Mut)

Foucault stellt einen gänzlichen anderen Deutungsansatz als den oben skizzierten Umriss hervor. Wie wir sehen werden, handelt es sich dabei um einen Ansatz, der nicht nur eine methodologische Spielveränderung einführt, sondern ein komplett anderes Umfeld eröffnet, welches sich stark von dem unterscheidet, das von Adam und Eva und ihrer zutiefst verstörten Nachkommenschaft vorgefunden wurde.

In den Monaten unmittelbar vor seinem Tod im Jahr 1984 hielt Foucault am Collège de France eine Reihe von 18 Vorlesungen, die posthum unter dem Titel *Der Mut zur Wahrheit – Die Regierung des Selbst und der anderen II* veröffentlicht wurden (in Französisch im Jahr 2008, in Deutsch im Jahr 2010 und in Englisch im Jahr 2011). Diese Vorlesungen waren die Fortführung seiner Vorlesungsreihen der beiden Jahre zuvor (1982 und 1983) und drehten sich vornehmlich um vier Praxis-Wissen Knotenpunkte oder Modalitäten der Wahrheit: (1) die Modalität der Prophezeiung/Religiösität; (2) die Modalität der Ordnung der Dinge; d. h. des Seins (*phusis*); (3) die Modalität der überzeugenden Techniken oder *tekhnē* im engeren Sinne der ‚Expertise' und schließlich (4) die Modalität dessen, was das Menschsein polemisiert (*ēthos*) (S. 13–41, „Vorlesung 1, erste Stunde", und S. 440–460, „Situierung der Vorlesungen"). Mit dieser letzten Ökonomie der Wahrheit, die selbst eine bestimmte Form der Wissens-Praxis der *parrhēsia* ist, beginnt Foucault herauszukitzeln, was durch die elliptische Forderung von Sokrates an Kriton wirklich auf dem Spiel steht: dass Krition „es ja nicht versäumen soll", die Schuld gegenüber Asklepios zu begleichen und den Hahn zu entrichten. Wir werden gleich sehen, wie die vierte Modalität aus dieser ‚bestimmten Art von Schuld' heraus auffaltet, reiteriert und fordert, dass die neunte Technologie des Anders-Seins erschaffen und erhalten werden muss.

Mit dem Ziel, die ganze Polemik der Schuld und die Vielzahl der Interpretationen der Bedeutung durch Sokrates, Kriton, Asklepios und dem Hahn neu auszurichten, entfernt sich Foucault von dem wiederkehrenden Faktum des Austauschs, der Zirkulation und der Schuld – lasst es uns die ‚Marktgemeinschaft' nennen – und verlangt stattdessen unter Berufung auf das Motto des Diogenes: Wenn du (lies: wir) den Fakt des Austauschs selbst nicht ändern kannst, dann solltest du zumindest, um Diogenes zu zitieren, „den

Wert der Münzen ändern“ [αλλάξει την αξία του νομίσματος] (S. 298, „Vorlesung 6, zweite Stunde“). Die Währung, um die es geht, kann als die Grundlage der Ökonomie der Wahrheit bezeichnet werden; ihren Wert bestimmt der polemische Zustand des Menschseins (*ēthos*). Ihre *parrhēsia* nach Foucault ist dann eine Wahrheit, die aus einer komplexen und dennoch komplett offensichtlichen Mischung aus Neugierde, Sinnlichkeit, Erfindung, Experimenten, Praktiken, körperlichem Wissen, Macht, Bewegung und Risiko geschmiedet ist. Es ist genau *diese* Wahrheit, die die Währung verändern könnte (und verändert hat). Es ist diese Wahrheit, die eine andere Art von Ethik hervorbringen könnte (und hervorgebracht hat). Es ist diese Wahrheit, die auf eine bestimmte Art von Schuld abzielen könnte (und abgezielt hat). Es ist diese Wahrheit, die das Terrain der Ästhetik vom ‚Schönen und Erhabenen‘ zu einem Ethos des nicht-quantifizierbaren Fremden/Entfremdeten verschieben könnte (und verschoben hat). Und es ist diese Wahrheit, die *Mut* verlangt hat und immer noch verlangt, denn es ist diese Wahrheit, die den Status Quo erschüttern könnte (und erschüttert hat und immer noch erschüttert).

> Wir können also sehr schematisch sagen, daß *die Parrhesiastin keine Prophetin* ist, *die* die Wahrheit sagt, indem *sie* im Namen eines anderen und auf rätselhafte Weise das Schicksal enthüllt. *Die Parrhesiastin* ist *keine Weise*, *die* im Namen der Weisheit das Sein und die Natur (die *physis*) zur Sprache bringt, wenn es *ihr* vor dem Hintergrund *ihres* wesenhaften Schweigens beliebt. *Die Parrhesiastin* ist *keine Lehrerin*, *keine Frau* des Könnens, *die* im Namen einer Tradition der *techne* sprachlichen Ausdruck verleiht. *Sie* sagt also weder etwas über das Schicksal noch das Sein, noch die *techne* aus. Im Gegenteil, wenn *sie* das Risiko eingeht, mit den anderen in einen Konflikt zu treten […] bringt *die Parrhesiastin* den wahren Diskurs über das ins Spiel, was die Griechen *ethos* nennen. (S. 44–45, „Vorlesung 1, zweite Stunde“)[2]

Damit *parrhēsia* in dem von Foucault entwickelten Sinne existieren kann, muss erstens eine Art von Verbindung zwischen Senderin und Empfängerin der Aussage bestehen. Zweitens muss eine Art von Risiko(bereitschaft) zur Enthüllung der Wahrheit auf Seiten des sprechenden Subjekts vorhanden sein, ein Risiko, das von der Beendigung einer Beziehung bis hin zum Vergeltungsschlag des Staates reicht. Daher bedürfen die *Parrhesiastin* und der Ethos

2 In diesem Zitat wurde abweichend von der etablierten Übersetzung konsequent die weibliche Form benutzt, weil die Genitalien wirklich keine Rolle für das Argument spielen sollten und – ohne es auf die Spitze treiben zu wollen – um ‚einen Krieg mit den anderen‘ zu provozieren.

des ‚Sag es, wie es ist' einer bestimmten Art des Muts und der Risikobereitschaft. Es ist der Mut, etwas auszusprechen, zu provozieren, zur Tat anzustiften, ohne sich selbst aus der Beziehung herauszuziehen; etwas neu zu erfinden, indem darauf bestanden wird, dass ‚es auch anders sein könnte', und herauszufinden, was das Anders-Sein dann meint und wie es real werden könnte. Wie es lebendig werden, Wurzeln treiben und blühen könnte, ohne dabei vermeiden zu wollen, dass das ‚Sagen, wie es ist', gehört werden kann, auch wenn es die Botschafterin verletzen oder zerstören könnte. Nicht der Schock um des Schockes Willen; nicht Verletzungen austeilend, bloß weil es möglich ist; nicht eine sterile Rationalität, die jede Entscheidung zu decken vermag – sondern eher eine bestimmte Art von Verbunden-Sein, eine bestimmte Art der Sorgfalt und Aufmerksamkeit fürs Detail, eine bestimmte Art von Mut, Neugier, Stilistik der Existenz, Großzügigkeit, Intellekt, Humor – nenn es, wie du willst – eine komplexe und heterogene Sinnstiftungslogik, ‚es' bekannt zu *machen*, ‚es' geschehen zu *machen*, ‚eine bestimmte Art von Praxis-Wissen' dessen, was nicht genau oder präzise (oder überhaupt nicht) ‚hinein passt', dennoch manifest werden zu lassen, und das trotz all dem (oder sogar genau deswegen), den eigenen Körper oder die eigene Seele in Gefahr bringt, um den polemischen Zustand des Lebens selbst zugänglich, hörbar, lesbar, greifbar im Hier und Jetzt zu machen.[3]

Queering der Differenz

Die *parrhēsia*, dieses ethische Versprechen, das Engagement, ‚es so zu sagen, wie es ist', war nicht in der Isolation gemacht worden und konnte auch nicht in Isolation ermöglicht werden. In dem oben zitierten Beispiel war der Mut zu sprechen ganz klar eingelassen in/geboren aus einer tiefgreifenden Hingabe,

3 Foucault beschreibt es ausführlich so: „Denn schließlich können ein Lehrerin, eine Grammatiker, ein Geometer eine Wahrheit über das, was sie unterrichten, über die Grammatik oder die Geometrie sagen, eine Wahrheit, an die sie glauben, eine Wahrheit, die sie denken. Dennoch wird man nicht sagen, daß es sich dabei um *parrhēsia* handelt. […] Damit es sich um *parrhēsia* handelt, muß man, indem man die Wahrheit sagt, das Risiko eingehen, begründen und ihm die Stirn bieten, das Risiko nämlich, einen anderen zu verletzen, ihn zu reizen, ihn zu erzürnen und eine Reihe von Verhaltensweisen bei ihm hervorzurufen, die bis zur äußersten Gewalttätigkeit reichen können. […] Alles in allem [ist] für den Akt der Wahrheit folgendes notwendig: erstens das Bestehen einer grundsätzlichen Verknüpfung zwischen der ausgesprochenen Wahrheit und dem Denken dessen, der sie ausgesprochen hat; (zweitens) die Infragestellung der Beziehung zwischen den beiden Gesprächspartnern […]. Daher rührt jener neue Zug der *parrhesia*: Sie beinhaltet eine bestimmte Form des Mutes." (S. 26–27, „Vorlesung 1, erste Stunde".)

Verbundenheit und einer Freundschaft des Selbst zu einem (anderen/zweiten) Selbst. Es bedurfte eines Muts, der aufrecht erhalten oder eingeflößt wurde durch das politische, ethische, möglicherweise schmutzige und unvorstellbare Recht, sich selbst in der Beziehung zum anderen Selbst ‚zu (er)kennen'. Durch dieses wissen, sagen und machen können wurde von Foucault eine radikalere und etwas subtilere Form von Ethik entwickelt. Eine Ethik, in der die Veridiktion des *parrhēsiastischen* Ethos als die ‚immer schon anwesende' Pluralität der kollektiven Verbindungen des (eigenen) Selbst zum (anderen) Selbst aufrechterhalten werden kann (und muss).

Diese heterogene Pluralität des ‚Selbst' hat eine ganze Serie weiterer Multiplizitäten freigelegt. *Parrhēsia* in der Begegnung auf der vierten Modalitätsebene benötigt in der Fundierung/Erfindung dieser ethischen Multiplizität – der Ökonomie des Lebendigen – eine Anerkennung auf beiden ‚Seiten' der Selbst-zu-Selbst-Beziehung, so dass eine besondere Form des Regierens oder der Sorge stattfinden muss. Diese Form des Regierens ist nicht nur auf die Qualität des Lebens selbst gerichtet: Damit das (heterogene/plurale) Selbst überleben und – vielmehr noch – gedeihen kann, muss eine radikale Regierung oder Sorge um sich, die durch das ‚Sagen, wie es ist' zur Welt kam, immer kritisch eingebettet bleiben in dem eigenen relationalen Sein in der Welt. Aber es bedeutet auch, dass dieses Eingebettetsein, diese ethische Währung, irgendwie wiederholt werden muss und irgendwie von Zeit zu Zeit auch ‚zirkulieren' muss. Und es basiert auf dem öffentlichen ‚Anderen' und braucht dieses tatsächlich dringend, allerdings weder den Priester noch den Lehrer, den Techniker oder die Polizei, sondern eben ganz bestimmt das *parrhēsiastische* ‚Andere', um sich darum zu kümmern und es zu hegen. Die produktive und pluralisierte Selbst-zu-Selbst-Sorge formt, in *dieser* Anerkennung und *diesem* Bestehen auf *diese* Art von Sorge um sich Selbst, den Kontext für Sokrates' elliptische Bemerkung, ‚es ja nicht zu versäumen', was die meisten Leute zu vergessen neigen oder wovon sie nicht einmal gewusst haben, dass sie daran denken sollten: der vervielfachte ethische Anspruch für das vervielfachte Selbst, Verantwortung und Sorge zu tragen. „Diese andere Form ist nicht mehr der politische Wagemut", schreibt Foucault in *Der Mut zur Wahrheit*, „sondern [...] eine gewisse Form der Wahrheit [...], die die Menschen dazu führen wird, sich um sich selbst zu kümmern." (S. 304, „Vorlesung 7, erste Stunde".) Weiter fährt er fort:

> In der *Apologie* des Sokrates habe ich Ihnen vorhin zu zeigen versucht, wie Sokrates seine *parrhēsia*, sein mutiges Wahrsprechen als ein Wahrsprechen bestimmte, dessen endgültiges Ziel und dessen

> beständige Beschäftigung darin bestand, die Menschen zu lehren, sich um sich selbst zu kümmern. Sokrates kümmert sich zwar um die Menschen, aber nicht im Rahmen der Politik: Er will sich um sie kümmern, damit sie lernen, sich um sich selbst zu kümmern. (S. 151, „Vorlesung 3, zweite Stunde")

Zurück zu der merkwürdigen Schuld gegenüber Asklepios, die in Form eines Hahns zu bezahlen ist. Wie wohl bekannt ist, wird eine Schuld dieser Art fällig, wenn – und nur wenn – bekannt ist, dass ein spezieller Körper schwer krank war und (durch Asklepios) geheilt wurde und die daraus entstandene ‚Dankespflicht' sich in genau der Form manifestiert, die oben zitiert wurde. In den letzten Momenten von Sokrates' Leben allerdings gab es keinen (offensichtlich) erkrankten Körper und folglich auch keine (offensichtliche) Heilung. Also warum die Rückzahlung, warum das Bestehen darauf, ‚es ja nicht zu versäumen', und warum die Verknüpfung zum Mut, dem ‚Mut die Wahrheit zu sagen' (*parrhēsia*)?
Deshalb, weil Sokrates, als lebender Parrhesiast im Tode zu beidem wird, dem Parrhesiasten und der Rückzahlung, der verkörperten *Quasi-Materialität* einer polemisierten Ethik; oder anders: weil diese ‚bestimmte Art der Wahrheit' nicht mehr oder weniger ist, als der sokratische Stachel, der sowohl das Geschwür des Vergessens/Verbergens durchsticht (mit einer kleinen Entschuldigung an Martin Heidegger), während er gleichzeitig dazu antreibt, eine pluralisierte ‚Sorge um Sich' in die Tat umzusetzen, und mit ihr eine tiefgreifend heterogene Ökonomie des Seins, die auch als ‚magischer Garten' bezeichnet werden könnte, um den sich stets gekümmert werden muss, der immer und immer wieder gepflegt, bebaut und verfeinert werden muss. Denn magische Gärten entstehen nicht einfach so von allein; sie bedürfen eines innigen Willens (Muts), sich an dem gefährlichen Spiel des ‚Sagens, wie es ist' zu beteiligen und dabei ‚ja nicht zu vergessen', dass die Schuld in der Währung einer multidimensionalen, multirelationalen neunten Technologie des Anders-Seins zu bezahlen ist.

Aus dem Englischen von Do Gerbig

Querverweise

- Judith Butler: *Gender Trouble* (1990)
- Eve Kosofsky Sedgwick: *Epistemology of the Closet* (1990)
- Michel Foucault: *Der Wille zum Wissen* (1976)
- James Baldwin: Preservation of Innocence (1949)

Literatur

Derrida, Jaques: *Die Postkarte. Von Sokrates bis an Freud und jenseits. 1 Lieferung, Spekulieren über/auf ‚Freud', der Facteur der Wahrheit, du tout*, aus d. Franz. v. Hans-Joachim Metzger. Berlin: Brinkmann & Bose 1983.

Foucault, Michel: *Der Mut zur Wahrheit* [2010]. Frankfurt am Main: Suhrkamp 2012.

Nietzsche, Friedrich: *Die fröhliche Wissenschaft. Digitale Kritische Gesamtausgabe – Werke und Briefe*. Leipzig: Fritzsch 1887. http://www.nietzschesource.org/#eKGWB/FW (Zugriff am 19.05.2015).

Tzvetan Todorov: *Die Eroberung Amerikas* (1982)
Oder: Das Problem des „Anderen" und die Tücken von *race&sex*

Barbara Potthast

„Das vielfach zitierte Werk von TODOROV ist kein streng fachliches Werk", lesen wir in einem neueren Grundlagenwerk zur Geschichte Altamerikas (Prem, S. 256). Dennoch gibt es kaum eine wissenschaftliche Abhandlung zur Geschichte der Eroberung Amerikas, die Todorov nicht erwähnt, und sein semiotischer Ansatz hat Schule gemacht. Auch der Umstand, dass der Autor kein im strengen Sinne fachliches Buch schreiben wollte und sein „Hauptinteresse", wie er selber sagte, „weniger das eines Historikers als das eines Moralisten" (S. 12) war, hat ihm zahlreiche Leser_innen beschert. Todorov greift in seinem Werk die damaligen Diskussionen um die Geschichtsschreibung als Literatur auf, aber auch die Versuche, Geschichte aus der Perspektive der Unterlegenen zu schreiben. „Ich konnte mich nicht von der Sehweise der ‚Sieger' lösen, ohne gleichzeitig auch auf die Form des Diskurses zu verzichten, die sie sich zu eigen gemacht hatten." (S. 299) Das Thema ist bis heute aktuell, denn es geht Todorov um die Beziehungen zwischen Eroberern und Eroberten, europäischer und nicht-europäischer Bevölkerung, und vor allem um die Entdeckung und Akzeptanz von Diversität.

Die Überwindung eurozentrischer Überlegenheitsphantasien und Rassismen ist ebenso sein Anliegen wie die Darstellung des weiblichen Geschlechts als des ‚inneren Anderen', die Überlagerung von *race&sex* jedoch wird von ihm höchstens implizit analysiert. Dies wird in der kurzen Geschichte deutlich, die das Buch einrahmt. In ihr wird geschildert, wie eine „junge Indianerin, eine schöne, anmutige Frau" ihrem Mann das Versprechen gegeben hatte, auch nach seinem Tod keinem anderen ‚zu gehören'. Sie verweigerte sich infolgedessen dem spanischen Konquistadoren, der daraufhin einen Hund auf sie hetzte. Todorov widmet dieser Frau sein Buch, in deren Geschichte er eine extreme Version der Nichtachtung des Anderen sieht. Der ‚interne Andere', ihr Mann, respektiert sie nicht und behandelt sie als sein Objekt, selbst über seinen Tod hinaus. Gleiches gilt für den spanischen Conquistadoren, bei dem noch die ‚äußere' Andersartigkeit hinzukommt:

> [G]erade ihre kulturelle Exteriorität bestimmt den Ausgang des kleinen Dramas: Sie [die Indianerin] wird nicht vergewaltigt, wie es vielleicht einer Spanierin in Kriegszeiten ergangen wäre; man wirft sie den Hunden vor, weil sie zugleich eine nicht willfährige Frau und Indianerin ist. Niemals ist das Schicksal des anderen [*sic*] je tragischer gewesen. (S. 291)

Todorov spricht mit dieser emblematischen Geschichte einerseits die Personenkreise an, die bis dahin in der Geschichtsschreibung marginalisiert worden waren, also die „Völker ohne Geschichte" (Eric Wolf) wie auch die doppelt alterisierten indigenen Frauen. Er schreibt aus der Perspektive der Besiegten und Unterdrückten, die seit den 1960er Jahren im Fokus der kritischen Geschichtsschreibung standen, ohne jedoch gängige Vorstellungen von der Conquista grundlegend in Frage zu stellen, denn seine Darstellung passt zu dem seit dem 16. Jahrhundert tradierten Bild von der Grausamkeit der spanischen Eroberung Amerikas und der Passivität der Indigenen.

Vordergründig – und dies war das neue und faszinierende an seiner Darstellung – verhilft Todorov damit den marginalisierten indigenen Männern und Frauen zu ihrem ‚historischen Recht' und erklärt die besondere Gewalt durch die Einführung der anthropologischen Kategorie des ‚Anderen'. Doch bei allem Bemühen um die Anerkennung des ‚Anderen' entgeht auch Todorov der ‚Rassismusfalle' nicht. Dies zeigt sich insbesondere bei seiner zentralen These über die europäische Fähigkeit der Kommunikation mit dem ‚Anderen'. Ich möchte dies im Folgenden am Beispiel der Eroberung Mexikos erläutern, die einen zentralen Platz in der Argumentation einnimmt. Die Debatte um die Conquista dreht sich letztlich noch immer um die Frage, wie es möglich war, dass um die vierhundert Spanier es schafften, innerhalb von zwei Jahren ein großes, auf hohem kulturellen und staatlichen Organisationsgrad basierendes Reich wie das der Azteken zu erobern.

Die traditionelle Erklärung schreibt die Schuld zum einen dem zögerlichen und mutlosen Aztekenherrscher Moctezuma[1] zu, der die Ankömmlinge zunächst für Götter gehalten habe und daher nicht adäquat habe reagieren können.

1 Ich verwende hier die im Deutschen gängigere und bei Todorov benutzte Variante der Schreibweise des Namens.

Zum anderen sei das Volk seinem Herrscher blind ergeben gewesen, unfähig zu eigenständigem Handeln und von stoischer Indifferenz. Dieser rassistischen Vorstellung von indigener Feigheit und Passivität, die bis heute durch manche Köpfe geistert, folgte eine etwas mildere Variante, in der die technische und kulturelle Überlegenheit der Europäer diesen eigentlich so unwahrscheinlichen Sieg ermöglichte. Nun rückten die militärische Überlegenheit der spanischen Kanonen und Pferde (von den Bluthunden sprach man nicht so gern) in den Mittelpunkt, und dem autokratischen Moctezuma, gefangen in einer grausamen und dem Schicksal verhafteten Religion, wurde die wagemutige, pragmatische und zielstrebige Person des europäischen Renaissancemenschen Hernán Cortés entgegen gestellt. Todorov will mit diesen Heldengeschichten aufräumen, kreiert letztlich aber eine neue. Er relativiert die Rolle Moctezumas und verweist auf die Bedeutung der zweiten Phase der Eroberung nach dessen Tod, in der die Ausnutzung der internen Streitigkeiten zwischen den verschiedenen Völkern der Region durch Cortés zentral gewesen sei:

> Auf diesem Gebiet ist er außerordentlich erfolgreich: Während des ganzen Feldzuges weiß er die internen Auseinandersetzungen zwischen rivalisierenden Gruppen zu nutzen, und in der Endphase befehligt er ein Heer von Tlaxcalteken und anderen verbündeten Indianern, das zahlenmäßig mit dem der Mexikaner vergleichbar ist, ein Heer, in dem die Spanier gewissermaßen nur noch als logistischer Rückhalt oder als Befehlshaber fungieren. (S. 74)

Es ist also nicht mehr die waffentechnische und kulturelle Überlegenheit, sondern das kommunikative Geschick des Anführers der Spanier, der die Anderen für seine Zwecke instrumentalisiert. Neben der Tatsache, dass die neuere Forschung inzwischen die Eigeninteressen und -ziele der indigenen Verbündeten herausstellt und sogar von „indianischen Conquistadoren" spricht (vgl. Matthews / Oudijk; Restall), ist es bemerkenswert, dass Todorov sich die Situation bei allem Wohlwollen nicht anders vorstellen kann, als dass indianische ‚Hilfstruppen' von den Spaniern befehligt werden. Dabei unterschieden sich aztekische und europäische Kampfweisen fundamental, doch es ist unwahrscheinlich, dass Cortés in der Lage war, sich so rasch mit ihren Strategien und Taktiken vertraut zu machen. Also bleibt nur der Schluss, die indigenen Truppen hätten ihre Praktiken und Ziele aufgegeben und sich voll und ganz den Spaniern untergeordnet (vgl. im Gegensatz dazu Clendinnen). Der Stereotyp vom passiven und unterwürfigen Indio lässt grüßen.

Aber einmal abgesehen davon, wieso soll Cortés überhaupt in der Lage gewesen sein, seine indigenen ‚Alliierten' so rasch zu durchschauen und zu manipulieren? Todorovs zentrale

These ist, dass er ein Meister der Kommunikation war und es verstand, die ‚Anderen' zu lesen. Die Maya und die Azteken hingegen konnten plötzlich „die Kommunikation nicht mehr meistern. [...] Hatten also die Spanier den Sieg über die Indianer mit Hilfe der Zeichen errungen?" (S. 79) Todorov analysiert ausführlich die indigene Kosmovision, immer bemüht, keine Hierarchisierungen vorzunehmen, und kommt zu dem Schluss, dass die Azteken letztlich zu sehr mit der Deutung der Zeichen, also der Kommunikation der Menschen mit der Welt, beschäftigt gewesen seien, die zwischenmenschliche Kommunikation hingegen vernachlässigt hätten. „Die Spanier gewinnen den Krieg. Sie sind den Indianern in der zwischenmenschlichen Kommunikation eindeutig überlegen."[2] (S. 120)
Dies führt Todorov dann zu seiner zentralen These von der Bedeutung der Schriftlichkeit, die nicht nur wissenschaftlich überholt, sondern in ihrem latenten Rassismus auch problematisch ist:

> Daß das Fehlen der Schrift über das symbolische Verhalten im allgemeinen und gleichzeitig über die Fähigkeit, das andere [*sic*] wahrzunehmen, Aufschluß gibt, scheint ein anderer Sachverhalt zu belegen. Die drei großen indoamerikanischen Kulturen, die die Spanier antrafen, stehen nicht genau auf der gleichen Stufe der Schriftentwicklung. Die Inkas kennen überhaupt keine Schrift [...], die Azteken verwenden Piktogramme; bei den Mayas gibt es Rudimente einer phonetischen Schrift. Eine vergleichbare Abstufung zeigt sich in der Intensität ihrer Überzeugung, die Spanier seien Götter. (S. 99–100)

Einmal abgesehen davon, dass die These von dem Glauben an die Rückkehr des ‚Weißen Gottes' inzwischen als ein Konstrukt aus der Mitte des 16. Jahrhunderts entlarvt wurde (Townsend), ist es bemerkenswert, wie durch die Verbindung Götterglauben-Schrift-Kommunikationsfähigkeit bzw. Interpretationsfähigkeit implizit erneut eine europäische Superiorität postuliert wird. Der „Fähigkeit der Europäer, die anderen zu verstehen" (S. 292) werden Indigene gegenüber gestellt, die sich aufgrund ihrer Art und Weise der Kommunikation ein „entstelltes Bild" von den Spaniern machen, das dann eine „lähmende Wirkung" auf sie hat (S. 94–95). Allerdings windet sich der Autor im Epilog ein wenig, da ihm die Problematik seiner Argumentation offenbar bewusst war. So konstatiert er, dass sowohl die Kommunikation „mit der Welt", die die Indigenen bevorzugen als auch diejenige „mit den Menschen", die die Europäer auszeichnet, notwendig sind:

2 Allerdings weist er darauf hin, dass der Sieg der Spanier auf Kosten der Kommunikation mit der Welt errungen und insofern ambivalent und problematisch sei.

> Doch gleichzeitig habe ich auch die Feststellung getroffen, daß es eine Evolution in der ‚Technologie' der Symbolik gibt; diese Evolution kann man der Einfachheit halber auf das Auftreten der Schrift reduzieren. Nun wird aber durch das Vorhandensein der Schrift die Improvisation auf Kosten des Rituellen begünstigt, und dasselbe gilt auch für den linearen Zeitbegriff oder, auf andere Weise, für die Wahrnehmung des anderen [*sic*]. Gibt es dann also auch eine Entwicklung von der Kommunikation mit der Welt zur Kommunikation zwischen den Menschen? Allgemeiner gesagt, wenn es eine Evolution gibt, hat dann der Begriff der Barbarei nicht doch wieder eine nicht-relative Bedeutung? (S. 297–298)

Todorov rettet sich dann in die Feststellung, dass ein „technologischer Fortschritt" keine moralische und gesellschaftliche Superiorität bedeutet (S. 298), aber ganz entkommt er der Aporie nicht.

Neben dieser, der Argumentation inhärenten Problematik wackelt auch das faktische Fundament seiner Theorie. Die neuere Forschung geht nicht mehr davon aus, dass die Indigenen nicht in der Lage gewesen seien zu analysieren, was die Spanier im Schilde führten und was während der Eroberung passierte (vgl. Restall; Clendinnen), sondern dass diese Vorstellung von einem latenten Rassismus sowie der Unkenntnis indigener Quellen geprägt wurde.

Auch die enge Verbindung von *race&sex* ist dem Autor einerseits bewusst, wie in der eingangs erwähnten Episode über die sexualisierte Gewalt in der Conquista deutlich wird. Doch wiederum ist auch er nicht frei von entsprechenden Vorurteilen, wie sich an seiner Darstellung der zentralen Akteurin der Conquista zeigt, der bis heute prominentesten, aber auch umstrittensten Person der mexikanischen Geschichte: Malintzin – Malinche – Doña Marina (Clendinnen; Karnofsky / Potthast). Todorov widmet der Dolmetscherin, kulturellen Vermittlerin sowie zeitweiligen Geliebten von Cortés immerhin zwei Seiten, auf denen er ihre Rolle würdigt, sie aber trotz ihrer Zentralität nicht näher analysiert:

> [S]ie begnügt sich nicht mit dem Übersetzen [...]. Einerseits bewerkstelligt sie ein Art kultureller Umsetzung, indem sie für Cortés nicht nur die Wörter, sondern auch die Verhaltensweisen dolmetscht; andererseits versteht sie es, nötigenfalls auch die Initiative zu ergreifen und die geeigneten Worte an Moctezuma zu richten [...,] ohne daß Cortés sie zuvor ausgesprochen hatte. (S. 123)

Man könnte also folgern, dass es nicht Cortés ist, der die Zeichen richtig zu lesen versteht, sondern Malintzin. Malintzin wird von Todorov zwar wegen ihrer Eigenständigkeit gelobt und als Symbol für die Vermischung von Kulturen gefeiert, doch auch dies ist bei näherem Hinsehen wieder ein zwiespältiges Lob:

> Die Malinche […] würdigt die Rolle des Vermittlers. Sie unterwirft sich nicht einfach dem anderen […], sondern übernimmt seine Ideologie und bedient sich ihrer, um ihre eigene Kultur besser zu verstehen. (S. 125)

Warum sie sich der europäischen Ideologie bemächtigen musste, um ihre eigene Kultur besser zu verstehen, wird allerdings nicht erklärt.

Aber nicht nur ist Cortés offenbar ausschließlich mit Hilfe einer indigenen Frau in der Lage, die ‚Zeichen zu lesen', die Darstellungen der ‚Dolmetscherin' in indigenen Quellen widerlegen auch Todorovs These, dass die Azteken die zwischenmenschliche Kommunikation als unwichtig erachteten. Zahlreiche Abbildungen in Bilderhandschriften des 16. Jahrhunderts positionieren Malintzin im Zentrum, in der unmittelbaren Nähe von Cortés, oft sogar größer dargestellt als dieser. Die indigene Wertschätzung der ‚Kommunikatorin' zeigt sich auch in der Anrede. Die Aztken bezeugten Malinalli[3] durch das Anhängen des Suffixes -tzin Respekt, aus Malinal-tzin wurde im Spanischen Malintzin oder Malinche. Doch nicht sie wurde so genannt, sondern Cortés selbst wurde oft mit Malinalli-tzin, Señor Malinche, angeredet. Diese Umkehrung der geschlechtlichen und ethnischen Hierarchien entging auch Todorov nicht, aber er tat diese Praxis als Spielerei mit einem ‚Spitznamen' und mit Genderrollen ab. „Ebenso aufschlußreich ist der Spitzname, den die Azteken Cortés geben: Sie nennen ihn […] Malinche (hier übernimmt einmal nicht die Frau den Namen des Mannes)." (S. 124) Vielleicht war eine solche Umdeutung aber auch – bei allem Respekt für ‚das Andere' – zu viel für einen männlichen Wissenschaftler der achtziger Jahre. Denn wie die mexikanische Kulturwissenschaftlerin Margo Glantz darlegte, erfährt hierdurch nicht nur die ethnische und die geschlechtliche Hierarchie eine Umkehrung, sondern auch die Ordnung der Körper:

> Der Körper des Eroberers hat eine radikale Transformation durchlaufen, er ist auf den Körper der Malinche übertragen worden oder ist mit diesem verwechselt worden […] Marina, die Übersetzerin schlechthin, kürzt die Distanzen ab, diese unüberwindbaren Distanzen, die – durch ihre sozialen Funktionen – Frauen und Männer trennen […] Für die Indigenen ist sie eindeutig die Herrin des Diskurses und er, Cortés, Capitán Malinche, Anführer der Spanier, ein plötzlich seiner Männlichkeit enthobener Mann; er hat keine Sprache, weil seine Worte keine Macht haben, das heißt, verständlich sind, nur die Worte, die eine Frau ausspricht, die ihre Aufgabe als Dolmetscherin hervorragend macht, erreichen den Adressaten. (S. 253)

3 So ihr ursprünglicher Name, nach der Taufe erhielt sie den Namen Marina, doch da das Nahua kein ‚r' kannte, wurde aus Marina Malina, was Malinal nahe kam.

Nicht Cortés war also der ‚große Kommunikator', sondern die indigene ‚Dolmetscherin', die es wagte, sogar ohne dessen Anweisungen mit dem unnahbaren Aztekenherrscher zu verhandeln. Diese Überlegungen sind ein guter Ausgangspunkt, um Todorovs Postulat von der Entdeckung ‚des Anderen' weiter zu führen und seinen Ansatz aus den Fesseln des kolonialen *race&sex*-Dispositivs zu befreien.

Querverweise

- Gloria Anzaldúa: *Borderlands / La Frontera: The New Mestiza* (1987)
- Duke Redbird: *We Are Metis* (1980)
- John Ford: *The Searchers* (1956)
- James F. Cooper: *The Last of the Mohicans: A Narrative of 1757* (1826)
- *Civilization Fund Act* (1819)
- *Pinturas de Castas* (18. Jahrhundert)
- Mary Rowlandson: *The Sovereignty and Goodness of God* (1682)
- John Smith: *Generall Historie of Virginia* (1624)

Literatur

Clendinnen, Inga: 'Fierce and Unnatural Cruelty'. Cortés and the Conquest of Mexico. In: *Representations* 33 (1991), S. 65–100.

Glantz, Margo: Doña Marina y el Capitán Malinche. In: Dies.: *La Malinche, sus padres y sus hijos*. Mexiko: Taurus 2001, S. 115–133.

Karnofsky, Eva / Barbara Potthast: *Mutig, Mächtig und Genial. Vierzig außergewöhnliche Frauen aus Lateinamerika*. Berlin: Rotbuch 2012.

Matthews, Laura / Michel Oudijk (Hrsg.): *Indian Conquistadors. Indigenous Allies in the Conquest of Mesoamerica*. Norman: University of Oklahoma Press 2007.

Prem, Hanns J.: *Geschichte Alt-Amerikas*. München: Oldenbourg 2008.

Restall, Matthew: *Seven Myths of the Spanish Conquest*. Oxford: Oxford UP 2003.

Todorov, Tzvetan: *Die Eroberung Amerikas. Das Problem des Anderen* [1982]. Frankfurt am Main: Suhrkamp 1985.

Townsend, Camilla: Burying the White Gods. New Perspectives on the Conquest of Mexico. In: *American Historical Review* 108,3 (2003), S. 659–687.

Duke Redbird: *We Are Metis* (1980)
Oder: „Participation Mystique" und Resilienz

Ursula Lehmkuhl

Jede Geschichte der Metis[1] in Kanada müsste im Grunde in Abwandlung des berühmten Nipperdey'schen Diktums, am Anfang stand Napoleon, mit dem Satz beginnen: Am Anfang stand die Kohabitation. So jedenfalls stellt Duke Redbird in *We are Metis* (1980) den Beginn der Geschichte der Metis dar: „The Metis is a result of human relationship […] The birth of the Metis came about as a result of a ‚participation mystique', a desire of people wanting to get together" (S. 3). Damit meint er allerdings eine ganz andere Form der Kohabitation als etwa Brenda Macdougall, Carolyn Podruchny und Nicole St-Onge, die in ihrer Einleitung zu *Contours of a People* erklären, dass in unzähligen historischen Situation weltweit ökonomische Austauschbeziehungen und Handel zwischen verschiedenen Gesellschaften bzw. sozialen Gruppen zu sexuellen Begegnungen und „Intermarriage" geführt haben, deren Ergebnis sehr häufig Kinder mit einem doppelten ethnisch-kulturellem Erbe gewesen seien.

Duke Redbird führt die Geburt der Metis aus einem der Volksgruppe inhärenten Bedürfnis nach Teilhabe, der *participation mystique* zurück, das hier in unausgesprochener Anlehnung an Lucien Lévy-Bruhl und Carl Gustav Jung[2] auf Aspekte eines kollektiven Unbewussten, einer psychischen Verbundenheit hinweist. Diese sind nach Jung als „Überbleibsel der uranfänglichen Ununterschiedenheit von Subjekt und Objekt, also des primordialen unbewussten Zustandes" zu verstehen (Jung, § 740, S. 469, § 780, S. 486). Redbird entwickelt seine Geschichte der Metis in eklektizistischer

1 Ich benutze hier die Schreibweise von Metis, die der anglophone Redbird in seinem Buch gewählt hat.

2 Ich bedanke mich für diesen Hinweis bei Martin Kindtner.

Rezeption und Weiterentwicklung zentraler Annahmen der vor-strukturalistischen Ethnologie und Philosophie. Er folgt Lévy-Bruhl in seiner Ablehnung der Idee einer universellen menschlichen Natur und schließt sich den Argumenten an, dass es grundsätzlich verschiedene Arten von Wissen gebe und Mythen einen starken Einfluss auf Denkprozesse hätten. Macdougall, Podruchny und St-Onge, die Autorinnen des oben zitierten Sammelbandes, der den gegenwärtigen *state of the art* in der kanadischen Metis-Geschichtsschreibung repräsentiert, stellen in ihren zumeist sozialhistorisch orientierten Analysen statt psychischer Verbundenheit und kollektivem Unbewussten, aus denen spezifische Formen der raumgebundenen Teilhabe resultieren, die Interaktion zwischen ‚weißen' Siedlern und Metis in den Vordergrund. Aus Sicht dieser Geschichte der Metis ist die Kohabitation ohne das koloniale System von Pelzhandel, Kolonialismus und Merkantilismus nicht zu denken, aber auch nicht ohne ihre Deutung und Bewertung, zeitgenössisch und bis in unsere Zeit hinein, unter der Perspektive von *race*. Nur so sind Ausdrücke wie *Bois-Brûlés*, *Mixed-bloods*, *Half-breeds*, *Bungi*, *Black Scots and Jackatars*, mit denen die Nachfahren von zumeist französischen oder schottischen Pelzhändler-Vätern und Cree, Ojibwe, Algonquin, Saulteaux, Menominee, Mi'kmaq oder Maliseet-Müttern bezeichnet wurden, zu erklären. Während Redbird als Metis für die Metis spricht, geben Macdougall, Podruchny und St-Onge den Metis eine Stimme durch die Nutzung von Quellen, die die Metis selbst produziert haben und die sie in ihrem Buch analysieren und interpretieren.

Duke Redbird würde – ähnlich wie die frühen postkolonialen Theoretiker – argumentieren, dass ‚weiße' Historiker gar nicht in der Lage seien, Metis-Quellen zu verstehen. Die Auseinandersetzung mit der Verschriftlichung oraler Traditionen und Überlieferungen führe notwendigerweise zu Fehlinterpretationen und Missverständnissen:

> [T]here is a basic bias that exists in all experience and history is particularly vulnerable – because it is recorded to support the economic and social system it arises from. These same biases inevitable create radical [*sic!*] Hier ist vermutlich racial gemeint] prejudice. [...] The white historians did not deliberately conspire to distort history. They were victims of their own cultural bias [...]. (S. 5–6)

Die bisherige ‚weiße' Geschichtsschreibung habe auch deshalb ein falsches Bild von den Metis und ihrer Geschichte gezeichnet. Im Unterschied zur ‚weißen' Meistererzählung der Metis-Geschichte, stellt Redbird folgende Aspekte der historischen Metis-Selbstidentifikation heraus. Die Metis seien:

> 1 – A race apart from both white and Indians and the only race indigenous to Canada, having established a viable – if conceptually invisible to white perception – civilization at least a century before confederation;
> 2 – A founding nation equal to the French and the English in the development and growth of Confederation;
> 3 – A people shamelessly exploited, initially by a minority of political and land-grabbing carpetbaggers, and presently by the majority of Canadians through their indifference to the very real plight of the Metis people;
> 4 – An ethnic and racial component with great potential for future development and contribution to Canadian life – if the opportunity to unfold that potential is returned to them via aboriginal rights and land claims;
> 5 – A people capable of building and designing their own future on their own terms within the context of the recognition of their reality so long denied them and as presently focused in the northwest and far north of Canada. (S. 55)

Redbird diskutiert die Eigenständigkeit der Metis als *race* und als *founding nation* Kanadas unter der analytischen Perspektive von *self-identification* und *self-determination* – ein Ansatz, der auch autobiografisch erklärt werden muss. Redbird wurde als Sohn einer Ojibwe-Mutter und eines Metis-Vaters in einem Reservat geboren und kam nach dem Unfalltod seiner Mutter mit knapp zwei Jahren zu einer euro-kanadischen Pflegefamilie, wo er bis zu seinem 15. Lebensjahr blieb und das Leben der weißen kanadischen Mittelklasse mit all ihren normativen Zwängen, Diskriminierungen, Marginalisierungen und Kriminalisierung von Normabweichungen er- und durchlebte. Sein bewegendes und bewegtes Leben legt Marty Dunn in einer 1971 in Kooperation mit Redbird verfassten (Auto-)Biografie, die den programmatischen Titel *Red on White* trägt, auf beeindruckende Weise dar.

Red on White muss als Versuch gelesen werden, eigenständige indigene Darstellungsformen zu entwickeln, die allerdings in diesem Falle sehr stark an poststrukturalistische Formen erinnern. Dunn ‚zeichnet' Redbirds Biografie mit Hilfe von Kollagetechnik, nicht-linearer Textkomposition und langen Selbstzitaten seines Protagonisten. Jacques Derrida hätte seine Freunde an diesem grafisch unterlegten und mit Gedichten durchzogenen ‚Text' gehabt. Marty Dunn charakterisiert Redbird, der heute am Bark Lake in der Nähe von Madawaska, Ontario, lebt, wo er ein *food forest*-Projekt ins Leben gerufen und ein *Centre for Compassionate Living* gegründet hat, als

> a mystic, a painter, a hypnotist, a businessman, a prophet, a poet, a politician, a writer, a sideshow freak, a lecturer, a playboy, an actor, a red-power militant, a lover, and most recently, an independent television producer.

Und er ergänzt, dass auch diese Liste nur den Anfang eines Versuchs darstelle, die verschiedenen Rollen, die Duke Redbird in seinem Leben gespielt hat, aufzuzählen. Alle diese Tätigkeiten und die damit verbundenen Verhaltensweisen seien Teil seiner mosaikhaften Persönlichkeit (Dunn, S. 1). Duke Redbird war ein Wanderer zwischen den Welten. Seine Biografie ist ein Musterbeispiel für Resilienz. Und ‚Resilienz' ist die zweite analytische Perspektive, mit der Redbird die Geschichte der Metis erzählt.

Die Metis hätten von Beginn an eine besondere Fähigkeit bewiesen, mit den durch die europäische Kolonisation ausgelösten Bedrohungen kreativ umzugehen. Sie hätten eine bemerkenswerte kulturelle Adaptationsfähigkeit und -bereitschaft und zugleich eine außergewöhnliche ethnische Beharrungskraft besessen – kurz: Sie waren resilient. Handeln und Verhalten der Metis seien durch „response-ability", „adaptation to change" und „self-actualisation" charakterisiert. *We are Metis* präsentiert insofern die Geschichte der transformativen Autogenese eines indigenen kanadischen Volkes. Redbird weist auf drei große, im weitesten Sinne siedlerimperialistische Krisen hin, die die Metis seit Beginn des 19. Jahrhunderts bewältigt hätten. Erstens das *Selkirk Settlement* von 1811 und die damit verbundene europäische Kolonisierung des Red River-Gebiets im heutigen Manitoba, die den *Pemmican War* auslöste und zur *Battle of Seven Oaks* (beides 1816) führte. Zweitens die durch den Verkauf von *Rupert's Land* 1869 ausgelöste und mit dem *Manitoba Act* von 1870 manifest werdende Krise der systematischen Landerschließung durch die kanadische Bundesregierung nach dem amerikanischen *Grid*-System (*Western Development*), die zunächst die *Red River Rebellion* 1869 und schließlich die *Northwest Rebellion* 1885 in Saskatchewan auslöste und schließlich zur Hinrichtung Louis Riels (1885)[3] führte. Drittens schließlich die durch die Energiekrise 1973/74 und die Entdeckung neuer Rohstoffvorkommen im kanadischen Nordwesten ausgelöste Krise der *Northern Development*. Dabei gefährdeten multinationale Energieunternehmen zumeist mit Sitz in den USA und selbsternannte ökologische Missionare (Vertreter

3 Louis Riel war in der zweiten Hälfte des 19. Jahrhunderts eine wichtige politische Führungspersönlichkeit der Metis. Er führte in den kanadischen Prärieprovinzen zwei Aufstände gegen die Bundesregierung unter Premierminister John Macdonald an. Sein politisches Ziel war, Rechte und Kultur der Metis zu bewahren und ihren Lebensraum/ihr Land zu sichern. Während der Red River Rebellion von 1869/70 führte Riel in der Red River-Kolonie eine provisorische Regierung. Diese handelte die Bedingungen des Manitoba Act aus, unter denen die heutige Provinz Manitoba innerhalb der Kanadischen Konföderation auf dem Gebiet der damaligen Nordwest-Territorien gegründet wurde.

internationaler Umweltbewegungen) gleichermaßen die gewachsenen hybriden Lebensformen der Metis in dem von ihnen besiedelten Lebensraum in den Northwest Territories durch erneute Landnahme und Vertreibung. Dagegen setzten sich die Metis rechtlich im Rahmen der anhängigen *land claim*-Gerichtsverfahren zur Wehr.

Infolge der Niederschlagung der Northwest Rebellion und der Exekution der nationalen Führungsfigur Louis Riel seien die Metis – so die ‚weiße' Geschichtsschreibung – verschwunden. Auch dieses ‚weiße' Meisternarrativ entkräftet Redbird in seinem Buch. Die Metis seien nicht verschwunden, sie seien vielmehr ein *Forgotten People* (Robert Menzies) und zwar nicht im Sinne von „low-income", sondern im Sinne von „no-income" (S. 52). Erst nach der Großen Depression in den 1930er und 1940er Jahren konnten sie, gleichsam als unbeabsichtigte Nebenfolge, an Sozialprogrammen partizipieren, die von der kanadischen Bundesregierung zur Bekämpfung der wirtschaftlichen Notlage der kanadischen Bevölkerung ins Leben gerufen worden waren. Die akkommodierende politische Kultur Kanadas und die besondere Fähigkeit der Metis, mit Veränderungsprozessen in ihrer Umwelt kreativ umzugehen, gingen hier Hand in Hand und waren die Vorboten für das Wiedererstarken der Metis nach dem Zweiten Weltkrieg.

Hieran schließt sich ein weiteres Argument an, das erneut eine zentrale These der ‚weißen' Metis-Geschichtsschreibung in Frage stellt: Die Metis hätten ihre eigenen Vorstellungen von *nationhood* nicht wegen der weißen Besiedlung oder der Northwest Company oder wegen Louis Riel entwickelt. *Metis nationhood* sei vielmehr der ‚natürliche' Ausdruck einer eigenen Metis-Realität im Kontext einer spezifischen historischen Entwicklung Kanadas gewesen. „Adaptation to change", „response-ability", rhizomatische Beziehungsgeflechte und Fluidität des Gesellschaftssystems gehörten zu den historischen Basiserfahrungen der Metis. Diese Basiserfahrungen hätten zur Entwicklung einer spezifischen Metis-Vorstellung von Geschichte als lebendigem Prozess, der die Beziehungen zwischen den historischen Akteuren in den Vordergrund stellt und dabei auch die Reaktionen und den Umgang der Menschen mit ihrer Umwelt betont, beigetragen (S. 7).

Response-ability, die Fähigkeit zum Umgang mit neuen ‚Umwelt'-Herausforderungen, hätte sich seit dem 16. Jahrhundert über die Beschäftigung mit den Inhalten von sehr unterschiedlichen Lebensweisen und ihrer Grundphilosophien entwickelt und sich in der kreativen Adaption bzw. der Aneignung unterschiedlicher Traditionen niedergeschlagen. *Bricolage* als soziale und kulturelle Praxis habe sich dabei als erfolgreiche Überlebensstrategie etabliert (S.6). Durch die eklektische Kombination französischer, irischer, englischer, indianischer und schottischer Lebensstile habe sich schließlich zu Beginn des 19. Jahrhunderts ein spezifischer sozialer Stil entwickelt, der einzigartig war und die Metis als soziale Gruppe charakterisierte. Response-ability und der unterbewusste Rekurs auf kooperative und partizipative Lebensstile im Sinne der *participation mystique* seien miteinander verflochtene Überlebensmechanismen. „Cooperation as a life style meant that the ‚self' had to be seen as a link in the network of life" (S.6).

Viele zeitgenössische Beobachter des späten 18. und frühen 19. Jahrhunderts haben diese besondere Fähigkeit – den „genius" – der Metis „for creating unique patterns and solutions for solving day-to-day needs" anerkennend herausgestellt (S.10). Aufgrund ihrer besonderen Adaptionsfähigkeit seien die Metis mehr als 200 Jahre lang der weißen, westlichen Zivilisation hinsichtlich realistischer Überlebenschancen und demographischem Wachstum weit überlegen gewesen. Sie waren die einzige Gruppe im kanadischen Westen, die eine nachhaltige Alternative zu indianischen oder westlichen Lebensformen entwickelt hätten.

Die durch die *participation mystique* charakterisierte soziale Praxis der Metis sei eine historisch gewachsene kulturelle Disposition, die Bewältigungskompetenz und Bewältigungswissen bereitstelle. Das kollektive Unbewusste äußere sich dabei auch in einer emotional erlebten Identität mit Natur/Land/Raum:

> The country he [the Indian, U.L.] inhabits is at the same time the topography of his unconscious [...] without the land, Indian people have no soul, no life, no identity, no purpose [...] we are people of the land" (S.56). Land sei eine „living reality to be shared. (S.6)

Der seit den 1970er Jahren u.a. im Rahmen der *land claim*-Prozesse geführte Kampf um Land sei somit stets auch ein Kampf für die indigene Identität und Selbstbestimmung der Metis. Der kulturräumliche Charakter der identitätsstiftenden und identitätserhaltenden kulturellen Disposition der *participation mystique* sichere die Zukunftsfähigkeit der Metis als die eigentlichen und wahren Kanadier. „The Metis are the only ethnic group indigenous to the continent" (S.53).

Die *participation mystique* sei die nationale Meistererzählung der Metis, der *Metis Song* vom „true Canadian" (S.35), der durch eine Kommunikationsoffensive verbreitet werden müsse. Dabei sollten Kommunikationsformen genutzt werden, die dem kulturellen Erbe und dem ‚nationalen' Selbstverständnis der Metis entsprechen. Wissenschaftliche

Arbeiten wie beispielsweise historische Dissertationen, die den dominanten logozentrischen Diskurs des Westens reproduzieren, lehnt Redbird als ungeeignete Medien ab. Er plädiert stattdessen für den Einsatz von Poesie, Musik, Film und Theater:

> Through poetry, song, film, and drama communicated through all of the media that have such a powerful effect on the quality of awareness we have about our reality, the song of the Métis must be sung. (S. 57)

Und eine zentrale Passage aus seiner (Auto-)Biografie zitierend, erklärt er: „The world we live in today, the electronic, tribal, total-systems, cybernetic society, is the real manifestation of the Indian personality" (S. 54; vgl. Dunn, S. 115). Die neue Generation des *urban Indian* vor Augen, beendet Redbird seine Geschichte der Metis schließlich mit folgender Erklärung:

> We no longer have to live in the woods and isolate ourselves from North American society. What we have to do is go out into the world and become the manifestation of what the real North American is going to become – the ideal, whole man. We, as Indians, can represent the best possible example of what everyone in America will eventually become. (S. 54)

Querverweise

- *Bringing Them Home* (1997)
- Tzvetan Todorov: *Die Eroberung Amerikas* (1982)
- John Ford: *The Searchers* (1956)
- *Pinturas de Castas* (18. Jahrhundert)

Literatur

Dunn, Marty: *Red on White. The Biography of Duke Redbird.* Toronto: New Press 1971.

Jung, Carl Gustav: *Gesammelte Werke,* Bd. 6: Psychologische Typen. 13. Aufl. (4., unveränd. Aufl. nach d. 9., rev. Aufl. 1967). Olten: Walter 1978.

Macdougall, Brenda / Carolyn Podruchny / Nicole St-Onge: *Contours of a People: Métis Family, Mobility, and History*. Norman: Oklahoma UP 2012.

Redbird, Duke: *We are Metis. A Metis View of the Development of a Native Canadian People*. Willowdale, Ont.: Ontario Metis & Non Status Indian Association 1980.

Edward Said: *Orientalism* (1978)
Oder: Die provokante Wucht der Repräsentation

Olaf Stieglitz

I.

Die Rezeptions- und Wirkungsgeschichte der wirklich großen, einflussreichen Bücher der Kulturwissenschaften ist nicht selten sehr verwunderlich. Einige werden zunächst für Jahre übersehen, bevor man sie wiederentdeckt und zu Schlüsseldokumenten einer wichtigen Neueinsicht erklärt. Andere werden von Beginn an hochgelobt, fordern aber zugleich unmittelbar auch zu so massivem Widerspruch heraus, dass bisweilen die Wissenschaftlichkeit des Texts und/oder die Integrität seiner Verfasserin oder seines Verfassers in Frage gestellt scheint. Andere Bücher werden mit der Zeit auf einen einzelnen Begriff reduziert, der dann bald nur noch ungefähr etwas damit zu tun hat, wie ihn der Autor oder die Autorin eingeführt und benutzt hat. Und wieder andere werden mit ganz anderen Texten, die ganz andere oder manchmal sogar widersprüchliche Ansätze verfolgen, zu einer übergeordneten Schule oder Denkrichtung gruppiert.

Edward Saids *Orientalism* ist ein solch großes, einflussreiches Buch der Kulturwissenschaften. Es ist seit seiner ersten Veröffentlichung 1978 nicht in Vergessenheit geraten, stattdessen ist es inzwischen in beinahe 40 Sprachen übersetzt worden. Es hat aber bis heute, über zehn Jahre nach dem Tod seines Autors im Jahr 2003, so ziemlich alle anderen Merkmale eines echten Klassikers auf sich vereint. Es hat Said, einen Professor für Vergleichende Literaturwissenschaften an der Columbia University in New York City, zu einer der Gründungsfiguren der *Postcolonial Studies* sowie zu einem Wegbereiter des *linguistic turn* gemacht und ihn zugleich in langanhaltende, polemisch geführte Kontroversen mit den führenden Köpfen der internationalen Orientwissenschaften verstrickt. Mit und durch *Orientalism* wurde Edward

Said zu einem der bekanntesten und einflussreichsten Kulturwissenschaftler seiner Zeit, aber auch zu einem Intellektuellen, dessen politisches Engagement immer wieder heftig angefeindet wurde. Nicht zuletzt die Nachrufe, die anlässlich Saids Tod erschienen, erlauben Einblicke in ein politisches Feld, auf dem wissenschaftliche Reputation und Expertise, intellektueller Einfluss und Sichtbarkeit sowie tagespolitisches Engagement und Bereitschaft zur Kontroverse wertend aufeinander bezogen wurden. Und dies stets auch im Rückgriff auf das bekannteste Werk Saids, das augenscheinlich mit den Jahren eher an Gewicht gewonnen hatte.

Man hat, von Beginn an und bis heute, sehr vieles an *Orientalism* kritisiert: Da ist zunächst Saids akademischer Außenblick zu nennen, der das Buch gerade in den Orientwissenschaften schlecht ankommen ließ. Als anmaßend haben viele Gelehrte in diesem Feld die Kritik eines Fachfremden an der Geschichte und den Traditionen der eigenen Disziplin empfunden. Die von Said behauptete enge Verzahnung der Orientwissenschaften mit imperialer Politik kollidierte mit dem Selbstverständnis dieser Akademiker, die sich selbst als Produzenten stabilen und vor allem wertfreien Wissens über den Orient begriffen, als Bewahrer eines vertrauens- und respektvollen Blicks von West nach Ost. Zeigt nicht schon die auffälligste Lücke in *Orientalism*, die Nichtbehandlung der überaus bedeutenden deutschen Orientforschung des 19. Jahrhunderts, wie wenig der Autor über die Entwicklungslinien des Fachs wusste? Die akademische Beschäftigung mit dem Orient, so las und liest man bis heute immer wieder, sei sehr viel heterogener und sehr viel weniger machtorientiert gewesen, als es die Textauswahl Saids glauben lasse.

Diese Kritik am disziplinären Außenseiter verband sich mit methodisch-theoretischen Einwänden. Wenn der Orient ein Konstrukt mächtiger Diskurse des Westens war und ist, wie kann dieser Raum dann als real unterworfen gekennzeichnet werden? Viele kritische Stimmen wiesen darauf hin, dass es zwischen Saids wichtigsten methodischen Referenzen, Michel Foucault und Antonio Gramsci, Poststrukturalismus und (kulturalistischer) Marxismus, zu unausweichlichen Reibungsverlusten kommen musste, die solche und ähnliche Fragen provozierten. War die Verknüpfung von Diskurs und Hegemonie dann nicht vor allem Ausdruck eines im Kern politischen Anliegens, dem sich unter anderem etwa die Auswahl der verwandten Texte unterzuordnen hatte und das so den wissenschaftlichen Anspruch des Buchs diskreditierte? Solche (vermeintlichen) Schwächen ließen sich in den Jahren nach Erscheinen von *Orientalism* leicht mit Saids Engagement für die Sache Palästinas verbinden: Das Buch zeige den

Hass des Autors auf ‚den Westen', es sei anti-amerikanisch, antisemitisch und womöglich aus Sympathie mit ‚Terroristen' heraus geschrieben.

Nun ist es bei den großen, wirklich einflussreichen Büchern der Kulturwissenschaften so, dass Umfang und Schärfe von Kritik auch Gradmesser für Bedeutung und Wirkung darstellen. Und im Falle von *Orientalism* lässt sich mit einigem Recht argumentieren, dass die Kritik sowohl das Buch selbst als auch die Forschungslandschaft insgesamt stärker gemacht hat. „Im Übrigen tröstet mich der Gedanke, dass dieses Buch ja nur ein Anfang ist, auf dem andere Forscher und Kritiker aufbauen können", schrieb Said bereits in der Einführung zur ersten Auflage von 1978 (S. 35).[1] Die schier überwältigende Masse von Texten, die sich in den Folgejahren darangemacht hatten, Saids Ausführungen weiterzuverfolgen oder zu ergänzen, zu korrigieren oder zu differenzieren, ist so vom Autor selbst ein Stück weit antizipiert und mit auf den Weg gebracht worden. 1994 bilanzierte Said diese Entwicklung so:

> Infolgedessen hat sich *Orientalism* auf fast Borges'sche Weise zu einem Kaleidoskop aus mehreren Büchern aufgefächert, […] *Orientalism* erscheint mir heute in vieler Hinsicht als ein Kollektivwerk, das mich als Autor in viel stärkerer Weise ersetzt, als ich zur Zeit der Abfassung hätte erwarten können. (S. 378)

Sowohl die inhaltlichen wie die methodisch-theoretischen Kritikpunkte sind seit dem erstmaligen Erscheinen des Buchs in sehr produktiver Weise bearbeitet, Lücken gefüllt und Unschärfen diskutiert worden. Und was die (tages-)politische Kritik angeht – Said hat jede Folgeauflage seines Buchs und andere Publikationen dazu verwendet, sich beharrlich gegen jede Vereinnahmung seiner These zu verwehren, jeden Anti-Amerikanismus, jeden Antisemitismus zurückgewiesen, zugleich aber bei vielen späteren Gelegenheiten auch keinen Hehl daraus gemacht, auf welcher Seite des Nahost-Konflikts er sich selbst positioniert. Vor dem Hintergrund der komplex aufgeladenen politischen Situation in der Region ist es kein Wunder, dass man in beiden Lagern der Auseinandersetzung immer wieder versucht hat, sich die Strahlkraft von *Orientalism* und seines Autors zu Nutze zu machen.

II.

Allerdings ist der Hinweis auf die umfangreiche Kritik an *Orientalism* und auf deren produktive Wirkung für die

1 Alle Zitate stammen aus der deutschen Übersetzung des Buchs von Hans Günter Holl (Said 2012).

sozial- und kulturwissenschaftliche Forschung nur ein untergeordneter Aspekt, er zielt in meinen Augen an der eigentlichen Wucht des Buchs und seines Programms vorbei. Ohne berechtigte Kritik oder auch die daraus resultierenden Debatten kleinreden zu wollen – was *Orientalism* zu einem wirklich großen, einflussreichen Buch der Kulturwissenschaften macht, tritt bereits im Text von 1978 offen zu Tage. Es ging und geht bei der Einschätzung von *Orientalism* nicht um Lücken, Einseitigkeiten, Fehler oder tagespolitische Kontroversen, es ging und geht um eine wissenschaftspolitische (Selbst-)Positionierung, um ein bestimmtes wissenschaftliches (Selbst-)Verständnis, um eine andere Art von wissenschaftlichem Argument, das bis zum Erscheinen von Saids Hauptwerk außerhalb der Literaturwissenschaften nur von geringer Reichweite gewesen war. *Orientalism* ist ein Buch über Repräsentationen, ein Buch über die spürbaren, mächtigen Konsequenzen von Diskursen, die eben weit mehr sind als ‚lediglich' Text und Sprache, vermeintlich abgesetzt von einer ‚Realität' oder den ‚eigentlich wichtigen' Zusammenhängen. Explizit oder nicht, die Kritik an *Orientalism* umkreiste immer wieder diesen Punkt – das Verhältnis von Repräsentationen zu einer Welt außerhalb der Diskurse.

Rufen wir uns in aller Kürze die wesentlichen Argumente des Buchs in Erinnerung, um zu sehen, warum ich diesen Aspekt hier so betone. Nach Said hat sich in Europa seit dem 18. Jahrhundert ein Diskurs ausgebildet und wissenschaftlich verfestigt, der stabile, beinahe essentielle Vorstellungen über den Orient konstruierte und in Umlauf brachte. Dieser Diskurs erschuf ‚den Westen' als überlegen, weil modern, säkular und rational, und damit zugleich ein über die Kategorie ‚Rasse' codiertes, konstitutives Anderes im arabischen Raum, ‚den Orient' als rückständig, fundamental religiös und irrational. Dieses diskursive und aufeinander bezogene Wissen über sich selbst (‚den Westen') und andere (‚den Orient') beschreibt Said zudem als ausdrücklich machtorientiert und mit imperialer Beherrschung verknüpft. Der Orientalismus ist in diesem Sinne Herrschaftswissen und begründet eine bis in die Gegenwart anhaltende Dominanz des Westens über den arabischen Raum, „ein westlicher Stil, den Orient zu beherrschen, zu gestalten und zu unterdrücken" (S. 11).

Beginnend mit Napoleons Feldzug in Ägypten fächert Said auf den ersten über 200 Seiten des Buchs diesen Diskurs und seine machtpolitische Rolle im 19. Jahrhundert auf, er konzentriert sich dabei beinahe ausschließlich auf Frankreich und Großbritannien. Erst im letzten, deutlich kürzeren Teil des Buchs überträgt er seine Analyse auf die Vereinigten Staaten, die er für die Jahre nach 1945 als Erben des von den europäischen Kolonialmächten begonnenen Hegemonieprojekts kennzeichnet. Insgesamt beschreibt Said den Westen wie dessen Gegenüber im Orient als zwei notwendig aufeinander bezogene Konstrukte, mit deren Hilfe hierarchische Strukturen und asymmetrische Machtverhältnisse naturalisiert und auf diese Weise verschleiert werden konnten.

Dabei stützt sich Said auf eine (freilich seinen Zielen angepasste) Foucaultsche Diskursanalyse, deren Quellenkorpus außerordentlich weit ausfällt. Zwar gilt sein Hauptaugenmerk der wissenschaftlichen Disziplin der Orientalistik und deren Bemühungen, in ihren Texten einen unterworfenen und zu unterwerfenden geografischen Raum in der arabischen Welt als komplementär zum Westen zu konstruieren. Doch bleibt Said bei dieser Form von Wissenschaftsgeschichte nicht stehen. Um die Reichweite und Wirkmacht des wissenschaftlichen Diskurses veranschaulichen zu können, bezieht er Texte aus Literatur, Politik und Militär umfassend mit ein. Im Nachwort zur Ausgabe von 1994 sagt er dazu: „Bei der Konstruktion von Identität geht es also um konkrete Fragen von Macht und Ohnmacht, die sich keineswegs in akademischen Hirngespinsten erschöpfen." (S. 380) Es entsteht so ein weitgespanntes Geflecht von intertextuellen Bezügen und Verweisen, von Spuren einer spezifischen Denkweise des *othering*, in der sich akademische Wissensproduktion und deren fiktionale wie pragmatische Repräsentationen wechselseitig untermauern.

Besonders eindrücklich wird dies in den Passagen des Buchs, in denen sich Said den bedeutungsvollen Phantasien über einen ‚erotischen Orient' zuwendet. Sein zentraler Referenzpunkt ist hier das Werk Gustave Flauberts, insbesondere dessen ägyptisches Reisetagebuch. Said kann zeigen, dass Flauberts „eminent körperliche" (S. 214) Vorstellung des Orients keineswegs allein und wesentlich einer künstlerischen Imagination des Autors entstammte, sondern durch Anleihen und Übernahmen aus wissenschaftlichen Texten vorgeprägt war. „Alle", so Said, „ob erregende oder enttäuschende Orient-Erlebnisse Flauberts, sind fast gleichförmig von sexuellen Assoziationen durchzogen" (S. 218), und darin erkennt er ein regelmäßiges Motiv, welches orientalistische Texte insgesamt prägt:

> [...] Flauberts Verhältnis mit einer ägyptischen Kurtisane [schuf] ein weithin einflussreiches Modell der orientalistischen Frau, denn sie sprach nie für sich, drückte weder ihre Gefühle noch ihre Gegenwart oder Vergangenheit aus: *Er* sprach für sie und repräsentierte sie zugleich. [...] Meiner Ansicht nach war Flauberts Machtposition gegenüber Ruschiuk Hânem kein Einzelfall, sondern charakteristisch für das zwischen Westen und Osten bestehende Muster der Dominanz und den daraus resultierenden Orient-Diskurs. (S. 14–15)

In einer berühmten Passage seines Reisetagebuchs phantasiert Flaubert über besagte Ruschiuk Hânem, eine ägyptische Tänzerin und Kurtisane, die er dort kennengelernt und mit der er Sex hatte. Said widmet sich dieser Stelle bei Flaubert nicht übermäßig ausgiebig, zieht aus ihr jedoch wichtige Schlüsse. Flaubert, so Said, schildere die Frau als mit einer „üppigen, scheinbar grenzenlosen Erotik" aufgeladen, und besonders „gefiel ihm, dass sie überhaupt keine Ansprüche zu stellen schien" (S. 216–217). Durch diese Lesart werden wichtige Bestandteile des Orientalismus deutlich. ‚Der Orient', das ist oft auch „Fruchtbarkeit [...] sexuelle Lust (oder Bedrohung), unermüdliche Sinnlichkeit, grenzenlose Begierden, tiefe Zeugungskraft" (S. 218). Orientalische Frauen und Phantasien über Sex mit ihnen stehen in Flauberts Werk und in dem Geflecht von Bezügen, in das es verwoben war und ist, einerseits für den Reiz des Orients, für den Wunsch, ihn sich zu unterwerfen, seiner ‚Herr zu werden'. Zugleich indizieren sie anderseits auch den möglichen Verlust von (Selbst-)Beherrschung, von Rationalität und distanzierter Machtausübung. Sie sind in diesem Sinne auch eine Warnung, ein Bedrohungsszenario, das sich vielfach in anderen Texten wiederfinden lässt. Der Hinweis auf die vermeintliche Anspruchslosigkeit der Tänzerin Ruschiuk Hânem verweist darüber hinaus auf die unauflösbare Melange zwischen Wahrnehmungen des Westens wie des ‚Orients'; vor dem Hintergrund der aus Flauberts Sichtweise übersteigerten Ansprüche der französischen Frauen bekommen seine Phantasien auch eine biopolitische Dimension hinsichtlich der eigenen Kultur und Gesellschaft. Sexualität und deren diskursive Aufladung, so wird durch Saids Interpretation deutlich, sind keineswegs Randerscheinungen im Rassismus des Orientalismus, sondern tragender Bestandteil einer Unterwerfung ‚anderer' Körper und der Kulturen, in denen sie leben.

III.

Die Textstellen zum erotisierten und sexualisierten Orient sind knapp in *Orientalism*, aber sie verdeutlichen in besonders eindringlicher Weise, warum das Buch ein großes, einflussreiches Werk der Kulturwissenschaften wurde. Es ist in meinen Augen genau die Ausdehnung des Untersuchungsraums in die Bereiche des Fiktionalen und der Phantasie, in die vielfältige, stets ambivalente, immer prekäre, krisenhafte Welt der Repräsentationen, die Saids Text so bedeutsam werden ließ und zugleich massive Kritik und Ablehnung herausforderte. Hierin liegt die Strahlkraft von *Orientalism*, die Faszination, die vom Buch ausgeht, der die Augen öffnende Effekt, den immer neue Generationen von Lesern und Leserinnen nach der Lektüre schildern. Wie stimulierend, aber auch wie bedrohlich muss dieser Eindruck 1978 gewirkt haben? *Orientalism* steht nicht am Anfang des *linguistic turn*, aber wie kaum ein anderes Werk hat es dazu beigetragen, die Einsicht in die Sprachgebundenheit jedes Wissens in die empirischen Arbeiten von Fächern einzuführen, die sich dieser zentralen Erkenntnis der Sprachphilosophie des 20. Jahrhunderts verweigerten und teilweise noch immer (oder wieder) verweigern. Die Publikation von *Orientalism* war ein wichtiges Element im Prozess der Bekanntmachung und Aneignung poststrukturalistischer Theorie genau in einer Phase, in der feministische, antikoloniale und andere Bewegungen erste sichtbare und dauerhafte Erfolge aufzuweisen hatten, zugleich aber in identitätspolitische Authentizitätsfallen zu geraten drohten. Die Etablierung veränderter Text-, Subjekt- und Wahrheitsverständnisse vollzog sich jenseits der Literaturwissenschaften genau in dieser Periode, und *Orientalism* ist in meinem Verständnis ein Text der Übersetzung theoretischer Überlegungen in konkrete Forschungspraktiken der Sozial- und Kulturwissenschaften. Noch heute kann man die Einleitung wie eine Kurzeinführung in die Diskursanalyse lesen.

Diese Übersetzungsarbeit ging nicht ohne Reibungsverluste ab. Das zeigen die vielen Unstimmigkeiten in Saids Buch selbst sowie einige seiner späteren (tages-)politischen Positionen, die seinen eigenen identitätskritischen Anliegen scheinbar zuwiderlaufen. Dies zeigen kritische Stimmen ‚linker', beispielsweise traditionell marxistisch argumentierender Positionen ebenso wie die Vorbehalte aus den konservativen Orientwissenschaften und ihr Beharren auf das vermeintlich ‚richtige' Bild des arabischen Raums, das dort erforscht werde. Doch zielt diese Kritik, so berechtigt sie mitunter auch sein mag, am eigentlichen Wert des Buch vorbei. *Orientalism* ist ein großes, einflussreiches Buch der Kulturwissenschaften, weil es eine Denkweise, eine Weltsicht, ein Verständnis von Wissenschaft vorgestellt und als Erkenntnis fördernd etabliert hat, die das Feld unserer Forschungen grundlegend verändert hat.

Querverweise

- Stuart Hall: Wer braucht Identität? (1996)
- Ann Laura Stoler: *Race and the Education of Desire* (1995)
- Michel Foucault: *Der Wille zum Wissen* (1976)
- Frantz Fanon: *Schwarze Haut, Weiße Masken* (1952)

Literatur

Ansell-Pearson, Keith / Benita Parry Keith / Judith Squires (Hrsg.): *Cultural Readings of Imperialism: Edward Said and the Gravity of History*. London: Lawrence & Wishart 1997.

Brunner, Claudia / Gabriele Dietze / Edith Wenzel (Hrsg.): *Kritik des Okzidentalismus. Transdisziplinäre Beiträge zu (Neo-)Orientalismus und Geschlecht*. Bielefeld: Transcript 2009.

Castro Varela, Maria do Mar / Nikita Dhawan: *Postkoloniale Theorie. Eine kritische Einführung*. Bielefeld: Transcript 2005.

Clifford, James: *The Predicament of Culture: Twentieth Century Ethnography, Literature, and Art*. Cambridge, MA: Harvard UP 1988.

McCarthy, Connor: *The Cambridge Introduction to Edward Said*. Cambridge et al: Cambridge UP 2010.

Said, Edward: *Orientalism* [1978]. London et al.: Penguin 2003.

—: *Orientalismus*, aus d. Engl. v. Hans Günter Holl. Frankfurt am Main: Fischer 2012.

Schäbler, Birgit: Riding the Turns. Edward Saids Buch ‚Orientalism' als Erfolgsgeschichte. In: Gunnar Brands / Burkhard Schnepel / Hanne Schönig (Hrsg.): *Orient – Orientalistik – Orientalismus. Geschichte und Aktualität einer Debatte*. Bielefeld: Transcript 2011, S. 279–302.

Wiedemann, Felix: Orientalismus, Version: 1.0. In: *Docupedia-Zeitgeschichte*, 19.04.2012. http://docupedia.de/zg/ (Zugriff am 10.01.2014).

Rüdiger Lautmann / Winfried Grikschat / Egbert Schmidt: Der rosa Winkel in den nationalsozialistischen Konzentrationslagern (1977)

Oder: Es gab keinen ‚Homocaust', aber eine massive Verfolgung

Stefan Micheler

Wohl kein anderer Text ist in der deutschsprachigen Geschichtsschreibung zur Verfolgung gleichgeschlechtlich begehrender Menschen so oft paraphrasiert oder zitiert worden wie „Der rosa Winkel in den nationalsozialistischen Konzentrationslagern" von Rüdiger Lautmann, Winfried Grikschat und Egbert Schmidt. Der Aufsatz hat als Pionierstudie zahlreiche weitere Forschungen zur Verfolgung ‚Homosexueller' in der NS-Zeit und zu anderen Zeiten inspiriert. Am bemerkenswertesten ist jedoch, dass sein vermeintliches Forschungsergebnis, 5.000–15.000 Männer seien als Rosa-Winkel-Häftlinge in den Konzentrationslagern ermordet worden, laut den Autoren nur eine „vorläufige und grobe", aber valide Schätzung, in den letzten Jahrzehnten so oft zitiert und wieder zitiert worden ist, dass die Zahl inzwischen als gesichertes Forschungsergebnis angesehen wird. Dies gilt nicht nur für Forschungsliteratur zum Thema, sondern auch für Überblicksdarstellungen, politische und administrative sowie journalistische Texte.

„Der rosa Winkel in den nationalsozialistischen Konzentrationslagern" erschien erstmals 1977 in einem von Rüdiger Lautmann (geb. 1935) herausgegebenen Sammelband, der verschiedene Beiträge zum spannungsreichen Verhältnis von *Gesellschaft und Homosexualität*, so sein Titel, versammelte und dessen Veröffentlichung für Rüdiger Lautmann ein „going public" war, wie er selbst auf seiner Website schreibt. Mit der staatlichen Verfolgung gleichgeschlechtlicher Sexualität beschäftigt sich ein zweiter Aufsatz des Sammelbandes: „Antihomosexuelle Strafgesetze" der Soziologin, Psychologin und Ethnologin Gisela Bleibtreu-Ehrenberg (geb. 1929), die 1978 mit *Tabu Homosexualität – Die Geschichte eines Vorurteils* ein weiteres, für die Rezeption durch die Schwulenbewegung wichtiges ‚frühes' deutschsprachiges Werk der nicht pathologisierenden wissenschaftlichen Beschäftigung mit gleichgeschlechtlichem Begehren veröffentlichte.

Rüdiger Lautmann, Winfried Grikschat und Egbert Schmidt, teils Soziologen, Juristen und Aktivisten, untersuchen in ihrem Text die Lebens- und Überlebensbedingungen ,homosexueller' Männer in den deutschen Konzentrationslagern. Der Aufsatz basiert auf intensiven Quellenstudien im Archiv des Internationalen Suchdienstes in Arolsen/Hessen und auf „etwa hundert" Häftlingsberichten, wobei die Autoren mehrfach die durch fehlende Aufzeichnung und Vernichtung lückenhafte Quellenlage betonen. Sie vergleichen die „Rosa-Winkel-Häftlinge" mit politischen Häftlingen und „Bibelforschern" (Zeugen Jehovas) und kommen zu dem Ergebnis, dass ,Homosexuelle' im Vergleich zu anderen Häftlingskategorien relativ häufig Angehörige der Mittelschicht gewesen seien, dass sie in den Konzentrationslagern geringere Überlebenschancen gehabt hätten, weil sie in der Lagerhierarchie ganz unten gestanden hätten, bis Juden, Sinti, Roma und Osteuropäer in die Lager gekommen seien, dass sie Schikanen des Wachpersonals häufiger ausgesetzt gewesen seien als andere Häftlingsgruppen, dass sie oft besonders schweren Arbeitskommandos zugeteilt worden seien und untereinander keine Solidarität entwickelt hätten.

Mit ihrer Studie wollten die Autoren einerseits deutlich machen, dass Homosexuelle eine Opfergruppe des NS-Regimes waren, dass Homophobie ein konstituierender Faktor für die männerbündische faschistische Ordnung war und dass in den KZs „nur das konsequent vollzogen" worden sei, „was ohnehin ihre gesellschaftliche Situation war". Andererseits schrieben sie gegen die offensichtlich in Teilen der Schwulenbewegung vertretene Strategie „Aufmerksamkeit durch Übertreibung" an. Sie verwehren sich gegen die Behauptung horrender Opferzahlen, für die in den folgenden Jahren der Begriff des ,Homocaust' in Anlehnung an Holocaust auftauchte – in der BRD nach Ausstrahlung der US-Fernsehserie *Holocaust* Wort des Jahres 1979. In diesem Zusammenhang verwehren sich die Autoren auch gegen generalisierende Aussagen. Tabellen und Grafiken, punktuell mit absurd anmutenden Korrelationen, reichern den Text an.

Der Umstand, dass die Autoren statt der NS-Abkürzung KL die Abkürzung KZL einführen und nicht die heute gängige Bezeichnung KZ verwenden, um Sensibilität gegenüber der Tätersprache zu demonstrieren, zeigt, dass der Text auch für die allgemeine KZ-Forschung Pioniercharakter hat. Die Forschung zu den Konzentrationslagern stand 1977, über 30 Jahre nach ihrer Befreiung, noch an den Anfängen, kaum eine der KZ-Gedenkstätten war errichtet bzw. wurde als Bildungs- und Forschungsstätte genutzt.

Viele Thesen des Textes sind nach wie vor gültig, etwa die Stellung der ‚homosexuellen' Männer in der Lagerhierarchie, die besonderen Schikanen, die hohe Todesrate betreffend. Die Untersuchung ist nach wie vor als Grundlagenarbeit zum Schicksal der Rosa-Winkel-Häftlinge in den Konzentrationslagern anzusehen. Vieles wurde in weiteren Studien ergänzt und genauer untersucht, weniges punktuell widerlegt (Rolle der Polizeiapparate, Schichtenzuordnung). Auch hat die Studie die Fragestellungen für die weitere Forschung vorgegeben, auch wenn sich explizit niemand wissenschaftlich detailliert an ihr abgearbeitet hat. Es drängt sich die Vermutung auf, dass es wiederum die frühen Häftlingsberichte (insbesondere die des politischen Häftlings Eugen Kogon von 1946 und des homosexuellen Häftlings ‚Heinz Heger' von 1972) sowie ein auf veröffentlichten und unveröffentlichten Berichten Überlebender basierender Aufsatz ‚Wolfgang Harthausers' (d. i. Reimar Lenz) von 1967 waren, die ihrerseits die Fragen der drei Autoren inspirierten. Die spätere Forschung hat sich vornehmlich auf die rechtliche Situation Männer begehrender Männer und Frauen begehrender Frauen sowie auf die Verfolgung durch Polizei und Justiz konzentriert. Seit Ende der 1980er Jahre sind ferner verschiedene Arbeiten zu einzelnen Konzentrationslagern, Gefängnissen und Strafgefangenenlagern erschienen sowie Gefangenenbiografien und -autobiografien. Dabei wurden auch Doppel- oder Dreifachsstigmatisierung gleichgeschlechtlich begehrender Menschen als Linke und als Juden bzw. Jüdinnen, aber nicht als Sinti untersucht. Neben der Rezeption der geschätzten Opferzahlen als gesichertes Forschungsergebnis ist erstaunlich, dass niemand mit den wenigen in Homosexuellen-Zeitschriften veröffentlichten Texten von Zeitzeugen und mit den unveröffentlichten Interviews weitergearbeitet hat. Die Akten in Arolsen waren darüber hinaus jahrzehntelang für die Forschung nicht mehr zugänglich, weil der Internationale Suchdienst seine primäre Aufgabe nicht darin sah, die Akten für wissenschaftliche Forschungen zur Verfügung zu stellen. Rüdiger Lautmann hatte aber selbst darauf hingewiesen, dass eine tiefer gehende Recherche mit den herangezogenen Quellenbeständen unergiebig sein dürfte.

Als „Der rosa Winkel in den nationalsozialistischen Konzentrationslagern" 1977 erschien, galt in der BRD der § 175 StGB noch, der vom Kaiserreich bis 1935 einvernehmliche sogenannte beischlafähnliche Handlungen erwachsener Männer bestrafte, von 1935 bis 1969 während der NS-Zeit und in der BRD alle einvernehmlichen sexuellen Handlungen erwachsener Männer unter Strafe stellte, nunmehr noch sexuelle Handlungen von Männern mit männlichen Jugendlichen bis 18 Jahre verschärft kriminalisierte und erst 1994 im Zuge einer Vereinbarung im Einigungsvertrag außer Kraft gesetzt wurde. Eine linke Schwulenbewegung war in der BRD gerade erst gesellschaftlich sichtbar geworden, mit Demonstrationen, eigenen Blöcken auf 1.-Mai-Demonstrationen und Bücherständen in Fußgängerzonen. Zu ihr gehörten Mitte/Ende der 1970er Jahre nur noch sporadisch lesbische Frauen, die in großen Städten eigene Gruppen bildeten, mehrheitlich aber eher in der Frauenbewegung aktiv waren. 1977 hatte der Gesetzgeber gerade erst das Ehe-, Familien- und Scheidungsrecht dahingehend reformiert, dass verheiratete Frauen nun auch ohne Zustimmung des Ehemannes eine Arbeit aufnehmen konnten, nicht mehr zwingend für das Führen des gemeinsamen Haushalts zuständig waren und als voll geschäftsfähig galten, während bei Scheidungen das Verschuldensprinzip durch das Zerrüttungsprinzip ersetzt wurde.

Ich selbst hatte 1977 gerade lesen und schreiben gelernt, mein Begehren richtete sich bewusst auf Schokolade, andere Süßigkeiten und Salzigkeiten und unbewusst sicherlich auf die Liebe meiner Eltern und Großeltern. Den Begriff Homosexualität und seine Bedeutung kannte ich genauso wenig wie andere, meist diffamierende Bezeichnungen. Das kam dann in den 1980er Jahren. Gelesen habe ich „Der rosa Winkel in den nationalsozialistischen Konzentrationslagern" erstmals während des Studiums, als ich mich Anfang der 1990er Jahre mit dem Schicksal Männer begehrender Männer im KZ Neuengamme beschäftigte. Mir wurde beim Aktenstudium deutlich, dass ich mit meinem Verständnis von Homosexualität nicht weiterkam. Viele verheiratete Männer waren unter den Inhaftierten, manche hatten Kinder, einige hatten vor der NS-Zeit geheiratet, andere nach dem NS-Terror. Schon in „Der rosa Winkel in den nationalsozialistischen Konzentrationslagern" hatte ich von Verheirateten gelesen, reflektiert hatten die Autoren dies aber nicht, vielleicht weil verheiratete Schwule wohl in den 1970er Jahren keine Seltenheit waren. Der Aufsatz setzte vielmehr bei allen wegen § 175 in KZs deportierten Männern voraus, dass sie ‚Homosexuelle' gewesen seien. Konnten das denn alles Schutzehen gewesen sein?

Gleichzeitig kam ich in Kontakt mit Zeitzeugen, von denen viele sich nicht als schwul betrachteten. Manche sagten, sie wären „früher schwul gewesen", andere vertraten männerbündische Konzepte von gleichgeschlechtlichem Begehren, dritte hatten keinen Namen für das Begehren. Das Phänomen anderer oder fehlender Begrifflichkeiten zeigte sich auch in dem Film *Verzaubert* aus dem Jahr 1992, in dem gleichgeschlechtlich begehrende Menschen über ihr Leben in der NS- und Nachkriegszeit interviewt wurden.

Im englischsprachigen Raum und in den Niederlanden war man offensichtlich schon in den 1970er und 1980er Jahren auf die Fragen gestoßen, die Jakob Michelsen und mich beschäftigten, als wir Anfang der 1990er Jahre ein autonomes Seminar an der Universität Hamburg zur Geschichte Homosexueller vorbereiteten. Nicht jede gleichgeschlechtliche Sexualität bringt eine homosexuelle Identität mit sich, nicht jede von uns als homosexuell wahrgenommene Handlung hat etwas mit Sexualität zu tun. Homosexualität ist ein Konstrukt des 19. Jahrhunderts, Heterosexualität damit auch und Sexualität erst recht. Auch die Untersuchungen Klaus Müllers 1991 und Jörg Hutters 1992 über diesen Konstruktionsprozess im wechselseitigen Agieren von ‚Betroffenen' und Ärzten halfen uns weiter.

Wie selbstverständlich wurde und wird diese Theoriebildung, die einen Paradigmenwechsel in der Sexualitätsgeschichtsschreibung auslöste, mit dem französischen Philosophen Michel Foucault (1926–1984) und seinem Werk *La volonté de savoir* von 1976 verbunden. Foucault zufolge ist der gesamte Komplex menschlicher Sexualität und sexueller Identität nicht naturgegeben, sondern eine historisch noch relativ junge Erscheinung. Gleichzeitig mit, beeinflusst von und unabhängig von Foucault kamen verschiedene anglo-amerikanische Historiker_innen, Soziolog_innen und Ethnolog_innen zu ähnlichen Ergebnissen, da ihre kultur- und epochenvergleichenden Studien schnell die Unzulänglichkeit der Vorstellung der modernen westlichen sexuellen Identitäten und damit auch des Sexualitätsbegriffs zeigten. Gleichberechtigt mit Foucault zu nennen, wenn nicht gar an erster Stelle, ist hier der historisch arbeitende Soziologe Jeffrey Weeks (Jg. 1945), der zeitgleich mit Foucault und an diesen anknüpfend die gleichen Fragen untersuchte. Er hat Foucaults theoretische Annahmen an Quellen überprüft und weiterentwickelt. Weeks hat seit 1977 grundlegende Untersuchungen zur Geschichte der Konstruktion der Sexualität, der sexuellen Devianz und insbesondere des Homosexuellen vorgelegt, wobei er von einer Theorie der Homosexualität zur Theorie der Sexualität kam.

In der deutschen Forschung zur Geschichte der Homosexualität war die *Social Construction Theory* aus den 1980er Jahren und das damit verbundene Konzept noch in den 1990er Jahren fast völlig unbekannt. Hier wurde ungebrochen eine essenzialistische Sicht vertreten, also die Vorstellung, dass es Homosexuelle zu allen Zeiten und in allen Kulturen gegeben habe und gebe. Dies dürfte seine Ursache darin haben, dass die deutsche Forschung sich sehr stark, wenn nicht ausschließlich auf die obrigkeitliche und später staatliche Verfolgung gleichgeschlechtlicher Sexualität konzentrierte und die Verfolgungsgeschichte auch eine wichtige Rolle für die politische Forderung nach Gleichberechtigung spielte. Nicht umsonst war der Rosa Winkel der KZ-Insassen ein Symbol der Schwulenbewegung, nicht nur in der BRD. So stellte sich gar nicht die Frage, ob die Beforschten denn alle ‚schwul' oder ‚lesbisch' gewesen seien. Diese Fragen wurden im deutschen Sprachraum erst durch eine jüngere Generation Forschender aufgeworfen. Darüber hinaus muss man festhalten, dass auch innerhalb der etablierten deutschen Geschichtswissenschaft (und Soziologie und Philosophie) Foucault bis Mitte der 1990er Jahre im Gegensatz zur Germanistik und anderen Literaturwissenschaften kaum rezipiert wurde. Seine Werke, immerhin in unserem größten und kulturell einflussreichsten Nachbarland in den 1960er und 1970er Jahren erschienen, wurden erst durch Foucaults Rezeption im anglo-amerikanischen Sprachraum in Deutschland zur Kenntnis genommen, oft naserümpfend, denn die Geschichte der Sexualität galt noch lange als anrüchiges Thema. Bei meinen Fragen zu Selbstbildern, Identitätskonzepten und Sexualitätsvorstellungen konnte mir die deutschsprachige Forschung und damit auch „Der rosa Winkel in den nationalsozialistischen Konzentrationslagern" also nicht weiterhelfen. Michel Foucaults Theorie hingegen war für mich ein reichhaltiger Steinbruch.

1977 war die Veröffentlichung von „Der rosa Winkel in den nationalsozialistischen Konzentrationslagern" ein mutiger Schritt. Heute dürfen Schwule und Lesben in Deutschland heiraten und vielleicht sogar bald Kinder adoptieren. Heute können Außenminister ihren Partner mit auf Staatsbesuche nehmen, um dort Geschäftskontakte zu knüpfen. Der politische rosa Winkel ist längst durch einen schillernden Regenbogen ersetzt worden. Die Urteile gegen die während der NS-Zeit wegen gleichgeschlechtlicher Sexualität verurteilten Männer wurden 2002 nach langen politischen Debatten vom Bundestag – wie auch die Urteile gegen Deserteure – als NS-Unrecht aufgehoben. Urteile gegen andere ‚vergessene' Opfergruppen waren bereits 1998 aufgehoben worden. Urteile aus der BRD wegen des gleichen Delikts aufgrund des gleichen Paragraphen möchte die Mehrheit des Bundestags aber noch immer nicht aufheben. ‚Wiedergutmachungszahlungen' für das während der NS-Herrschaft erlittene Leid hat kaum ein Mann erhalten, weil kaum einer noch einen Antrag stellen wollte und konnte, als dies in den 1980er Jahren in einigen Bundesländern und in den 1990er Jahren auf Bundesebene möglich wurde. Stolpersteine werden heute auch für Menschen verlegt, die wegen ihrer Sexualität im NS-Staat verfolgt wurden. Seit 2008 erinnert auch ein Mahnmal der BRD in Berlin an die Diskriminierung und Verfolgung homosexueller Männer und Frauen in der NS-Zeit.

Bemerkenswert ist, dass Schwule und Lesben sich heute öffentlich miteinander streiten: Kurz vor Errichtung des Mahnmals begann eine Auseinandersetzung zwischen einigen lesbischer und einigen schwulen Gruppen sowie Protagonist_innen über die Frage, ob das Mahnmal nur an die Diskriminierung und Verfolgung homosexueller Männer oder auch an die lesbischer Frauen erinnern solle. Ein Konsens besteht unter den meisten lesbischen Forscherinnen und schwulen Forschern darüber, dass die Verfolgung unterschiedlich war, da auch während der NS-Zeit lesbische Sexualität (außer im angeschlossenen Österreich) nicht strafrechtlich verfolgt wurde, aber Frauen begehrende Frauen durchaus diskriminiert und verfolgt wurden. Dennoch wurde in der Debatte sogar geäußert, lesbische Frauen wären in der NS-Zeit gar nicht verfolgt worden. Letztlich wurde nun mit einer Videoinstallation, die unterschiedliche Menschen bzw. Paare unterschiedlicher Geschlechter verschiedenen Alters mit differierenden Lebensentwürfen zeigt, ein sinnvoller Kompromiss gefunden.

Die Zahl der geschichtswissenschaftlichen Arbeiten zur Geschichte gleichgeschlechtlichen Begehrens ist selbst für Expert_innen und selbst für die NS-Zeit unübersichtlich geworden. Inzwischen gibt es so viele Veröffentlichungen, dass man nicht mehr alle kennen kann. Viele Arbeiten basieren explizit oder implizit auf dekonstruktivistischer Theorie oder *Queer Theory*. Formulierungen, die auf gleichgeschlechtliches Begehren verweisen und nicht ein Konzept von Homosexualität voraussetzen, sind immer häufiger zu lesen. Seit 2013 gibt es die Bundesstiftung Magnus Hirschfeld (BMH), die auch durch Förderung wissenschaftlicher Arbeit der Diskriminierung von Schwulen, Lesben, Bisexuellen, Transsexuellen und Intersexuellen entgegentreten soll. Das Institut für Zeitgeschichte München-Berlin hat mit der BMH 2013 ein Forschungsprojekt zum Thema „Lebenssituationen und Repressionen von LSBTI im Nationalsozialismus“ ins Leben gerufen. Die BMH veranstaltete 2013 in Berlin ihren ersten wissenschaftlichen Kongress. Also ist alles gut?

Nein. Die staatlich finanzierten Forschungsprojekte kommen erst zu einem Zeitpunkt, zu dem es nun gar keine überlebenden Opfer mehr geben dürfte. Trotzdem gilt es, noch viele Forschungslücken zu schließen. Die meisten in den 1990er Jahren an wenigen Universitäten entstandenen ‚Homoforschungsinstitute‘ und ‚-studiengänge‘ sind spätestens mit der Emeritierung von Professoren wieder abgeschafft worden.

Auch theoretisch gibt es zum Teil einen Rückfall: Einige Arbeiten, die sich als *queer* ausgeben, sind essenzialistisch, da sie ‚queere Ahn_innen' in der Geschichte suchen. Am gravierendsten erscheint mir, dass ein Großteil der wissenschaftlichen Arbeit nach wie vor von Menschen geleistet wird, die nicht an Universitäten oder Institute angebunden sind, in der Regel nicht einmal eine punktuelle Förderung für ihre Untersuchungen erhalten.

Eine Inspiration durch „Der rosa Winkel in den nationalsozialistischen Konzentrationslagern" ist es fast 40 Jahre nach seinem Erscheinen sicherlich, wieder verstärkt nach Schichten oder Klassen zu fragen, was in großen Teilen der Geschichtswissenschaft völlig aus der Mode gekommen zu sein scheint. Dabei darf dann gerne auch ein Blick auf das wissenschaftliche Prekariat gelegt werden.

Querverweise

- Eve Kosofsky Sedgwick: *Epistemology of the Closet* (1990)
- Günter Amendt: *Sexfront* (1970)
- Urlaub – Liebe inbegriffen (*stern*, 1960)
- Helmut Schelsky: *Soziologie der Sexualität* (1955)
- Richard Freiherr von Krafft-Ebing: *Psychopathia sexualis* (1886)

Literatur

Altman, Dennis / Carole Vance / Martha Vicinus / Jeffrey Weeks et al. (Hrsg.): *Homosexuality, Which Homosexuality? International Conference on Gay and Lesbian Studies.* Amsterdam / London: Uitgeverij An Dekker / Schorer / GMP 1989.

Bleibtreu-Ehrenberg, Gisela: *Tabu Homosexualität. Die Geschichte eines Vorurteils.* Frankfurt am Main: Fischer 1978.

Foucault, Michel: *Sexualität und Wahrheit I. Der Wille zum Wissen* [1976]. Frankfurt am Main: Suhrkamp 1977.

Lautmann, Rüdiger / Winfried Grikschat / Egbert Schmidt: Der rosa Winkel in den nationalsozialistischen Konzentrationslagern. In: Rüdiger Lautmann (Hrsg.): *Seminar. Gesellschaft und Homosexualität* [1977]. Frankfurt am Main: Suhrkamp 1984, S. 325–365.

Micheler, Stefan / Jürgen K. Müller / Andreas Pretzel: Die Verfolgung homosexueller Männer in der NS-Zeit und ihre Kontinuität. Gemeinsamkeiten und Unterschiede in den Großstädten Berlin, Hamburg und Köln. In: *Invertito* 4 (2002), S. 8–51.

Weeks, Jeffrey: *Coming Out. Homosexual Politics in Britain, from the Nineteenth Century to the Present.* London / Melbourne / New York: Quartet 1977.

—: Movements of Affirmation. Sexual Meanings and Homosexual Identities. In: *Radical History Review* 20 (1979), S. 164–179.

Film

Verzaubert. Drittes Reich und Wirtschaftswunder – Geschichten vom anderen Ufer (BRD 1992, R: Dorothee von Diepenbroick et al.).

Michel Foucault: *Der Wille zum Wissen* (1976)
Oder: „Der Eintritt des Lebens in die Geschichte“

Jürgen Martschukat

Marcus Rediker, heute einer der wohl profiliertesten US-amerikanischen Historiker der Geschichte des Rassismus, war 1979 noch Promotionsstudent an der University of Pennsylvania, als er in der renommierten Zeitschrift *William and Mary Quarterly* die englische Erstausgabe von Michel Foucaults *Sexualität und Wahrheit I: Der Wille zum Wissen* rezensierte. Mit schier überwältigenden Fähigkeiten dringe Foucault in die Grenzgebiete historischen Wissens vor, schrieb Rediker dort. Doch an der *frontier* sei das Terrain eben unbekannt und der Halt nicht immer sicher, fuhr er in sehr amerikanischer Metaphorik fort, so dass man gelegentlich hinfalle, um wieder aufzustehen und mit blutigen Knien und Ellbogen weiterzumachen. Umso mutiger sei dieses Buch, wenn es auch nicht immer ganz rund erscheine und, so prophezeite Rediker, in der Zunft der Geschichtsschreibenden wohl beinahe reflexartig den Ruf nach mehr Empirie erschallen lassen werde.

Foucault selber hatte die französische Resonanz auf sein drei Jahre zuvor erschienenes Original wohl so ähnlich empfunden, wie Rediker sie für die USA noch voraussagte. Die Begeisterung über *La volenté de savoir* war in Frankreich einerseits groß, andererseits aber nicht einhellig gewesen. Nur ein Jahr nach dem französischen Original erschien im Jahr 1977 eine deutsche Ausgabe. Im deutschen Vorwort reagierte Foucault auf die kritischen französischen Stimmen, und er klang dabei zwar beharrlich kämpferisch, zugleich aber doch ungewöhnlich defensiv. „Unvorsichtig“ sei es womöglich gewesen, konzediert er dort, ein Buch als „Leuchtbombe“ vorauszuschicken, das mehr Fragen aufwerfe, als es Antworten gebe. Für die Antworten waren schließlich fünf weitere Bände geplant, hatte es auf dem Rückendeckel der französischen Erstausgabe geheißen, von denen sich der letzte mit „Populationen und Rassen" beschäftigen sollte. Keiner dieser Bände ist je erschienen.

Womit hatte Foucault das Missfallen hervorgerufen, das zumindest Teile seines französischen Publikums äußerten? Nicht ohne spöttischen Unterton heißt es in *Der Wille zum Wissen*, die große, revolutionäre Pose, in der seit einigen Jahren „mit feierlichem Ernst" und „im Brustton der Überzeugung von der eigenen Subversivität" (S. 15–16) über den Sex gesprochen und das Ende der Repression durch die bürgerliche Moral verkündet werde, sei unangemessen, falsch und verfehle ihr politisches Ziel der Befreiung. Noch 1963 war Foucault selbst dem Sex in den Begriffen von Verbot und Überschreitung auf den Leib gerückt. Nun jedoch stellte er das Denken über den Sex vom Kopf auf die Füße und fragte nicht, wie wir unterdrückt werden, sondern vielmehr, warum wir so gerne sagen, dass wir über den Sex unterdrückt werden: „Die modernen Gesellschaften zeichnen sich nicht dadurch aus, daß sie den Sex ins Dunkel verbannen, sondern daß sie unablässig von ihm sprechen und ihn als das Geheimnis geltend machen." (S. 49) Eine kritische Analyse dürfe nicht die alte Mär von der Unterdrückung des Sexes durch dessen Beschweigen fortschreiben, sondern müsse im Gegenteil die Wirkungen des Gebots, vom Sex zu sprechen, sezieren. Dieses Sprechen über den Sex produziere „Wahrheiten", typisiere Menschen, richte sie an Normen aus und dringe bis in die „winzigsten und individuellsten Verhaltensweisen" (S. 21) vor. Die ganze „geschwätzige Aufmerksamkeit" (S. 50), die die abendländischen Gesellschaften und vor allem die bürgerliche Klasse seit dem 19. Jahrhundert dem Sex widme, schaffe Vorstellungen vom Selbst und vom Anderen, von Normalität und Abweichungen, die schließlich als Kennzeichen einer bestimmten Wesenhaftigkeit von Menschen gelesen würden: „Nichts von alledem, was er ist, entrinnt seiner Sexualität" (S. 58), schreibt Foucault etwa über ‚den Homosexuellen', der erst im Laufe des 19. Jahrhunderts als ‚Persönlichkeit' und ‚Spezies' erschaffen und mit einer spezifischen Kindheit und Vergangenheit, einem Charakter und einer Lebensform, einer Anatomie und Physiologie ausgestattet worden sei.

So sei eine ganze Ordnung des Sozialen um den Sex herum geschaffen worden, mit dem Körper und der Familie als zentralen Relaisstationen. „Sexualität ist der Name, den man einem geschichtlichen Dispositiv geben kann" (S. 128), und in diesem Dispositiv hatten unterschiedlich spezifizierte Menschen unterschiedliche Möglichkeiten, an Gesellschaft zu partizipieren. Mit der These, dass die bürgerlichen Gesellschaften über den Sex regiert werden (indem sie unablässig über ihn sprechen, ihn mobilisieren und über ihn normieren, regulieren, sortieren), entwirft Foucault auch neue Konzepte von Macht und Regierung. Nicht zuletzt deshalb, schreibt etwa Martin Stingelin (S. 9–10), sei *Der Wille zum Wissen* ein so bedeutendes Buch.

Der Soziologe Ulrich Bröckling hat Foucaults Macht- und Regierungskonzept einmal auf den Punkt gebracht, indem er betonte, um moderne Gesellschaften zu regieren, reiche es nicht, Abgaben einzutreiben und ab und an jemanden aufs Schafott zu bringen. „Anstelle der Drohung mit dem Mord", so Foucault in *Der Wille zum Wissen*, „ist es nun die Verantwortung für das Leben, die der Macht Zugang zum Körper verschafft." (S. 170) Macht in modernen Gesellschaften operiere viel weniger souverän und über das Instrument der Strafe, sondern über Kontrolle, Registrierung, Normierung und indem sie Anleitung zu Selbstführung und Selbstoptimierung gebe. Mit dem „Eintritt des Lebens in die Geschichte" (S. 169) würden aus Untertanen Körper und Bevölkerungen, die es zu führen gelte. Die souveräne Macht des Königs werde daher von einer Biomacht abgelöst, die allgegenwärtig auf das Leben der Einzelnen und des Kollektivs ausgerichtet sei, das geplant, verwaltet und gestaltet werden müsse. Dazu brauche es vielfältiges Wissen und mannigfaltige Techniken, die Menschen klassifizieren, normieren, optimieren oder marginalisieren und ausgrenzen. Dabei ist der Sex von eminenter Bedeutung, verschränkt er doch den Einzelnen mit der Gattung.

Foucaults Interesse gilt dem ‚Abendland' und hier insbesondere der bürgerlichen Gesellschaft. Nie sei eine Gesellschaft stärker über den Sex regiert und reguliert worden als diese, und nie habe sich eine Gesellschaft stärker über den Sex definiert. Sein Blick gilt dabei auch dem „konstitutiven Anderen" der bürgerlichen ‚Normalität', insbesondere devianten Sexualitäten und Klassendifferenzen, die konturiert und ins Spiel gebracht werden. *Race* als zentrales Element des Regierens über den Sex taucht in *Der Wille zum Wissen* nur am Rande auf. Anders formuliert: Wenn Foucault die bürgerliche Gesellschaft analysiert, so bleibt deren Weißsein unbeleuchtet. Dass die abendländischen Gesellschaften in ihrer Geschichte über das Vehikel der *Whiteness* auch Klassengrenzen zu überschreiten vermochten, sich arme und reiche Weiße also in der Abgrenzung gegen „rassisch Andere" einander annäherten, und dass dieser Prozess eng an den Sex gekoppelt war, bleibt in *Der Wille zum Wissen* außen vor. Die *Whiteness-Studies* sollten rund fünfzehn Jahre nach dem Erscheinen des Buches beginnen, sich dieser Leerstelle zu widmen. Dass sie sich dabei wiederum auf Denkformen gestützt haben, die Foucault ganz wesentlich mitgeprägt hat, ist für die Rezeption des foucaultschen Diskurs-, Macht- und Regierungskonzepts typisch.

Ähnlich verhält es sich mit dem nur kurz nach *Der Wille zum Wissen* konturierten *Orientalismus* Edward Saids (1978). Said bekundet in seinem Buch, wie sehr er von Foucaults Denken und Diskurstheorie inspiriert sei. Sein zentrales Argument, nämlich dass die abendländische Selbstkonstitution ganz wesentlich in der Abgrenzung von „dem Orient" als „dem Anderen" gründe und dabei Sexualisierungen von zentraler Bedeutung seien, klingt in *Der Wille zum Wissen* hingegen nirgendwo an. Said selber sollte Foucault in den folgenden Jahren mehrfach und scharf kritisieren: als eurozentrisch und als blind nicht nur für den Kolonialismus, sondern auch für die postkolonialen Grundzüge und Effekte seiner eigenen Arbeiten, die auf den Texten französischer und deutscher Denker gründeten, für ihre Schlussfolgerungen aber universale Reichweite beanspruchten. (Racewskis)

Der Wille zum Wissen scheint Said einerseits recht zu geben. Bei der Lektüre derjenigen Buchpassagen, die sich dem Gegensatz von okzidentaler „scientia sexualis" und orientalischer „ars erotica" widmen, kann man sich zudem des Eindrucks nicht erwehren, Foucault sei selber in die Orientalismus-Falle getappt. Denn dort diagnostiziert er für „China, Japan, Indien, Rom, die arabisch-islamischen Gesellschaften" eine „ars erotica" (S. 74), in der Lust zu allererst auf sich selber bezogen und von einer durchdringenden, ausfüllenden Qualität sei. Diese sei eben nicht von Klassifikationen und Normierungen gerastert, wie die okzidentale „scientia sexualis". Foucaults Beschreibungen in diesen Passagen bringen eine gewisse Sehnsucht zum Ausdruck. Es scheinen Bilder eines exotisierten und erotisierten Orients auf, wo man den Zwängen und Regulierungen der bürgerlichen Subjektwerdung (dann doch!) entkommen könne. Dass sich dieses bürgerliche Subjekt erst über „das orientalische Andere" konstituiert, das es als unvollständig zeichnet und verteufelt oder begehrt (oder beides gemeinsam), unterschlägt Foucault an dieser Stelle. Und in diesem Prozess abendländischer Selbstkonstitution war die Zuschreibung einer vermeintlich sinnfreien, ungerasterten und unkontrollierten Lust eines der zentralen Argumente, nicht-bürgerlichen, nicht-weißen und nicht-westlichen Menschen die Anerkennung als politisch mündige Subjekte zu verweigern. Es ließe sich also argumentieren, die Geschichte der Sexualität à la Foucault trage dazu bei, eine globale Ordnung der Differenz zwischen „dem Westen und dem Rest" (Hall) am Leben zu halten.

Zugleich muss aber bezweifelt werden, dass Foucault die koloniale Dynamik schlechthin nicht verstanden habe, wie Edward Said 1997 in einem Interview kritisch zuspitzte

(Shan, S. 130). Denn bereits 1961 im Vorwort zu *Wahnsinn und Gesellschaft* hatte Foucault den Gedanken aufblitzen lassen, dass der Orient der Geschichte des Okzidents als das ultimative Andere gedient habe, als „schwindelerregender Punkt [... der] Sehnsüchte und Verheißungen“[1]:

> Der Orient, der der kolonisatorischen Vernunft des Abendlandes angeboten wird, der jedoch unendlich unzugänglich bleibt. [...] Der Orient ist für das Abendland all das, was es selbst nicht ist, obwohl es im Orient das suchen muss, was seine ursprüngliche Wahrheit darstellt. (S. 10)

Neben dieser kurzen Passage in Foucaults frühem Œuvre, in der er den Orientalismus als die zentrale Grenzziehung der abendländischen Ratio beschreibt, existieren auch Äußerungen, in denen er die Jahre von 1966 bis 1968 in Tunesien als prägend für sich und seine Arbeit beschreibt, weil sie ihn die Wirkungsweisen des Kolonialismus direkt erfahren ließen. Auch wenn sich also schwerlich sagen lässt, Foucault habe die koloniale Dynamik schlechterdings nicht verstanden, so bleibt doch festzuhalten, dass sein Interesse zu allererst der historischen Konturierung von Devianzen und von Klassengrenzen innerhalb einer weiß gedachten abendländischen Bevölkerung galt. Man könnte auch sagen, Foucault interessiert sich trotz allen Weitblicks zu allererst für sich selber und das, was ihm für sich am bedeutendsten erscheint. Dies bekräftigt auch eine Bemerkung aus dem Jahr 1981 (2012, S. 259), seine Bücher seien vor allem autobiografische Fragmente, die von seinem Leben zusammengehalten würden, und in diesem weist er seinem Weißsein offenbar eine nachrangige Bedeutung zu.

Doch es bedarf eines weiteren ‚Abers‘. Denn dies bedeutet keineswegs, dass die Relevanz von *race* für die Analyse von *sex* in *Der Wille zum Wissen* nicht zumindest aufgeworfen wird. Die wenigen expliziten Hinweise des Buchs zum Verhältnis von Biopolitik und Rassismus mehren das Bedauern, dass der zunächst angekündigte sechste Band von *Sexualität und Wahrheit* über „Populationen und Rassen“ niemals geschrieben wurde. An verschiedenen Stellen ist in *Der Wille zum Wissen* von der Pflege und Reinhaltung der Bevölkerung die Rede, die im 19. Jahrhundert in den Vordergrund gedrängt sei. Meist kreist Foucaults spezifisches Interesse dann um „Perversionen“ und „Entartungen“, die das Dispositiv der Sexualität zeichne und mit Bedeutung für die Vererbung, die Vermehrung und die Optimierung der Bevölkerung auflade. Dabei scheint auch die Genese des wissenschaftlichen

1 Diese Textstelle ist nach der Übersetzung in den *Schriften: Dits et Écrits I*. Frankfurt am Main: Suhrkamp 2001, S. 226 zitiert.

Rassismus seit dem letzten Drittel des 19. Jahrhunderts immer wieder auf. Dessen Ziel des „allgemeinen Schutzes der Gesellschaft und der Rasse" über das Vehikel der Sexualität wird schließlich, kurz vor dem Ende des Buches, auf die Genealogie des Bluts als vermeintlichem Ort von Reinheit und Verunreinigung zugespitzt:

> An diesem Punkt formiert sich der Rassismus – der moderne, staatliche, biologisierende Rassismus: eine ganze Politik der Bevölkerung, der Ehe, der Erziehung, der gesellschaftlichen Hierarchisierung, und eine lange Reihe ständiger Eingriffe, in den Körper, in das Verhalten, in die Gesundheit, in das Alltagsleben haben ihre Färbung und ihre Rechtfertigung aus der mythischen Sorge um die Reinheit des Blutes und den Triumph der Rasse empfangen. [...] Eine eugenische Reglementierung der Gesellschaft [...] verband sich mit einem träumerischen Schwärmen von einem höheren Blut, das sowohl den systematischen Völkermord an anderen wie auch die Bereitschaft zur totalen Selbstaufopferung einschloß. (S. 178)

Die Vorlesungen, die Foucault 1975/76 am Collège de France über die *Verteidigung der Gesellschaft* (1999) gehalten hat, vertieften diesen Gedanken. Sie deuten zumindest an, in welche Richtung dieses Geflecht von Sex, Biopolitik und Rassismus hätte analysiert werden können, wenn Foucault diesen Plan nicht verworfen hätte. Insbesondere die letzte Vorlesung vom 17. März 1976 ist seit ihrer Publikation 1996 (auf Französisch, 1999 auf Deutsch) zum Komplementär von *Der Wille zum Wissen* geworden. Seit Beginn der Neuzeit, heißt es dort, sei das Rassekonzept zum Grundmuster von Konflikten westlicher Gesellschaften geronnen, bis sich dieses Konfliktmuster im 19. Jahrhundert mit dem biopolitischen Streben nach der Optimierung und „Reinheit" der Bevölkerung verschränkt habe. Wenn sich Macht also, wie dargelegt, fortan in der Kultivierung des Lebens artikulierte und als „das Recht, Leben zu machen und sterben zu lassen" (Foucault 1999, S. 278) zu denken sei, dann bedurfte es der genauen Beobachtung, Erfassung und Analyse von Einzelnen und Gruppen, um bestimmen zu können, wer der Optimierung des Bevölkerungskörpers zuträglich und wer dieser abträglich erschien. Der Rassismus, so Foucault in einer ebenso einfachen wie schneidenden Definition, sei die „Zäsur zwischen dem, was leben, und dem, was sterben muss" (1999, S. 295). Der Rassismus unterteile das Feld des Biologischen in hierarchisch gedachte Gruppen, führe Zäsuren ein und behaupte zudem, dass die Reinheit der einen umso größer werde, je mehr die anderen eliminiert würden. Und die Sexualität, so Foucault, befinde sich „an der Kreuzung von Körper und Bevölkerung" und avanciere zum Schlüssel der angestrebten Optimierung im Sinne einer rassistischen

Ordnung (1999, S. 291). Mithin ist *race* in der Geschichte der Moderne ohne *sex* nicht zu denken, und *sex* nicht ohne *race*.

So knapp die Erklärung ist, so weitreichend und bestechend ist sie zugleich. Von den Taxonomien und Anthropologien seit dem 18. Jahrhundert über Anthropometrie und Phrenologie bis hin zur Eugenik und zu den Politiken der Apartheid-, Segregations- und Kolonialgesellschaften, ihren Trennlinien, Heirats- und Reproduktionsverboten und -geboten, der rassistischen Gewalt und der Todeslager bietet die Verschränkung von Biopolitik und Rassismus historische Erklärungsansätze. Dies gilt auch für die Erotisierung ‚der Anderen' und den besonderen Reiz von Grenzüberschreitungen. *Der Wille zum Wissen* sollte nicht mehr als eine programmatische Skizze für eine umfassende Geschichte der Sexualität sein. In Kombination mit den Vorlesungen der Jahre 1975/76 zeigt diese Skizze jedoch nicht mehr und nicht weniger, als dass *race&sex* in der Neuzeit untrennbar ineinander verschränkt sind. Spätestens, wenn sich „das Biologische im Politischen" (S. 170) artikuliert, sind *race&sex* gemeinsam am Werk, eine Welt der Wahrnehmung und des Wissens ebenso wie eine politische und gesellschaftliche Ordnung zu formen, die über Ein- und Ausschlüsse operiert, nährt oder tötet und in der verschiedene Menschen verschiedene Möglichkeiten der Partizipation haben. Dass Foucaults Ausführungen aufgrund ihrer Programmatik mehr neue Fragen aufwerfen, als sie Antworten geben, sollte nicht Anlass zur Kritik geben, sondern als Zeichen ihrer ungebrochen inspirierenden Kraft gelten. Die breite Rezeption in den Geschlechterstudien oder den Postcolonial Studies, also in solchen Feldern, die in Foucaults Arbeiten selber keine Aufmerksamkeit erfahren haben, sind dafür der beste Beleg.

Querverweise

- Ann Laura Stoler: *Race and the Education of Desire* (1995)
- Michel Foucault: *Der Mut zur Wahrheit* (1984)
- Edward Said: *Orientalism* (1978)

Literatur

Bröckling, Ulrich: Nachwort. In: Michel Foucault: *Kritik des Regierens*. Frankfurt am Main: Suhrkamp 2010, S. 401–439.

Foucault, Michel, *Wahnsinn und Gesellschaft. Eine Geschichte des Wahns im Zeitalter der Vernunft* [1961]. Frankfurt am Main: Suhrkamp 1995.

—: Vorwort (1961). In: Ders.: *Schriften in vier Bänden. Dits et Écrits*, Bd. 1: 1954–1969. Frankfurt am Main: Suhrkamp 2001, S. 223–234.

—: Vorrede zur Überschreitung (1963). In: Ebd., S. 320–342.

—: *In Verteidigung der Gesellschaft: Vorlesungen am Collège de France (1975–76)*. Frankfurt am Main: Suhrkamp 1999.

—: *Sexualität und Wahrheit I. Der Wille zum Wissen* [1976]. Frankfurt am Main: Suhrkamp 1983.

—: Entretien de Michel Foucault avec Jean François et John de Wit (22 mai 1981). In: Fabienne Brion / Bernard E. Harcourt (Hrsg.): *Mal faire, dire vrai. Fonction de l'aveu en justice - cours de Louvain, 1981*. Louvain-la-Neuve: Presses universitaires de Louvain 2012, S. 247–262.

Hall, Stuart: Der Westen und der Rest. Diskurs und Macht. In: Ders.: *Rassismus und kulturelle Identität. Ausgewählte Schriften*. Hamburg: Argument 1994, S. 137–179.

Racevskis, Karlis: Edward Said and Michel Foucault: Affinities and Dissonances. In: *Research in African Literatures* 36,3 (2005), S. 83–97.

Rediker, Marcus: Review of 'A History of Sexuality' (1978). In: *The William and Mary Quarterly* Third Series 36,4 (1979), S. 637–640.

Said, Edward: *Orientalism* [1978]. London: Penguin 2003.

Shan, Te-hsing: An Interview with Edward Said. In: Amritjit Singh / Bruce G. Johnson (Hrsg.): *Interviews with Edward Said*. Jackson, MS: UP of Mississippi 2004, S. 122–137.

Stingelin, Martin: Einleitung: Biopolitik und Rassismus. Was leben soll und was sterben muß. In: Ders. (Hrsg.): *Biopolitik und Rassismus*. Frankfurt am Main: Suhrkamp 2003, S. 7–26.

Günter Amendt: *Sexfront* (1970)
Oder: „Das Einfache, das schwer zu machen ist"

Massimo Perinelli

1970 erschien im März Verlag das Aufklärungsbuch *Sexfront* von Günter Amendt. Für Gunter Schmidt, Sexualforscher und Freund Amendts, ist *Sexfront* „der schönste, unverklemmteste und praktischste Beitrag der 68er zur sexuellen Frage [...]". Doch wollte *Sexfront* mehr sein, als nur ein Buch zur Sexualaufklärung Jugendlicher. Es war vor allem eine Kampfansage an die Elterngeneration und an Autoritäten aller Art sowie der Versuch, revolutionäre Politik durch die Befreiung der Sexualität überhaupt erst möglich zu machen. Folglich sieht Detlef Siegfried in *Sexfront* ein „Aufklärungsbuch im umfassenden Sinne", welches nicht nur „über Sexualpraktiken [aufklärt], sondern auch über die Struktur der Gesellschaft, Geschlechterbeziehungen, politische Verhältnisse" (Siegfried, S. 131). Amendt betonte immer wieder, dass es nicht nur um die Anleitung und Ermöglichung von gutem Sex für junge Menschen ginge, auch wenn dies der Schwerpunkt des Buchs ist. Stattdessen fordert es von den jungen Lesern und Leserinnen „politische Arbeit" in den „unterdrückendsten Institutionen [...] Familie, Schule, Ausbildungsstätte, Fabrik, Büro und Universität" (S. 74–75). Durchaus ernst gemeint wurde Sex in Anlehnung an die Brechtsche Beschreibung des Kommunismus als „das Einfache, das schwer zu machen ist" zu dem entscheidenden Referenzpunkt einer allgemeinen Befreiung aus den Verhältnissen erklärt (S. 119). Revolte & Sex: diese Formel leuchtete Anfang der 1970er Jahre nicht gerade wenigen Menschen ein – von *Sexfront* wurden insgesamt 400.000 Exemplare verkauft.

1971 berichtete die *Frankfurter Allgemeine Zeitung* von einer Diskussion um Amendts *Sexfront* auf einer Fortbildungstagung von Pro Familia:

> Der Gebrauch von Wörtern der Unterschichtsprache, die herkömmliche kleinbürgerliche Moral nicht einmal zu denken erlaubt, habe die Funktion, Lust zu legitimieren und zu kultivieren. Da sie außerdem zum eigenen emotionalen Erleben der Jugendlichen in Beziehung ständen, seien diese Begriffe auch für persönliche Aufklärungsgespräche durchaus empfehlenswert. (*FAZ*, 29.09.1971, S. 38)

Mit diesem Satz brachte die *FAZ* elegant den Zusammenhang von Klassenperspektive und Generationalität in Bezug auf Lust und Sexualität auf den Punkt, und zwar ohne sich von diesem Zusammenhang zu distanzieren. Diese Aufbruchsstimmung, nicht nur im Denken, sondern auch in der affektiven Lustökonomie der damaligen Gesellschaft bis tief in das bürgerliche Lager hinein erscheint aus heutiger Sicht schier unglaublich.

Nur wenige Jahre danach hatte sich das Klima jedoch wieder grundlegend verändert. Als ein knappes Jahrzehnt später die oben zitierte *FAZ* davon berichtete, dass gegen den März Verlag von der Staatsanwaltschaft Strafanzeige wegen Pornografie gestellt wurde und dem Umstand, dass das Buch „geeignet [sei], Kinder oder Jugendliche sittlich schwer zu gefährden", klingt der Ton für heutige Ohren wieder vertrauter (*FAZ*, 07.07.1978, S. 19). Wie selbstverständlich titelte die Zeitung nun, dass Amendts „umstrittene Pornographie nach wie vor im Verkauf" wäre (*FAZ*, 08.09.1978, S. 37). Die Abbildungen nackter Jungen mit erigierten Pimmeln, die sich in *Sexfront* und anderen zeitgenössischen Aufklärungsbüchern finden und in den 1970er Jahren als realistische Abbildung kindlicher Sexualität ausgezeichnet wurden, werden inzwischen als Sexualisierung von Kindern gedeutet (McBride; Jacobi et al.).

Wen interessiert das heute noch? Günter Amendt selbst formulierte diese Frage 2007 recht missmutig. Er hatte sich bereits in den zwanzig Jahren zuvor vom Thema Sexualität abgewendet, etwa durch seinen Austritt aus der „Deutschen Gesellschaft für Sexualforschung". Immer wieder auf sein vor allem erstes Aufklärungsbuch *Sexfront* angesprochen, winkte er stets gereizt mit dem Hinweis ab, nicht zum Historiker seines eigenen Lebens werden zu wollen und sich nicht wie so viele ehemalige 68er, die eigene Geschichte zurecht „lügen" und „klittern" zu wollen (Amendt 2007, S. 246–247). Stattdessen wendete sich Amendt dem Thema Drogenkonsum zu und avancierte zum Fachmann und offiziell anerkannten Sachverständigen auf diesem Gebiet. Nur noch einmal kam er explizit auf *Sexfront* zu sprechen. In einem Vortrag 2005 zu Sexualität und Medien begründete er die Relevanz des Buchs in den 1970er Jahren, über „das Recht auf Sexualität" den „herrschenden Verhältnissen [...] frei von Ängsten selbstbewusst gegenübertreten" zu können. Eine Neuauflage von *Sexfront* hingegen lehnte er immer wieder ab mit dem im Bereich des Sexuellen unschlagbaren Argument: „Ich habe keine Lust mehr." (Amendt 2006, S. 161–162, 115)

Gegenwärtig finden Amendts Texte wieder stärkere Beachtung, nachdem er 2011 bei einem tragischen Verkehrsunfall zusammen mit drei Freund_innen ums Leben kam. Trotz seiner Expertise zum Thema Jugendkulturen, Sexualität, Drogen und seinem prominenten Wirken am Hamburger Institut für Sexualforschung gehört Günter Amendt nicht zum Kanon bundesrepublikanischer Gelehrter. Mitte der 1970er Jahre landete er gleich zweimal auf dem Listenplatz Nummer eins für eine Gießener Professur für Soziologie der Sexualität, woraufhin die Stelle kurzerhand gestrichen wurde. Dieses faktische Berufsverbot, das Amendt persönlich „besonders hart getroffen hat" (Amendt 1996, S. 76), schloss ihn aus dem auf Institutionen fixierten deutschen Bildungssystem aus.

Die Reaktualisierung von *Sexfront* und der sexualpolitischen Offensive der späten 1960er Jahre, für die das Buch stand, ist indes ein schwieriges Unterfangen. Einen solchen Versuch stellt die 2011 erschienene Publikation *Sex tells* dar, in der Amendt und andere Autoren doch noch einmal den Versuch unternehmen, eigene Texte der 1970er und 1980er Jahre mit neueren Texten zu konfrontieren und in die aktuellen Debatten einzuspeisen. Oftmals versperrt die heutige diskursive Dominanz der sogenannten Kinderschänderdebatte eine Würdigung des sexuellen Aufbruchs und der Experimente der Sexuellen Revolution. Dies gilt vor allem der damaligen Forderung nach dem Recht von Kindern auf eine eigene Sexualität, wie sie auch in *Sexfront* stark gemacht wurde. Die Betonung der kindlichen Sexualität in den Schriften der späten 1960er Jahre konnte später nur noch als Strategie eines missbräuchlichen männlichen Begehrens verstanden werden und wurde folglich abgelehnt. Amendt selber setzte sich 1980 kritisch mit der organisierten Pädophilenbewegung auseinander und nahm damit eine Pionierrolle in der Aufarbeitung und frühen Kritik an einer vermeintlich einvernehmlichen Sexualität zwischen Kindern und Erwachsenen ein. In einem Aufsatz von 2010 kommt er auch auf *Sexfront* zu sprechen, wo er erklärt, dass es ihm mit dem Buch immer darum gegangen sei, „Kinder und Jugendliche zu einem angstfreien und autonomen Umgang mit ihrer Sexualität zu befähigen. Und sie damit auch vor Missbrauch zu schützen." Tatsächlich kann man *Sexfront* vor allem als eine Ermutigung von Jugendlichen lesen, sich gegen Erwachsene, vor allem Lehrer_innen und Eltern durchzusetzen. Der Jugendschutz und speziell das Jugendamt stellte dem gegenüber für Amendt gerade keinen Schutz der Jugend dar, sondern vielmehr den Schutz der Erwachsenen vor den „Forderungen und Bedürfnissen" der Jugend (S. 49). Allerdings kritisiert die Politologin Ulrike Heider zu Recht die unscharfe Vermischung von Pädophilie und Päderastie in der Debatte um Kindesmissbrauch, wo auch Amendt selber unscharf ist. Denn obwohl er eine einvernehmliche Sexualität zwischen Kindern und Erwachsenen als eine Unmöglichkeit ablehnt (Amendt 2010, S. 1164), spricht er sich doch für Erfahrungen von „Jungen" mit erwachsenen Männern aus (S. 100–101): Die Grenze zwischen (nicht nur) Amendts entschlossenen Statements gegen den Missbrauch von Kindern auf der einen Seite und der sexuellen Selbstbestimmung von Jugendlichen auf der anderen Seite wird so oft undeutlich. Eine Indifferenz, die heutigen Pauschalisierungen dient, um Forderungen nach einer selbstbestimmten Sexualität von Jugendlichen auf ein Schutzargument von kindermissbrauchenden Männern zu reduzieren. Gegen diese Tendenz wehren sich Amendt und andere so entschieden wie erfolglos, wenn sie die heutige Pädophiliediskussion als ein „Terrain" bezeichnen, „auf dem Verfolgernaturen sich austoben" können (Amendt 2011, S. 32).

Wie also schreiben über ein Buch, das das Ziel besitzt, vor allem die Lust von Jugendlichen zu legitimieren und kultivieren? Amendt entwickelte *Sexfront* als Student und prominentes Mitglied des Frankfurter SDS zusammen mit Schüler_innen aus der antiautoritären sozialistischen Schülerbewegung. Bereits 1968 gab er zusammen mit organisierten Schüler_innen und Studierenden den noch eher sperrigen Titel *Kinderkreuzzug* heraus, in dem die Bedeutung der Schüler_innen für den antiautoritären Kampf ausgelotet wurde. Diese Hinwendung zu Jugendlichen war nicht typisch für den SDS und andere linke Studierende. Doch das hielt die Jugendlichen nicht von ihrer sogenannten Sexualkampagne ab – im Gegenteil. Bis Mitte 1968 hatten sich bereits etwa 100 linke Schüler_innengruppen gebildet. Ihr Schwerpunkt lag auf den Forderungen nach Sexualaufklärung (Gass-Bolm, S. 122–124). Der Kampf um Aufklärung, Zugang zu Verhütungsmitteln und vor allem die Möglichkeiten, in Ruhe Sex ausprobieren und praktizieren zu können, wurde von tausenden Schüler_innen erbittert und überraschend erfolgreich verfochten. Neben den Gymnasiast_innen revoltierten auch viele sogenannte Heimkinder. Dass die Schüler_innen dabei weder naiv noch undifferenziert argumentierten, zeigt die Hellsichtigkeit, in der noch vor dem wirklichen Anlaufen der Sexwelle vor der Ambivalenz einer verkürzten Vorstellung einer „befreiten Sexualität" gewarnt wurde:

> Wenn wir uns mit den industriell verwertbaren Symbolen der „sexuellen Revolution" zufriedengeben, werden wir, ob wir wollen oder nicht, zur Avantgarde des neuen kapitalistischen Kultur- und Konsumideals anstatt zur Avantgarde der sozialen Revolution. (AUSS Bundesvorstand, S. 8)

Genau auf diese Argumentationen baut *Sexfront* auf, wenn vor der „anhaltenden Welle pornografischer Literatur, vor Sexfilmwelle und Sexshops" gewarnt wird. Für Amendt ist das „mitnichten die vielbeschworene ‚sexuelle Revolution'" (S. 64), sondern eine kapitalistische Aneignungsstrategie. Befreiung bedeute stets mehr als eine bloße Aufhebung des Sextabus, ja eine solche könnte auch genau ihr Gegenteil sein, nämlich eine neue Form der ursprünglichen Akkumulation im Bereich des Intimen. In dieser Logik habe die Sexindustrie die Aufgabe, die durch die Rebellion ins Wanken geratene sexuelle Ökonomie zu retten – allen voran die Institution der Ehe.

Die Ehe fungiert in *Sexfront* als das Schreckgespenst einer verkorksten Sexualität par excellence. Sie sei Ursache für die Impotenz der Erwachsenen und würde aus ihnen „Sexualkrüppel" (S. 144) werden lassen. *Sexfront* spricht sich mit drastischen Bildern gegen die „Massenflucht von Jugendlichen in die Ehe" aus, in der sie dann mit dem Leben abgeschlossen und sich „eingesargt" hätten (S. 85–86). Die „sexuelle Verelendung" der Eltern zeige sich vor allem im Konsum von Erotika und Sex-Ratgebern zwischen Oswald Kolle und Beate Uhse. Deren gesellschaftliche Funktion einer Rettung der Institution Ehe durch allerlei Hilfsmittel hebe allerdings nur „die ‚Verführungskünste' der mittelständischen Ehefrau aufs Nuttenniveau" (S. 145). Auch die zu der Zeit entstehende Partnertauschwelle wurde analog begriffen und verurteilt. An der Stelle der Ehe steht das Lob der offenen Beziehung, in der „auf niemanden und nichts Besitzanspruch [erhoben]" werde. „Die Freiwilligkeit einer Beziehung ist garantiert durch die Freiwilligkeit ihrer Lösung." (S. 80)

Die Sexindustrie wie etwa Beate Uhses Versandhandel, Pornofilme oder Hochglanzmagazine wie den Playboy wurden von *Sexfront* abgelehnt. Aber auch Aufklärungsformate wie Oswald Kolles Report-Filme oder Lifestylemagazine wie *Jasmin* wurden wegen ihrer Funktion, die Ehe zu retten, kritisiert. Darüber hinaus attackierte das Buch ganz im Zuge der Authentizitätswelle (Reichardt, S. 57) innerhalb der bundesdeutschen Gegenkultur die Künstlichkeit, die sich in der kommerziellen Lust niederschlage. Hilfsmittel und künstliche Reize seien Ausdruck eines falschen Lebens, während die propagierte Sauberkeit hinter den ganzen „Duftwäßerchen für jedes Loch und jeden Winkel" (S. 137) und die Makellosigkeit in den Hochglanzformaten als faschistisch identifiziert wird. Nicht nur seien die technischen Hilfsmittel so konstruiert, dass sie den Menschen tendenziell ersetzen könnten (S. 145). Amendt sieht darüber hinaus in dem bürgerlichen Ekel vor Schmutz den „Reinlichkeitsrausch" der „Herrenrasse dieser Welt", für die „schwarz Trauer, Dreck und Neger" sei – und das, obwohl deren Hautfarbe „eher pißgelb ist". Ihnen gelte nur: „Weiß, weißer, weißer geht's nicht!" (S. 137). In einem Atemzug bringt Amendt das ausklappbare Playgirl mit den „Vernichtungsfeldzügen der USA gegen Länder der Dritten Welt" in Verbindung (S. 138). Einzig an dieser Stelle verknüpft Amendt das kapitalistische Sexdispositiv mit Rassismus – freilich ohne ihn explizit benennen zu können. In einer für die 1970er Jahre noch typischen Denkweise innerhalb der Linken konnte Rassismus als eigenständige Kategorie nur in Verbindung mit dem historischen Nationalsozialismus bzw. als US-amerikanisches Phänomen gedacht werden (Perinelli). Die natürliche Schönheit des alltäglichen Körpers und eine Sexualität, die nicht dem Leistungsprinzip verpflichtet ist, sind für Amendt hingegen die positiven Gegenmodelle einer kapitalistischen Sexualrepression. Nichts am Körper ist eklig, das ist die Botschaft von *Sexfront*: „Keine Stelle des männlichen und weiblichen Körpers, vom kleinen Zeh bis zur Haarspitze, ist tabu. Und schlucken? Klar, wer Durst hat!" (S. 138)

Die Wut, die aus jenen Zeilen spricht, ist das besondere Merkmal dieses Aufklärungsbuchs. Trotz der vielen Comics und der lustigen Bilder und Sprüche ist dieses Buch tatsächlich eine Kriegserklärung an die etablierten Herrschaftsstrukturen, die den Jugendlichen entgegentreten. In diesem Sinne eröffnet es wirklich eine Front im Bereich des Sexuellen. Diese Wut macht auch nicht vor der Subkultur der Homosexuellen halt, der Amendt als schwuler Mann, der „mehr einem Dandy [...] als einem typischen SDSler glich" (Heider, S. 70), immerhin persönlich verbunden war. So kritisiert er einerseits die Homophobie in der Gesellschaft, andererseits auch die Marktförmigkeit der Schwulenszene und das dort herrschende Primat der Jugend. Wirklich aufregend für Jugendliche ist dann vielleicht sein Fazit, dass die sexuelle Orientierung vor allem gesellschaftlich geprägt sei und es Homosexuelle eigentlich genauso wenig gäbe wie Heterosexuelle. Geschichtlich noch vor den identitären und zunehmend autoritären Bewegungen der 1970er Jahre spiegelt sich hier die polymorph-perverse Haltung der sexuellen Revolution wider, dass jeder Mensch eigentlich alles sein kann.

In der Parteinahme für schwulen Sex bei gleichzeitiger Kritik der homosexuellen Subkultur zeigt sich der politische Charakter von *Sexfront* vielleicht am deutlichsten. Trotz seiner radikalen „Gossensprache" (Amendt 2006, S. 163) bleibt Amendt dabei einfühlsam und wechselt im richtigen Moment zu einer fast zärtlichen Sprache. Dies ist auch bei Fragen des Geschlechterverhältnisses der Fall, wo sich *Sexfront* entschieden auf die Seite der Mädchen schlägt und etwaigen Verfügungsfantasien pubertierender Jungs eine Absage erteilt. Über viele Seiten spricht Amendt über den Körper der Frau und ihre erschwerten Bedingungen, diesen bejahend anzunehmen. Gegen die Penetrationsfantasien von Männern entfaltet *Sexfront* mit Hilfe einer Nahaufnahme einer geöffneten Vagina die erogenen Zonen bei Mädchen und die Lust, diese selber oder auch mit anderen Mädchen zu entdecken. Das Unwissen der Jungs über den weiblichen Körper versteht das Buch dabei als politisches Problem: „Das jeweilige Allgemeinwissen über die Bedeutung der reizempfindlichen ‚Zonen' der Frau spiegelt den Grad der sexuellen Unterdrückung bzw. der Gleichberechtigung im Verlaufe der Geschichte wider." (S. 28) Explizit macht *Sexfront* seinen Leserinnen Mut, den eigenen Körper für sich zu entdecken, Sexualität angstfrei mit anderen Mädchen und Jungen zu praktizieren und das Recht auf den Orgasmus einzufordern. Ganz praktisch verrät der Ratgeber dabei auch, wie minderjährige Mädchen an die Pille kommen – jeder SDS führe Listen von Ärzten, die „auch an junge unverheiratete Mädchen verschreiben" – und was diese kostet: „Ungefähr 5 Mark kostet die Pille. [...] Wenn man bedenkt, wieviel Scheiße man einkauft, um einen Ersatz zu haben fürs Vögeln, [...] dann ist die Rechnung ziemlich einfach." (S. 44–45)

1979 erschien das zweite Aufklärungswerk von Günter Amendt, das *Sex-Buch*, mit dem auch der Autor dieser Zeilen aufgeklärt wurde. Fachlich, theoretisch, pädagogisch und gender-politisch sicherlich das bessere Buch, zeichnet es sich vor allem durch eine größere Differenzierung aus. Selbst Eltern wird nun ein gewisses Verständnis entgegengebracht. Wie bei seinem Vorgänger waren auch beim *Sex-Buch* wieder organisierte Jugendliche an der Herstellung beteiligt. Das Moment der gesellschaftlichen Revolte war 1979 allerdings schon zu den Akten gelegt, die sexuelle Revolution schon bewegungshistorisch denunziert. Es bleibt das Verdienst von *Sexfront*, den rebellierenden Jugendlichen ein Werkzeug in die Hand gegeben zu haben, mit dem sie – in den Worten von Günter Amendt – den damaligen „verhinderten Prügelpädagogen" (Amendt 1980, S. 19) entgegentreten konnten.

Querverweise

- R. Lautmann / W. Grikschat / E. Schmidt: Der rosa Winkel (1977)
- Urlaub – Liebe inbegriffen (*stern*, 1960)
- Helmut Schelsky: *Soziologie der Sexualität* (1955)
- Richard Freiherr von Krafft-Ebing: *Psychopathia sexualis* (1886)

Literatur

Aktionszentrum Unabhängiger und Sozialistischer Schüler (AUSS), Bundesvorstand: Thesen zur Sexualkampagne". In: *Rote Presse. Korrespondenz der Studenten- Schüler- und Arbeiterbewegung* 21 (11.07.1969), S. 8–11.

Amendt, Günter et al.: *Kinderkreuzzug – oder beginnt die Revolution in den Schulen?* Hamburg: Rowohlt 1968.

—: *Sexfront*. Berlin: März 1970.

—: Nur die Sau rauslassen? In: *konkret-Sexualität* 5 (1980), S. 23.

—: Das Gespräch mit Günter Amendt. In: Sabine Hering / Hans-Georg Lützenkirchen (Hrsg.): *Wohin führt der lange Marsch? Die politische Erwachsenenbildung der 68er: Gespräche*. Frankfurt am Main: Dipa 1996, S. 67–81.

—: 'Sexfront'. Revisited. In: *Zeitschrift für Sexualforschung* 19 (2006), S. 159–184.

—: Eine Absage als Nachwort. In: Werner Pieper (Hrsg.): *Alles schien möglich… 60 Sechziger über die 60er und was aus ihnen wurde.* Löhrbach: Der Grüne Zweig 2007, S. 246–247.

—: Sexueller Missbrauch von Kindern. Zur Pädophiliediskussion von 1980 bis heute. In: *Merkur* 64,7 (2010), S. 1161–1172.

Amendt, Günter / Gunter Schmidt / Volkmar Sigusch: *Sex tells. Sexualforschung als Gesellschaftskritik*. Hamburg: konkret 2011.

Gass-Bolm, Torsten: Revolution im Klassenzimmer? Die Schülerbewegung 1967–1970 und der Wandel der deutschen Schule. In: Christina von Hodenberg / Detlef Siegfried (Hrsg.): *Wo ‚1968' liegt. Reform und Revolte in der Geschichte der Bundesrepublik*. Göttingen: Vandenhoeck & Ruprecht 2006, S. 113–138.

Heider, Ulrike: *Vögeln ist schön. Die Sexrevolte von 1968 und was von ihr blieb*. Berlin: Rotbuch 2014.

Jacobi, Peter et al.: *Sexfibel*. Opladen: Leske 1972.

McBride, Will: *Zeig Mal!* Wuppertal: Jugenddienst Verlag 1974.

Perinelli, Massimo: Solidarität mit den fortschrittlichen ausländischen Klassenbrüdern. Die Rote Hilfe und der Rassismus. In: Bambule (Hrsg.). *Das Prinzip Solidarität. Zur Geschichte der Roten Hilfe in der BRD*, Bd. 2. Hamburg: Laika 2013, S. 217–238.

Reichardt, Sven: *Authentizität und Gemeinschaft. Linksalternatives Leben in den siebziger und achtziger Jahren*. Berlin: Suhrkamp 2014.

Schmidt, Gunter: Prof. Dr. Gunter Schmidt am 5. April 2011 im Polittbüro in Hamburg. http://www.guenteramendt.de/TXT/2011-04-05g.html (Zugriff am 22.09.2014).

Siegfried, Detlef: Der Rock'n'Roll macht es dir. Günter Amendt und die Politisierung des Körpers. In: *Pop. Kultur und Kritik* 1 (2012), S. 126–133.

Loving v. Virginia (1967)
Oder: Before Virginia Was for Lovers

Anke Ortlepp

Der Werbespruch „Virginia is for Lovers“ kommt mir jedes Mal in den Sinn, wenn ich von Washington, DC, über eine der Potomac-Brücken in Richtung Arlington, Virginia, fahre. „Wirklich?“, denke ich dann auch jedes Mal. Dieser Slogan war Teil einer Werbekampagne, die der Virginia State Travel Service 1969 initiierte, um dem Bundesstaat ein modernes, weltoffenes Image zu verleihen und spendierfreudige Touristen wie zum Beispiel Hochzeitsreisende anzulocken. Als ehemalige Hochburg der *Confederacy*, deren Hauptstadt sich in Richmond befand, und als zentraler Akteur im Kampf um den Erhalt einer von *Jim Crow* geprägten Gesellschaftsordnung, war der Bundesstaat bis dato eher durch seinen *redneck*-Charme aufgefallen. Daran hatte sich bis Ende der Sechzigerjahre wenig geändert, auch wenn der *Civil Rights Act* von 1964 und der *Voting Rights Act* von 1965 als Errungenschaften der Bürgerrechtsbewegung zu Veränderungen geführt hatten, diese sich in Virginia jedoch nur schemenhaft manifestierten. Virginia stand für das ewig Gestrige, dessen Selbstverständnis sich zu einem hohen Grad aus einer rassistischen Weltanschauung speiste. Statt Liebe und Zuneigung waren es Praktiken der Aus- und Abgrenzung sowie der Diskriminierung, die die Alltagserfahrung weißer wie afroamerikanischer Virginians prägten. Liebe und Zuneigung waren besonders mit Blick auf die Interaktion zwischen beiden Gruppen nicht allein unerwünscht: Intimbeziehungen und Eheschließungen zwischen Afroamerikanern und Weißen waren verboten. Insofern entbehrt es nicht einer gewissen Ironie – oder ist einer der bemerkenswerten Zufälle in der amerikanischen Geschichte – dass jenes Paar, das erfolgreich gegen das Verbot der ‚Mischehe‘ klagte, den Nachnamen Loving trug. Die Lovings hatten entscheidenden Anteil daran, dass Virginia zum Land der Liebenden wurde.

Mildred Jeter und Richard Loving waren Nachbarskinder, die in Central Point aufwuchsen, einem Flecken Erde in Carolin County, Virginia, etwa 30 Meilen südöstlich von Fredricksburg. Als Teenager begannen sie sich für einander zu interessieren und wurden bald ein Paar. Richard, geboren 1933 und sechs Jahre älter als seine Partnerin, entstammte einer armen weißen Familie. Mildred war die Tochter von *sharecroppers*, die afroamerikanische und indianische ethnische Wurzeln hatten und wie die Lovings seit Generationen in der Gegend lebten. Auch wenn Virginia für seine strikten Rassentrennungsgesetze berüchtigt war, so schien in Carolin County de facto ein relativ friedliches Miteinander möglich, das das *Ebony Magazine* 1967 auch in einer ungewöhnlich hohen Zahl ‚gemischtrassiger' Einwohner erkannte. Auch Mildred und Richard erfuhren keinen nachweislichen Widerstand gegen ihre Beziehung. Als Mildred 1958 zum ersten Mal schwanger wurde, entschlossen sie sich zu heiraten.

Da eine Eheschließung zwischen Afroamerikanern und Weißen nach geltendem Recht in Virginia wie weiteren 24 Bundesstaaten nicht möglich war, heirateten die Lovings in Washington, DC. Dort wurden zwar auch Formen der Rassentrennung praktiziert, ‚Mischehen' aber waren legal. Mit dieser Strategie hoffte das Paar, die rechtliche Situation in seinem Heimatstaat zu umgehen. Bald nach seiner Rückkehr jedoch stellte sich heraus, dass dies nicht möglich war. In einem Fernsehinterview mit dem Fernsehsender ABC berichtete Mildred Loving Jahre später, wie eines Nachts die Polizei an ihrem Ehebett stand, um der Kohabitation eines weißen Mannes mit einer schwarzen Frau auf den Grund zu gehen. Beide wurden festgenommen, da sie zwar eine Heiratsurkunde vorweisen konnten, diese aber in Virginia keine Gültigkeit besaß. Bei genauerem Hinsehen durch die Justizbehörden stellte sich heraus, dass die Lovings gegen zwei Paragraphen des Landesrechts – den *Code of Virginia*, der 1950 letztmalig aktualisiert worden war – verstoßen hatten. Sie hatten zum einen §20-58 missachtet, der das Heiraten außerhalb Virginias unter Strafe stellte, wenn die Absicht bestand, in den Bundesstaat zurückzukehren und dort wohnen zu bleiben. Sie hatten zudem §20-59 verletzt, der Eheschließungen zwischen Afroamerikanern und Weißen als Straftatbestand fixierte und Freiheitsstrafen von mindestens einem bis zu fünf Jahren festlegte. Dieser Paragraph knüpfte an eine Rechtstradition an, die seit der Kolonialzeit bestand und auch im *Racial Integrity Act* von 1924 Ausdruck gefunden hatte. Er machte Rassenzugehörigkeit neben Alter, Verwandtschaftsgrad und sexueller Orientierung zu einem der entscheidenden Qualifikationsmerkmale für eine rechtskräftige Eheschließung. Einer Gefängnisstrafe entgingen die Lovings nur, indem sie einen Rechtsbruch einräumten und einwilligten, Virginia zu verlassen und 25 Jahre lang nicht dorthin zurückzukehren. In seiner Urteilsbegründung bediente sich Richter Leon Bazile vom Circuit Court of Caroline County einer Rhetorik, die religiöse Diskurse über *race* mit den Varietätsklassifikationen des Aufklärers Johann Friedrich Blumenbach zusammenführte:

> Almighty God created the races white, black, yellow, malay and red, and he placed them on separate continents. And but for the interference with his arrangement there would be no cause for such marriages. The fact that he separated the races shows that he did not intent for the races to mix." (zit. n. *Loving v. Virginia*, 388 U.S. 1, 1967)

Mit diesen Formulierungen lieferte Bazile kein ausgefeiltes juristisches Argument, sondern rekapitulierte rassistisches Gedankengut, dessen Verlautbarung vor allem einem Zweck dienen sollte: dem Erhalt der *white supremacy*. Deren Verfechter hatten stets ein besonderes Augenmerk auf Intimbeziehungen zwischen Afroamerikanern und Weißen gehabt. Sexuelle Beziehungen zwischen Weißen und Schwarzen galten als ultimative Infragestellung der *color line*, die Grenzen von Macht und Teilhabe markierte, da sie diese nicht allein vorübergehend, sondern dauerhaft verwischten, wenn die Partner einander lange verbunden blieben und Kinder miteinander zeugten. Die Angst vor *miscegenation* nahm deshalb mitunter hysterische Ausmaße an; ihr Zustandekommen sollte mit gesetzlichen Regelungen zum Eherecht verhindert werden, die abschreckende Strafen vorsahen. Waren diese Gesetze zunächst ein Teilaspekt der sich im 19. Jahrhundert herausbildenen *Jim Crow*-Gesellschaftsordnung, stellten sie im 20. Jahrhundert den unantastbaren Kern dieser Ordnung dar, wie auch Gunnar Myrdal in *American Dilemma* (1944) beobachtete: „The primary and essential command is to prevent amalgamation; the whites are determined to use every means to this end." (S. 58) Bei der Gestaltung dieser Gesellschaftsordnung kam der Justiz entscheidende Bedeutung zu. Dabei ist natürlich nicht zu übersehen, dass es einen moralischen Doppelstandard gab, wenn es um die Geschlechter- und Klassenzugehörgikeit der Menschen in einer Beziehung ging. Während der Geschlechtsverkehr eines weißen Mannes mit einer schwarzen Frau ebenso als Kavaliersdelikt oder sportlicher Zeitvertreib galt wie deren sexuelle Ausbeutung (bekanntestes Beispiel: Gründervater Thomas Jefferson), konnte sogar die imaginierte Annäherung eines schwarzen Mannes an eine weiße Frau wie im Fall von Emmett Till für den Mann mit dem Tod enden.

Nach Ende ihres Strafprozesses zogen Mildred und Richard Loving nach Washington, DC. Sie taten dies widerstrebend und fassten nur zögerlich Fuß. Richard, der als Maurer beschäftigt gewesen war, fand kaum Arbeit. Besonders aber Mildred tat sich schwer mit dem Leben in der Stadt. Sie vermisste die Nähe zu ihren Verwandten und Freunden, die ihr Leben in Central Point geprägt hatten und von denen sie ihre wachsende Familie nun fernhalten musste. Getrennt durften sie und ihr Mann zu Besuchen nach Virginia zurückkehren. Voneinander getrennt hätten sie dort auch wieder leben dürfen. Gemeinsam aber war ihnen dies untersagt. In ihrer Verzweiflung wandte sich die junge Frau im Juni 1963 an den Generalstaatsanwalt Robert Kennedy, dem sie ihr Anliegen in einem Brief vortrug. Während sie und ihr Mann nicht im *Civil Rights Movement* aktiv waren, das auf den *March on Washington* als einen seiner Höhepunkte zusteuerte, war sie doch von den Aktivitäten und Erfolgen der Bewegung inspiriert, die die Regierung zum Einstehen für Bürgerrechte gebracht hatte. Deshalb erhoffte sie sich Gehör und im besten Fall eine positive Reaktion. Kennedy schrieb tatsächlich zurück, griff aber mangels Zuständigkeit nicht selbst ein, sondern verwies die Lovings an die American Civil Liberties Union. Seit ihrer Gründung im Jahr 1920 stand die ACLU vor allem für den Kampf gegen Rassismus und Diskrimierung sowie für das Einklagen von Bürgerrechten für diejenigen, denen sie verwehrt wurden. Bei der ACLU landete der Fall in den Händen der jungen Anwälte Bernard S. Cohen und Philip J. Hirschkop, die sein Potential erkannten und zum Rechtsbeistand der Lovings wurden.

Ihre Bemühungen galten dabei zunächst der Wiederaufnahme des Verfahrens, das nach dem Schuldspruch, den die Lovings ohne Einspruch einzulegen anerkannt hatten, eingestellt worden war. In einem zweiten Schritt eruierten sie die Zuständigkeit der Gerichte. Der Fall war als Strafdelikt in erster Instanz auf Landesebene verhandelt worden. Dabei war es allein um den Verstoß der Lovings gegen die Ehegesetze des Staates Virginia gegangen. Die Frage, ob diese Gesetze die im 14. Verfassungszusatz verankerten Rechte der Lovings verletzten, war nicht Gegenstand des Verfahrens gewesen. Genau dies aber wollten Cohen und Hirschkop in einem neuen Prozess klären, um damit grundsätzlich die Verfassungsmäßigkeit dieser Gesetze zu überprüfen. Daher kehrten sie zur ersten Instanz zurück, um auf Grundlage des 14. Amendments eine Aufhebung des Urteils gegen die Lovings zu erreichen. Noch bevor das Landgericht diesen Antrag negativ beschied, reichten sie im Herbst 1964 zudem eine *class action*-Klage am U.S. District Court for the Eastern District of Virginia ein, um die Rechtslage durch ein

Bundesgericht klären zu lassen. Gleichzeitig wollten sie die Aussetzung der Urteilsvollstreckung erreichen, die den Lovings eine Rückkehr nach Central Point ermöglicht hätte. Statt sich des Falls unmittelbar selbst anzunehmen, dessen Validität sie allerdings anerkannten, verwiesen die Bundesrichter die Kläger an das Oberste Verfassungsgericht von Virginia. Dort wurde die Klage der Lovings abgewiesen und damit zugleich die Verfassungsmäßigkeit der Gesetze gegen ‚Mischehen' bekräftigt. In seiner Urteilsbegründung berief sich das Gericht auf seine eigene Entscheidung in *Naim v. Naim* (1955), in der ein berechtigtes Interesse eines Bundesstaates daran festgestellt wurde, „the corruption of the blood" und „the obliteration of racial pride" zu verhindern und der Entstehung einer „mongrel breed of citizens" entgegenzuwirken. Zudem betonte das von weißem Herrschaftsdenken inspirierte Gericht, dass die Regulierung des Rechts auf Eheschließung von jeher ein *state right* gewesen sei, sodass sich eine Einmischung des Bundes in Fragen des Eherechts verbiete. Mit Blick auf den im 14. Amendment kodifizierten Gleichbehandlungsgrundsatz (*equal protection clause*) befanden die Richter, diesem sei durchaus genüge getan, da sich die im Landesrecht verankerte Differenzierung gleichermaßen auf Weiße wie Afroamerikaner auswirke: Beide würden im Fall des Verstoßes gegen die geltenden Ehegesetze bestraft, wie im Fall der Lovings geschehen.

Die Niederlage vor dem Supreme Court of Virginia ermöglichte es den Klägern, vor dem U.S. Supreme Court in Revision zu gehen, der den Fall tatsächlich in sein *docket* für das Prozessjahr 1966/67 aufnahm. Das Oberste Verfassungsgericht hatte unter dem Vorsitz von Earl Warren seit 1953 eine Reihe von Grundsatzentscheidungen getroffen, die der *racial segregation* ihre verfassungsrechtliche Grundlage entzogen. Dabei ist sicherlich *Brown v. Board of Education* (1954) die wichtigste Entscheidung, da sie der in *Plessy v. Ferguson* (1896) formulierten „separate but equal"-Doktrin die Gültigkeit absprach und damit die rechtliche Basis für die Rassenintegration der amerikanischen Gesellschaft schuf. Dass der *Warren Court* dem Anliegen der Lovings gewogen sein würde, hatten sie gehofft. Dass das Gericht ihrer Klage mit einer einstimmigen Entscheidung stattgeben würde, stimmte die Kläger enthusiastisch. In seiner von *Chief Justice* Warren verfassten Urteilsbegründung setzte sich das Gericht vor allem mit der Auslegung der *equal protection clause* durch die Vorinstanz auseinander. Mit einer gleichberechtigten Anwendung von Gesetzen mit rassenspezifischen Merkmalen sei der Zielsetzung des 14. Verfassungszusatzes nicht genüge getan, das höhere Maßstäbe an die Unterbindung von Rassendiskriminierung anlege:

> The fact of equal application does not immunize the statute from the very heavy burden of justification which the Fourteenth Amendment has traditionally required of state statues drawn according to race.

Zwar orientiere sich die Vorinstanz an *Pace v. Alabama* (1883), dessen Beweisführung der Supreme Court jedoch schon in *Mc Laughlin v. Florida* (1964) verworfen habe. Dort habe das Gericht betont, dass der Gleichberechtigungsgrundsatz eine Überprüfung von Landesrecht hinsichtlich seines „willkürlichen und bösartigen" Diskriminierungspotentials erfordere, denn das Ziel des 14. Verfassungszusatzes sei es, in den Einzelstaaten jegliche Form bundesstaatlich sanktionierter Rassendiskriminierug zu beseitigen. Dass es sich bei den Ehegesetzen von Virginia um rassenspezifische Formen von Diskriminierung handelte, die kein zulässiges Staatsziel verfolgten, sah das Gericht als erwiesen an. Diese Gesetze verböten allgemein akzeptiertes Verhalten, sobald Angehörige verschiedener ethnischer Gruppen dieses praktizierten. Genau gegen diese Form von Gesetzen sei das Gericht in den zurückliegenden Jahren vorgegangen, die Amerikaner_innen allein wegen ihrer Rassenzugehörigkeit Bürgerrechte verweigerten und die daher verfassungswidrig seien. In seiner Urteilsbegründung enttarnte der Warren Court damit die Ehegesetze Virginias als Maßnahme, die einzig der Erhaltung der weißen Vorherrschaft dienen sollten. In einem abschließenden Kommentar stellte das Gericht zudem die selbstbestimmte Partnerwahl zum Zwecke der Eheschließung als eines der zentralen Persönlichkeitsrechte heraus, „essential to the orderly pursuit of happiness by free men". Dieses Recht war den Lovings ohne ein ordentliches Gerichtsverfahren (*due process of law*) von Seiten des Staates entzogen worden. Auch wenn dieser Staat grundsätzlich das Recht besaß, Ehegesetze inhaltlich auszugestalten, so betonte das Gericht, dass dieser Staat laut Verfassung nicht dazu befugt war, in die Entscheidung eines Individuums einzugreifen, eine ‚Mischehe' einzugehen.

Mit *Loving v. Virginia* wurde das Recht auf eine Ehe als Bürgerrecht anerkannt, ähnlich den anderen Rechten, um die die Bürgerrechtsbewegung kämpfte. Mit dem positiven Urteil endete für Mildred und Richard Loving und ihre drei Kinder nicht allein das Exil in Washington, DC, da ihre Ehe nun Rechtmäßigkeit besaß und sie ungestraft nach Virginia zurückkehren konnten. Mit der Entscheidung des Gerichts verloren zugleich auch jenseits Virginias alle auf *race* beruhenden Einschränkungen des Eherechts ihre Gültigkeit.

Loving v. Virginia wurde in den gesamten Vereinigten Staaten zum geltenden Recht, auch wenn viele Bundesstaaten vor allem im tiefen Süden ihre Rechtsordnungen nur sehr zögerlich anpassten. Als letzter Staat tat dies Alabama im Jahr 2000. Ähnlich wie die anderen Grundsatzentscheidungen zur Garantie der Bürgerrechte von Afroamerikanern zeigt der Fall, welche Bedeutung der Justiz bei der Gestaltung der amerikanischen Gesellschaftsordnung zukam. Er zeigt auch, wie wichtig das Engagement und das Durchhaltevermögen von Mildred und Richard Loving waren. Besonders Richard war von seinem persönlichen Recht auf das Streben nach Glück überzeugt, als er seinem Anwalt vor der Verhandlung seines Falles vor dem Supreme Court sagte: „Mr. Cohen, just tell the Court I love my wife, and it is just unfair that I can't live with her in Virginia." In jüngster Zeit hat der Fall erneut Aufmerksamkeit auf sich gezogen als wichtiger Präzedenzfall bei der Klärung der Frage, ob auch gleichgeschlechtliche Paare ein Recht auf Eheschließung haben. Der Supreme Court hat dies noch nicht abschließend geklärt, mit *United States v. Windsor* (2013) und *Hollingsworth v. Perry* (2013) jedoch zwei Entscheidungen vorgelegt, die Rechte gleichgeschlechtlicher Paare stärken.

Querverweise

- Spike Lee: *Jungle Fever* (1991)
- Eldridge Cleaver: *Soul on Ice* (1967)
- Ida B. Wells: *Southern Horrors: Lynch Law in All Its Phases* (1892)
- David G. Croly / George Wakeman: *Miscegenation* (1864)
- *An Act for the Better Ordering of Negroes and Slaves* (1712)

Literatur

Dailey, Jane: Is Marriage a Civil Right? The Politics of Intimacy in the Jim Crow Era. In: Stephanie Cole / Natalie J. Ring (Hrsg.): *The Folly of Jim Crow. Rethinking the Segregated South*. Arlington: Texas A&M UP 2012.

Myrdal, Gunnar: *An American Dilemma. The Negro Problem and Modern Democracy*. New York: Harper 1944.

Pascoe, Peggy: *What Comes Naturally. Miscegenation Law and the Making of Race in America*. New York: Oxford UP 2009.

Wallenstein, Peter: *Tell the Court I Love My Wife: Race, Marriage, and Law. An American Story*. New York: Palgrave 2002.

Rechtsfälle

Pace v. Alabama, 106 U.S. 583 (1883).

Plessy v. Ferguson 163 U.S. 537 (1896).

Brown v. Board of Education, 347 U .S. 483 (1954).

Naim v. Naim, 197 Va 80; 87 S.E.2d 749 (1955).

McLaughlin v. Florida, 379 U.S. 184 (1964).

Loving v. Virginia, 388 U.S. 1 (1967).

United States v. Windsor, 570 U.S. ___ (2013).

Hollingsworth v. Perry, 570 U.S. ___ (2013).

Eldridge Cleaver: *Soul on Ice* (1967)
Oder: „I will not be free until the day I can have a white woman in my bed and a white man minds his own business."

Simon Wendt

In einer Studie zur Geschichte des schwarzen Amerikas bezeichnet der Soziologe Orlando Patterson die unablässigen Anstrengungen weißer Amerikaner, afroamerikanischen Männern auf jede nur erdenkliche Weise ihre Männlichkeit abzusprechen, als das wichtigste Element der rassistischen Unterdrückung der schwarzen Bevölkerung in den USA. In seinem erstmals im Jahr 1967 veröffentlichten Buch *Soul on Ice* beschrieb Eldridge Cleaver auf eindringliche Weise, wie er die Wirkmächtigkeit dieser historischen Interdependenz in den 1950er und 1960er Jahren persönlich erlebte. Eine geschlechtertheoretische Analyse dieses Werkes vor dem Hintergrund der Männlichkeitsforschung und der Postcolonial Studies offenbart, dass die Unrechtserfahrung der afroamerikanischen Minderheit nur als ein Zusammenspiel der sich gegenseitig bedingenden Kategorien ‚Rasse', Geschlecht und sexuelle Identität verstanden werden kann.

Soul on Ice ist eine Sammlung siebzehn kurzer, teils autobiographischer Aufsätze und Briefe, in denen der Afroamerikaner Eldridge Cleaver versuchte, sowohl die Mechanismen der rassistischen Unterdrückung in der amerikanischen Gesellschaft als auch seine eigene Situation als schwarzer Mann in dieser Gesellschaft besser zu verstehen. Er schrieb dieses Buch während einer siebenjährigen Gefängnisstrafe, die er für die Vergewaltigung einer weißen Frau im kalifornischen Folsom State Prison absitzen musste. In seinen Überlegungen verknüpfte Cleaver konkrete Erfahrungen aus seinem Leben mit Bezügen zu den Werken verschiedener Schriftsteller und Denker, darunter der russische Anarchist Mikhail Bakunin, der algerische Psychiater und antikoloniale Theoretiker Frantz Fanon und der schwarze Aktivist Malcolm X, der Cleavers größtes Idol war. Er beschrieb darin unter anderem seinen Alltag als Sträfling, diskutierte amerikanische

Innen- und Außenpolitik im Kontext des weißen Rassismus und reflektierte über die Bürgerrechtsbewegung, Rassenunruhen sowie den Vietnamkrieg. Obwohl Cleaver in *Soul on Ice* anfänglich seiner Wut auf das weiße Amerika Luft machte, gab er sich im Laufe des Buches immer versöhnlicher und deutete an, dass der Rassismus mithilfe einer Koalition junger weißer Amerikaner und schwarzer Aktivisten womöglich überwunden werden könnte.
Cleavers schonungslose Analyse der rassistischen Unterdrückung des schwarzen Amerikas wurde innerhalb kürzester Zeit zu einem Bestseller und machte ihn zu einem national wie international bekannten Autor. *Soul on Ice* verkaufte sich insgesamt mehr als zwei Millionen Mal und hatte einen enormen Einfluss auf militante Aktivisten der Black Power-Bewegung, dessen Entwicklung Cleaver nach seiner Entlassung im Jahr 1966 als Mitglied der radikalen Black Panther Party nachhaltig prägte. Als *Minister of Information* der Panthers vertrat er einen revolutionären schwarzen Nationalismus, der ihn Anfang der 1970er Jahre nach der Verletzung seiner Bewährungsauflagen schließlich zwang, ins kubanische und später in algerische Exil zu flüchten. Cleaver kehrte 1975 in die USA zurück, wo er sich vom schwarzen Nationalismus abwendete und zum evangelikalen Christentum konvertierte.

Soul on Ice erlaubt tiefe Einblicke in die enge Wechselbeziehung zwischen anti-schwarzem Rassismus, Geschlecht und sexueller Identität in den 1950er und 1960er Jahren, weil Cleaver darin vor allem die symbolische und faktische ‚Entmannung' afroamerikanischer Männer thematisiert, die dem weißen Rassismus seit Jahrhunderten zugrunde lag. Weiße Männer, so Cleaver, führten afroamerikanischen Männern ihre Machtlosigkeit und scheinbare ‚rassische' Minderwertigkeit vor allem dadurch vor Augen, indem sie sexuelle Beziehungen zwischen schwarzen Männern und weißen Frauen unter allen Umständen zu verhindern suchten. Dabei bezog er sich unter anderem auf eine lange Tradition der Lynchjustiz, der zwischen 1880 und 1945 vor allem im amerikanischen Süden tausende schwarzer Männer zum Opfer fielen, weil sie bestehende Rassenhierarchien missachtet oder sich gegen rassistische Diskriminierung zur Wehr gesetzt hatten. Eine große Anzahl dieser Morde wurde durch die Behauptung gerechtfertigt, die schwarzen Opfer hätten weiße Frauen vergewaltigt oder sexuell bedroht. Viele Lynchmorde wurden zu ritualisierten Gewaltorgien, die Verstümmelungen der Opfer beinhalteten und nicht selten vor hunderten oder gar tausenden von Zuschauer_innen stattfanden. Die Tatsache, dass vielen afroamerikanischen Männern die Genitalien abgeschnitten wurden, symbolisierte die enorme Macht weißer

Männer, Afroamerikanern ihre Männlichkeit vollständig zu verwehren. Weiße Frauen wurden in diesem Kontext zur Verkörperung der weißen männlichen Vorherrschaft und zu wirkmächtigen Symbolen in der Kommunikation zwischen weißen und schwarzen Männern. Einer von Cleavers Charakteren bemerkte hierzu treffend in *Soul on Ice*: „I will not be free until the day I can have a white woman in my bed and a white man minds his own business." (S. 149–150) In seiner Analyse wurden rassistische Ängste zu Waffen weißer männlicher Eliten, um ihre ‚sexuelle Souveränität' gegenüber afroamerikanischen Männern durchzusetzen.

Cleaver untersuchte in seinem Buch diese rassistischen Traditionen und versuchte vor allem, sein damit zusammenhängendes, problembeladenes Verhältnis zu weißen Frauen zu begreifen. In einem Prozess der Selbstfindung erkannte er, dass seine sexuelle Begierde nach weißen Frauen ein Resultat der Bestrebungen rassistischer Amerikaner war, afroamerikanische Männer durch das Verbot sexueller Beziehungen zwischen den ‚Rassen' abzuwerten. Er gewann außerdem die quälende Erkenntnis, dass er im Kontext der weißen Unterdrückung weiße Schönheitsstandards angenommen hatte, die ihn auch im Gefängnis verfolgten. So gab er zu, ein weißes Pin-up-Model ‚geheiratet' zu haben, das er als Poster in seiner Zelle aufhängte. Nachdem ein Wärter dieses Poster abgerissen und zerstört hatte, fühlte er sich nicht nur seiner Privatsphäre beraubt, sondern auch an das sexuelle Tabu erinnert, das schwarze Männer ständig verfolgte. Im Zusammenhang des bedeutungsschweren Symbolwerts weißer Frauen wollte er deshalb die Vergewaltigungen weißer Frauen, die ihn ins Gefängnis gebracht hatten, als ‚aufständische Tat' verstanden wissen. Die Vergewaltigung dieser ‚Symbole der Freiheit' wurde in Cleavers Analyse zu einer Form des Widerstands gegen die Unterdrückung schwarzer Männer. Er gab im Prozess seiner Selbstfindung zwar zu, dass diese Vergewaltigungen falsch gewesen waren, versuchte diese jedoch rückblickend mit der rassistischen Erniedrigung afroamerikanischer Männer zu rechtfertigen.

Dieser Machtkampf zwischen weißen und schwarzen Männern wurde von Cleaver auch als wichtigste Erklärung für sein schwieriges Verhältnis zu afroamerikanischen Frauen angeführt. Der weiße Rassismus hatte ihn seiner Aussage nach nicht nur dahingehend beeinflusst, dass er weiße Schönheitsideale annahm; er führte auch dazu, dass er schwarze Frauen als ‚Symbole der Sklaverei' zurückwies und ihnen vorwarf, sich insgeheim zur Macht weißer Männer hingezogen zu fühlen, was sie zu Verbündeten dieser Männer machte.

Dieser Hass auf schwarze Frauen war auch der Grund, warum Cleaver die Vergewaltigungen weißer Frauen vorbereitete, indem er diese an afroamerikanischen Frauen ‚einübte'. Gleichzeitig thematisierte er in seinen Texten jedoch auch eine tief sitzende Angst, von schwarzen Frauen nicht als vollwertiger Mann wahrgenommen zu werden. Aus seiner Perspektive sahen afroamerikanische Frauen ihre Männer nur als ‚halbe' oder ‚unvollständige' Männer an, was ihn dazu veranlasste, stellvertretend für alle schwarzen Männer einen Brief an schwarze Frauen zu schreiben, der die Aufsatzsammlung abschließt. In diesem Brief schrieb Cleaver über sein Schamgefühl:

> I want you to know that I feared to look into your eyes because I knew I would find reflected there a merciless indictment of my impotence and a compelling challenge to redeem my conquered manhood. (S. 189)

Er äußerte die Hoffnung, dass schwarze Männer sich in der Zukunft aus der Spirale des Selbsthasses und Minderwertigkeitsgefühls lösen und gemeinsam mit schwarzen Frauen den weißen Rassismus hinter sich lassen könnten. Dennoch blieben afroamerikanische Frauen in seiner Analyse sexuelle Objekte, die schwarzen Männern in ihrem Freiheitskampf durch ihre Fähigkeit der Fortpflanzung lediglich unterstützend zur Seite stehen und ähnliche symbolische Funktionen wie weiße Frauen erfüllen sollten.

Cleavers Homophobie und seine Anspielungen auf die homosexuellen Tendenzen weißer Männer unterstreichen die Interdependenz von Rassismus, *gender* und sexueller Identität in *Soul on Ice*. Jedwede Art der Versöhnung innerhalb der afroamerikanischen Gemeinde war laut Cleaver nur auf der Basis heterosexueller Liebesbeziehungen zwischen schwarzen Männern und Frauen möglich. Afroamerikanische Homosexuelle spielten in dieser Zukunftsvision keine Rolle, weil ihre sexuelle Identität in seinen Augen unentwirrbar mit ihrem Selbsthass verbunden war. In einer Kritik an dem schwulen schwarzen Schriftsteller James Baldwin behauptete er, dass afroamerikanische Homosexuelle nur weiße Männer liebten und an ihrem nicht erfüllbaren Wunsch nach Kindern mit diesen Männern verzweifeln würden. Für ihn war Homosexualität eine ‚Krankheit', die er auf dieselbe Stufe wie die Vergewaltigung von Säuglingen stellte, eine Interpretation die unter schwarzen Nationalisten zu dieser Zeit weit verbreitet war. Während Cleaver schwarze Homosexuelle als Unterstützer des weißen Rassismus diffamierte, verunglimpfte er weiße Männer als verweiblichte und impotente Schwächlinge, die durch ihre Bildung zwar Macht besaßen, sich aufgrund ihrer schwachen Körper aber immer an der

Grenze zur Homosexualität bewegten und neidisch auf die starken Körper afroamerikanischer Männer blickten.
Vor dem Hintergrund der ständigen Demütigung durch weiße Männer empfand Cleaver Gewalt als ein legitimes Mittel afroamerikanischer Männer, sich ihrer eigenen Männlichkeit zu vergewissern und als Symbol der Stärke im Kampf gegen das rassistische Amerika einzusetzen. So interpretierte er z. B. die gewalttätigen Rassenunruhen im schwarzen Ghetto von Watts in Los Angeles im Jahr 1965 als einen abgebrochenen Aufstand, der die selbsttherapeutische Antwort auf den Mythos des unterwürfigen „Negers" dargestellt hätte. Nach seiner Entlassung aus dem Gefängnis und der Veröffentlichung von *Soul on Ice* ein Jahr danach betonte er als führendes Mitglied der Black Panther Party immer wieder, wie wichtig die Bereitschaft zur Gewalt wäre, um die Identität schwarzer Männer zu stärken. Bezeichnenderweise behauptete Cleaver im Jahr 1968 in einem Interview mit der Zeitschrift *Playboy*, gerade die schwer bewaffneten Black Panthers böten für junge Afroamerikaner „very badly needed standards of masculinity" (Cleaver 1968, S. 92). Cleaver vertrat damit eine Position, die von vielen männlichen Aktivisten der Black Power-Bewegung in den späten 1960er und frühen 1970er Jahren geteilt wurde.
Geschlechtertheoretische Einsichten der Männlichkeitsstudien tragen zu einem besseren Verständnis der in *Soul on Ice* thematisierten Interdependenzen zwischen Rassismus, Maskulinität und sexueller Identität bei. Vor allem das von der australischen Soziologin Raewyn Connell entwickelte Konzept der hegemonialen Männlichkeit bietet einen hilfreichen analytischen Zugang. Connell argumentiert, dass sich trotz einer großen Vielfalt von Männlichkeitsmodellen eine dominante Form von Männlichkeit in westlichen Gesellschaften herausgebildet hat. Die Fähigkeit bestimmter Eliten oder (staatlicher) Institution, bestimmte Definitionen von Maskulinität in einem immerwährenden Machtkampf als Norm festzusetzen, macht den hegemonialen Charakter dieses Modells aus. In der Regel reflektiert dieses dominante Männlichkeitsbild Vorstellungen der weißen heterosexuellen Mittelschicht. Die Folge hegemonialer Männlichkeit ist die Unterdrückung von Frauen und solcher Männer, die sich dem dominanten Männlichkeitsmodell entweder nicht unterwerfen können oder wollen. Diese marginalisierten Männlichkeiten schließen homosexuelle Männer und Mitglieder von ethnischen Minderheiten ein. Im Kontext des weißen Rassismus spielt schwarze Männlichkeit eine wesentliche symbolische Rolle in der Konstruktion weißer Geschlechteridentität, da hegemoniale Männlichkeit diese Marginalisierung nutzt, um sich als dominante Norm zu legitimieren. Hegemoniale Männlichkeit wird jedoch auch immer wieder hinterfragt, herausgefordert und neu verhandelt. Sogenannte

protest masculinities, die sich gezielt gegen die Vorherrschaft eines dominanten Männlichkeitsmodells auflehnen, werden zur Antwort marginalisierter Männer auf ihr Gefühl der Machtlosigkeit. In *Soul on Ice* beschrieb Eldridge Cleaver die Auswirkungen der Marginalisierung schwarzer Männlichkeiten im 20. Jahrhundert. Eine idealtypische Version weißer, heterosexueller Männlichkeit wurde zum hegemonialen Modell, das schwarzen Männern ihre Machtlosigkeit täglich vor Augen führte. Cleavers *protest masculinity* spiegelte sich unter anderem in seiner gezielt gegen weiße Frauen gerichteten sexuellen Gewalt wieder, die er nur als Mittel zum Zweck in seinem Aufstand gegen die Marginalisierung afroamerikanischer Männer ansah.

Neben der Männlichkeitsforschung helfen auch die Postcolonial Studies dabei, diesen Widerstand und die damit zusammenhängenden Spannungen zwischen schwarzen Männern und Frauen besser zu verstehen. Wie viele schwarze Nationalisten der 1960er Jahre verstand Cleaver die afroamerikanische Bevölkerung als kolonisierte Nation innerhalb der USA, wobei er hier vor allem die Überlegungen Frantz Fanons aufgriff. Im 21. Jahrhundert hat die Literaturwissenschaftlerin Gayatri Spivak nochmals betont, dass schwarze Amerikaner als postkoloniale Gruppe verstanden werden müssen, da der schwarze Freiheitskampf ihnen zwar zu mehr Rechten verholfen habe, sie sich aber nach wie vor in einer Spirale der „Rekolonialisierung" befänden. Auch die Dynamik schwarzer *protest masculinities* spiegelt das in kolonialen Kontexten oft beobachtete Zusammenspiel zwischen ‚Rasse' und Geschlecht wieder. In Indien führte z. B. die britische Strategie, die männlichen Einwohner des Landes als verweiblichte Schwächlinge darzustellen, zur Herausbildung einer Form von ‚Hypermaskulinität' auf Seiten indischer Männer vor und nach der Unabhängigkeit. Als Teil des Widerstands gegen ihre Marginalisierung als Objekte kolonialer Herrschaft stählten viele dieser Männer ihre Körper durch Bodybuilding und versuchten, ihre Identität als Männer durch eine stärkere Kontrolle von Frauen und deren Sexualität zu stärken. Der westliche Kolonialismus führte somit in vielen Fällen zu einer Verstärkung von Geschlechterungleichheiten in postkolonialen Gesellschaften. Cleaver beschrieb in *Soul on Ice* sehr ähnliche Dynamiken, die sich vor allem in seiner Homophobie und der Reduzierung schwarzer Frauen auf ihre reproduktiven Funktionen ausdrückten. Wie marginalisierte Männer in kolonialen Kontexten sah sich Cleaver jedoch auch mit einem Dilemma konfrontiert. Genauso wie es für schwarze Nationalisten schwierig war, ihre Vision der afroamerikanischen Nation ohne die Sprache und die Konzepte des westlichen Nationalismus und Imperialismus zu formulieren, konnte sich Cleaver ebenso wenig von den heteronormativen Vorstellungen lösen, die die Basis für hegemoniale Männlichkeit und damit für seine eigene Marginalisierung bildeten. Es ist deshalb nicht überraschend, dass Frauenfeindlichkeit und Homophobie zu zwei zentralen ideologischen Elementen des schwarzen Nationalismus der 1960er und 1970er Jahren wurden.

Die Auswirkungen der von Cleaver beschriebenen symbolischen und faktischen ‚Entmannung' afroamerikanischer Männer sind auch Anfang des 21. Jahrhunderts noch in den schwarzen Ghettos Amerikas zu beobachten. So haben amerikanische Soziologen in den 1990er Jahren eine durch Gewaltrituale begleitete *compulsive masculinity* in diesen unter Armut leidenden Gemeinden beschrieben, die der Tatsache geschuldet sei, dass afroamerikanische Männer ‚traditionellen' Konzepten von Maskulinität (etwa der Vorstellung des Mannes als Ernährer und Beschützer der Familie) nicht entsprechen konnten. Sie sähen deshalb in einem übersteigerten Machismo die einzige Möglichkeit, ihr Selbstwertgefühl als Männer zu steigern. Richard Majors und Jane Mancini Billson argumentieren, dass Gewalt oft als einziges Mittel angesehen werde, ein Gefühl von Respekt und Status zu erzeugen. *Soul on Ice* beschrieb damit problembehaftete Zusammenhänge zwischen Rassismus und Geschlecht, die sich seit der Bürgerrechtsära teilweise noch verstärkt haben und mittelfristig kaum zu lösen sein werden.

Soul on Ice ist ein Schlüsseltext in der Geschichte von *race&sex* im 20. Jahrhundert, weil das Buch die komplexen Auswirkungen des US-amerikanischen Rassismus auf schwarze Männer und die spannungsgeladenen Geschlechterbeziehungen innerhalb des schwarzen Amerikas aus nicht-akademischer Sicht detailliert beleuchtet. Gerade diese alltägliche Sicht auf die Wirkmächtigkeit dieser Interdependenz macht Cleaver zu einem Intellektuellen, dessen Einsichten einen größeren Einfluss auf die amerikanische Gesellschaft hatten, als die Analysen vieler Wissenschaftler_innen. Dean Robinson zählt ihn aus diesem Grund zur Gruppe der ‚Paraintellektuellen', die den weißen Rassismus aus der Sicht von Aktivisten beschrieben, die nicht aus der schwarzen Mittelklasse stammten. Sie führten ihre ‚gelebte' Erfahrung des amerikanischen Rassismus ins Feld, um militanten Widerstand und schwarzen Nationalismus als Strategie des afroamerikanischen Freiheitskampfes zu legitimieren. Jedoch schafften es viele dieser Paraintellektuellen nicht, sich in ihren Überlegungen von den heteronormativen Geschlechterdynamiken freizumachen, die dem weißen Rassismus zugrunde lagen. Cleavers Buch zeigt eindringlich, wie sich diese wechselseitige Abhängigkeit in die Geschichte der neuzeitlichen Welt eingeschrieben hat.

Querverweise

- Spike Lee: *Jungle Fever* (1991)
- *Loving v. Virginia* (1967)
- Frantz Fanon: *Schwarze Haut, Weiße Masken* (1952)
- W. E. B. Du Bois: *The Souls of Black Folk* (1903)
- Ida B. Wells: *Southern Horrors. Lynch Law in All Its Phases* (1892)
- David G. Croly / George Wakeman: *Miscegenation* (1864)
- *An Act for the Better Ordering of Negroes and Slaves* (1712)

Literatur

Banerjee, Sikata: *Make Me a Man! Masculinity, Hinduism, and Nationalism in India*. Albany: SUNY 2005.

Barnett, Pamela E.: *Dangerous Desire: Sexual Freedom and Sexual Violence since the Sixties*. New York: Routledge 2004.

Cleaver, Eldridge: Playboy Interview: Eldridge Cleaver. In: *Playboy*, 12/1968, S. 89–108.

Connell, R. W.: *Masculinities.* Berkeley: University of California Press [2]2005.

Harper, Philip Brian: *Are We Not Men? Masculine Anxiety and the Problem of African-American Identity*. New York: Oxford UP 1996.

Majors, Richard / Jane Mancini Billson: *Cool Pose. The Dilemmas of Black Manhood in America*. New York: Lexington 1992.

Murray, Rolland: *Our Living Manhood. Literature, Black Power, and Masculine Ideology*. Philadelphia: University of Pennsylvania Press 2007.

Patterson, Orlando: *Rituals of Blood: Consequences of Slavery in Two American Centuries*. Washington, DC: Civitas Counterpoint 1998.

Robinson, Dean E.: *Black Nationalism in American Politics and Thought*. New York: Cambridge UP 2001.

Spivak, Gayatri Chakravorty: Teaching for the Times. In: Anne McClintock / Aamir Mufti / Ella Shohat (Hrsg.): *Dangerous Liaisons. Gender, Nation, and Postcolonial Perspectives*. Minneapolis: University of Minnesota Press 1997, S. 468–490.

Wendt, Simon: 'They Finally Found Out that We Really Are Men'. Violence, Non-Violence and Black Manhood in the Civil Rights Era. In: *Gender & History* 19,3 (2007), S. 543–564.

Urlaub – Liebe inbegriffen (*stern* 1960)
Oder: „Italiens Männer wissen, wovon Frauen träumen"

Maren Möhring

„34 Prozent aller Ehescheidungen und Verlobungsauflösungen in Westdeutschland", so im deutschen Wochenmagazin *stern* vom August 1960 nachzulesen, seien laut „alarmierende[r] Statistik" auf „Urlaubsreisen unbegleiteter Frauen nach Italien zurückzuführen." Eine Angst ging um im ‚Wirtschaftswunderland': Deutsche, aber auch andere nordeuropäische Frauen würden italienische Männer bevorzugen, die sich selbst als die „leidenschaftlichsten Liebhaber, die feurigsten Verführer und die männlichsten Männer" begriffen. In dieser „Liebesschlacht zwischen Norden und Süden" schienen deutsche Männer abgemeldet zu sein. Der Verfasser des Artikels, Gordian Troeller, ein luxemburgischer Journalist, der seit den 1960er Jahren zusammen mit Marie-Claude Deffarge diverse spektakuläre Reportagen für den *stern* schrieb, später auch als Dokumentarfilmer bekannt wurde und selbst sechs Jahre in Italien gelebt hatte, versucht in der Text- und Foto-Reportage „Urlaub – Liebe inbegriffen", der Faszination Italiens bzw. seiner Männer auf den Grund zu gehen. Dabei werden allerlei Stereotype über ‚Südländer' und ‚Nordländer_innen' bemüht: Italienische *amore* sei – im Gegensatz zur Liebe in Deutschland – oberflächlich, der Italiener interessiere sich allein für die Figur einer Frau, blicke ihr aber nur selten ins Gesicht: „Er will gar nicht wissen, wer sie ist oder was sie denkt." Er sei nicht an einer ernsthaften Beziehung interessiert, sondern lediglich an einem schnellen „Happen Liebe auf der Straße". Die Straßen Italiens seien zu einer „Snackbar der Liebe" geworden. Die vermeintlich oberflächliche, rein körperliche Liebe, die italienische Männer den Nordeuropäerinnen böten, wird hier mit Bildern des Massenkonsums, insbesondere des – gerade aus den USA nach West- und Nordeuropa schwappenden – Fast Foods umschrieben und damit als kapitalistische Ware ausgewiesen, die keinen Echtheitsanspruch erheben kann. Erscheinen deutsche Frauen zunächst als die ge- und enttäuschten Opfer der Verführung, so sind sie doch – wie die italienischen Männer – in diesem konsumistischen Szenario Ware und Konsument_in zugleich. Denn es ist gerade der „Typ des modernen jungen Mädchens, der sich in Nordeuropa seit Jahrzehnten durchgesetzt" habe, der allein nach Italien reist und sich die Freiheit nimmt, mit italienischen Männern zu flirten oder gar mehr – der Kinsey-Report lässt grüßen – auszuprobieren. Die nationale Differenz, die oft mit einem Klassenunterschied einhergeht, verschiebt das Arrangement der Geschlechter auf eine Weise, die Frauen mehr Aktivität ermöglicht, den ‚fremden Mann' hingegen in die Position einer begehrten Trophäe bringen kann. In mancher Hinsicht lässt sich der Tourismus deutscher Frauen nach Italien in den 1960er Jahren daher als Vorläufer des weiblichen Sextourismus in nicht-europäische Regionen lesen. Er weist ähnlich komplexe Machtverhältnisse auf, in denen Geschlecht, Einkommen, Ethnizität, aber auch Alter in jeweils spezifischen und mitunter für sehr provokant erachteten Beziehungsgefügen interagieren.

Die nicht nur im *stern* vom August 1960, sondern in zahlreichen Zeitungs- und Zeitschriftenartikeln in der Bundesrepublik und darüber hinaus problematisierten transnationalen Liebesbeziehungen im Italienurlaub erschienen den Zeitgenoss_innen in doppelter Hinsicht besorgniserregend: Zum einen droht die deutsche Frau auf den oberflächlichen und unaufrichtigen *Latin Lover* hereinzufallen und sich damit ins Unglück zu stürzen – was den deutschen Mann als Beschützer auf den Plan ruft. Zum anderen erweist sich die größere Selbständigkeit der deutschen Frauen, die Möglichkeit des Reisens auf eigene Faust, als schwer zu kontrollierender Gewinn an (Bewegungs-)Freiheit, der die Geschlechterverhältnisse zu verschieben und den deutschen Mann damit um seine angestammten Rechte zu bringen droht. Transnationale Liebesbeziehungen, bei denen ethnische Grenzen überschritten werden, stellen für hegemoniale Geschlechter- und ‚Rassen'-Diskurse immer einen Störfaktor dar, der zur neuerlichen Artikulation einzuhaltender Grenzen nötigt. Diese Grenzen sind fast immer auch moralischer Art, wie die zeitlich etwas früheren Debatten um die Beziehungen zwischen afroamerikanischen GIs und deutschen Frauen zeigen. 1960 führte der langsam einsetzende Massentourismus abermals zur Artikulation der Angst vor Moralverfall, schien das nun erstmals auch breitere soziale Schichten erfassende temporäre Ausscheren aus dem deutschen Alltag Überschreitungen, insbesondere auf dem Gebiet der Sexualität, zu begünstigen.

Mag die konsumkritische Einbettung der Liebe zwischen Nord und Süd einen klaren historischen Index aufweisen und Massenkonsum und Massentourismus als Folie benötigen, so sind die übrigen bemühten Topoi alles andere als neu. Bereits zu Zeiten der Grand Tour besaß ‚der Süden' eine (bukolische) Aura von uneingeschränkter Sinnenlust: „Going south meant entering different moral territory", wie es der Historiker James Buzard formuliert (S. 200). Im 19. Jahrhundert begannen auch immer mehr Frauen der Mittel- und Oberschichten, vor allem zahlreiche Engländerinnen,[1] nach Südeuropa zu reisen, was zu hitzigen Debatten führte, denn die nordeuropäischen Frauen schienen das angeblich oberflächliche Flirten mit italienischen Männern zu genießen – so jedenfalls in den *Novels of Charles Lever* (1894/95) nachzulesen: „All this mock exchange amuses and interests *them*; it only worries *us*" (nach Buzard, S. 144). Angst und Sorge werden hier klar auf Seiten der Wir-Gruppe, der nordeuropäischen (hier: britischen) bürgerlichen Männer, verortet, die ein ganzes Bündel von Annahmen über Geschlecht, Ethnizität und ‚den Norden' und ‚Süden' miteinander verschmelzen. In ihrer spezifischen Mischung sind diese Annahmen oft bis in die Gegenwart virulent geblieben, allen voran die vermeintliche Oberflächlichkeit, Unaufrichtigkeit und Attraktivität des italienischen Mannes, der den Frauen gefällt – was unter anderem impliziert, dass auch sie letztlich mehr am Schein als am Sein, mehr am Spiel, denn am ernsthaften Austausch interessiert sind. Wie so oft werden hier Frauen und ‚südländische' Männer als ‚das Andere' des nordeuropäischen (gewissenhaften und treuen) Mannes konstruiert. Beide verhalten sich moralisch nicht einwandfrei, wobei die Schuld mitunter bei den italienischen Männern, oft aber auch bei den Frauen gesucht wird. In dem Reiseführer *Ferien in Italien* von Heinz Görz aus dem Jahre 1961 etwa heißt es, auf die intensive Pressedebatte über Liebesbeziehungen zwischen Italienern und Nordeuropäerinnen Bezug nehmend:

> Man spricht bzw. warnt auch in anderen Ländern vor dem sog. ‚latin lover', d. h. vor den leidenschaftlich schnell entflammenden Männern des Südens, ... [deren Liebe] eine Frau zwar vorübergehend sehr glücklich machen kann, aber eben nie von Bestand ist. (Görz, S. 163)

Görz sieht darin kein Problem, könne sich die Frau doch einfach zurückhaltend zeigen:

1 Erst Ende der 1960er Jahre haben die Deutschen die Engländer_innen als größte Tourist_innengruppe in Italien abgelöst, so Birgit Mandel (S. 147).

> Wenn Frauen glauben, belästigt zu werden, so tun sie gut daran, erst einmal zu überlegen, ob die Schuld nicht bei ihnen selbst liegt. Wer am Strand fast nackt oder in den Straßen der Stadt mit Shorts herumläuft, darf sich nicht wundern, wenn die leicht entflammbaren Männer diese Frauen in dieser ihrer Auffassung nach freien Aufmachung auch als Freiwild betrachten. (Görz, S. 164)

Denn schließlich entspringe die „Huldigung schöner Frauen" letztlich der „Arglosigkeit" des italienischen Mannes mit seinem „noch sehr unkomplizierten Empfindungsleben" (Görz, S. 161). Hier sind die Frauen und wie sie sich kleiden also der Auslöser für das aufdringliche Verhalten der italienischen Männer, die auf einer niedrigeren Zivilisations-/Sublimationsstufe stehen geblieben sind, dadurch aber moralisch entlastet werden.

Weniger evolutionstheoretisch bzw. essentialistisch und stärker psychoanalytisch argumentiert Troeller, der die italienische Gesellschaft mit ihrer engen Sexualmoral dafür verantwortlich macht, dass das Sexuelle in Italien überbewertet würde und „Stauungen" entstünden (selbstverständlich nur auf männlicher Seite), die im Sommer, wenn die Touristinnen aus dem Norden kämen, abreagiert werden müssten. Das übrige Jahr hindurch und in nicht-touristischen Orten aber, und damit endet die *stern*-Reportage, könne man einen deprimierenden „erotischen Hungermarsch" beobachten, zu dem sich die Männer versammelten. Letztlich steht die „Snackbar der Liebe" damit nicht mehr für eine neue, schnelle Form der (amerikanisierten) Außer-Haus-Verpflegung, sondern nur noch für eines: Mangelernährung.

Die Interviews, die Troeller in Italien geführt hat, sprechen allerdings eine andere Sprache. Werden der italienische Mann und sein Sexualverhalten vom *stern*-Reporter abschließend pathologisiert und das italienische Begehren dadurch eher als bedauernswert, denn gefährlich gezeichnet – eine enorme Entlastung –, beharren die italienischen Männer darauf, die (einzig) „echten Männer" zu sein, und nehmen damit den Konkurrenzkampf explizit auf. Ihre in den Medien betriebene Sexualisierung wird – zumindest in den zitierten Gesprächspassagen – von ihnen nicht hinterfragt. Vielmehr leiten sie ihre vermeintliche „Unwiderstehlichkeit" einmal aus dem – brutalen – Erbe einer Jahrtausende alten Geschichte (so wären schon die Sabinerinnen dieser „Unwiderstehlichkeit" verfallen), ein anderes Mal aus dem Klima her: „Je weiter man nach Süden kommt, um so feuriger sind die Männer." Troeller entgegnet, dass dann ja die Nordeuropäerinnen besser „ihre Männersafari nach dem Kongo verlegen" sollten, und macht damit, wenn auch indirekt, auf die rassistischen Implikationen der Klimatheorie zur Erklärung ‚rassischer' Unterschiede aufmerksam. Vor allem aber zeigt das

Beispiel und die im Anschluss geschilderte empörte Reaktion seines italienischen Interviewpartners, dass der italienische Mann sich zwar als heißblütiger(er) Mann, aber dennoch als Europäer versteht. Es ist vielleicht gerade dieses vermeintliche Dazwischen, die nicht ganz geklärte Zugehörigkeit zu Europa, die italienische Männer in den Augen nordeuropäischer Frauen attraktiv macht. Gerade die angeblich niedrigere Zivilisationsstufe scheint von Interesse zu sein: „Schon die tief in die Stirn reichenden Haare zeugen von animalischer Männlichkeit. Und hierum geht es doch. Welche Frau ist nicht glücklich, wenn sie einmal richtig als Weib begehrt wird." ‚Der Italiener' ist ‚exotisch' genug, um eindeutig sexualisiert (und animalisiert) zu werden; er ist aber nicht allzu weit von der weißen, mitteleuropäischen Norm entfernt und daher akzeptabler als ‚der Kongolese'.

Der hier besprochene Text thematisiert deutsche Frauen in Italien. 1960 aber hielten sich bereits fast 100.000 Italiener_innen in der Bundesrepublik auf. Massentourismus und Massenmigration stellen parallele Bewegungen der westdeutschen Nachkriegsgeschichte dar und fordern dazu auf, nach transnationalen Liebesbeziehungen im Einwanderungsland zu fragen. Denn ‚das Problem' war nicht auf Italien beschränkt, ließ sich nicht auslagern. Auch ‚zuhause' waren intime Kontakte mit Italienern möglich. So erklärte der *Spiegel* im Jahr 1964 italienische Eisdielen zu Orten, die unter anderem der „internationalen erotischen Verständigung" (S. 54) dienten. Diese friedvolle Umschreibung deutsch-italienischer Begegnungen stellt eher eine Ausnahme dar. Das Gros der Berichterstattung über das Verhalten italienischer Arbeitsmigranten in ihrer Freizeit zeichnet sich in den 1960er Jahren durch einen scharfen Ton aus. Das Motiv des „erotischen Hungermarsches" aufgreifend, wird oft die ‚sexuelle Not' der anfangs meist in Wohnheimen kollektiv untergebrachten Arbeitsmigranten betont, vor allem aber auf ihre hohe Gewaltbereitschaft abgehoben – eine Aggressivität, die unmittelbar mit ihrer Sexualität gekoppelt und als Wesen des Italieners beschrieben wird. Erschien der Italiener in Italien als zwar unzuverlässiger, aber doch charmanter Don Juan, wurde der „heißblütige Südländer" in der Bundesrepublik – über sein „pechschwarzes Haar" als Gegenmodell zur nordeuropäischen *whiteness* ausgewiesen – etwa in der *ZEIT* als notorisch eifersüchtiger und unbeherrschter Frauenheld dargestellt, der schnell zum Messer greife. Dieses aggressiv-sexuelle Verhalten galt in Deutschland als völlig fehl am Platze; Platzverweise waren an der Tagesordnung. In vielen Gaststätten und Tanzlokalen waren Italiener und andere ausländische Männer nicht erwünscht: „In verschiedenen Tanzlokalen haben die Eigentümer uns Italienern den

Eintritt verboten", berichtete 1967 ein Italiener, der in Karlsruhe lebte.[2] Dieser Umgang mit italienischen Arbeitskräften hatte seine historischen Vorläufer: Mit Schildern wie „Italiener unerwünscht" waren bereits in den frühen 1940er Jahren die damals noch als „Fremdarbeiter" firmierenden italienischen Arbeitsmigranten vom Betreten deutscher Gaststätten abgehalten worden (Bermani, S. 134). Auf eigenem Territorium also wollten deutsche Gastwirte (und Wirtinnen) das vermeintlich andere Verhalten der Italiener nicht dulden. Doch auch im öffentlichen Raum, der – nicht zuletzt auch wegen der Zutrittsverbote – von ausländischen Migranten für Zusammenkünfte genutzt wurde, waren diese nicht gern gesehen. In demselben Monat, in dem die *stern*-Reportage über deutsche Frauen in Italien erschien, veröffentlichte die *ZEIT* einen Artikel mit dem Titel „Sind die Italiener nicht erwünscht?" und macht damit auf die komplexe Gemengelage aufmerksam, die das sogenannte Anwerbeland mit der prosperierenden Bundesrepublik verband, die Arbeitskräfte benötigte, aber in der Konfrontation nicht zuletzt unterschiedlicher Geschlechter- und Liebescodes auf Abwehr setzte.

2 „In diversi locali da ballo i proprietari hanno proibito l'entrata a noi Italiani", zit. n. Sala Merzagora, S. 69, Nr. 65.

Zwei miteinander verknüpfte Aspekte der skizzierten Gemengelage scheinen für die Gegenwart noch immer prägend zu sein. Erstens ist dies die ambivalente Haltung gegenüber der zunehmenden weiblichen (Bewegungs-)Freiheit. Diese muss zwar moralisch eingehegt werden, kann aber nicht prinzipiell in Frage gestellt werden, da die Selbstwahrnehmung deutscher bzw. nordeuropäischer Männer (und Frauen) darauf basiert, in einer Gesellschaft mit größerer Geschlechteregalität zu leben – ein zentraler, bereits in kolonialen Zeiten fest etablierter Topos, der auf die enge Verzahnung von *race* und *sex* verweist. Südlich der Alpen hingegen, schreibt Troeller, beginne

> das seelische Notstandsgebiet Europas. Hier hat der Mann die Frau eingesperrt. Er hat ihr verboten, ein Mensch zu werden, der das Recht hat, über sich selber zu bestimmen. Aus ihrer Versklavung hat er ein Symbol seiner Ehre gemacht, aus ihrer Jungfräulichkeit einen Scheck für die Zukunft.

Abgesehen von der Geldmetaphorik, die abermals kapitalistische Tauschverhältnisse statt ‚wahrer Liebe' indiziert (und die ‚Liebeshändel' der Italiener damit desavouiert) – anstatt den komplexen Nexus von Liebe und Kapitalismus in der Moderne zum Thema zu machen –, wird hier der Topos der entrechteten und unterdrückten Frau bemüht.

Die italienische Frau wird nicht zufällig als Sklavin und damit als Relikt einer vergangenen Zeit und überkommener Moralvorstellungen eingeführt, sondern symbolisiert genau in dieser Funktion die Fortschrittlichkeit und Liberalität des ‚modernen Nordens'. Dieser (zweite) Topos strukturiert bis heute die Debatten um ethnische und kulturelle Differenzen, um Migration und die sogenannte Integration. Ist es bei Troeller die italienische Frau, die aufgrund der „fetischistische[n] Überbewertung des Sexuellen [...] hinter Gitter" gezwungen werde, ist es heute der Schleier, der als Zeichen der Versklavung und gleichsam als transportables Gefängnis gelesen wird. So wie die Türken oder Araber die Italiener als Hauptzielscheibe rassistischer – verbaler wie physischer – Attacken abgelöst haben, so sind es zunehmend religiöse Zuschreibungen, die als Erklärungsmuster kultureller Differenz herangezogen werden. Eine auffällige Leerstelle in den Medienberichten der 1960er Jahre wie der Gegenwart stellt die von den ‚Rändern Europas' kommende Frau dar, die in diesen Debatten kaum jemals eine Stimme hat. Der ihr zugewiesene Opferstatus stabilisiert die Vorstellung eines moralisch überlegenen Nordens und des Nordeuropäers als Beschützer unterdrückter Frauen. Er schreibt genau darin koloniale Traditionen fort.

Querverweise

- R. Lautmann / W. Grikschat / E. Schmidt: Der rosa Winkel (1977)
- Günter Amendt: *Sexfront* (1970)
- Helmut Schelsky: *Soziologie der Sexualität* (1955)

Literatur

Bermani, Cesare: Odyssee in Deutschland. Die alltägliche Erfahrung der italienischen ‚Fremdarbeiter' im ‚Dritten Reich'. In: Ders. / Sergio Bologna / Brunello Mantelli (Hrsg.): *Proletarier der ‚Achse'. Sozialgeschichte der italienischen Fremdarbeit in NS-Deutschland 1937 bis 1943.* Berlin: Akademie 1997, S. 37–252.

Buzard, James: *The Beaten Track: European Tourism, Literature and the Ways to 'Culture', 1800–1918.* Oxford: Oxford UP 1993.

Görz, Heinz: *Ferien in Italien.* München: Südwest 1961.

Mandel, Birgit: ‚Amore ist heißer als Liebe'. Das Italien-Urlaubsimage der Westdeutschen in den 50er und 60er Jahren. In: Hasso Spode (Hrsg.): *Goldstrand und Teutonengrill. Kultur- und Sozialgeschichte des Tourismus in Deutschland 1945 bis 1989.* Berlin: Moser 1996, S. 147–162.

Sala, Roberto / Giovanna Massariello Merzagora: *Radio Colonia. Emigrati italiani in Germania scrivono alla radio.* Turin: UTET Libreria 2008.

Presseartikel

Gastarbeiter. Per Moneta. In: *Der Spiegel*, 07.10.1964, S. 44–58.

Sind die Italiener nicht erwünscht? In: *Die ZEIT*, 19.08.1960.

Urlaub – Liebe inbegriffen. In: *stern*, 27.08.1960, S. 16–25, 50–51.

John Ford: *The Searchers* (1956)
Oder: Mehr als ein Western: Der Tag wird kommen …

Bernd Greiner

… an dem junge Mädchen von Fremden verschleppt werden, an dem sie sich mit ihren Entführern einlassen und schließlich gar nicht mehr befreit werden wollen, an dem ein unerschrockener Retter zwar seine Mission erfüllt, aber nur um den Preis gesellschaftlicher Ausgrenzung. Nichts ist, wie es scheint, und nichts wird bleiben, wie es ist – darum dreht sich John Fords legendärer Western *The Searchers*, deshalb raunen seine Protagonisten unentwegt von einem ominösen Tag, dessen Kommen man offenbar mit schaudernder Erwartung entgegensieht. Es geht um das Trügerische im Vertrauten einerseits, um die Attraktivität des Unbekannten und deshalb Bedrohlichen andererseits. Und dies alles auf dem Höhepunkt des schwarz-weiß kartographierten Kalten Krieges und ausgerechnet mit John Wayne in der Hauptrolle: Willkommen im Hollywood der Kippfiguren anno 1956.

Im Grunde enttäuschen alle Protagonisten die auf sie gerichteten Wünsche und Erwartungen. Ethan Edwards gleicht nur äußerlich den von John Wayne in anderen Western gemimten Helden. Und ob er überhaupt ein Held ist, bleibt bis zum Ende fraglich. Eigentlich gibt er nur Rätsel auf. Kehrt er nach langen Jahren zur Farm seines Bruders Aaron (Walter Coy) zurück, weil er steckbrieflich gesucht wird? Ist er einer jener Veteranen, die nach dem Ende des Bürgerkriegs nicht wieder ins zivile Leben zurückfanden und ewig weiterkämpften, mal in Mexiko, mal gegen die Indianer im Südwesten der USA? Oder blieb er nur so lange weg, weil er in seine Schwägerin Martha (Dorothy Jordan) verliebt war? Ist er gar der Vater ihrer jüngsten Tochter Debbie (Natalie Wood)? Indizien gibt es für alles und jedes. Gewiss scheint indes nur, dass dieser Mann in keine Schublade passt. Er kennt die Rituale, Sitten und Gebräuche von Indianern, er spricht ihre Sprache – und hasst sie abgrundtief. Weil er ein in der Wolle gefärbter Rassist ist? Oder weil er sich dafür rächen will, dass Komantschen einst seine Mutter ermordet haben? Ethan Edwards tritt rücksichtslos und brutal auf, ohne je den Eindruck eines durch und durch gewalttätigen Charakters zu erwecken; dazu ist er viel zu empfindsam, mitunter gar weich. Auf ihn passen, in den Worten des Pastors Samuel Johnson Clayton (Ward Bond), schlicht „viele Steckbriefe".

Sein Widersacher Cicatriz oder ‚Scar' (Henry Brandon), Häuptling der Komantschen, tritt zunächst wie das Stereotyp eines indianischen Kriegers auf: Unberechenbar, hinterhältig und aggressiv. Aber die Skalps, die er stolz präsentiert, hat er nicht genommen, weil Indianer ‚von Haus aus blutrünstig sind' – von derlei Zuschreibungen ist der Regisseur John Ford weit entfernt. ‚Scar' folgt keinen angeborenen Gewaltimpulsen, wenn er Siedler überfällt und ermordet. Er will den Mord an seinen Söhnen vergelten, die von Weißen gemeuchelt wurden, weil sie Rote waren.

Auch das ‚Halbblut' Martin Pawley (Jeffrey Hunter), Adoptivsohn von Aaron und Martha Edwards, hat nichts von der Indianern üblicherweise zugeschriebenen Verschlagenheit. Im Gegenteil. Er ist der eigentliche Held der Geschichte, ein junger Mann, der sich über die Normen und Ideale seiner weißen Umwelt nicht nur lustig macht, sondern sie kraft des eigenen Vorbilds blamiert: vorweg die fixe Idee von Blutsverwandtschaft und rassischer Reinheit. Dass Blutrache nicht zum dominanten Motiv der Handlung wird, dass Gewaltbereitschaft gezähmt und Leben gerettet werden, ist zum größten Teil sein Verdienst.

Und schließlich darf Laurie Jorgenson (Vera Miles) nicht vergessen werden, die Tochter der benachbarten Siedlerfamilie, die aus allen Frauenklischees des Western fällt und Martin im Badezuber überrascht, als sei ihre Ungezwungenheit das Selbstverständlichste der Welt. „Wenn es nach Dir ginge, könnten alle Männer nackend herumlaufen." – „Würde mich nicht stören. [...] Ich will nicht als alte Jungfer sterben." Ausgerechnet sie, die Selbstbestimmte und Aufgeklärte, erweist sich im Laufe der Handlung als schrille Rassistin, die über ‚Rassenschande' zetert und weißen Frauen um ihres Seelenheils willen den Tod wünscht, sollten sie in die Hände von Indianern fallen und zu einem Leben in Wigwams verdammt sein.

Dass Kinder, junge Mädchen zumal, von Indianern entführt werden und fortan mit ihnen zusammenleben, ist die aus dem Leben weißer Siedler gegriffene Handlung des Films. Gerade die Komantschen des Südwestens waren für derlei Übergriffe berüchtigt; groben Schätzungen zufolge lebten im frühen 19. Jahrhundert zweitausend Weiße unter ihnen.

Zehn Prozent der gesamten Stammesbevölkerung machten die Geraubten angeblich aus, sie wurden als Sklavinnen gehalten, bei Bedarf gegen indianische Gefangene getauscht oder adoptiert. Das berühmteste ‚Adoptivkind' war Cynthia Ann Parker, die im Jahr 1860 von einem Suchtrupp aufgespürt und gegen ihren Willen zusammen mit einem von drei Kindern ‚nach Hause' gebracht wurde, wo sie nie wieder Fuß fasste und unter erbärmlichen Umständen auf den Tod wartete. Alan Le May verwob diese sowie zahlreiche andere *captivity stories* zu einem 1954 veröffentlichten Roman und inspirierte John Ford zu dem wohl ungewöhnlichsten Western seiner Zeit.

Auch die Edwards-Familie in *The Searchers* lebt im permanenten Belagerungszustand. So wachsam sie auch sind, am Ende ereilt sie ihr Schicksal mit der Kraft einer Naturgewalt. Die Komantschen stellen eine Falle, töten alle bis auf die minderjährigen Töchter Debbie und Lucy (Pippa Scott) und äschern die Farm ein. Zwei Suchtrupps, angeführt von Ethan Edwards und Pastor Clayton, schwärmen aus, finden die zu Tode geschändete Lucy und erfahren, dass sich Debbie in der Hand der Komantschen befindet. Sieben Jahre lang suchen sie, getrieben von dem Wunsch, das Mädchen vor ihrer Geschlechtsreife zu befreien, und besessen von der Vorstellung, dass sexuelle Beziehungen mit Indianern eine weiße Frau auf alle Zeit kontaminieren. Im Zweifel muss, wie Ethan zu verstehen gibt, Debbie eben sterben. Denn allein der Tod kann die Verderbte erlösen, ganz im Sinne der zeitgenössischen Rede vom *honor killing*. Beim ersten Befreiungsversuch legt er es tatsächlich darauf an, ehe ihm ‚Scar' in den Arm fällt. Debbie ihrerseits will gar nicht zurückgeholt werden und folgt den *Searchers* erst nach einer neuerlichen Attacke auf das Indianerlager, in deren Verlauf ihr Partner ‚Scar' getötet wird. Am Ende schlüpft Ethan, als hätte er nie Mordgedanken gehegt, in die Rolle des selbstlosen Retters: „Auf geht's, Debbie, wir reiten nach Hause."

Von wegen selbstloser Retter. Als Debbie zur Jorgensen-Farm zurückreitet, ist das Bild der *Searchers* gründlich ruiniert. Abgesehen von Martin handelt es sich um Mordbrenner und Marodeure, die offensichtlich mit Lust und Genugtuung einen Vernichtungskrieg gegen Indianer führen – für das damalige Publikum ein provozierender Perspektivwechsel. Gefangene werden keine gemacht, Wehrlose verschont man nicht, wer dennoch entkommt, soll kaum mehr etwas zum Überleben vorfinden, weshalb wahllos Büffel erschossen und Ernten in Brand gesteckt werden, selbst vor Toten gibt es keinen Einhalt, weil verstümmelte Leichen den Horror der überlebenden Indianer auf die Spitze treiben. In den Worten von Ethan Edwards: „Nach dem Glauben dieser

Komantschen geht er nicht in die ewigen Jagdgründe ein, wenn er keine Augen hat, sondern muss auf ewig zwischen den Winden wandern." Vor ihrer Gewalttätigkeit sind alle gleich, Ethan, die Freiwilligen um Pastor Clayton und die Kavallerie, die ihnen zu Hilfe kommt. Und es ist ein *Searcher*, der als einziger einen Skalp nimmt. Spätestens an dieser Stelle macht John Ford deutlich, dass von einer ungleich verteilten Brutalität an der *Frontier* keine Rede sein konnte. Die selbst reklamierte Zivilisierungsmission war an der Wurzel vergiftet und nur um den Preis des fortwährenden Selbstbetrugs zu verteidigen.

So ungewöhnlich dieser Blickwinkel auch sein mag, seine eigentliche Brisanz entwickelt der Film an anderer Stelle. Von der Phobie vor ‚Mischehen' ausgehend, setzt John Ford die sexuelle Dimension des Rassismus und die rassistischen Anteile von Sexualität ins Bild. Es ist eine Inszenierung der leisen Töne, die mit suggestiver Kraft und einem dichten Geflecht von Andeutungen zu überzeugen weiß. Die Sexualität indianischer Männer erscheint nicht allein bedrohlich, weil sie sich auch auf weiße Frauen richtet; sie wird von Weißen zudem mit Attributen belegt, die im Kern als Synonyma für Freiheit zu verstehen sind: zügellos, offen, unbezähmbar. Die Unterstellung, dass Frauen von diesem ‚Virus' infiziert werden und aus ihrer unterdrückten Sexualität ausbrechen, bebildert der Film als Urangst des weißen Mannes. Genauer gesagt als Angst vor dem Verlust eines traditionellen Besitzanspruchs auf Frauen. „Ein Leben mit Komantschen ist kein Leben. Das sind keine Weißen mehr, das sind Komantschen", raunt Ethan und macht auf seine Weise klar, wie eng die Phantasmen von Rassenreinheit und weiblicher Reinheit verwoben sind. Das berüchtigte *honor killing* kann so gesehen als sozialhygienische Prävention wie auch als vorbeugende Abschreckung entschuldet werden. Und in diesem Sinne tritt eine zur Zeit des Kalten Krieges geläufige Rede in der lebensbedrohlichen Wucht ihres Ursprungs hervor: „Lieber tot als rot."

Den Raum für derartige Assoziationen geöffnet zu haben, macht die nachhaltige Wirkung des Films aus. Die erzählerische Melange von realer und imaginierter Bedrohung, demonstrativer Lust und geleugnetem Begehren oder vom Streben nach Sicherheit und der Angst vor dem Scheitern hält vieles in der Schwebe, aber ohne je die Konturen zu verwischen. Gerade weil er der Versuchung zu abschließenden Antworten widersteht, lädt John Ford den Betrachter zur eigenständigen Interpretation ein. Genauer gesagt zur Annäherung an ein Thema, das aus der Geschichte der Moderne nicht wegzudenken ist und ebenso elementar zur Entwicklung der Vereinigten Staaten gehört.

In den 1860er und 1870er Jahren, als die *Searchers* den Südwesten nach Spuren von Debbie abritten, war das Streben nach ‚rassischer' Homogenität und sozialer Disziplinierung ein weltanschauliches Leitmotiv. Zu dessen exzessiven Ausschlägen gehörte auch und nicht zuletzt das *honor killing* verfemter, durch Kontakt mit anderen ‚Rassen' ‚beschmutzter' Frauen – beispielsweise Ende November 1868, als George A. Custer an den Ufern des Washita das 7. Kavallerie-Regiment zum Angriff gegen die Cheyenne führte und den Tod der dort als Geisel gehaltenen weißen Frauen billigend in Kauf nahm. Wahrscheinlich hatte John Ford diese Geschichte vor Augen. Möglicherweise wurde er aber auch durch den gesetzgeberischen Alltag im Westen und Südwesten der USA inspiriert. Dort waren im späten 19. Jahrhundert zahlreiche Gesetze erlassen worden, die eine Eheschließung zwischen Weißen und ethnischen Minderheiten wie Schwarzen, Indianern oder Asiaten verboten. Dass die dahinter stehenden Visionen von Rasse- und Sozialhygiene im frühen 20. Jahrhundert die amerikanische Eugenikbewegung antrieben und sich in einschlägigen Sterilisationsgesetzen niederschlugen, ist belegt. Weniger bekannt hingegen ist der Kotau Hollywoods vor diesem Zeitgeist: In dem 1930 geschlossenen *Production Code* verpflichteten sich die großen Studios unter anderem darauf, ‚Mischehen' zwischen Schwarzen und Weißen nicht zu thematisieren. Von dieser Selbstbindung rückte man erst 1956 ab, bemerkenswerterweise zu einer Zeit, als die Ängste vor ‚Rassen'- und ‚Blutsvermischung' wieder aufwallten, nachdem der Oberste Gerichtshof mit seinem Grundsatzurteil *Brown v. Board of Education* die Rassentrennung in öffentlichen Schulen aufgehoben hatte und die Bürgerrechtsbewegung mit zunehmendem Erfolg gegen die alltägliche Diskriminierung anging.

Die Umbrüche der 1950er Jahre spiegeln sich in den *Searchers* auf prägnante Weise. So vehement die Protagonisten in ihrer Mehrheit die Segregation alles Fremden und Unerwünschten auch einfordern, am Ende bleibt ihnen nur das Eingeständnis der Vergeblichkeit. Ethan mag über die Adoption des ‚Halbbluts' Martin zetern, Laurie sich über Debbies rote Gesellschaft ereifern – aufhalten oder korrigieren können sie rein gar nichts. Vielleicht lässt sich damit auch das Rätsel um Ethans Sinneswandel lösen. Der Film gibt keinen Hinweis, warum er Debbie nicht tötet. Weil er in ihr die Mutter, seine ehemalige Geliebte, zu erkennen glaubt? Weil Debbie seine Tochter ist? Oder in erster Linie, weil er sich resignierend in das Unvermeidliche fügt? Für Letzteres spricht auch die Entwicklung seiner Beziehung zu Martin. Je mehr sie gemeinsam erleben, desto deutlicher erkennt Ethan, dass er auf den anfänglich verspotteten ‚Ein-Achtel-Indianer' angewiesen ist

und von ihm lernen kann. Am Ende verfasst er gar sein Testament zu dessen Gunsten und lässt ihm bei der Rückkehr zur Jorgensen-Farm demonstrativ den Vortritt.
Ebenfalls bleibt offen, ob und wie Debbie ihre Rückkehr in die weiße Gesellschaft verkraften wird. Das Schicksal Cynthia Ann Parkers, die bei den Komantschen ihr Glück gefunden hatte, war vielen Zeitgenossen durch den Erfolgsroman von Alan Le May bekannt. John Ford spielt in der Schlusssequenz offensichtlich auf den Preis einer erzwungenen Repatriierung an. Außer Ethan betreten alle Protagonisten einen beklemmend dunklen Raum und verschwinden hinter einer schwer ins Schloss fallenden Tür. Der undurchschaubare Ethan hingegen reitet allein in die lichte Landschaft. Zwar bleibt auch diese Szene so ambivalent und deutungsoffen wie der gesamte Film. Aber beliebig ist sie auf keinen Fall. Ein Happy End – in diesem Fall eine wiederbelebte Hommage an rassische Homogenität mit entsprechend klar konturierten Geschlechterrollen – hätte anderer Bilder, Töne und Farben bedurft. Was stattdessen haften bleibt, ist der Eindruck vielfältiger Probleme, die ungelöst bleiben, weil es möglicherweise für sie gar keine Lösung gibt. Zumindest keine Lösung im Rahmen herkömmlichen Denkens und Fühlens.
Dass *The Searchers* anfänglich sehr reserviert aufgenommen wurde, dass der eingespielte Ertrag ebenso flau ausfiel wie die Kritiken und an eine Oscar-Nominierung nicht zu denken war, passte zu Geist und Stimmung der Zeit. 1956 hatten sich die USA noch lange nicht von dem geistigen Belagerungszustand namens McCarthyismus und dessen zwanghaftem Appell an politische und gesellschaftliche Flurbereinigungen erholt. Erst in den 1980er Jahren war der Tag einer angemessenen Würdigung des Films gekommen, überschütteten Regisseure wie Steven Spielberg, Martin Scorsese oder Jean-Luc Godard ihren Kollegen John Ford mit Lob für die Subtilität von Dialogen, Kameraführung und Bildkomposition. Zu Recht war die Rede von einem Western, der die Grenzen seines Genres sprengte. Aber, so ist hinzuzufügen, *The Searchers* wird auch und gerade aus einem weiteren Grund ein großer Film bleiben: John Ford traktierte *avant la lettre* ein Thema, das trotz aller gesellschaftlichen Veränderungen noch immer merkwürdig aktuell, um nicht zu sagen überzeitlich, anmutet – den sexuell aufgeladenen Rassismus und eine rassistisch definierte Sexualität nämlich. Kurz: *race&sex*.

Querverweise

- Spike Lee: *Jungle Fever* (1991)
- G. W. Pabst: *Geheimnisse einer Seele* (1926)
- D. W. Griffith: *The Birth of a Nation* (1915)
- James F. Cooper: *The Last of the Mohicans: A Narrative of 1757* (1826)
- *Civilization Fund Act* (1819)
- Mary Rowlandson: *The Sovereignty and Goodness of God* (1682)
- John Smith: *Generall Historie of Virginia* (1624)

Literatur

Eckstein, Arthur M. / Peter Lehmann (Hrsg.): *The Searchers: Essays and Reflections on John Ford's Classic Western*. Detroit, MI: Wayne State UP 2004.

Frankel, Glenn: *The Searchers: The Making of an American Legend*. New York: Bloomsburg 2013.

Le May, Alan: *The Searchers*. New York: Buccaneer 1954.

Film

The Searchers (*Der Schwarze Falke*, USA 1956, R: John Ford).

Helmut Schelsky: *Soziologie der Sexualität* (1955)
Oder: Grenzen eines „modernen Konservatismus“

Axel Schildt

Kein soziologisches Werk wurde in der Bundesrepublik der 1950er und 1960er Jahre häufiger verkauft als Helmut Schelskys *Soziologie der Sexualität*, das im Untertitel Aufschlüsse „über die Beziehungen zwischen Geschlecht, Moral und Gesellschaft“ versprach. Das Buch erschien im September 1955 in der Reihe *rowohlts deutsche enzyklopädie* und wurde über zwei Jahrzehnte hinweg immer wieder neu aufgelegt.[1] Erst in den 1970er Jahren schwand das Interesse, heute gilt die *Soziologie der Sexualität* bestenfalls noch als zeit- und wissenschaftsgeschichtliches Dokument (siehe auch Wöhrle). Dieser Alterungsprozess wurde nicht begleitet von nennenswerten Auseinandersetzungen um den Text, sondern deutet einen rasanten Umschwung diskursiver Hegemonien beim Thema der Sexualität an, der sich im Laufe der ‚langen 60er Jahre‘ vollzog.

Wenn man Schelskys Schrift als Sonde für die Betrachtung der ‚Moralverhältnisse‘ der westdeutschen Wiederaufbaugesellschaft nutzen möchte, bieten sich drei Perspektiven an. Zunächst soll allgemein nach den Faktoren gefragt werden, die den enormen öffentlichen Erfolg bedingten; danach geht es um die strikte normative Abgrenzung von der angeblich typischen amerikanischen Informalisierung der Sexualität. Und schließlich zeigt der Blick auf die von Schelsky als Krankheit angesehene Homosexualität die blinden Flecken einer angeblich nüchternen wissenschaftlichen Abhandlung. Insgesamt lässt Schelskys Schrift interessante Rückschlüsse auf die auch mit seinem Namen verbundene Transformation eines älteren in einen neueren ‚technokratischen Konservatismus‘ ziehen.

1 Ich zitiere im Folgenden aus meinem damals gekauften Exemplar der 17. Auflage vom Juli 1967, mit der eine Gesamtauflage von 168.000 erreicht worden war.

Soziologie der Sexualität im Kontext der Wiederaufbaugesellschaft

In den 1950er Jahren war es nicht selbstverständlich, für ein breiteres Publikum über die *Soziologie der Sexualität* zu schreiben. In der wenig aufgeklärten Gesellschaft waren außerhalb der schmalen fachwissenschaftlichen Expertenszene vor allem die Kirchen legitimiert, mit zweifelhaften Traktaten zur Aufklärung von Jugendlichen und zur Schulung von Brautpaaren beizutragen. (Herzog, S. 127–134) In der großen Rundfunk- und Fernsehprogrammzeitschrift *Hör Zu* wurde angeboten: „Fragen Sie Frau Irene!“[2] Und am Rande der Legalität bewegte sich der Versandhandel von Beate Uhse (Heinemann; Steinbacher, S. 242–273). Aber die Einbeziehung der allgemeinen Öffentlichkeit in die wissenschaftliche Sicht des Phänomens der Sexualität war neu. Schelsky benennt im Vorwort das Paradox: Einerseits halte er „jene altmodische Ansicht für die einzig richtige“, nach der die Erörterung von Sexualität den Fachleuten vorbehalten sein sollte, andererseits lege er ein Buch für ein breiteres Publikum dazu vor. Aber die „Tabuierung des Geschlechtlichen im öffentlichen Gespräch“ sei nicht mehr zeitgemäß, nachdem die „Psychoanalyse zum interessanten gesellschaftlichen Gesprächsstoff, ja schon zu einem Gesellschaftsspiel geworden ist.“ (S. 7) Mit der „Emanzipation der Sexualität seit der Jahrhundertwende“ sei das „Kind mit dem Bade ausgeschüttet“ (S. 8) worden. Die „funktionale Bedeutung von Traditionen“ würde gerade erst von der Wissenschaft „durch Einsicht“ wieder neu entdeckt. Schelsky begründet also seine Schrift mit ihrer gesellschaftlich konservativen Botschaft.

Das Unternehmen einer *deutschen enzyklopädie*, das der italienische Schriftsteller und Kulturphilosoph Ernesto Grassi dem zu spontanen Entscheidungen neigenden Verleger Ernst Rowohlt schmackhaft machen konnte, startete 1955 mit einigen Titeln, unter denen als zweiter derjenige von Helmut Schelsky war. Der Erfolg von *rde* war grandios, Startauflagen gingen regelmäßig in die Zehntausende. Es handelte sich um das Versprechen, in Form eines schmalen Taschenbuchs – die *Soziologie der Sexualität* umfasste 148 Seiten – das gesamte Wissen der Moderne aus berufener Feder zu erhalten. Ein näherer Blick auf den Herausgeber, den ‚Wissenschaftlichen Beirat‘ und das Programm lässt allerdings Zweifel am progressiven Image aufkommen.

Ernesto Grassi, der Herausgeber, hatte als Italiener mit sehr guten Kontakten zum faschistischen Regime seiner Heimat,

2 Pseudonym von Walter von Hollander, der schon in der Zwischenkriegszeit zu Ehefragen publiziert hatte; Seegers, S. 363 ff.

aber auch zu katholischen Kreisen, im Berlin der Vorkriegszeit gearbeitet (siehe Büttemeyer). Nach dem Zweiten Weltkrieg bekleidete er in München die Stelle eines Außerordentlichen Professors der Philosophie, seine Allüren waren die eines Bohemien. Den vor allem von ihm zusammengestellten internationalen ‚Wissenschaftlichen Beirat' schmückten zahlreiche Namen rechtskatholischer und nationalkonservativer Größen aus der Geisteswissenschaft, von Alois Dempf und Hans Sedlmayr bis zu Percy Ernst Schramm, gemischt mit einigen liberalen Geistern wie Alexander Mitscherlich und eben Helmut Schelsky, bei Gründung der Reihe 43 Jahre alt. Er galt bereits als Star, hatte erfolgreich große empirische Projekte zu Flüchtlingen, zur Situation der Familien und zur Arbeiterjugend (in Kooperation mit den Gewerkschaften) durchgeführt. Hervorragende Kontakte unterhielt er zu Kreisen der evangelischen Kirche, im Rundfunk, in Zeitungen und Zeitschriften war er mit intellektuellen Wortmeldungen immer wieder vertreten.

Ein Blick auf das Programm von *rde* zeigt eine zeitspezifische Melange von traditionell konservativen geisteswissenschaftlichen Titeln von Romano Guardini bis zu Hans Sedlmayr und José Ortega y Gasset, aber noch viel mehr Titel von Autoren, die heute unter der wenig konkreten Sammelbezeichnung des ‚modernen' oder ‚technokratischen' Konservatismus subsumiert werden, von dem Anthropologen und Soziologen Arnold Gehlen, einem der Lehrer von Schelsky, bis zu dem Kölner Ökonomen Günter Schmölders, der am Beispiel des Konsums eine systematische Verbindung von Betriebswirtschaftslehre und Verhaltensforschung betrieb. Das Profil von *rde* wird vor allem im Kontrast zur *edition suhrkamp* deutlich, die acht Jahre später, 1963, aus der Taufe gehoben wurde und *rde* sofort den Rang ablief. Während dort von vornherein sehr viele Autoren aus der marxistischen Tradition der Zwischenkriegszeit vertreten waren, gab es solche in der Reihe von Ernesto Grasse nicht. Erst Mitte der 1960er Jahre akzeptierte er einen von Fritz J. Raddatz vorgeschlagenen Text von Georg Lukács.

Bei der Grundlegung seines Themas stützte sich Schelsky vor allem auf „die sozial-anthropologischen Grundlagen der menschlichen Sexualität" (S. 8), bei denen Margaret Mead und Arnold Gehlen die kulturell überformende Standardisierung und Institutionalisierung der Rollen von Mann und Frau betont hatten, die sich im Verlaufe der Geschichte weiter differenzierten. Schelsky weist etwa hin auf „sozialschichtenspezifische Unterschiede des geschlechtlichen Verhaltens bis in den leiblichen Habitus des Geschlechtsaktes hinein." (S. 24) Norm- und modellbildend werde immer stärker die Schicht der unverheirateten, berufstätigen

Frauen. Die Ehe, so erklärt Schelsky, sei „keine primär sexuelle Institution" (S. 27), sondern eine „primär der biologisch erforderlichen langandauernden Fürsorge für die Nachkommenschaft gewidmete, vorwiegend ökonomische Gemeinschaft, deren Dauer und Verpflichtungen durch Religion, Sitte und Gesetz sozial geregelt und anerkannt wird." (S. 29) Die Ehe als soziale Regulierung der Geschlechterbeziehungen gründe insofern nicht direkt auf der Sexualität. Vom katholischen Sakrament der Ehe oder der Heiligkeit dieser Institution ist an keiner Stelle die Rede, es geht um die Stabilisierung der Gesellschaft als solcher. Die Regelung der vorehelichen Sexualität skizziert Schelsky in ihrer Varianzbreite als kulturhistorischen Möglichkeitsraum, die Prostitution wird als „Komplementär-Institution des spezifischen Sexualhabitus der patriarchalisch-monogamen Ehe der abendländischen Traditionen" (S. 39) in einen legitimen Status überführt. Allerdings widerspricht Schelsky vehement dem Missverständnis einer daraus zu folgernden Relativierung aller sexuellen Verhaltensformen, denn er halte „Normenabschwächungen für unberechtigt und gefährlich." (S. 48) Diese Positionierung – funktional zentrale Rolle der Ehe, relative Liberalität im Blick auf voreheliche Sexualität und die Prostitution als „Komplementär-Institution" – entsprach ganz offensichtlich den weltanschaulichen Komfortbedürfnissen einer Leserschaft, die eine nüchterne sozialwissenschaftliche Sicht den kirchlichen Normen vorzog, deshalb aber noch längst nicht in Kategorien sexueller Emanzipation dachte.

Hauptfeind: Kinsey-Reports

Die Kinsey-Reports über das sexuelle Verhalten des Mannes und der Frau, die, veröffentlicht 1948 bzw. 1953, in den USA erstmals demoskopisch die Meinungen über sexuelle Verhaltensformen in breitem Maßstab erhoben, waren die Texte, gegen die Schelsky vor allem anschrieb. Damit stand er nicht allein. Bevor überhaupt der Fischer Verlag – in umgekehrter Reihenfolge – 1954 und 1955 eine deutsche Übersetzung publizierte, hatte es bereits eine Reihe demagogischer Auseinandersetzungen mit Kinsey gegeben (Steinbacher, S. 135–165). Schelsky bezweifelte nicht, dass dessen empirische Erhebungen die Realität widerspiegelten, in der scheinbar abnorme sexuelle Praktiken viel weiter verbreitet waren als gedacht. Er stimmte Kinsey auch zu, dass die „Vielfältigkeit und Plastizität der Sexualbetätigung natürlich" (S. 51) sei. Aber zwei Punkte griff er scharf an: Zum ersten die These, aus der „biologisch natürlichen Variabilität des Sexualverhaltens" (S. 51) ergebe sich auch die entsprechende moralische Erlaubnis für das eigene Verhalten. Diesen liberalen Schluss interpretierte Schelsky als „reformsüchtige Opposition" gegen den „übertriebenen Moral-Perfektionismus puritanischer Tradition" (S. 52) in den USA. Aber noch bedenklicher war für Schelsky der Umstand, dass die Kenntnis der empirischen Variabilität der Sexualität selbst eine normierende Wirkung entfalte. An einer Stelle seines Buches wird deutlich, dass Schelsky mitnichten eine nüchterne Beschreibung des Phänomens der Sexualität beabsichtigte, sondern im Banne der politischen Propaganda des Kalten Krieges stand:

> Ein amerikanischer Armeepfarrer, der soeben aus Korea zurückgekehrt ist, hat festgestellt, daß Professor Kinseys Untersuchung über das Geschlechtsleben der Frau unter den Soldaten in Fernost eine verheerende Wirkung gehabt habe. Keine kommunistische Propaganda könne so demoralisierend wirken wie die Behauptung, daß jede vierte Frau ihrem Mann untreu sei. (S. 56)

Dieses besonders krasse Beispiel für die „erschütternde und verderbliche Wirkung der Kinsey-Reporte" (S. 57) zielte auf das grundsätzliche Problem einer sexuellen Informalisierung, durch die jede gesellschaftliche Stabilisierung gestört werde. Eben die Zerstörung festgefügter und nicht zu hinterfragender Ordnung als Konsequenz typisch amerikanischer Informalisierung spielte eine tragende Rolle in zeitgenössischen Stellungnahmen kulturpessimistischer Publizisten.

Homosexualität als Krankheit

Von allen „sexuell abnormen Verhaltensweisen der Sexualität" (S. 117), die durch Kinsey legitimiert werden könnten, hielt Schelsky die Homosexualität für die gefährlichste. Ohne jede eigene Expertise stützte Schelsky seine Ausführungen hier auf unveröffentlichte Ausführungen seines männerbündlerischen Freundes, des Hamburger Psychologen Hans Bürger-Prinz (S. 66). Grundsätzlich problematisierte Schelsky die Vorschläge von liberaler Seite, die Homosexualität „von der gesellschaftlichen Diskriminierung zu befreien und ihr als einer geschlechtlichen Minderheitenhaltung die soziale Anerkennung zu gewähren." (S. 86) Dies könne die „sozialen, kulturellen und geistigen Grundordnungen unserer geschichtlichen Tradition in noch viel stärkerem Maße" erschüttern, als ohnehin schon durch die „Wandlungen im Verhältnis der beiden Geschlechter zueinander" (S. 86) geschehen. Die Ablehnung der Liberalisierung des Strafrechts im Blick auf die Homosexualität, erst 1969 wurde der § 175 gelockert, entsprach einer Mehrheitsmeinung, die sich durch Schelsky wiederum bestätigt fühlen konnte. Die emotionalen Ausfälle gegen die Homosexualität transportierten zugleich generationelle Klischeevorstellungen bündisch-jugendbewegter Männer aus dem Bürgertum. Schelsky fühlt sich bemüßigt, mit Hans Blüher, einem homoerotischen

Guru der Wandervogelbewegung, abzurechnen, der von einer „ursprünglichen Vergesellschaftung homosexuell Veranlagter in den Jugendbünden" (S. 80) gesprochen habe. Die maskulinistischen Konzeptionen Blühers, für eine ganze Generation Jugendbewegter Inkarnation eines partiell faszinierenden, aber umso radikaler abzulehnenden gefährlichen Männlichkeitsbildes, bildeten offenbar die lebensgeschichtliche Unterlage für die Position Schelskys in den 1950er Jahren.

Fazit

Die Analyse des Phänomens der Sexualität aus soziologischer Perspektive war in einer Zeit, in der viele Menschen dachten, Soziologie sei etwas Ähnliches wie Sozialismus, zunächst ungewöhnlich. Allerdings erfolgte Schelskys Auseinandersetzung mit diesem Thema zur Propagierung der stabilisierenden Funktion von Ehe und Familie. Eine sexuelle Informalisierung, wie sie durch die Untersuchungen von Alfred C. Kinsey in den USA angezeigt wurden, lehnte Schelsky ebenso strikt ab wie die Enttabuisierung der Homosexualität. Die wenig untersuchte thematische Dimension der *Soziologie der Sexualität* lässt zudem einen Blick auf die Transformation in einen ‚modernen' Konservatismus werfen. Dieser zeichnet(e) sich aus durch die heroische Einsicht in die kulturelle Irreversibilität der Moderne; erst diese Einsicht ermögliche den konservativen Eliten wieder die Beherrschung von Politik und Gesellschaft, so betonten es Hans Freyer, Arnold Gehlen und Helmut Schelsky bei zahlreichen Gelegenheiten. Zugleich zeigt die *Soziologie der Sexualität*, welche roten Linien in der Anpassung gegenüber der Modernisierung der Lebensverhältnisse keinesfalls überschritten werden sollten. Die sexuelle Ordnung mit der Ehe zwischen Mann und Frau im Zentrum jedenfalls galt in der Wiederaufbaugesellschaft, als die Scheidungsziffern sich auf einem historischen Tiefststand befanden, als stabiler Fels inmitten der Brandung lebensweltlicher Veränderungen. Jede Infragestellung dieser Ordnung traf auf erbitterten Widerstand von konservativen Publizisten, selbst wenn sie ansonsten ihren Frieden mit der technischen Modernisierung gemacht hatten.

Querverweise

- R. Lautmann / W. Grikschat / E. Schmidt: Der rosa Winkel (1977)
- Günter Amendt: *Sexfront* (1970)
- Urlaub – Liebe inbegriffen (*stern*, 1960)
- Richard Freiherr von Krafft-Ebing: *Psychopathia sexualis* (1886)

Literatur

Büttemeyer, Wilhelm: *Ernesto Grassi. Humanismus zwischen Faschismus und Nationalsozialismus*. Freiburg: Alber 2009.

Heineman, Elisabeth: *Before Porn was Legal. The Erotica Empire of Beate Uhse*. Chicago, IL: University of Chicago Press 2011.

Herzog, Dagmar: *Die Politisierung der Lust. Sexualität in der deutschen Geschichte des 20. Jahrhunderts*. München: Siedler 2005.

Schelsky, Helmut: *Soziologie der Sexualität. Über die Beziehungen zwischen Geschlecht, Moral und Gesellschaft*. Reinbek: Rowohlt 1955.

Seegers, Lu: *Hör Zu! Eduard Rhein und die Rundfunkprogrammzeitschriften (1931–1965)*. Potsdam: vbb 2001.

Steinbacher, Sybille: *Wie der Sex nach Deutschland kam. Der Kampf um Sittlichkeit und Anstand in der frühen Bundesrepublik*. München: Siedler 2011.

Wöhrle, Patrick: Schelskys ‚Soziologie der Sexualität' zwischen Geschlechterkonstruktivismus und Soziologiefolgenabschätzung. In: Alexander Gallus (Hrsg.): *Helmut Schelsky – der politische Anti-Soziologe. Eine Neurezeption*. Göttingen: Wallstein 2013, S. 170–183.

Frantz Fanon: *Schwarze Haut, weiße Masken* (1952) Oder: „Die Befreiung des farbigen Menschen von sich selbst"

Andreas Eckert

„Wir haben nichts Geringeres vor, als den farbigen Menschen von sich selbst zu befreien. Wir werden sehr langsam vorgehen, denn es gibt zwei Lager: das weiße und das schwarze." Mit Sätzen wie diesen schlug Frantz Fanon, der radikale Theoretiker der antikolonialen Revolution, in seinem 1952 publizierten Erstling *Schwarze Haut, weiße Masken* neue Töne an. Das Buch ist inzwischen zu einem zentralen Referenztext des Postkolonialismus geworden. Lange Zeit jedoch blieb die Rezeption dieses Werkes überlagert von Fanons *Die Verdammten dieser Erde*, 1961 wenige Tage nach seinem frühem Leukämie-Tod publiziert: Dieser Text, halb sozialpsychologische Analyse des Kolonialismus, halb politische Kampfschrift, avancierte zu einem zentralen Erweckungstext der antikolonialen Linken in vielen Teilen der Welt. In den zehn Jahren nach seinem Erscheinen erlebte das Buch acht Auflagen in Frankreich, vier in den USA und drei in Großbritannien. In Deutschland erschien es 1966 zuerst im renommierten Suhrkamp Verlag, drei Jahre darauf in der seinerzeit weit verbreiteten und von einem progressiven Geist umwehten Reihe „rororo aktuell". *Schwarze Haut, weiße Masken* erlebte hingegen erst 1980 in einem kleinen, dezidiert linken Verlag (Syndikat) seine deutsche Erstausgabe, 1985, als Fanon hierzulande eher eine Randfigur war, erschien das Buch dann bei Suhrkamp.

Frantz Fanon war, wie einer seiner Biografen schrieb, ein Mann „mit vielen Identitäten, vielen Talenten und vielen Betätigungen" (Martin, S. 165). 1925 auf der von Frankreich kolonial beherrschten Karibikinsel Martinique geboren, meldete er sich 1944 freiwillig zur französischen Armee, um gegen das nationalsozialistische Deutschland zu kämpfen. „Jedes Mal, wenn die Würde und die Freiheit des Menschen auf dem Spiel stehen, betrifft uns das, ob Weiße, Schwarze oder Gelbe, und jedes Mal, wenn sie bedroht sind, wo immer das auch ist, werde ich mich vorbehaltlos einsetzen", verkündete er damals (zit. n. Cherki, S. 33). Fanon musste jedoch erleben, dass er als schwarzer Soldat von den weißen Franzosen nicht als ebenbürtig behandelt wurde – ein Einschnitt, der in *Schwarze Haut* starken Widerhall finden sollte. Nach dem Zweiten Weltkrieg studierte er Medizin und Philosophie in Frankreich und ging zu Beginn der 1950er Jahre nach Algerien, wo er einige Zeit als Chefarzt einer psychiatrischen Klinik arbeitete. Nach dem Ausbruch des algerischen Unabhängigkeitskrieges schloss er sich 1956 der Partei Front de Libération Nationale (FLN) an, für die er zeitweilig als Gesandter unterwegs war. Die Unabhängigkeit Algeriens erlebte er jedoch nicht mehr.

Ironischerweise waren es zwei Vorworte, die Fanons Rezeption stark bestimmten. „Einen Europäer erschlagen, heißt zwei Fliegen auf einmal treffen… Was übrigbleibt, ist ein toter Mensch und ein freier Mensch." Nicht zuletzt solche Aussagen haben die Lektüre von *Die Verdammten dieser Erde* als Gebrauchsanweisung für den bewaffneten Befreiungskampf begünstigt. Die Ironie liegt allerdings darin, dass dieser Satz gar nicht von Fanon selbst stammt, sondern eben aus dem Vorwort zum Buch, und Autor der vor Zorn bebenden Zeilen war niemand Geringerer als Jean-Paul Sartre. Viele sind offenbar, wie der Essayist Lothar Baier (S. 15) einmal spöttisch bemerkte, über die Lektüre von Sartres Vorwort nie hinausgekommen und haben sich die dort vorgenommene rigorose Zuspitzung von Fanons Thesen zu Eigen gemacht. Dessen Argumentation war zwar kompromisslos, aber doch nuancenreicher und subtiler als in der Sartreschen Verkürzung. Gleichwohl lässt sich nicht leugnen, dass Fanon letztlich die Gewalt als einzig wirksames antikoloniales Gegenmittel propagierte. Den Gedanken der Menschenwürde, wie er im Westen vertreten wurde, empfand er als heuchlerisch und er distanzierte sich explizit von ihm: „Von jenem idealen Menschen hat der Kolonisierte niemals gehört. Was er auf seinem Boden gesehen hat, ist, dass man ihn ungestraft festnehmen, schlagen, aushungern kann." Der Glaube an Rechts- und Menschenrechtsversprechen war für ihn lediglich ein faules Arrangement mit den kolonialen Unterdrückern. Fanons Sicht von Gewalt als Gegeninstrument zur Kraft des Kolonialismus hat eine Reihe von anderen afrikanischen Intellektuellen inspiriert. Vor allem aber hat sie Intellektuelle im Westen angesprochen, die die Folgen dieser Gewalt nicht tragen mussten.

In den 1980er Jahren versank Fanons Werk mehr oder weniger in der Nichtbeachtung. Sein Name war nicht allein in der Bundesrepublik nur noch wenigen Kultur- und

Sozialwissenschaftlern ein Begriff. Im *Lexikon linker Leitfiguren* schrieb Herfried Münkler im Jahr 1988 (S. 17) dann auch vom „Scheitern der Fanonschen Perspektive". Die einen stempelten ihn zum Gewaltverherrlicher oder gar Rassisten ab, die anderen erklärten ihn zum Klassiker, den man wie alle Klassiker nicht zu lesen brauchte. Nicht zuletzt ein weiteres Vorwort leitete ein – bis heute andauerndes – Revival Fanons ein, nun vornehmlich im Kontext der Postcolonial Studies. 1986 adelte Homi Bhabha die britische Neuausgabe von *Schwarze Haut, weiße Masken* mit seinen einleitenden Worten, in denen er Fanon als „Mittler der das Alte überschreitenden Wahrheit des Übergangs" pries. „Sich an Fanon erinnern", schrieb Bhabha, „heißt, sich einem Prozess intensiver Entdeckungen und Orientierungen auszusetzen." Erinnerung sei ein schmerzhaftes Zusammenfügen der zerstückelten Vergangenheit, um das Trauma der Gegenwart verstehen zu können. „Und gerade Fanon führt uns eine solche Erinnerung an die Geschichte von Rasse und Rassismus, des Kolonialismus und der kolonialen Identität mit größerer Tiefe und Poesie als jeder andere Schriftsteller vor Augen" (Bhabha, S. 93). Damit lieferte Bhabha einige der zentralen Stichworte für die sich nun rasch ausweitende Fanon-Rezeption. In der Folge setzte ein „Critical Fanonism" (Henry Louis Gates jr.) ein, der Fanon als *postcolonial scholar avant la lettre* konstruierte und sich partiell in ein recht hermetisches Zitierkartell transformierte, in dem es vornehmlich um die, wie Mark Terkessidis konstatierte, „clevere Auslegung und die noch cleverere Kritik an der cleveren Auslegung" zu gehen scheint. In diesem Zusammenhang verbreitete sich eine Lesart, die Fanons frühes Werk (und insbesondere *Schwarze Haut*) als noch stark von Négritude und Existenzialismus geprägten Ausdruck individueller politischer Revolte mit dem späten, durch Hinwendung zur kollektiven bzw. nationalen Revolution charakterisierten Œuvre (repräsentiert durch *Die Verdammten*) kontrastiert. Demgegenüber steht eine Deutungsrichtung, welche *Schwarze Haut* als, so etwa David Macey (S. 88) „continued source of political embarrassment" hervorhebt und die große Aktualität der in diesem Buch von Fanon geleisteten Analyse der Mechanismen von Rassismus unterstreicht. Insgesamt scheinen sich viele Wissenschaftler_innen jeweils ihren Fanon zu konstruieren, so dass sich eine extreme Fülle von Deutungen und Nutzungen gerade von *Peau Noire* herausgebildet hat, die das Werk selbst überlagern. Ein Teil dieser Deutungen erweckt freilich den Eindruck, ohne die genaue Lektüre des Textes entstanden zu sein. Daher scheint es ratsam, noch einmal den Inhalt des Buches darzulegen:

In *Schwarze Haut, weiße Masken* entfaltet Fanon eine Körper und Sprache einbeziehende Phänomenologie des Rassismus, die in der Tat – trotz problematischer Aspekte – weiterhin bedenkenswert ist. Und er bietet in diesem Buch keineswegs überholte Perspektiven auf den Kolonialismus, der auf höchst problematischen ‚Werten' beruhe: „Wiewohl man im Namen der Intelligenz und der Philosophie die Gleichheit der Menschen verkündet, beschließt man in ihrem Namen auch ihre Ausrottung" (Fanon 2013, S. 28). Das Buch stellt eine ungewöhnliche und gewöhnungsbedürftige Mischung aus Psychoanalyse, Existenzphilosophie, Literatur und autobiografischen Reflektionen mit dem Ziel dar, die durch den Rassismus hervorgerufenen Phänomene der Entfremdung schwarzer Menschen zu fassen. Fanon selbst wies seinen Text einleitend als „klinische Studie" aus, machte aber sogleich deutlich (obgleich dieser Aspekt im Buch selbst dann aber kaum aufgegriffen wird), dass sich der von ihm konstatierte Minderwertigkeitskomplex der Schwarzen zuerst ökonomisch und erst dann in der Internalisierung äußere. Wichtige Impulse erhielt Fanon aus Sartres Hauptwerk *Das Sein und das Nichts*. Die Beziehung zwischen den Angehörigen verschiedener ‚Rassen' erklärt sich laut Fanon in Analogie zum Verhältnis zwischen Ich und Anderen, das bei Sartre freilich als ein Verhältnis zwischen Gleichen konzipiert ist. In einer von rassistischen Denkmustern geprägten Gesellschaftsordnung werden hingegen Schwarze durch den Blick der Weißen in der Regel zu einem Objekt gemacht. In den viel zitierten Worten von Stuart Hall:

> Not only is Fanon's Negro caught, transfixed, emptied and exploded in the fetishistic and stereotypical dialectics of the "look" from the place of the Other: but he/she *becomes* – has no other self than – this *self-as-Othered*. (Hall, S. 17)

Fanon konstatierte bei Schwarzen eine „Verinnerlichung oder besser Epidermisierung" von Minderwertigkeit sowie einen Bruch des Bewusstseins, der sich darin äußere, dass ein Schwarzer in jedem Augenblick gegen sein Bild kämpfe und sich „zu einem Weißen anders als zu einem anderen Schwarzen" (S. 17) verhalte.

Die Erfahrungen des Krieges und des Studiums in Frankreich konfrontierten Fanon eindringlich mit der überheblichen weißen Fratze Frankreichs und des „weißen Blicks": „Dabei wollte ich ein Mensch unter anderen Menschen sein", schreibt Fanon. „Aber dann entdeckte ich mich als Objekt inmitten anderer Objekte" (Fanon 2013, S. 104, 101). In *Schwarze Haut* beschreibt er detailliert, wie er der Macht des weißen Blicks begegnete:

> „Mama, schau doch, der Neger da, ich hab Angst!“ Angst! Angst! Man fing also an, sich vor mir zu fürchten. Ich wollte mich amüsieren, bis zum Ersticken, doch das war mir unmöglich geworden. […] Ich maß mich mit objektivem Blick, entdeckte meine Schwärze, meine ethnischen Merkmale – und Wörter zerrissen mir mein Trommelfell: Menschenfresserei, geistige Zurückgebliebenheit, Fetischismus, Rassenmakel, Sklavenschiffe und vor allem, ja vor allem „Y a bon Banania“. (S. 103–104)

Die Primitivisierung des Schwarzen durch sprachliche Mittel, etwa durch die Anrede in Form des Pidgin, und die damit verknüpfte Aberkennung von Kultur, Zivilisation und Geschichtlichkeit wird von Fanon eindringlich dargelegt: „Du sitzt im Zug und fragst: ‚Entschuldigen Sie, Monsieur, können Sie mir bitte sagen, wo sich der Speisewagen befindet?‘ ‚Ja, mein Freund, du müssen nehmen Gang geradeaus, eins zwei, drei, da ist's.‘“ (Fanon 2013, S. 35). Obwohl Fanon durchaus mit Respekt von Leopold Sédar Senghor und Aimé Césaire schrieb, bot die Négritude mit ihrer Betonung der schwarzen Kultur als Quelle des Stolzes für ihn keine Alternative aus diesem Dilemma. Deren Festschreibung von Wesensmerkmalen wie etwa ‚schwarzer‘ Sinnlichkeit, die gegen eine ‚weiße‘ Rationalität gestellt wurde, erachtete er überdies als irreführend.

In *Schwarze Haut* ist Fanon gleichsam ganz nah am Körper, vielleicht weil er, wie seine Biografin Alice Cherki vermutet, „den ersten Entwurf dieses Buches diktiert [hat], wobei er wie ein improvisierender Redner hin und her ging; der Rhythmus des Körpers in Bewegung.“ (S. 54) Wie Fanon hervorhebt, liegt der Ursprung des kolonialen Rassismus in dem, was er als „sexuelle Furcht“ und als „Sexualneid“ bezeichnet. Scharfsinnig analysiert er die rassistische Konstruktion des schwarzen Mannes als äquivalent mit den biologischen Attributen kleines Gehirn, großer Penis. Mit anderen Worten: Der Schwarze werde als intellektuell minderwertig und sexuell hyperpotent konstruiert. Der Rassist, der seine Phantasien auf den Schwarzen projiziert, tue so, als gäbe es den Schwarzen, dessen Bild er konstruiert, tatsächlich. Die Entfremdung beginne, so Fanon, erst richtig, wenn der Schwarze nun seinerseits dieses Bild getreulich reproduziert, als wäre es nicht nur wahr, sondern ginge auch auf ihn selbst zurück. Aber worauf der Rassismus symbolisch ziele, sei in Wirklichkeit die Kastration oder die Vernichtung des Penis, des Symbols der Männlichkeit. „Der Neger […] ist auf das Genitale fixiert.“ Doch paradoxerweise sieht man „nicht mehr den Neger, sondern ein Glied: der Neger ist verschwunden. Er ist zum Glied geworden. Er *ist* Penis“ (Fanon 2013, S. 153–154). Feministische Kritikerinnen haben freilich zum Teil scharfe Kritik an Fanons partiell sexistischen Stereotypisierungen geübt. „Fanon's descriptions of women", konstatiert etwa Rey Chow (S. 46), „do not depart significantly from the traditionalist masculinist view that equates women with sex."

Am Ende nimmt Fanons Buch eine eigentümliche Wende. „Der Neger ist nicht. Ebenso wenig der Weiße", heißt es da. Und weiter: „Beide müssen wir die unmenschlichen Wege unserer Vorfahren verlassen, damit eine wirkliche Kommunikation entstehen kann" (Fanon 2013, S. 211). Dieser ‚Ausweg' steht in beträchtlichem Kontrast zu der von ihm im Buch detailliert dargelegten Stabilität der kolonialen Standards, die das Weiß-Sein als Norm gesetzt habe, die wiederum gerade auch durch Nicht-Weiße permanent reproduziert werde.

Fanons Beschreibung der psychologischen Effekte alltagsrassistischer Erfahrung, die ihren unmittelbaren Bezugspunkt im Alltag der französischen Karibik-Kolonien, vor allem aber in den Lebensumständen schwarzer Migranten im Frankreich der Nachkriegszeit hat, ist von vielen Interpreten aus diesem Kontext herausgelöst und auf methodisch sehr problematische Weise etwa sehr allgemein als Referenz für die Zeitlosigkeit des Alltagsrassismus genutzt worden. Kolonialismus-Historiker_innen setzen sich hingegen kaum mit dieser Schrift Fanons systematisch auseinander. Das kann nicht allein an der durchaus verbreiteten Aversion gegen postkoloniale Zitierkartelle und Kanonisierungen liegen. Aber zum einen wird Kolonialismus verstärkt als eine Geschichte ebenso vielfältiger wie widersprüchlicher Kooperationen und Auseinandersetzungen und damit als wesentlich weniger destruktiv und manichäisch interpretiert, als Fanon es tut. Zum anderen steht Rassismus in vielen neueren Darstellungen eher am Rande der Interpretationen bzw. es wird ihm nicht die umfassende Bedeutung zugeschrieben, die er bei Fanon einnimmt. Überdies hat Kritik an einer psychologischen Interpretation des Kolonialismus seit Georges Balandier eine lange Tradition. Gleichwohl wäre es falsch, *Schwarze Haut, weiße Masken* als überzogen und überinterpretiert zur Seite zu legen. Denn nur wenige Werke legen auf so eindringliche und beunruhigende Weise die Verschränkung von *race&sex* und damit eine zentrale, in neueren historischen Darstellungen oft unterbelichtete Komponente des Kolonialismus dar, die überdies bis heute in vielen Varianten präsent ist.

Querverweise

- Stuart Hall: Wer braucht Identität? (1996)
- Edward Said: *Orientalism* (1978)
- Eldridge Cleaver: *Soul on Ice* (1967)

Literatur

Baier, Lothar: Erinnerung an einen nachdenkenden Revolutionär. Vorwort zur deutschen Ausgabe. In: Alice Cherki: *Frantz Fanon. Ein Porträt*. Hamburg: Nautilus 2002, S. 7–16.

Balandier, Georges: La situation coloniale. Approche théorique. In: *Cahiers Internationaux de Sociologie* 11 (1951), S. 44–79.

Bhabha, Homi: Die Frage der Identität. Frantz Fanon und das postkoloniale Privileg (1986). In: Ders.: *Die Verortung der Kultur*. Tübingen: Stauffenberg 2000, S. 59–96.

Cherki, Alice: *Frantz Fanon. Ein Porträt*. Hamburg: Nautilus 2002.

Chow, Rey: The Politics of Admittance. Female Sexual Agency, Miscenegation, and the Formation of Community in Frantz Fanon. In: Anthony C. Allesandrini (Hrsg.): *Frantz Fanon: Critical Perspectives*. London / New York: Routledge 1999, S. 34–56.

Fanon, Frantz: *Die Verdammten dieser Erde* [1961]. Reinbek: Rowohlt 1966.

—: *Schwarze Haut, weiße Masken* [1952], aus d. Franz. v. Eva Moldenhauer. Wien/Berlin: Turia + Kant 2013.

Hall, Stuart: The After-Life of Frantz Fanon. In: Alan Read (Hrsg.): *The Fact of Blackness. Frantz Fanon and Visual Representation*. Seattle: Bay 1996, S. 12–37.

Macey, David: 'I Am My Own Foundation'. Frantz Fanon as a Source of Continued Political Embarrassment. In: *Theory, Culture & Society* 27,7–8 (2010), S. 33–51.

Martin, Guy: Revisiting Fanon's Life, Times, and Thought. In: *African Studies Review* 47 (2004), S. 165–171.

Münkler, Herfried: Frantz Fanon. In: Edmund Jacoby (Hrsg.): *Lexikon linker Leitfiguren*. Frankfurt am Main: Büchergilde Gutenberg 1988, S. 16–17.

Sartre, Jean-Paul: Vorwort. In: Frantz Fanon: *Die Verdammten dieser Erde*. Reinbek: Rowohlt 1966, S. 7–25.

Terkessidis, Mark: Der Bastard spricht. In: *taz*, 03.12.2001. http://www.taz.de/1/archiv/?dig=2001/12/03/a0116 (Zugriff am 08.03.2016).

James Baldwin: Preservation of Innocence (1949)
Oder: Die Perversion der Liebe in der amerikanischen *hard-boiled novel*

Hanjo Berressem

Auf den ersten Blick klingt der Titel von James Baldwins Essay wie das Motto einer ökologischen Kampagne für eine vom Aussterben bedrohte ‚Rasse': der unschuldige Amerikaner. Baldwins Essay ist jedoch alles andere als eine Befürwortung der Unschuld. Ganz im Gegenteil. Baldwin schlägt vor, dass die Unschuld überwunden werden sollte. Warum? Weil sie zu desaströsen Resultaten führt. Der amerikanische Kult der Unschuld führt zur kulturellen Verwerfung – zu dem, was Julia Kristeva im Anschluss an Jacques Lacan ‚Abjektion' genannt hat – dessen, was Baldwin in Rückbezug auf die Psychoanalyse in seinem Essay ‚the invert' nennt: den Homosexuellen.

Bevor Baldwin an das wahre Problem des Homosexuellen heranzoomt, beschäftigt er sich mit zwei der gewöhnlicheren Anschuldigungen gegen den Homosexuellen. Ja. Es ist wichtig, „the oldest, the most insistent and the most vehement charge faced by the homosexual" anzusprechen, nämlich die sich fälschlich auf die Biologie berufende Beschuldigung, er sei „unnatural because he has turned from his life-giving function to a union which is sterile." Ja. Dies sagt Lee Edelman heute auch, wenn auch aus einer etwas fragwürdigen ‚Annahme' dieser Position heraus. Für Edelman ist der Homosexuelle die Verkörperung eines kulturellen Todestriebs: „Fuck the Child" ist das neueste Motto der amerikanischen *Queer Studies*. Dies oder Jack Halberstams Loblied auf die Anarchie und das ‚kulturelle Versagen' – mit beiden extremen Positionen könnte Baldwin herzlich wenig anfangen.

Aber zurück zum Essay: Ebenso ist es wichtig, die religiöse Anschuldigung anzusprechen, der zufolge der Homosexuelle ein Sünder vor dem Antlitz Gottes ist.

Für beide dieser Anschuldigungen – das heißt die ‚komplementäre' Verurteilung im Namen der Natur und im Namen

Gottes – hat Baldwin wenig Geduld, noch weniger Verwendung und viel Verachtung. In der Eröffnung des Essays seziert er sie, fast lakonisch, in einer Reihe kurzer, programmatischer Argumente. Es scheint, dass beide Anschuldigungen für Baldwin fast ‚zu leicht' zurückzuweisen sind und daher nicht wirklich der Mühe einer langen, detaillierten Analyse sowie einem tiefen emotionalen Investment wert. Alle oft mühsamen und Zeit konsumierenden Diskussionen über biologische Essentialismen und religiöse Verurteilungen auf der einen und kulturelle Kontingenz und *agency* auf der anderen Seite, die in der Zeit zwischen Baldwins Essay und heute – besonders in der Folge des kulturellen Konstruktivismus – stattgefunden haben, interessieren Baldwin nicht wirklich.

Zweifellos, die Zugkraft beider Anschuldigungen stellt eine große kulturelle Herausforderung dar. Als intellektuelle Herausforderung sind sie jedoch um einiges überbewertet: Die Natur interessiert sich nicht für den Menschen und seine Institutionen und kann daher nicht als Schiedsrichter menschlichen Verhaltens dienen. Und Gott als „man's most intense creation" ist lediglich ein Epiphänomen, die Antwort auf und Schutz vor der Indifferenz der Natur. Daher fungiert die religiöse Verurteilung lediglich als ein ‚cover-up' für eine kulturell definierte Verbannung der Homosexuellen, die als *Sünder* definiert werden, aber im Grunde *Misfits* sind: Die religiöse Verurteilung operiert im Namen eines gänzlich profanen Programms, das sich die Abjektion des Inversen zum Ziel gesetzt hat; seine Reduktion auf „something less than life". So weit, so schlecht. Es ist jedoch weder die Natur noch Gott, die eine echte Herausforderung für den Homosexuellen darstellen.

Die echte Herausforderung hat mit etwas ganz Menschlichem zu tun: Kain. Natürlich ist sich Baldwin des biblischen Nachhalls des Namens bewusst, der eine Abkürzung für den ersten Mord der Geschichte geworden ist. Jedoch ist er mehr an Kulturkritik interessiert als an biblischer Exegese. Baldwins Kain ist nicht der alttestamentarische Killer, wiewohl auch er mit dem Verbrechen zu tun hat. Es handelt sich um den amerikanischen Kriminalautor James M. Cain, dessen *hardboiled*, d.h. ‚harte und gewalttätige' Geschlechterpolitik dem Homosexuellen mehr Schaden zugefügt hat als alle Biologen und Priester zusammen. Symptomatisch wird der Essay zunächst affektiv aufgeladen und entwickelt seine volle rhetorische Stärke erst in dem Moment, an dem Baldwin anfängt, über Kriminalliteratur zu schreiben. Das Schlachtfeld ist weder das der Natur noch das des Himmels. Es ist ein kulturelles Schlachtfeld, das Baldwin versucht, von den bösen Mächten der *pulp fiction* zurückzugewinnen. Für den

Rest des Essays polemisiert er gegen das Bild des Homosexuellen, das in der zeitgenössischen Kriminalliteratur gezeichnet wird.

Von diesem Moment an wird der Essay zu einer Lektion über Medienstudien und über die kulturelle Wirkmacht der Populärkultur. Die in der Genderpolitik der *pulp fiction* verkörperte ‚Geschlechterbeziehung unter dem Schatten des Gespenstes der Unschuld' macht den Homosexuellen zum Müll, der sich an den Stränden der Kultur sammelt. Strandgut.

> [His] present debasement and our obsession with him corresponds to the debasement of the relationship between the sexes; and that his ambiguous and terrible position in our society reflects the ambiguities and terrors which time has deposited on that relationship as the sea piles seaweed and wreckage along the shore. (S. 595)

Der Homosexuelle ist die abjekte Version der Bilder der Geschlechterbeziehung, die sich durch die Kriminalromane zieht, die durch sie disseminiert werden und von denen sich Baldwin umzingelt sieht. Ihre ebenso dümmliche wie strikte Formel ‚girls will be girls, and boys will be boys' ist das Modell einer Trennung der Geschlechter in zwei Extreme, die genauso unglaubwürdig wie unlebbar sind. *Pulp*-Sexualität ist die *concordia discors* zweier kultureller Karikaturen: des *hardboiled* Detektivs und des *tough guy* auf der einen Seite und der *femme fatale* auf der anderen.

Das kulturelle Skript verlangt, dass „men must recapture their status as men and that women must embrace their function as women" (S. 597). Diese gezwungene Trennung in Maskulinität und Femininität führt zu einer „rigidity of attitude" und sie macht jedwede Kommunikation unmöglich. Es ist das Programm einer Welt, in der dem Jungen weibliche und dem Mädchen männliche Elemente vorenthalten werden. Was diese Elemente sind, wissen wir noch nicht genau, weil, so Baldwin, wir in unserer Kultur keine Wissenschaft der Mixturen haben, die helfen könnte, den Gegensatz der Geschlechter – in Baldwins Worten „this merciless paradox in the nature of the sexes" (S. 597) – zu entschärfen. Ist die Frau sensibel oder verräterisch? Dass eine solche Wissenschaft fehlt, findet Baldwin tragisch. „[H]aving once listed the bald physical facts, no one is prepared to go further and decide, of our multiple human attributes, which are masculine and which are feminine" (S. 597). Warum brauchen wir eine solche Wissenschaft? Weil sie eine erwachsene Denkweise und eine komplexe Einbildungskraft fordert, die in der *pulp fiction* fehlt. Das in einer solchen Wissenschaft generierte Wissen müsste in der sexuellen Arena gesammelt werden, durch Beobachtung und Partizipation im Sinne gelebter Erfahrung. Unglücklicherweise gibt es, so wiederum Baldwin, noch nicht einmal eine Sprache für solch eine Wissenschaft. Die komplexen Paradoxe der Geschlechterbeziehung könnten Baldwin zufolge nur durch Erfahrung allein erhellt werden, und Erfahrung könne in keiner uns bekannten Sprache vermittelt werden.

„The recognition of this complexity is the signal of maturity; it marks the death of the child and the birth of the man" (S. 597), notiert Baldwin. Was wir anstelle einer erwachsenen Wissenschaft der Geschlechterbeziehung haben, sind fürchterlich kindische oder besser: halbstarke Figuren von Maskulinität und Femininität. Diese beruhen auf einer Einstellung, die kein Problem damit hat, das, was sie als maskulin und feminin versteht, unmissverständlich und eindeutig aufzuteilen. In Cains *pulp fiction* werden daher Männer und Frauen an die Kreuze der reinen Maskulinität und der reinen Femininität geschlagen. Dass sie lediglich in gewalttätiger Unschuld und verräterischen Kontorsionen miteinander umgehen können, ist das Resultat dieser kategorialen Trennung. Unfähig, weder den Anderen in sich noch die Multiplizität zu akzeptieren, die die Arena menschlicher Sexualität ausmachen, können sie sich lediglich in gewalttätigen ‚Krämpfen' und fehlgeleiteten Emotionen und Affekten an die Gurgeln gehen.

Die Gefahr der kategorischen Trennung von Maskulinität und Femininität geht Hand in Hand mit dem amerikanischen Mythos, der immer und überall Unschuld über Erfahrung stellt sowie kindische Unerfahrenheit über reife Reflektion. Amerika ist ein Land von Pfadfindern und Pfadfinderinnen. Die Tragik liegt dabei nicht einmal in diesem etwas verstörenden Bild unschuldiger Erwachsener, sondern darin, dass der kulturelle Traum der Unschuld Monster gebiert; in Cains Werk eben ‚hartgesottene' Detektive und weibliche *femmes fatales*, übervirile Männer und überverräterische Frauen. In dem toxischen kulturellen Milieu, das Cain und Konsorten beschreiben, müssen Männer ihre Unschuld bewahren und gleichzeitig ‚übertough' sein. Sie müssen Frauen verehren, aber gleichzeitig stets vor ihnen auf der Hut sein.

> In the truly awesome attempt of the American to at once preserve his innocence and arrive at a man's estate, that mindless monster, the tough guy, has been created and perfected; whose masculinity is found in the most infantile and elementary externals and whose attitude towards women is the wedding of the most abysmal romanticism and the most implacable distrust. (S. 597)

Mit einem feinen Gespür für die kulturelle und ideologische Wirkmacht populärer Kultur zeichnet Baldwin – in einer Prosa, die mehr und mehr zu einer Pastiche von Cains

Stil mutiert – eine kulturelle Szenerie sexueller Gewalt. Der zugrundeliegende Affekt ist dabei immer die Gewalt der Unschuld, nicht ihre Vergewaltigung: „that brutality which rages unchecked in our literature is part of the harvest of this unfulfillment, strident and dreadful testimony to our renowned and cherished innocence" (S. 599). In jeder Zeile spürt man die siedende Wut in Baldwins ‚*hardboiled* Essay':

> It is impossible for a moment to believe that any Cain or Chandler hero loves his girl; we are given overwhelming evidence that he wants her, but that is not the same thing and, moreover, what he seems to want is revenge; what they bring to each other is not even passion or sexuality but an unbelievably barren and wrathful grinding. They are surrounded by blood and treachery; and their bitter coupling, which has the urgency and precision of machine gun fire, is heralded and punctuated by the mysterious and astounded corpse. The woman, in these energetic works, is the unknown quantity, the incarnation of sexual evil, the killer with the knife. It is the man, who, for all his tommy guns and rhetoric, is the innocent, inexplicably, compulsively and perpetually betrayed. Men and women have all but disappeared from our popular culture. (S. 597–598)

Diese Diagnose ist nicht nur für die Kulturwissenschaften, sondern auch für die Queer Studies wichtig, weil der Homosexuelle diese Logik einer kindischen, übervirilen Unschuld auf der einen Seite und einer bösartigen, überverführerischen Femininität auf der anderen Seite buchstäblich ‚invertiert' und somit zur Figur der Dekonstruktion und Dekomposition ihrer tragischen Dialektik wird. Als Verkörperung der Inversion ihrer tödlichen sexuellen Logik muss er verdrängt werden, was im Kontext der zur Debatte stehenden Kriminalromane soviel heißt wie: Er muss sterben. Es ist dabei noch nicht einmal der Homosexuelle *per se*, der attackiert wird. Er muss sterben, weil die Homosexualität die Logik der ‚normalen' und ‚normativen' Geschlechterbeziehung im Sinne Judith Butlers gefährdet:

> These violent resolutions, all of them unlikely in the extreme, are compelled by a panic which is close to madness. These novels are not concerned with homosexuality but with the ever-present danger of sexual activity between men. (S. 599)

Wie Baldwin betont, „[t]hus is that immaculate manliness within us protected; thus summarily do we deal with any obstacle to the union of the Boy and the Girl" (S. 599).
Der erste Impuls eines Literaturwissenschaftlers ist natürlich anzumerken, dass Baldwin vergisst, dass die Welt des *hardboiled* Thrillers hoch stilisiert und eminent manieristisch ist. Seine durch die Landschaft kruder Affekte sich bewegenden Bewohner sollten nicht mit realen Personen verwechselt

werden. Die *hardboiled* Welt ist bewusst von körperlichen und moralischen Grotesken bevölkert und sie ist ebenso bewusst in einer Sprache beschrieben, die gleichermaßen und überall von Gewalt und Spannung durchzogen ist. *Hardboiled* Prosa hat einige der merkwürdigsten und wunderbarsten Sätze der englischen Literatur hervorgebracht. Sie ist ebenso überzogen, gespannt, gefoltert und konvulsiv wie das Geschehen und die Menschen, die sie beschreibt. Kein Wunder also, dass, wie Baldwin anmerkt, Cains *hardboiled*, *borderline* Sexualität von Spannungen und Gewalt durchdrungen ist. Natürlich kann der Homosexuelle, wenn sich die Stärke und Virilität des Detektivs mit der verräterischen Schönheit der *femme fatale* treffen, lediglich als weich und hybrid dastehen.

Eine von Baldwins vernichtenden Anschuldigungen ist, dass Cain selbst – und nicht nur seine Charaktere – den Homosexuellen nicht mag:

> [I]t was the dynamism of his material which trapped him into introducing, briefly, and with the air of a man wearing antiseptic gloves, an unattractive invert.

In Cains Werk wird der Inverse daher zum Monster, das die gängigen ästhetischen Register verdreht: zu einem Mann mit Kurven. Er wird zur grotesken Figur ‚schöner Erhabenheit' (in Analogie dazu repräsentiert die lesbische *butch* eine ebenso groteske ‚erhabene Schönheit'). Im Genre des *hardboiled* Romans, dessen „brutal and dangerous anonymity" Baldwin auf die amerikanische Kultur im Allgemeinen überträgt, gibt es keinen Platz für den Homosexuellen. Gegen die *hardboiled* Literatur setzt Baldwin den literarischen Realismus, der ein komplexes, erwachsenes Schreiben gegen den Cartoon-Stil des *hardboiled* Thrillers setzt.

> A novel insistently demands the presence and passion of human beings, who cannot ever be labeled. Once the novelist has created a human being he has shattered the label and, in transcending the subject matter, is able, for the first time, to tell us something about it and to reveal how profoundly all things involving human beings interlock. (S. 600)

Diese Flucht in ein literarisches Erwachsensein ist ebenso überraschend wie verständlich. Überraschend, weil es den Homosexuellen mit der Reife in Verbindung bringt, die in der Populärkultur fehlt, und nicht mit der schrillen, überdrehten Theatralik des *Camp*, die Susan Sontag in den 1970er Jahren als die Zuflucht und das Asyl des homosexuellen Anderen sowie als den Ausdruck seiner Empfindung und Ästhetik beschrieben hat. Baldwins Vision eines reifen Homosexuellen, die ihn als Wissenschaftler der Geschlechterbeziehung entwirft, ist sowohl ironisch als auch berührend. Sie ist völlig verständlich, weil sie der Pathologie der gewalttätigen, unreifen Geschlechterbeziehung eine Vision der Reife und Komplexität gegenüberstellt. Sie ist berührend, weil sie – und gerade hier entlarvt Baldwin Edelman und Halberstam als eminent ‚kindisch' – versucht, die Homosexualität kulturell zu verankern und in ihrer politischen Komplexität zu verhandeln.

Es ist gerade diese Komplexität, die das Werk Baldwins insgesamt durchzieht und es vielleicht am besten charakterisiert. In seinen Romanen, Theaterstücken, Gedichten und Essays ist er stets politisch motiviert; in seinem Leben ist er stets politisch aktiv, auch wenn er viel Zeit ‚im Exil' in Frankreich verbringt. Vielleicht ergibt es Sinn, die Logik, die er in *Preservation of Innocence* in Bezug auf die Geschlechterbeziehung entwickelt, auf die Logik der ‚Rassenbeziehungen' zu übertragen. Denn hier zeigt sich die Gewalttätigkeit ‚weißer Unschuld' nicht innerhalb eines überstilisierten literarischen Feldes, sondern in einer ebenso überstilisierten Realität; eine Realität, die im Zweifelsfall ebenso monströs und makaber ist wie die von Cain beschriebene Fiktion.

Vielleicht ist es allzu verführerisch, die Figuren des ‚weißen' und des ‚schwarzen' Mannes auf den Detektiv und den Kriminellen zu überblenden, und die Figuren der ‚weißen' und der ‚schwarzen' Frau auf die Sekretärin und die exotisierte *femme fatale* – eine Konstellation, die für die Figur des homosexuellen Anderen nur die Position des hybriden *Mulatto* übrig lässt. Wie dem auch sei. Zweifelsfrei ist, dass die amerikanische Gesellschaft in Bezug auf die ‚Rassenfrage' eminent *hardboiled* ist. Die strukturelle sexuelle Gewalt in Cains Romanen kann in Analogie zur strukturellen Gewalt des Rassismus gelesen werden. Was Amerika braucht, ist, wenn man diese Überblendung vornimmt, eine von Biologie und Religion abgetrennte ‚Wissenschaft der Rassenbeziehungen'. Eine Wissenschaft, die, wie die der Geschlechterbeziehungen, auf ‚teilnehmender Erfahrung' beruht. Es geht darum, die tödlichen Extreme von Schwarz und Weiß aufzubrechen, zugunsten des Konzepts einer komplexen hybriden Realität, in der es um die Verhandlung von Unterschieden geht sowie um die Entwicklung einer für beide Teile lebenswerten Gesellschaft. Dazu taugt die *hardboiled* Politik der ‚Rassentrennung' genauso wenig wie die von den Queer Studies in neuester Zeit propagierten Positionierungen des Homosexuellen als Figur des politisch Verworfenen bzw. als anarchistischer *outlaw*. Vielmehr erfordert die Entwicklung einer lebenswerten Gesellschaft einen Realismus der Politik, sowohl in Bezug auf die Frage von Geschlecht als auch auf die von ‚Rasse'. Für eine solche Realpolitik hat Baldwin Zeit seines Lebens gekämpft, wobei auffällt, dass er seine Freunde nie aufgrund von Geschlecht bzw. ‚Rasse' ausgesucht hat. Vielleicht hat er sie eher nach einer sowohl realen als auch einer ‚ethischen Ästhetik' ausgesucht. Aber das wäre eine Frage für einen weiteren Essay.

Querverweise

- Eve Kosofsky Sedgwick: *Epistemology of the Closet* (1990)
- Michel Foucault: *Der Mut zur Wahrheit* (1984)
- W. E. B. Du Bois: *The Souls of Black Folk* (1903)

Literatur

Baldwin, James: Preservation of Innocence. In: Ders.: *Collected Essays*, hrsg. v. Toni Morrison. New York: Library of America 1998, S. 594–600.

Butler, Judith: *Bodies that Matter*. New York: Routledge 1993.

Edelman, Lee: *No Future. Queer Theory and the Death Drive*. Durham: Duke UP 2004.

Halberstam, Jack: *The Queer Art of Failure*. Durham: Duke UP 2011.

Der Rasseschänder von Magdeburg (*Der Stürmer*, 1935) Oder: Diskurse zu Reinheit von Blut und ‚Rasse' im *Stürmer*

Inge Marszolek

Im August 1935 erschien eine Sondernummer des *Stürmer*. In großen Lettern titelte das Blatt: „Albert Hirschland. Der Rasseschänder von Magdeburg". Darunter finden sich in einer schmalen Spalte die *headlines* des Berichts, die sowohl den Inhalt wie den Tenor wiedergeben. Hier einige von ihnen: „Eine jüdische Handelsschule – Nichtjüdische Schülerinnen – Massenschändungen durch den Direktor – Grauenvolle Entdeckungen – Jüdische Verteidigungsmethoden – Opfer des Juden – Das Urteil". Albert Hirschland, Direktor einer Handelsschule, war gemeinsam mit Fritz Voß, Geschäftsführer eines Schuhgeschäfts, wegen „Sittlichkeitsverbrechen" angeklagt, begangen unter anderem an ‚nichtjüdischen' Schülerinnen der von ihm geleiteten Einrichtung. Anwesend beim Prozess waren die Spitzen der NSDAP und der SA und der Schriftleiter des *Stürmer*, Karl Holz. Verbreitet wurde die Sonderausgabe wie üblich in den lokalen Stürmerkästen, aber in diesem Fall auch beworben durch großformative Plakate (Przyrembel, S. 192–193). Die gesamte Ausgabe umfasst 13 Seiten, sie ist eine Mischung aus Fotoreportage, Abdruck von ‚Beweismitteln' wie Zeugenaussagen, Schilderungen der ‚Opfer', Auszügen aus der Anklage des Staatsanwalts, Hetze gegenüber der Verteidigung und schließlich dem Urteil. Hirschland wurde zu zehn Jahren Zuchthaus verurteilt. Er beging noch in der Haft in Magdeburg Selbstmord.

Nun war es nicht außergewöhnlich, dass der *Stürmer* über einen Prozess gegen „jüdische Sexualverbrecher" unter dem Signum der ‚Rassenschande' berichtete: Die überwiegende Mehrheit seiner Titelblätter seit 1933 prangerte das an. Auffällig ist aber der Zeitpunkt dieser Sonderausgabe: Sie erschien ca. einen Monat vor der Verkündung der ‚Nürnberger Gesetze' am 15. September 1935, deren wesentlicher Teil das sogenannte ‚Blutschutzgesetz' war. Vorausgegangen waren

Aushandlungsprozesse auf unterschiedlichen Ebenen des Regimes, unter anderem in einer vom Reichsjustizminister eigens eingesetzten Strafrechtskommission (Przyrembel, S. 127–184). Der *Stürmer* mit seinem Hauptschriftleiter Julius Streicher war von Anfang an das Sprachrohr einer dabei wirksam werdenden Definition von ‚Rassenschande', die auf eine Vermischung von Blut fokussierte.

Der Fall Hirschland eignete sich aus der Sicht des *Stürmers* im besonderen Maße, um radikale Diskurse über die Bedrohung des ‚Volkskörpers' durch die Vermischung der ‚Rassen' wie in einem Prisma sichtbar zu machen. Weil die Anklage von 100–200 missbrauchten Mädchen und jungen Frauen ausging, konnte Hirschland als Prototyp des ‚sexualisierten Juden' gelten, von dem angeblich eine Gefahr für die ‚Reinheit' der ‚Rasse' ausging. Die Imagination der Gefahr ließ die Vernichtung der Juden ‚vorstellbar' werden. Verschränkt werden in der Berichterstattung nicht nur der Diskurs über die ‚Rassenhygiene' und der christliche Antisemitismus, sondern zugleich nationalsozialistische Vorstellungen über ‚Reinheit und deutsche Ehre' mit bürgerlichen Normierungen von Geschlecht und Sittlichkeit. Diese Melange aus älteren mit eher spezifisch nationalsozialistischen Diskurssträngen entfaltete eine verheerende Dynamik. Als Voraussetzung für eine strafrechtliche Verfolgung von ‚Rassenschande zum Schutz des deutschen Blutes' firmierte die visuelle Erkennbarkeit des Jüdischen. Hierin lag eines der Kernprobleme der Strafrechtler – und die Medien, als ihre Speerspitze der *Stürmer*, machten die ‚Erkennung des Jüdischen' zu ihrer Aufgabe.

Die Fotos – die Erkennbarkeit des Juden?

Das Heft widmet sich im besonderen Maße den visuellen Markierungen des Jüdischen. Gewählt wurde die Form einer durch Fotos bebilderten Gerichtsreportage. Auch wenn bereits seit der ‚Machtergreifung' neben die typischen antisemitischen Karikaturen zunehmend Fotografien traten, so ist diese Sonderausgabe eine gestalterische Ausnahme, da sie sich ausschließlich auf Fotos stützt.

Auf dem Titelblatt ist eine Montage aus drei Fotos abgedruckt, die später im Text wieder auftauchen und sich so erst zuordnen lassen. Diese Montage nimmt zwei Drittel des Raums unterhalb der Überschrift ein. Am linken oberen Rand ist ein halbseitiges Porträtfoto von Hirschland zu sehen, daneben Männer und Frauen in Straßenkleidung, zum Teil in lauschender Haltung, aber ohne Blickkontakt zum Angeklagten. Hier handelt es sich offenbar unter anderem um Zeuginnen, unter ihnen auch eine jüdische Angestellte Hirschlands, die als Mitwisserin angeklagt ist. Im unteren Drittel ist ein Tisch abgebildet, auf dem sich aufgeschlagene Bücher oder Akten befinden. Auch dieses Foto taucht später noch mal auf: Es handelt sich um die Tagebücher Hirschlands, in denen er seine sexuellen Aktivitäten beschrieb. Allerdings stammten diese zum Teil aus den 1920er Jahren; eine Information, die nur versteckt im Text zu finden ist. Auf der zweiten Seite sind zwei Fotos abgebildet, nunmehr im Genre der Polizeifotografie: Einmal das Foto vom Titel, dann ein weiteres frontales. Insbesondere auf letzterem ist Hirschland, verstärkt durch seine Kleidung (weißes Hemd, Krawatte), als bürgerlicher Mann abgebildet. Hier findet sich die Unterschrift:

> Albert Hirschland. Nach unten gedrückte henkelartige Ohren, die an der Spitze gekrümmte Nase, das zurückweichende Kinn, die finsteren, unsteten Judenaugen kennzeichnen ihn als J u d e n.

Offenbar war es dem *Stürmer* bewusst, dass Hirschland nur mit großer Phantasie den verbreiteten Karikaturen des ‚Juden' entsprach, den Fotos war also nicht zu trauen, selbst nicht im identifizierenden Modus der Polizeifotografie. Noch problematischer war es im Fall von Fritz Voß, dessen Porträtfoto ebenfalls einen Mann mit Anzug und Krawatte zeigt. Auch dies ist ein Frontalfoto, aber Voß schaut ein wenig zur Seite und scheint dem Betrachter freundlich zuzulächeln. Die Bildunterschrift sagt, dass Voß blond und helläugig und als Jude schwer erkennbar sei – trotzdem sei er ein „echter Talmudjude", habe auch die an der Spitze gekrümmte Nase und die nach unten gedrückte Ohren. Von Voß wird sieben Seiten später ein weiteres Foto gezeigt, wiederum betont die Unterschrift, dass er deutlich als Jude zu erkennen sei.

Auch drei jüdische Frauen waren der Mithilfe bzw. Mitwisserschaft angeklagt, unter anderem die Verlobte Hirschlands, Gisela Stein. Nur von ihr ist ein Portraitfoto abgedruckt, auf dem man eine dunkelhaarige Frau sieht, gekleidet mit einer gemusterten Bluse. Montiert ist das Foto in einen Text über die mitangeklagte Angestellte. Auch wenn diese Zusammenstellung eventuell formalen Zwängen des Layouts geschuldet sein mag, wird den Leser_innen zugleich insinuiert, dass die das Foto interpretierende Beschriftung nicht nur für Frau Stein, sondern für alle drei jüdischen Frauen und über sie hinaus zu gelten habe. Zugeschrieben wird der Verlobten unter anderem ein „finsterer unheimlicher Blick" und ein „sinnlicher Mund": „Der Typ einer sadistisch veranlagten, brutalen Jüdin". Während es bei den beiden männlichen Hauptangeklagten vor allem um die Sichtbarmachung der vermeintlichen äußeren Rassekennzeichnungen geht und Charaktereigenschaften eher implizit mitschwingen, stellt die Bildunterschrift zu Gisela Stein eine Erweiterung und Radikalisierung dar: Explizit benannt werden mit vermeintlichen Rassemerkmalen einhergehende Charaktermerkmale.

Aber man musste offenbar kein Jude sein, um jüdisch auszusehen: Hirschland konvertierte im März 1935: Wie der Stürmer kommentierte, sehe der „Bekenntnispfarrer“, der Hirschland taufte, auf seinem Portraitfoto, wie „auf dem Bild ersichtlich“, „fast jüdischer“ aus als der „Jude, den er taufte“.

Der Topos der Reinheit und der Schutz des Blutes

Auf der zweiten Seite fasst der *Stürmer* seine Position zusammen. Der Prozess gegen Hirschland beweise eindeutig: Erstens, jüdische Verbrechen werden begangen, weil „den Juden das Blut“ dazu treibe, und zweitens weil der Talmud dazu erzöge, denn dieser erkläre, dass Verbrechen an Nichtjuden keine seien. Wie typisch für den *Stürmer* ist der Bericht gespickt mit Zitaten aus eher apokryphen jüdischen Schriften. Dominanter Diskursstrang ist dementsprechend, dass die ‚Opfer‘ Nichtjüdinnen waren, und nicht, ob sie minderjährig bzw. abhängig als Schülerinnen oder Angestellte waren. Aber im Sinne der radikalen Position, die der *Stürmer* einnahm, wird die Bedrohung erweitert. Der *Stürmer* positionierte sich hier im Diskurs des völkischen Antisemitismus. Nichtjüdischen Frauen, die mit Hirschland oder Voß sexuell verkehrt haben und in der Sprache des Berichts „geschändet“ wurden, seien „verwüstet“, für immer „unrein“, quasi „jüdisch imprägniert“. Unter der Überschrift „Die Opfer“ werden die Aussagen der Zeuginnen beschrieben: In der Einleitung hierzu werden die Mädchen als ihrer für alle deutschen Mädchen typischen Anmut beraubt geschildert. „Sie waren totgemacht“, was laut *Stürmer* ein jüdischer Fachausdruck für die Schändung nichtjüdischer Mädchen sei. Und weiter: „Ihre Seelen waren j ü d i s c h geworden“, sie waren „entraßt“ und „entartet“. Dementsprechend werden die Aussagen einzelner Mädchen geschildert. Zwar ist Hirschland der Hauptschuldige, der die Sinne „aufgepeitscht“ habe, aber vor allem bei denen, die Hirschland entlasten, bzw. bei denen, die bereits über 21 Jahre waren, sei die „Entrassung“ besonders deutlich: „Sie sind dem Juden verfallen“ bzw. nach dem Gesetz des Blutes ‚unrein‘. Als weiteren ‚Beweis‘ für die „Verjudung“ führt das Blatt an, dass einige der „geschändeten Frauen“ mittlerweile einen Juden geheiratet hätten.

Die „Entrassung“ durch Sexualverkehr kann nicht bebildert werden: Gezeigt werden die Orte der Tat, z. B. der leere Unterrichtsraum. Die Fotografien der Orte sollen die Taten beglaubigen, wobei der *Stürmer* die Perfidie betont, dass der Angeklagte „zum Hohn“ im Klassenzimmer ein Hitlerbild aufgehängt habe.

Der Topos, dass eine nichtjüdische Frau, die Sexualverkehr mit einem Juden hatte, für immer ‚unrein‘ sei, sodass auch ein Kind, dass sie später mit einem Mann einer ‚hochwertigen

Rasse‘ zeuge, jüdische Züge trage, lässt sich bis ins 19. Jahrhundert zurückverfolgen. Popularisiert wurde er unter anderem von Artur Dinter in seinem Roman *Wider die Sünde*, der 1918 erschien und in vielen Auflagen verbreitet wurde. Der *Stürmer* machte sich zum Sprachrohr eben dieser Vorstellung eines „kontagionistischen Antisemitismus“, der auf eine restlose Reinigung des „deutschen Volkskörpers“ vom „jüdischen Blut“ zielte und in Widerspruch zu dem eugenischen Antisemitismus stand. (Essner, S. 444)

Strafrechtlich wurde die nichtjüdische Frau im Nationalsozialismus nicht wegen ‚Rassenschande‘ verfolgt: Dies erschien den Juristen ebenso wie Hitler zu prekär, denn es hätte ja unter anderem nachgewiesen werden müssen, dass die Frauen das Jüdischsein ihres Partners in jedem Fall erkannt haben mussten. Aber gerade weil die Schriftleitung des *Stürmers* wusste, dass ihre Position wohl nicht mehrheitsfähig war, nutzte sie den Prozess für ihre Argumentation. Hirschland und Voß schienen aufgrund der großen Anzahl der Fälle geradezu prädestiniert, als Repräsentanten des sexualisierten Juden zu gelten. So konnten der Prozess bzw. die beiden Angeklagten als Projektionsfläche für die Phantasien und Imaginationen über ältere und neuere Bedrohungen der ‚Rassenschande‘ und der damit verbundenen Gefahr für den ‚Volkskörper‘ dienen, eben weil sich hier auch bürgerliche Sittlichkeitsvorstellungen mit den rassistischen mischten. Deutsche Mädchen und Frauen mussten vor jüdischen Körpern geschützt werden, zumal sie ja nach dem sexuellen Kontakt mit einem Juden für immer zu dem anderen, zu ‚Jüdinnen‘ wurden.

Popularisierung des Diskurses der ‚Rassenschande‘ und Gewaltexzesse

Im Sommer 1935 war die Auseinandersetzung über ‚Rassenschande‘ bereits vor der Verabschiedung der ‚Nürnberger Gesetze‘ fester Bestandteil des medialen Diskurses – nicht nur im *Stürmer*, sondern ebenfalls in allen Tageszeitungen und partiell auch im Rundfunk. Die Aufladung dieses Diskurses war eine treibende Kraft der antisemitischen Gewaltexzesse, die sich in den Groß- und Kleinstädten im Reich ausbreiteten. Im Zentrum dieser Aktionen, die sich in der öffentlichen Anprangerung, der Inszenierung von ritualisierten Stigmatisierungen, aber auch in gewalttätigen Überfällen auf einzelne Juden und Jüdinnen oder jüdisch-nichtjüdische Paare abspielten, stand die öffentliche Anschuldigung und Züchtigung wegen ‚Rassenschande‘. (Wildt, S. 259–260; Przyrembel, S. 63–84) Der *Stürmer*, der seine Schaukästen zur Denunziation in der Öffentlichkeit nutzte, war Teil dieser performativen Kraft der Gewalt. Oder wie Thea Feliks, 1933 sieben Jahre alt und in Köln lebend, sich erinnerte:

> That was full of the most ugly caricatures that you can imagine about jews [...]. You know, you were being attacked and you never knew anybody like that. And you were being told that that's what you were. (Zit. n. Marszolek, S. 212)

Thea Feliks fürchtete sich als Kind vor den Karikaturen und fühlte ihre Ohnmacht. Die Fotografien, die die ‚jüdischen Rasseschänder' zeigten, waren, nebst Bildunterschriften, visuelle Marker für die ‚Volksgenossen' im lokalen Raum. Wer als Jude im *Stürmer* erkennbar gemacht wurde, war nicht länger sicher. Im Gegenzug war es die Nicht-Erkennbarkeit, verstärkt durch einen bürgerlichen Habitus, die aus der Sicht der Nationalsozialisten die Gefährdung für die Reinheit des deutschen Blutes vergrößerte. Hirschland und Voß gehörten, so betonte der *Stürmer* mehrmals, trotz ihrer jüdischen Herkunft zur Magdeburger bürgerlichen Gesellschaft – bis ihre sexuellen Aktivitäten aktenkundig wurden. Damit aber wurde die vermeintliche Gefährdung des deutschen Blutes noch verstärkt. Mit Susanne Regener ist so auf ein Paradox hinzuweisen: Während in der Kriminalbiologie Fotos zur Feststellung ‚rassischer' Merkmale dienten, unterliefen in der alltäglichen medialen Praxis Fotografien von Juden oftmals die Intention der antisemitischen Agitation: Die dort Abgebildeten entsprachen in der Regel eben nicht den antisemitischen Karikaturen, die Thea Feliks so erschreckten (Regener, S. 259).

Auch wenn viele die antisemitische Hetze des *Stürmers* als ‚übertrieben extrem' ablehnten, die öffentliche Inszenierung von ‚Rassenschande' ebenso wie die gewalttätigen Überfälle nicht immer billigten, sie aber dennoch in Kauf nahmen, vollzog sich ein Prozess, den Alon Confino als die Imagination der Möglichkeit einer Welt ohne Juden beschreibt. Durch die Kodifizierung der ‚Nürnberger Gesetze', die eine Verbindung zwischen den beiden Varianten des Antisemitismus, dem eugenischem wie dem kontagionistischen darstellten, wurden durch die justiziellen wie medialen Aushandlungen des Delikts der ‚Rassenschande' Vorstellungen von der ‚Reinheit des Blutes' in den alltäglichen Ausgrenzungen und Verfolgungen legitimiert. Da sich dies darüber hinaus mit bürgerlichen Sittlichkeitsnormen mischte, entstand eine Gemengelage, in der die Vernichtung der Juden für die Mehrheit der Deutschen denkbar wurde.

Querverweise

- R. Lautmann / W. Grikschat / E. Schmidt: Der rosa Winkel (1977)
- Thomas Watson: A Full Review of the Leo Frank Case (1915)
- Wilhelm Marr: *Reise nach Central-Amerika* (1863)

Literatur

Confino, Alon: *A World without Jews. The Nazi Imagination from Persecution to Genocide*. New Haven, CT: Yale UP 2014.

Essner, Cornelia: *'Die Nürnberger Gesetze' oder Die Verwaltung des Rassenwahns 1933–1945*. Paderborn: Schöningh 2002.

Marszolek, Inge: ‚Die Zeichen an der Wand'. Denunziation aus der Perspektive des jüdischen Alltags im ‚Dritten Reich'. In: *Historical Social Research* 26 (2001), S. 204–218.

Przyrembel, Alexandra: *‚Rassenschande'. Reinheitsmythos und Vernichtungslegitimation im Nationalsozialismus*. Göttingen: Vandenhoeck & Ruprecht 2003.

Regener, Susanne: *Fotografische Erfassung. Zur Geschichte medialer Konstruktionen des Kriminellen*. München: Fink 1999.

Wildt, Michael: *Volksgemeinschaft als Selbstermächtigung. Gewalt gegen Juden in der deutschen Provinz 1919 bis 1939*. Hamburg: Hamburger Edition 2007.

G. W. Pabst: *Geheimnisse einer Seele* (1926)
Oder: *race & sex* im postkolonialen Unbewussten der Weimarer Republik

Pablo Dominguez Andersen

„Seit einiger Zeit“, klagt der auf der Couch liegende Patient im Film *Geheimnisse einer Seele* seinem Psychoanalytiker, „werde ich von fürchterlichen Fantasien geplagt. Ich sehe meine Frau in beschämenden Situationen.“ Vor dem inneren Auge des Patienten – und vor denen des Kinopublikums – entfaltet sich eine Haremsszene: Umrahmt von orientalischen Ornamenten und Teppichen räkeln sich vier leichtbekleidete Frauen lustvoll auf einer Kissenlandschaft, über ihnen sitzt ein weißer Papagei zwischen exotisch anmutenden Gewächsen. In der Bildmitte fläzt sich ein Mann mit Tropenhelm in die Kissen und raucht genüsslich eine Wasserpfeife. Zu dessen Rechter schließlich thront, freizügig gekleidet, die Ehefrau des träumenden Patienten. Angewidert beobachtet der Träumende, wie der Mann mit dem Tropenhelm seine Frau neckend mit einem weißen Tuch ins Gesicht schlägt. Sie packt das Tuch wie ein Tier mit ihren Zähnen und lässt sich dann von ihrem Herrn bereitwillig und lustvoll an dem Tuch zu sich herabziehen. Die beiden küssen sich leidenschaftlich.

Geheimnisse einer Seele ist ein Film über das Unbewusste. Er wurde unter wissenschaftlicher Beratung der beiden prominenten Psychoanalytiker Karl Abraham und Hanns Sachs vom renommierten Regisseur G. W. Pabst gedreht und von der Kulturfilmabteilung der UFA finanziert und produziert. Der pädagogisch angelegte Spielfilm sollte beim Publikum für die Psychoanalyse als moderne wissenschaftliche Behandlungsmethode seelischer Störungen werben. Mit Erfolg: Der Film erhielt das Prädikat „volksbildend“, das Premierenpublikum war beindruckt. Auch die Kritik zeigte sich überwiegend begeistert: „Die Freud-Schule kann jubeln“, befand ein Rezensent im *Filmkurier* am 25. März 1926, „nie wurde in taktvollerer Weise für sie geworben.“ Nur die wissenschaftliche Gemeinde selbst schien weniger angetan von dem Versuch, die Einsichten der Freudschen Lehre im Medium Film zu popularisieren. Allen voran Sigmund Freud selbst fand, der Film schade dem Ansehen der Psychoanalyse, weil er ihre Erkenntnisse völlig trivialisiere. Der Streit, der sich zwischen Freud und dessen Schüler Abraham über das Filmprojekt entspannte, ist gut dokumentiert.

Geheimnisse einer Seele ist aber mehr als nur eine interessante Episode in der Geschichte der Psychoanalyse und ihrer schwierigen Beziehung zum Kino. G. W. Pabsts Film ist ebenso Teil der nach wie vor nur in ihren Anfängen erforschten postkolonialen Populärkultur der Weimarer Republik. Als solcher erzählt *Geheimnisse einer Seele* auch von den „intrinsic links between racism and sexuality" (S. 9), die der Theoretiker Robert C. Young als wichtiges Kennzeichen postkolonialer Gesellschaften ausgemacht hat. Wie die Traumszene bereits andeutet, ist der Film durchsetzt mit sexualisierten Fantasien eines exotischen und erotischen Orients. Verstehen wir Filme mit Siegfried Kracauer als „Tagträume einer Gesellschaft", verweisen diese Fantasien nicht nur auf das Unbewusste des Träumenden im Film, sondern legen, gewissermaßen als Traum im Traum, gleichzeitig Zeugnis ab von der zentralen Stellung von *race&sex* im postkolonialen Unbewussten der Weimarer Republik.

Geheimnisse einer Seele erzählt – auch darin ein durch und durch typisches Produkt der Weimarer Populärkultur – anhand der Geschichte seines männlichen Protagonisten von den Fantasien und Ängsten bürgerlicher deutscher Männlichkeit nach dem Ende des Ersten Weltkrieges. Der Film zeichnet, angeblich auf einer echten analytischen Fallgeschichte basierend, den Leidensweg eines neurotischen Patienten (Werner Krauss) nach: Der angesehene Chemiker mit dem anspielungsreichen Namen Dr. E. Bürger lebt mit seiner schönen Frau (Ruth Weyer) in einer Villa in Berlin. Die scheinbare Harmonie der glücklichen, wenn auch offensichtlich kinderlosen Ehe wird durch eine Reihe beunruhigender Ereignisse gestört, die beim Ehemann schließlich im Ausbruch einer neurotischen Angststörung gipfeln: Der Mann sieht sich plötzlich außer Stande, ein Messer zu berühren, und wird gleichzeitig von einem unwiderstehlichen Drang heimgesucht, seine geliebte Frau zu ermorden. Verzweifelt begibt er sich in die Obhut eines Analytikers, dem es im therapeutischen Gespräch nach und nach gelingt, zum Kern der Neurose vorzudringen. Am Ende der Handlung stehen die Heilung des Mannes und die Wiederherstellung der patriarchalen Ordnung: Im Schlussbild ist das bürgerliche Familienidyll perfekt, das glückliche Ehepaar freut sich über das endlich geborene erste Kind.

Bemerkenswerterweise beginnt der Ausbruch der seelischen Krankheit beim Protagonisten mit der Ankunft einer zweiten männlichen Figur. Der Vetter der Frau, ein gemeinsamer Freund aus Kindertagen, kündigt per Brief seine anstehende Heimkehr aus Sumatra an und schickt als vorweggenommene Gastgeschenke einen Dolch, die Statuette einer indischen Fruchtbarkeitsgöttin und zwei Portraitfotos, auf denen er als weitgereister Abenteurer mit Pfeife und einem auffällig phallischen Tropenhelm posiert. Auch in den Angstträumen Dr. E. Bürgers spielt dieser Vetter, den das Drehbuchmanuskript ausdrücklich „im Tropenanzug mit Tropenhelm und hohen braunen geschnürten Lederstiefeln" und als „harte und markante Erscheinung" (S. 107) beschreibt, eine zentrale Rolle. Wie schon in der eingangs geschilderten Traumszene statten die Fantasien des männlichen Protagonisten den weitgereisten Vetter mit einer außerordentlichen sexuellen Potenz aus, welche nicht zuletzt der phallische Helm unmissverständlich symbolisieren soll. Dr. Bürger selbst ist dagegen, wie der Film bald deutlich macht, impotent – daher rührt auch die Kinderlosigkeit seiner Ehe. Wie sich in der Analyse schließlich herausstellen wird, fürchtet der Mann seit einem verdrängten Schlüsselereignis in der gemeinsamen Kindheit, dass seine Frau ihn mit dem Vetter betrügen und ihn schließlich verlassen könnte.

In der Figur des virilen Vetters im Tropenoutfit verdichtet *Geheimnisse einer Seele* Diskurse von bürgerlicher und kolonialer Männlichkeit, von Sexualität, ‚Rasse', Klasse und Nation. Der Film stellt der neurotischen, ängstlichen und impotenten Männlichkeit Dr. Bürgers die Figur eines energischen und kraftvollen kolonialen Abenteurers als korrektives Ideal gegenüber. Mit der Ankunft dieser männlichen Gegenfigur wird nicht nur die latente Krankheit bürgerlicher Maskulinität endgültig akut. Über den weltenbummelnden Vetter gelangt auch das koloniale Andere als Projektionsfläche sexueller Sehnsüchte des bürgerlichen Selbst in den Film. Bedenkt man, dass *Geheimnisse einer Seele* ausdrücklich im Berlin ‚der Gegenwart' spielt, mag die Präsenz einer solchen Figur aus dem Fundus kolonialer Kultur zunächst überraschen – schließlich hatten die imperialen Aktivitäten des Deutschen Reiches mit dem Vertrag von Versailles 1919 ein jähes Ende genommen. Was hat, so könnte man fragen, im Jahr 1926 eigentlich ein deutscher Mann mit Tropenhelm in Sumatra zu suchen? Die Tatsache, dass zeitgenössische Rezensionen die Figur kaum eines Kommentars würdigten, deutet allerdings an, dass man an ihr offenbar nichts Ungewöhnliches oder Überraschendes fand. Wie aber lässt sich ihre zentrale und scheinbar so selbstverständliche Rolle im Film erklären?

In einer bemerkenswerten Passage seiner berühmten Filmgeschichte *Von Caligari zu Hitler* charakterisierte Siegfried Kracauer, dem von der späteren Filmgeschichtsschreibung oft eine reduktionistische – weil teleologisch auf Hitler zulaufende – Lesart des Weimarer Kinos vorgeworfen wurde, den kolonialen Abenteuerfilm der frühen 1920er Jahre:

> All diese Filme glichen, in ihrer Lust an exotischen Schauplätzen, dem Tagtraum eines Gefangenen. Gefängnis war, in diesem Fall, das verstümmelte und abgeschnittene Vaterland – so jedenfalls empfanden es die meisten Deutschen. Was sie ihre Weltmission zu nennen pflegten, war vereitelt worden, und alle Fluchtwege schienen nun versperrt. Diese raumverschlingenden Filme […] wirkten als Ersatz. Naiv befriedigten sie sein [des Deutschen; Anm. P. D.] unterdrücktes Expansionsverlangen mit Hilfe von Bildern, die es seiner Einbildung erlaubten, die ganze Welt […] erneut zu annektieren. (S. 63)

Liest man *Geheimnisse einer Seele* als Teil und Produkt dieser postkolonialen Populärkultur, wirken der Exotismus und die Gegenüberstellung kolonialer und bürgerlicher Männlichkeit in dem Film alles andere als ungewöhnlich. Die Figur des sexuell potenten kolonialen Abenteurers gehörte in der Tat zum festen Ensemble des Film- und Literaturkanons der Weimarer Republik – eines Kanons, der sich, wie bereits Kracauer wusste, von allem, was irgendwie „exotisch" oder „andersartig" schien, auf obsessive Art fasziniert zeigte. Die Sexualisierung des Orients war dabei ein beliebtes narratives Motiv, das es erlaubte, die imperiale Mission als sexuelle Eroberung zu imaginieren und so zusätzlich zu legitimieren. Dem waghalsigen Abenteurer kam hierbei die doppelte Aufgabe zu, die aus den Fugen geratene geschlechtliche und nationale Ordnung wiederherzustellen. Bald nach dem Ende des Ersten Weltkrieges waren solche kolonialen Fantasien nicht trotz, sondern gerade wegen des abrupten Endes des deutschen Kolonialreiches wesentlich weiter verbreitet als zuvor.

Um die kolonialen Bezüge in *Geheimnisse einer Seele* zu entschlüsseln, bedarf es nicht zwingend einer literatur- oder filmwissenschaftlich geschulten Textanalyse – es hilft bereits ein genauerer Blick auf die am Film beteiligten Personen. So war neben den immer wieder genannten Psychoanalytikern Abraham und Sachs mit Drehbuchautor Dr. Colin Ross ein weiterer prominenter Wissenschaftler maßgeblich an der Produktion des Streifens beteiligt. In dessen widersprüchlichem und vielschichtigem Leben und Werk verbanden sich eine beinahe kindlich wirkende Reiselust mit haarsträubenden Rassismen und Sexismen auf eine Art, die für die Weimarer Republik durchaus typisch war. Collin Ross studierte in Berlin, München und Heidelberg unter anderem als begeisterter Schüler des Mitbegründers der Geopolitik, Professor Karl Haushofer. Nach dem Ersten Weltkrieg avancierte Ross neben Egon Erwin Kisch zum bekanntesten Reiseschriftsteller der Weimarer Republik. 1925, ein Jahr vor *Geheimnisse einer Seele*, war sein multimedial flankierter Film-Blockbuster *Mit dem Kurbelkasten um die Welt* erschienen, eine mit rassistischen Klischees durchzogene Reisereportage, die auf Ross' Erlebnissen während seiner jüngsten Weltreise basierte. Ross' Texte und Fotografien, deren ethnografischer Ton kaum über ihren durchgängig voyeuristischen Blick hinwegtäuschen konnte, erschienen regelmäßig in auflagenstarken Zeitschriften wie der *Berliner Illustrirten Zeitung* oder *Die Dame*.

Während sein späterer Biograf Bodo-Michael Baumunk Collin Ross als eher „introvertierte […], hilfsbedürftige Gelehrtennatur" (S. 63) beschreibt, inszenierte sich der Autor selbst auf Portraitfotos am liebsten als Abenteurer mit entschlossenem Blick, sonnengegerbter Haut und dem obligatorischem Tropenhelm. Nicht nur diese Fotografien sprechen für die Annahme, dass Ross sich mit der Figur des weltenbummelnden Vetters in *Geheimnisse einer Seele* selbst ein filmisches Denkmal hat schaffen wollen, ob bewusst oder unbewusst. Auch die im Film angedeutete Verachtung für die europäisch-bürgerliche Kultur, gepaart mit einer naiven Bewunderung vermeintlich primitiver Völker, trägt deutlich Ross' Handschrift. Dieser Logik folgend ist der koloniale Abenteurer gerade wegen seiner Nähe zu den vermeintlich ungezügelten fremden ‚Rassen' ein besonders resoluter, tatkräftiger und eben auch potenter Mann. Seine Weltreisen bewahren den Abenteurer vor dem Übermaß an Zivilisation, welches den Intellektuellen Dr. E. Bürger auf der anderen Seite in die Neurose treibt. Als Kolonialherr gelingt es dem Vetter, sich ein Stück der angeblichen Ungezügeltheit und Vitalität fremder ‚Rassen' einzuverleiben, ohne dabei auf deren ‚niedrigere Zivilisationsstufe' herabzusinken.

Die vermeintlich unsublimierte Sexualität nichtweißer ‚Rassen' war ein weiterer wiederkehrender Topos in Ross' Schriften und Filmen, welcher ebenfalls Eingang in *Geheimnisse einer Seele* fand. Die symbolische Assoziation des Orients mit sexueller Freizügigkeit, wie sie auch in der eingangs geschilderten Traumszene zum Ausdruck kommt, war hierbei wiederum ein visueller Topos, mit dem das Kinopublikum der 1920er Jahre bestens vertraut war. Filme wie *Die Lieblingsfrau des Maharadscha* (1916) oder *Das indische Grabmal* (1921) hatten die Vorstellung, der Orient sei quasi identisch mit sexuellem Abenteuer und erotischer Libertinage, fest im (Unter-)Bewusstsein des deutschen Kinopublikums verankert. Der deutsche Orientalismus-Diskurs nach 1918 schwankte hierbei, genau wie seine europäischen Entsprechungen, beständig zwischen den beiden Polen der Anziehung und Ablehnung. Dem obsessiven Wunsch nach sexueller Vereinigung mit dem verführerischen und verheißungsvollen Anderen stand die panische Angst vor den möglichen Folgen einer solchen gefährlichen Liaison als Gegenpol gegenüber.

Auch der Blick des träumenden Dr. E. Bürger in *Geheimnisse einer Seele* schwankt zwischen den beiden Polen voyeuristischer Schaulust und panischen Ekels. Der Schreck des Träumenden beim Anblick seiner eigenen sexuellen Fantasie fand während der Weimarer Republik seine gesellschaftliche Entsprechung in der sozialen Ächtung als ‚gemischtrassig' definierter sexueller Beziehungen. Die 1920er Jahre brachten bekanntlich die Kampagne gegen die „Schwarze Schmach am Rhein" ebenso hervor wie die primitivistische Begeisterung für Jazz und die *Revue Nègre*. Auch diesen Widerspruch bebildert *Geheimnisse einer Seele*. „The idea of race", so charakterisiert Robert Young diese Ambivalenz im Kern rassistischen Denkens, „here shows itself to be profoundly dialectical: it only works when defined against potential intermixture." (S. 18) Paradoxerweise steht also der Wunsch nach sexueller Vereinigung mit dem Anderen im Zentrum genau desjenigen Denkens, welches sich die unbedingte Trennung der ‚Rassen' zur Aufgabe gemacht hat. Im rassistischen Diskurs gehören Begehren und Aversion untrennbar zusammen – so auch im postkolonialen Deutschland der Weimarer Republik.

Die vermeintliche Aufwertung des Anderen, die dessen Sexualisierung zunächst mit sich zu bringen scheint, entpuppt sich hierbei schnell als andere Seite derselben rassistischen Medaille. So konnte auch der als durchaus modern und aufgeklärt geltende Colin Ross voller Überzeugung beteuern, er sei „alles andere als ein Rassefanatiker." Dies hinderte ihn aber keineswegs daran, in Filmen wie *Die erwachende Sphinx* (1927) zwischen voyeuristischen Filmaufnahmen schwarzer Frauen die Gefahr eines bevorstehenden ‚Rassenkampfes' zwischen Schwarz und Weiß heraufzubeschwören, der spätestens dann drohe, verlorenzugehen, „wenn der Neger lesen lernt." (S. 114, 121) Bemerkenswerterweise galten die meisten der von Ross vertretenen Standpunkte während der Weimarer Republik keinesfalls als extrem oder außergewöhnlich; vielmehr fungierten Ross und seine Filme und Bücher tatsächlich als Insignien eines modernen und weltläufigen Liberalismus und einer aufgeklärten Sachlichkeit. Dennoch – oder gerade deswegen – fiel Ross der Anschluss seiner Ideen an die ‚Rassenpolitik' der Nazis außerordentlich leicht. Der Drehbuchautor von *Geheimnisse einer Seele* beging im April

1945 als überzeugter Nationalsozialist im Hause Baldur von Schirachs Selbstmord.

Geheimnisse einer Seele markiert den Übergang vom filmischen Expressionismus zur Neuen Sachlichkeit und gilt als wichtiges Werk des Regisseurs G. W. Pabst. *Geheimnisse einer Seele* ist aber nicht nur ein filmtechnisch und filmhistorisch bedeutendes Dokument. Gegen den Strich gelesen verdeutlicht der Film vielmehr beispielhaft die enge Verschränkung zwischen Rassismus und Sexualität in der postkolonialen Kultur der Weimarer Republik. Und auch wenn die Kolonialgeschichte seit einigen Jahren große Konjunktur hat, steht die kritische Erforschung der wechselseitigen Bedingtheit von *race&sex* in der deutschen Unterhaltungskultur nach wie vor an ihrem Anfang. Dabei ist auch die Geschichte des deutschen Kinos nur als globale Geschichte zu verstehen.

Querverweise

- Spike Lee: *Jungle Fever* (1991)
- Sander Gilman: Black Bodies, White Bodies (1985)
- John Ford: *The Searchers* (1956)
- Frantz Fanon: *Schwarze Haut, Weiße Masken* (1952)
- D. W. Griffith: *The Birth of a Nation* (1915)
- *Kolonie und Heimat* (1907 ff.)

Literatur

Baumunk, Bodo-Michael: *Colin Ross. Ein deutscher Revolutionär und Reisender, 1885–1945.* Berlin: Selbstverlag 1999.

Film-Kurier, 25.03.1926.

Kracauer, Siegfried: *Von Caligari zu Hitler. Eine psychologische Geschichte des deutschen Films.* Frankfurt am Main: Suhrkamp 1984.

Ross, Colin: *Die erwachende Sphinx: Durch Afrika vom Kap nach Kairo.* Leipzig: Brockhaus 1927.

Young, Robert C.: *Colonial Desire. Hybridity in Theory, Culture, and Race.* New York: Routledge 1995.

Filme

Die erwachende Sphinx (D 1927, R: Colin Ross).

Das indische Grabmal (D 1921, R: Joe May).

Geheimnisse einer Seele (D 1926, R: Georg W. Pabst).

Die Lieblingsfrau des Maharadscha (D 1916, R: Robert Dinesen).

Der Sarotti-M*** (1918/1922)
Oder: Was hat Konsum mit Rassismus zu tun?

Silke Hackenesch

Fast jede_r hat sie schon mal gegessen, sehr viele lieben sie, manche stehen angeblich nachts für sie auf – Schokolade ist Versuchung, Belohnung, Genuss, und – schenkt man der Werbeindustrie Glauben – das ideale Geschenk, um romantische Gefühle auszudrücken. Doch Kakao und Schokolade sind mehr. Historisch eng verzahnt mit Versklavung und Kolonialismus, greift die Reklame für Schokolade auch heute noch auf (häufig sexualisierte) Bilder von schwarzen Menschen zurück und entwirft exotische Konsumszenarien.
Die prominenteste Personifizierung der Verknüpfung von Schokolade und *Blackness* in Deutschland ist die unrühmliche Figur des ‚Sarotti-Mohren'. Wie passt die schizophrene Koexistenz von Ausbeutung afrikanischer Arbeitskräfte im Zuge des Kolonialismus mit der rassifizierten Repräsentation von genussvollem Konsum zusammen, welche die Bewerbung von Schokolade bis heute charakterisiert? Warum erscheint es für viele Konsument_innen ‚natürlich' und angemessen, dass Repräsentationen von Schwarzen (unabhängig davon, wie ‚akkurat' sie sein mögen) zur Bewerbung von Schokolade herangezogen werden? Wie stehen Afrodeutsche dem Gebrauch von Ausdrücken wie ‚Mohrenkopf' oder ‚Schokobaby' gegenüber?
Der ‚Sarotti-Mohr' wurde im Jahr 1918 von Julius Gipkens kreiert und sollte den Schokoladenkonsum in Deutschland ankurbeln. Nach dem Ende des Ersten Weltkrieges war Kakao ein knappes Gut und Schokolade somit relativ teuer. Die Berliner Firma Felix & Sarotti beauftragte daher Gipkens, zum 50-jährigen Bestehen des Betriebs ein überzeugendes und vor allem Aufmerksamkeit generierendes Reklamemotiv zu entwerfen. Julius Gipkens, der ähnlich wie Ludwig Hohlwein, Julius Klinger und Henri de Toulouse-Lautrec zahlreiche ikonische Reklamebilder entwarf, schuf zunächst drei

kleine ‚Mohren', die Tabletts voller Konfekt und Schokolade präsentierten. Diese wurden 1922 von einem einzigen ‚Mohren' ersetzt, der bis heute präsente Sarotti.

Mit Turban, Bluse, Pluderhose und Schnabelschuhen bekleidet, evozierte der Sarotti exotische Imaginationen des Orients und ‚orientalischer Genüsse'. Das Tablett, verschwenderisch mit Konfekt, Pralinen und Schokolade gefüllt, symbolisierte das Bild auch den angeblichen Reichtum der Kolonien, aus deren Rohstoffen die Deutschen ‚dank ihrer Zivilisation und Kultur' Genussmittel herzustellen vermochten. Auffällig an der Darstellung Gipkens' ist der Gegensatz zwischen der Kleidung der Figur und seiner Hautfarbe. Während das ‚orientalische Gewand' farbenprächtig und detailreich verziert ist, erscheint die Haut schlicht tiefschwarz, ohne Nuancen oder Reflektionen. In Anlehnung an die nicht nur in den USA populäre Tradition der *Minstrelsy* und des *Blackfacing* kontrastiert das schwarze Gesicht stark mit den großen weißen Kulleraugen und dem großen, leuchtend roten Mund.

Angeblich ‚erfand' Gipkens das Bild des ‚Mohren' zum Ende des Ersten Weltkrieges, weil sich die ersten Geschäftsräume der Firma Felix & Sarotti in der Mohrenstraße in Berlin befanden. Die Mohrenstraße wiederum erhielt ihren Namen im späten 17. Jahrhundert, als eine Delegation der afrikanischen Kolonie Großfriedrichsburg (heutiges Ghana) dort in einem Hotel residierte und afrikanische Musiker des Preußischen Armeekorps in einer Kaserne in derselben Straße wohnten. Die Kolonie Großfriedrichsburg war 1681 von Brandenburg gegründet worden und sollte die profitable Beteiligung am transatlantischen Sklavenhandel ermöglichen. Da sich das Unterfangen allerdings als unrentabel erwies, verkaufte Friedrich Wilhelm I. die Kolonie 1721 an die Niederländische Westindische Kompanie. Als ‚Kaufpreis' veranschlagte er zwölf junge schwarze Afrikaner, die der preußischen Armee beitreten mussten. Aufgrund des öffentlichen Interesses, dass die Anwesenheit dieser Männer hervorrief, und aufgrund der Tatsache, dass die Männer als exotische Statussymbole betrachtet wurden, benannte man eine Straße nach ihnen – die Mohrenstraße (van der Heyden; Website des Deutschen Historischen Museums).

Auch wenn der Verweis auf die Mohrenstraße als Inspiration für den Sarotti freilich eine nette Anekdote in der Firmengeschichte darstellt, so ist es mindestens ebenso plausibel, dass Julius Gipkens einen dienenden ‚Mohr' entwarf, da diese Ikonographie eine Jahrhunderte alte Tradition in Deutschland hatte. Vor allem seit den sogenannten Türkenkriegen im 16. und 17. Jahrhundert waren versklavte Schwarze in Pluderhose und Turban häufig anzutreffen unter den Bediensteten an europäischen Fürstenhöfen. Zu diesem orientalisch geprägten Bild des exotischen, stets zu Diensten stehenden Afrikaners gesellte sich im Zuge des europäischen

Kolonialismus eine andere ‚Variante'; das Bild des Afrikaners als grundlegend Anderem, ein triebhafter, geschichts- und kulturloser Mensch, ohne Intellekt und von bedrohlicher, animalischer Körperlichkeit (Martin; grundlegend für das Bild von Schwarzen in der deutschen Werbung: Ciarlo).

Auch wenn Deutschland den Anspruch auf seine eigenen Kolonien Ende 1918 verloren hatte, so bedeutete dies nicht, dass koloniale Ambitionen aufgegeben wurden. Tatsächlich lässt sich beobachten, dass ein Kolonialrevisionismus einsetzte, der auch und gerade visuell seinen Ausdruck fand. So zirkulierten vielerorts Poster, Reklameschilder, Postkarten und andere Bilder, die schwarze Menschen als Diener und Untergebene darstellten, die den deutschen Konsument_innen koloniale Waren anboten. Ähnlich wie zuvor die ‚höfischen Mohren', die weißen adeligen Frauen zur Zeit des Rokoko die heiße Schokolade ans Bett servierten.

Wie aber steht es um den Zusammenhang zwischen dem Sarotti und der Besetzung des Rheinlands durch alliierte Truppen, unter ihnen *Turkos* und *Tirailleurs sénégalais*, also Truppen der französischen Armee, die aus Soldaten aus Algerien, Tunesien und dem Senegal bestanden? Ist es tatsächlich ein Zufall, dass das Bild des Sarotti ausgerechnet vor dem Hintergrund der Rheinlandbesetzung kreiert und popularisiert worden ist? Die Besetzung des Rheinlandes als eine Konsequenz des Ersten Weltkrieges, noch dazu teilweise durch schwarze Kolonialtruppen, wurde in der deutschen Öffentlichkeit als besondere Demütigung und ‚Verrat an der weißen Rasse' wahrgenommen. Propagandistisch wurde die Besetzung als ‚schwarze Schmach am Rhein' bezeichnet und es manifestierte sich ein dominanter Diskurs, demzufolge schwarze afrikanische Soldaten hypersexualisiert, gewaltbereit und darauf aus seien, weiße deutsche Frauen zu vergewaltigen – ein Diskurs im Übrigen, der dem in den Südstaaten der USA nach dem Ende der *Reconstruction* nicht unähnlich war.

Auf dem Höhepunkt dieser Kampagne trat nun 1922 der einzelne Sarotti zutage, der in den darauf folgenden Dekaden nicht nur ein Markenzeichen für Schokolade, sondern auch für die Wirtschaftswunderjahre und süße Kindheitserinnerungen werden sollte. Die Figur des ‚Mohren', dazu angelegt, (geheime) Begehren, Luxus und Dienstbarkeit zu personifizieren, musste dem herrschenden Diskurs der angeblichen Bedrohung schwarzer Männer angepasst werden – wie sonst hätte er vornehmlich Frauen und Kinder unschuldig Schokolade servieren können und einen Kaufanreiz darstellen sollen? Glücklicherweise ist der Sarotti-Mohr gar kein Mann; eher eine niedliche Figur unbestimmten Alters, mit einem verhältnismäßig großen Kopf und großen runden Kulleraugen, die ihn unschuldig-kindlich wirken lassen. Aufgrund seiner Kleidung erinnert er zudem an einen seiner Männlichkeit beraubten Haremswächter. Er konnte nicht als Kolonialsoldat oder widerständiger Kolonisierter (und somit als Referenz zu den Aufständen der Herero und Nama in Namibia) missverstanden werden. Er stellte keine Gefahr für deutsche Konsument_innen dar, denen er loyal und dienstbar die heißgeliebten Süßigkeiten servierte. Der Historiker Franz Rudolf Menne beschreibt den Sarotti folgendermaßen:

> mit Pumphosen, Schnabelschuhen und Turban in einem phantasievollen orientalischen Stil gewandet, erinnert er sehr an die im 18. Jh. an europäischen Adelshöfen zur Repräsentation beliebten Mohrenpagen. Er suggerierte gleichermaßen Luxus und Exotik. Wegen seiner Hautfarbe wurde die Verbindung zur Schokolade leicht vollzogen, zumal Darstellungen von Schwarzen in Zusammenhang mit Kaffee- und Kakaowerbung sich um diese Zeit bereits als völlig gängig zeigten. (Menne, S. 38)

Auch Menne sieht die Figur des Sarotti in einer ikonografischen Tradition in Deutschland, erinnernd an die ‚Mohrenpagen', einen Hauch von Luxus und Exotik verströmend. Jedoch sieht der Historiker in der Gleichsetzung von Produkt- und Hautfarbe einen ‚natürlichen' Vorgang. Die Verbindung wird nicht als diskursiv hervorgebracht und konstruiert entlarvt, sondern erscheint als ‚logisch' und daher für alle Konsument_innen nachvollziehbar. Was bei dieser Lesart allerdings ausgeblendet wird, sind die Verstrickungen kolonialer Produkte wie Kakao und Kaffee mit Ausbeutung, Zwangsarbeit und Versklavung schwarzer, afrikanischer Arbeitskräfte. Diese Ausbeutung wiederum fand in satinierter und fetischisierter Art und Weise Eingang in die Bewerbung dieser Produkte. Oftmals wurden hier koloniale Phantasien entworfen, in denen exotisierte und sexualisierte Imaginationen von Schwarzen als Projektionsfläche für Sehnsüchte dienten – die dann durch den Konsum eines (Luxus-)Gutes wie Schokolade befriedigt werden konnten. Erst durch die ständige Wiederholung dieser Verknüpfung entstand eine vermeintlich ‚natürliche' Beziehung zwischen Haut- und Produktfarbe und somit der Gebrauch von ‚Schokolade' bzw. Schokoladen-Ausdrücken als rassifizierende Metapher für Schwarzsein. Darüber hinaus ist die Tatsache, dass Schokolade unter anderem mit Genuss, Sinnlichkeit, Versuchung und Verführung konnotiert ist, konstitutiv dafür, dass sie diskursiv überführt wurde in einen sexualisierten Diskurs um Schwarze Körperlichkeit (Hackenesch).

Dies war umso verführerischer, da der Sarotti, im Gegensatz zum ‚höfischen Mohrenpagen' nicht nur den Adligen vorbehalten war, sondern sich nun auch diejenigen bedienen lassen konnten, die keine Bediensteten (mehr) beschäftigen konnten. Ähnlich wie in den USA, wo *African Americans* auf Reklamekarten zumindest visuell weiterhin in der Rolle der Versklavten oder Dienenden verharrten und somit einen Status Quo repräsentierten, der seit dem Ende des Bürgerkrieges nicht mehr der sozialen Ordnung entsprach, übernahm auch der Sarotti eine wichtige symbolhafte Funktion in einer vom Kolonialrevisionismus geprägten deutschen Kultur.

In den 1930er Jahren wurde es dann eng für den Sarotti. Obwohl das Berliner Sarotti-Werk sich ab 1936 als ‚Stätte deutscher Wertarbeit' präsentierte, rief Schokolade aufgrund ihrer elitären und exotischen Aura die Skepsis der Nationalsozialisten hervor. Im Zuge des Zweiten Weltkrieges wurde außerdem die Lieferung von Rohstoffen derart erschwert, dass die Schokoladenproduktion beinahe zum Erliegen kam. Dennoch wurde nicht auf das beliebte Reklamemotiv verzichtet; im Gegenteil, Reklame aus der NS-Zeit zeigt beispielsweise den Sarotti auf der einen Seite des Bildes und die Hakenkreuzfahne auf der anderen Seite (Gudermann / Wulff, S. 96).

Eine besondere ‚Pointe' in der Vermarktung des Sarotti sowohl während des Nationalsozialismus als auch in den 1950er Jahren waren afrodeutsche Kinder, die als ‚leibhaftige Mohren' verkleidet Sarotti-Schokolade anpriesen. Dies geschah beispielsweise anlässlich der 700-Jahrfeier der Stadt Berlin 1937 oder auch bei den Internationalen Filmfestspielen in Berlin 1952, bei denen die Firma mit einem Stand vertreten war. Dass die Verbindung von Schokolade mit dunkler Hautfarbe völlig evident schien, liegt an der jahrzehntelangen Bewerbung, die diese Verbindung fest im deutschen Bewusstsein verankert hatte.

Auch in dem Drama *Toxi*, das im Sommer 1952 in die deutschen Kinos kam und die Geschichte eines afroamerikanisch-deutschen Waisenkindes erzählt, wird die Hautfarbe der Protagonistin des Films wiederholt mit Schokolade in Verbindung gebracht. Sogar für ein Werbeplakat für eine Schokolade steht das kleine Mädchen Modell, das in der zeitgenössischen Presse häufig als „schokoladenfarbige Hauptdarstellerin" betitelt wurde (Pesserl; Groll zu *Toxi*). Der Film wollte damals um Toleranz werben für die sogenannten ‚farbigen Besatzungskinder', also Kinder afroamerikanischer Soldaten und weißer, deutscher Frauen. Die erste Kohorte dieser Kinder wurde 1952 eingeschult und war somit ‚sichtbares' Zeugnis dieser sozial sanktionierten Beziehungen (Fehrenbach). Die enorme Popularität des Filmes trug erneut dazu bei, dass sich ‚Schokoladenausdrücke' als Referenz für die Hautfarbe afrodeutscher Menschen diskursiv fest verankern konnten – auch jenseits der Werbung.

Obwohl der ‚Mohr' in den 1960ern und 1970er Jahren dann zunehmend in den Hintergrund rückte und anderen Motiven den Vorzug lassen musste, kreierte die Firma Sarotti noch im Jahre 1986 den Slogan „Ich bin ganz Mohr". Offensichtlich veranlasste ein Rückgang des Profits sie dazu, ihren prominentesten Werbeträger wieder stärker ins Zentrum zu rücken (Guderman / Wulff, S. 141).

Vor allem seit den späten 1980er Jahren, also zu einer Zeit, in der sich Afrodeutsche zunehmend öffentlich äußerten und politische Interessensgruppen bildeten (zum Beispiel ISD/ Initiative Schwarzer Deutscher oder ADEFRA/Schwarze Frauen in Deutschland), geriet der Sarotti-Mohr in die Kritik; nicht zuletzt, weil schwarze Deutsche kontinuierlich auf die kolonial-rassistische Vergangenheit der beliebten Werbefigur hinwiesen. In der wegweisenden Publikation *Farbe bekennen: Afrodeutsche Frauen auf den Spuren ihrer Geschichte* beschrieb Helga Emde beispielsweise folgende Kindheitserfahrung:

> Worte wie ‚Nigger', ‚Sarottimohr', ‚Negerkuß' oder ‚Mohrenkopf' hörte ich schon in frühen Jahren und nicht zu selten. Schimpfnamen mit einem süßen Beigeschmack. Denn wer isst als Kind nicht gerne Süßigkeiten? Ich mochte sie gerne und habe mich immer geschämt, in einem Geschäft einen ‚Mohrenkopf' oder ‚Negerkuß' zu verlangen. (zit. n. Oguntoye, S. 105)

In ihrem Buch *Deutschland Schwarz Weiß: Der Alltägliche Rassismus* greift die Musikerin, Autorin und Aktivistin Noah Sow ebenfalls den Gebrauch von ‚Schokoladenausdrücken' als Referenz für Schwarze auf und kritisiert vor allem deren weiße Mütter:

> Andere Mütter nennen ihre Kinder ‚scherzhaft' ‚Brownie', ‚Schoko', ‚Schokobaby', ‚mein Mohrenköpfle', […]. Und ahnen nicht, dass sie damit den einen großen Fehler machen, den unsere Gesellschaft ebenfalls macht: nämlich das Aussehen als *Eigenschaft* zu begreifen und als das wichtigste Merkmal der Schwarzen Person anzusehen, den Menschen über sein Schwarzsein zu definieren. […] Spätestens ab der ersten Klasse sind genau die ‚scherzhaften' Schoko-Ausdrücke, mit denen die Mutter ihr Kind bedenkt, auch diejenigen, die die Außenwelt dazu benutzt, um es einzustufen und ihm seinen Platz als ‚Exot' und ‚anders' aufzudrücken. (Sow, S. 222)

Gemein ist diesen beiden Beispielen (und es ließen sich unzählige weitere anführen), dass sie ein Gegensatzpaar von Farbe versus nicht-Farbe beschreiben, wobei die Farbe, also die schwarze Hautfarbe, eine Abweichung von der konstruierten, imaginierten ‚Norm' darstellt. Diese unhinterfragte Norm ist weiße Hautfarbe beziehungsweise die Annahme, Deutschsein bedeute Weißsein.

Wenn Zuschreibungen wie ‚schokoladenbraun', die den Bereichen des Verzehrs und des Genusses entliehen sind, dazu herangezogen werden, schwarze Menschen zu charakterisieren, werden diese dadurch zu exotischen Objekten der Begierde gemacht. Sie werden als ‚anders' markiert und dadurch auch als abweichend von der Norm. Die Afrodeutsche Ellen Wiedenroth hat das so formuliert:

> Wer für mich eine Zuordnung auf der Farbskala sucht, könnte mich vielleicht bei ‚milchkaffeebraun' einstufen. Gibt es das überhaupt? Oh ja, in der Wahrnehmung der Leute gibt es eine Unsumme von Schattierungen und entsprechenden Benennungen. Ihnen gemeinsam ist die Abweichung von der nicht benannten Norm, dem Weiß-Sein. (Zit. n. Oguntoye, S. 164)

Anhand dieser metonymischen Gleichsetzung von Produkt- und Hautfarbe beziehungsweise der Kodierung von Schokolade als ‚rassifizierend', also als Verweis auf Nicht-Weißsein, wird deutlich, wie ‚Rasse' konstruiert und exotisiert wird. Scheinbare physische und kulturelle Differenzen werden durch die Kodierung von Schokolade für dunkle Hautfarbe im wahrsten Sinne des Wortes verkörpert und naturalisiert.

Diese oben zitierten kritischen Interventionen unterstreichen die unterschiedlichen Intensitäten und Varianten von Rassismus. Es ist nicht nur rassistisch, ausländerfeindliche Parolen vor Flüchtlingsunterkünften zu skandieren oder Häuserwände zu beschmieren. Auch koloniale Bilder und sprachliche Verwendungen mit kolonial-rassistischer Vergangenheit sind nicht harmlos. Im Herrschaftsdiskurs wird den so Angesprochenen häufig vorgeworfen, zu sensibel zu sein und zu überreagieren – dies ist jedoch systematischer Teil dieser Form von *hate speech*. In den USA bezeichnet der Ausdruck die sogenannte verletzende Rede; sie umfasst beispielsweise Schimpfnamen und rassistische Beleidigungen. Dies impliziert ein Verständnis von Sprache, das ihr mehr zuweist als reines Benennen: Sprache tut etwas, in diesem Fall beleidigt sie jemanden. Judith Butler hat darauf hingewiesen, dass das Subjekt erst durch Sprache konstituiert wird. Worte können verwunden, weil Sprache nicht nur jemanden benennt, sondern Handlungsmacht hat, das Subjekt durch die Benennung überhaupt zu konstituieren. Gleichzeitig betont Butler aber, dass auch die Konstitution als erniedrigtes Subjekt eine Ermächtigung darstellen kann. Denn durch die sprachliche Konstituierung ist dieses Subjekt schließlich auch ermächtigt zum Sprechen, es kann „nun seinerseits die Sprache [gebrauchen], um der verletzenden Benennung entgegenzutreten" (Butler, S. 10). Die Subjekte können sich gegenüber den Benennungen widerständig verhalten und die ihnen zugedachten Subjektpositionen umdeuten. Mit Hilfe dieser Strategie können bestimmte Ausdrücke und Wörter so „mit der Zeit von ihrer Macht zu verletzen [abgelöst] und als affirmativ [rekontextualisiert werden]" (Butler, S. 31). In den USA beispielsweise fungiert *chocolate* als affirmativer Signifikant für *blackness*. Stolze Verweise auf *Chocolate Cities* (v. a. in Bezug auf Washington, DC, und New Orleans) oder die beschreibende Verwendung von *chocolate* (oder auch *coffee, ebony, honey*) in unterschiedlichen afroamerikanischen kulturellen Produktionen verweisen auf eine affirmative, emanzipatorische Definition von *blackness*, die die Vielfalt schwarzer Identitäten gegen ein weißes konstitutives Außen postuliert.

Zu Beginn des 21. Jahrhunderts endlich reagierte die Firma Barry Callebaut, zu der die Sarotti-Marke der Firma Stollwerck inzwischen gehört, auf die anhaltende Kritik am Sarotti – jedoch nicht so sehr aus Rücksichtnahme auf die Befindlichkeiten der afrodeutschen Bevölkerung als vielmehr in dem Bestreben, ihre Marke zu internationalisieren. Pünktlich zur Internationalen Süßwarenmesse in Köln im Jahre 2004 präsentierte sie den neuen Look der Marke – aus dem ‚Mohren' war nun ein golden schimmernder ‚Magier der Sinne' geworden. Das Tablett voller Schokolade musste einer Reihe von kleinen Sternen weichen, mit denen der ‚Magier' jongliert. Reklametechnisch ist die Wandlung vom dienstbaren ‚Mohren' zum goldenen Magier ein kleiner Geniestreich – einerseits ziert die Sarotti-Schokolade nun ein moderner Zauberer, andererseits ist der Wiedererkennungswert zum alten Logo durchaus gegeben. Und auch die im Zuge der ‚Retro-Welle' neu aufgelegten Nostalgie-Verpackungen zeigen freilich den ‚Mohren' der 1950er Jahre.

Etwas vermeintlich so unschuldiges wie der Konsum von Schokolade ist nicht frei von Verstrickungen mit Kolonialismus und Rassismus. In diesem Zusammenhang verwundert es nicht, dass sich etliche durch den Gebrauch von Ausdrücken wie ‚Mohrenkopf' diskriminiert und verletzt fühlen. Sie verderben ihnen den Appetit!

Querverweise

- Ann Laura Stoler: *Race and the Education of Desire* (1995)
- Sander Gilman: Black Bodies, White Bodies (1985)
- Edward Said: *Orientalism* (1978)

Literatur

Butler, Judith: *Hass spricht. Zur Politik des Performativen*. Berlin: Berlin-Verlag 1998.

Ciarlo, David: *Advertising Empire. Race and Visual Culture in Imperial Germany*. Cambridge: Harvard UP 2011.

Deutsches Historisches Museum: Die Mohrenstraße. http://www.dhm.de/ausstellungen/namibia/stadtspaziergang/pdf/4_mohrenstrasse.pdf (Zugriff am 27.11.2013).

F. ‚Toxi.' In: *Film-Echo Wiesbaden*, 23.08.1952. Deutsche Kinemathek, Museum für Film und Fernsehen, Nachlass Robert Adolph Stemmle, Toxi, Folder 4.3-198413-0 Toxi-9.

Fehrenbach, Heide: *Race after Hitler. Black Occupation Children in Postwar Germany and America*. Princeton, NJ: Princeton UP 2005.

Groll, Gunter: Toxi: Mohrenkopf mit Schlagrahm. In: *Süddeutsche Zeitung,* 18.08.1952. Deutsche Kinemathek, Museum für Film und Fernsehen, Nachlass Robert Adolph Stemmle, Toxi, Folder 4.3-198413-0 Toxi-9.

Gudermann, Rita / Bernhard Wulff: *Der Sarotti-Mohr. Die bewegte Geschichte einer Werbefigur*. Berlin: Links 2004.

Hackenesch, Silke: *From Cocoa Slavery to Chocolate City. Chocolate as a Racial Signifier in the Constructions of Blackness.* Dissertation, John-F.-Kennedy-Institut, Freie Universität Berlin 2012.

Heyden, Ulrich van der: Die Mohrenstraße. In: Ders. / Joachim Zeller (Hrsg.): *Kolonialmetropole Berlin. Eine Spurensuche*. Berlin: Berlin-Edition 2002, S. 188–189.

Martin, Peter: *Schwarze Teufel, edle Mohren. Afrikaner in Geschichte und Bewußtsein der Deutschen*. Hamburg: Hamburger Edition 2001.

Menne, Franz Rudolf: *Kulturgeschichte der Schokolade*. Im Gürzenich zu Köln, präsentiert von Stollwerck, 1989.

Oguntoye, Katharina et al.: *Farbe bekennen, Afro-deutsche Frauen auf den Spuren ihrer Geschichte*. Berlin: Orlanda-Frauenverlag 1991.

Pesserl, Rita: Toxi. Das Mulattenkind. In: *Der Kurier Berlin*, 12.09.1954. Deutsche Kinemathek, Museum für Film und Fernsehen, Nachlass Robert Adolph Stemmle, Toxi, Folder 4.3-198413-0 Toxi-9.

Sow, Noah: *Deutschland Schwarz Weiß. Der alltägliche Rassismus*. München: Bertelsmann 2008.

Film

Toxi (BRD 1953, R: Robert A. Stemmle).

D. W. Griffith: *The Birth of a Nation* (1915)
Oder: Irritierte Re-Lektüre

Gudrun Löhrer

Soldaten springen aus ihren Booten, rein ins Maschinengewehrfeuer. Sie schießen zurück, schießen ziellos, wahllos, stolpern übereinander, einer nach dem anderen fällt, stirbt, andere schreien und schreien. Die Schreie kommen von vorne, von hinten, von der Seite. Das Geräusch von Kugeln, die mir um die Ohren fliegen. Bomben reißen Körperteile ab. Ein Soldat sucht verzweifelt seinen abgetrennten Arm, findet ihn, rennt los, auf der Suche nach Rettung. Ein wahnsinniges Gemetzel, das Blut fließt in Strömen. Vierundzwanzig lange Minuten.

Mit stockendem Atem sitze ich vor der überdimensionierten Kinoleinwand, meine schweißnassen Hände versuchen das Gefühl abzuschütteln, dass ich es bin, die auf die Soldaten schießt, die Kamera lässt mir nur diese eine Wahl. Ich blicke auf die sterbenden Männer. Ich blicke aus der Position eines schießenden Nazis. Erhaben, von oben, in relativer Sicherheit. Vor mir die Mündung ‚meines' Maschinengewehrlaufs. Ich möchte nur noch, dass es aufhört. Aber das ist erst der Anfang. *Saving Private Ryan* (1998) ist auch der Anfang meiner bewussten (Anti-)Kriegsfilm-Erfahrung. Ich sitze im Kino, aber ich bin dran am Geschehen, drin im Film. Ein Multiplex-Erlebnis in Reinform.

The Birth of a Nation als Antikriegsfilm?

Fünfzehn Jahre später. Ich sitze vor meinem aufgeklappten Laptop. Der Monitor 13 Zoll. Ein ganz anderer Kriegsfilm, *The Birth of a Nation* (1915). Der Film erzählt eine Südstaatenversion der Geschichte des amerikanischen Bürgerkriegs (1861–1865) und der sich anschließenden *Reconstruction* (1865–1877). Der Film feierte in den USA Premiere, während in Europa der Erste Weltkrieg bereits seit einigen Monaten tobte.

Ich starre auf den Bildschirm, drei quälend lange Stunden. Abscheu soll ich entwickeln vor den Verwüstungen des Krieges. Das verrät mir der erste Zwischentitel. Die Saat der Uneinigkeit, so verrät mir der zweite, entstand durch „the bringing of the African to America". Ich bin irritiert und würde es mindestens Verschleppung nennen. In mir regt sich der erste Abscheu gegen den Film.

Die erste halbe Stunde des Films ist gewaltfrei und ein bisschen romantisch, ein erster Konflikt zwischen Nord- und Südstaaten besteht lediglich in einer freundschaftlichen Rauferei zweier junger Männer. Das Kriegsthema kommt langsam in Fahrt. Mobilmachung auf beiden Seiten. In den Südstaaten wird ein letzter Ball vor der Einberufung gefeiert, schön gekleidete weiße Frauen tanzen mit stattlichen Soldaten und Zivilisten. Dann der Versammlungsruf, großer Jubel und Trubel auf den Straßen, Schwarze und Weiße gemeinsam im Kriegstaumel. Ich bin irritiert über die mitjubelnden und tanzenden *African Americans*. Ging es in diesem Krieg nicht auch um die Abschaffung der Sklaverei? In den schwarz angemalten Gesichtern verrutscht offenbar gewollt die Farbe. Ich versuche Details zu erkennen, den Zusammenhang herzustellen zwischen Musik und Handlung. Wohin verweist der musikalische Spannungsbogen? Was soll ich hier fühlen?

Ein Zwischentitel zeigt an, dass die ersten schwarzen Regimenter in South Carolina ausgehoben wurden. Dass das augenscheinlich eine Katastrophe ist, macht der Film sofort mehr als deutlich. Das Haus der Camerons, unserer Protagonisten aus dem Süden, wird von marodierenden Truppen heimgesucht. Der Zwischentitel verrät mir, dass ein weißer Captain die „negro militia" beeinflusst, damit sie seinen Befehlen folgen. Bürgerkrieg. Ich bekomme eine Idee davon, was das bedeutet. So langsam ergreift mich die Musik, an manchen Stellen scheint sie sogar Sinn zu machen. Die Frauen des Hauses bringen sich im Keller in Sicherheit, der Vater versucht seine Familie zu verteidigen, er allein gegen eine Übermacht. Es scheint hoffnungslos, doch die Konföderierten eilen zu Hilfe. Das Haus brennt, der Bildschirm ist in rot getunkt. Die Melodie von „O Tannenbaum" untermalt die Szene. „O Tannenbaum"? Ich bin wieder draußen – irritiert.

Der Krieg auf der ‚Leinwand' ist jetzt in vollem Gang. Mehr als eine Viertelstunde sehe ich Schlachtfelder, Chaos, Gemetzel, aber auch Stadtszenen, fliehende Menschen. Alles ist in Rauch gehüllt, Pyrotechnik vom Feinsten. Soldaten fallen, ich kann nicht erkennen, wer zur Union und wer zu den Konföderierten gehört. Viele Minuten lang filmt die Kamera alles aus weiter Ferne. Die Zoomlinse wird im Kino erst viel später verwendet – ich bin ebenso distanziert wie die Kamera. Und immer wieder diese Musik, fast fröhlich, freudig, irgendwie distanzlos.

Der Film entspricht nur streckenweise dem, was heute unter dem Genre ‚Kriegsfilm' verstanden wird. *The Birth of a Nation* erzählt die Geschichte des Bürgerkriegs und der Reconstruction aus der Sicht zweier befreundeter Familien. Die Südstaaten werden durch die Familie Cameron aus South Carolina repräsentiert, der Norden durch die Familie Stoneman aus Pennsylvania. Aus zwei Teilen bestehend, konzentriert sich der erste Teil vornehmlich auf die Vorgeschichte des Bürgerkriegs und auf den Krieg selbst. Der zweite Teil behandelt die Folgen, die der Krieg für den Süden hatte. Es ist ein Jammertal. Auf Seiten der ehemaligen Plantagenaristokratie herrscht Hunger, Armut und – als ein zentrales Thema – politische Entrechtung. Die vormaligen Machtverhältnisse zwischen Schwarzen und Weißen sind im Film vollkommen auf den Kopf gestellt. Der Film suggeriert das Ergebnis: Anarchie. Dass vor diesen Machtumkehrungen weder der Norden noch der Süden sicher ist, wird sehr eindrucksvoll anhand von massiver sexualisierter Gewalt verdeutlicht. Keine der jungen weißen Frauen scheint mehr sicher zu sein, gleichgültig, ob sie aus dem Norden oder aus dem Süden stammt. Flora Cameron, die junge Protagonistin aus dem Süden, rettet sich vor der Vergewaltigung durch den schwarzen Soldaten Gus, indem sie in den Tod springt. Elsie Stoneman, die Protagonistin aus dem Norden, entkommt einer Zwangsheirat mit dem ‚Mulatten' Silas Lynch nur knapp, weil der neu gegründete Ku Klux Klan der sich ausbreitenden Anarchie ein Ende bereitet und die weiße Frau rettet. Nicht ohne zuvor den Verursacher des Todessprungs der weißen Protagonisten vor eine Lynchjustiz gestellt und ermordet zu haben. Zum Schluss vereinen sich Norden und Süden durch eine Doppelhochzeit, die Nation wird neu geboren.

Im zweiten Teil des Films fällt es mir wesentlich schwerer die Distanz zu wahren. Ich kann kaum sagen, wann das einsetzt. Der Film zieht mich immer stärker in seine Handlung hinein. Ich spüre das körperlich. Wider besseres Wissen wird mir bewusst, dass ich beginne, Sympathien mit den zur Identifikation angebotenen weißen ‚Opfern' der Reconstruction zu entwickeln. Ich kann kaum meinen Sinnen trauen, als ich meine Erleichterung darüber bemerke, dass der Ku Klux Klan angeritten kommt, um die von Zwangsheirat bedrohte weiße Frau zu retten.

Meisterwerk!?

Angetreten, die Geschichte des Bürgerkriegs und der Reconstruction zu erzählen, hat der Film vor allem Kinogeschichte geschrieben. Auf ziemlich unrühmliche Weise. Allein die Forschung zu *The Birth of a Nation* füllt viele Regalmeter. Ich schaue den Film, wohl wissend, dass es sich hier um ein ‚Meisterwerk' handelt. Ein ästhetisches Wunderwerk der Kinderjahre des Kinos. Bombastisch, opulent, teuer. *Der* Film, der das frühe Kino aus der ‚Schmuddelecke' holte und als Kunstform akzeptabel machte. Der Film wurde berühmt für eine ganze Reihe von *firsts*: Ästhetik, Technologie, Aufwand. Ein Meisterwerk, bahnbrechend, es gibt kaum ein Superlativ, das ausgelassen wird, wenn es um diesen Film geht. *The Birth of a Nation* war der erste Kinofilm von drei Stunden Länge. Ein Heer von Statisten und Statistinnen spielte in den Kriegsszenen mit. Der erste Film, der in großen Theatern gezeigt wurde. Der erste Kinofilm, für den Eintrittsgelder von bis zu $2 gezahlt wurden. Der erste Film, für den eigens eine Filmmusik komponiert wurde. Joseph Carl Breil, der Komponist schrieb weite Teile selbst, integrierte aber auch gängige folkloristische Melodien wie ‚O Tannenbaum'. Die Filmmusik wurde in den großen Häusern mit entsprechend großem Orchester aufgeführt. Dass die Opulenz sich vielerorts in Grenzen hielt, weil die kleinen Häuser immer noch mit einem Klavier auskommen mussten, ist dabei nur eine Randbemerkung der Geschichte. *The Birth of a Nation* war außerdem einer der Filme, der nicht nur die Zensurbehörde auf den Plan rief, sondern auch umfassenden Widerstand von Anti-Lynching-Aktivisten und Aktivistinnen, wie beispielsweise der National Association for the Advancement of Colored People (NAACP). Aber auch für die Wiederbelebung des Ku Klux Klan im Jahr 1915 spielten der Film und die Reaktionen auf ihn eine nicht unerhebliche Rolle.

Der Filmregisseur David Wark Griffith (1875–1948) legte sehr großen Wert darauf, dass *The Birth of a Nation* auf wahren Begebenheiten basiere, dass der Film selbst eine Form der Geschichtsschreibung sei, indem er Geschichte in bewegten Bildern erzähle. Er beanspruchte sogar für sich, dass der Film nicht nur eine Geschichte erzähle, sondern Geschichte repräsentiere (Stokes, S. 171). Geschickt stellt Griffith eine Verbindung zwischen dem Werk des Historikers Woodrow Wilson *A History of the American People* und dem zum Veröffentlichungszeitpunkt amtierenden US-Präsidenten Woodrow Wilson her. Dass die Zitate teilweise verfälscht oder aus dem Zusammenhang gerissen sind, wird der größte Teil des Kinopublikums sehr wahrscheinlich nicht nachvollzogen haben. Aus den historischen Referenzen zieht der Film seine Legitimation und behauptet sich u. a. damit in diversen Zensurverfahren.

„A Vicious Film"

In der philosophischen Lektüre von *Das Kapital* sagte Louis Althusser, dass es keine unschuldige Lektüre gebe (S. 14), und so sehe ich diesen Film vor dem Hintergrund einer theoretischen Verankerung in feministischem und poststrukturalistischem Denken. Die affektiven und affizierenden Klaviaturen des Kinos sind Teil meiner eigenen Erfahrung, aber auch meines theoretischen Wissens um diese Funktionen. Ich empfinde Abscheu, wenn ich *The Birth of a Nation* anschaue, aber immer nur dann, wenn ich mich nicht affizieren lasse. Mein 13 Zoll Monitor und *The Birth of a Nation* in der Youtube-Version machen es leichter, sich gegen diese manchmal unheimliche Macht des Kinos zu stemmen. Mein rudimentäres Wissen um die Musik der Zeit ermöglichen im ersten Teil des Films, mich von den musikalischen Spannungsbögen irritieren und nicht mitreißen zu lassen. Wissend lächelnd kann ich es als ermüdend empfinden, wenn der große Bruder nicht in den Krieg ziehen kann, ohne zuvor Flora, seine kleine Schwester mit einer Fahne der Konföderierten zuzudecken. Flora ist es dann auch, die nicht nur sich selbst vor der Vergewaltigung – und durch ihren Sprung in den Tod – die Ehre der alten Nation rettet und die Geburt der neuen ermöglicht. Die weiße Frau als Nationalallegorie überhöht, wie langweilig.

Ich schaue *The Birth of a Nation* und kann diese Nationengründung nur als eine Kriegserklärung an die schwarze Bevölkerung des Südens verstehen. Der Film entwickelt in epischer Breite das Stereotyp, das Tausende von Afroamerikaner_innen das Leben kostete. Die Zahl der Lynchmorde vornehmlich an afroamerikanischen Männern stieg nach dem Ende des Bürgerkriegs massiv an. Eine der häufigsten Begründungen für die gewalttätigen Mobs war der Vorwurf der Vergewaltigung weißer Frauen. Die sehr kurze Phase politischer Partizipation afroamerikanischer Männer in der Zeit der Reconstruction wird im Film mit Chaos und Anarchie gleichgesetzt. Ein Plakat, das „Equality. Equal rights, equal politics, equal marriage" fordert, wird wiederholt sehr prominent in Szene gesetzt. Das Plakat wird immer in Verbindung mit der Forderung gezeigt, jedem schwarzen Bürger „40 acres and a mule" zuzugestehen. Der Film evoziert damit die Verbindung einer verdoppelten Furcht, der Furcht vor Verlust von Land, Privilegien und der Furcht vor *miscegenation*. Die sexuelle Verbindung schwarzer Männer mit weißen Frauen wird konstant mit sexualisierter Gewalt gleichgesetzt. Einvernehmliche Verbindungen setzt der Film als undenkbar voraus. Der Film wimmelt von rassistischen Stereotypen und dennoch bleibe ich nicht unberührt davon, wenn ich sehe, wie eine Frau von einem Mann verfolgt wird. Wenn ich sehe, wie sie über Stock und Stein und schließlich vom Felsen springt, um sich vor einem Mann, der sie bedrängt, in Sicherheit zu bringen.

The Birth of a Nation legitimiert Lynching, also extralegale Gewalt, Folter und Hinrichtungen von afroamerikanischen Männern als legitimen Widerstand, als Herrschaftsinstrument. Der Film manifestiert einen rassistischen nach innen gerichteten Nationalismus, der über den Ausschluss der afroamerikanischen Bevölkerung die Einheit der gesamten Nation wiederherstellt. Der Ku Klux Klan tritt in der Rolle einer legitimen Widerstandsarmee auf, die zwar politisch nicht die gesamte Vorkriegsordnung wiederherstellen kann, die die schwarze Bevölkerung aber durch Terror in ihre Schranken verweisen kann. In einer Kampagnen-Broschüre gegen den Spielfilm bezeichnete die NAACP den Film als *vicious*. In der deutschen Übersetzung wäre das böse, bösartig, brutal, gemein oder grausam. Und nach drei Stunden Film muss ich einmal mehr zustimmen. Der Film bedient sich wenig subtil, aber meisterlich der unheimlichen Macht des Kinos. Der offene kinematographische Rassismus von *The Birth of a Nation* erweist sich als eine affektive und effektive Technologie, der im unmittelbaren Erleben des Films wenig entgegen zu setzen ist. Auch daran wird deutlich, dass er auf vielerlei Weise Maßstäbe gesetzt hat. Der Film wurde verdammt für seinen offenen Rassismus und hoch gelobt aufgrund von Ästhetik, Schnitttechnik, Kameratechniken usw., aber Form und Inhalt sind nicht trennbar. Glücklicherweise rief er breiten Widerstand hervor, der auch über die Jahrzehnte immer aufs Neue mobilisiert werden konnte. Auf Gegendemonstrationen wie beispielsweise in Pennsylvania im Jahre 1965 forderten Plakate „We shall overcome *The Birth of a Nation*". Auch wenn ich dieser Forderung mit ganzem Herzen zustimmen möchte, so bleibt der Film dennoch ein sehr anschauliches Lehrstück darin, wie rassistische Dynamiken funktionieren können, im frühen 20. Jahrhundert ebenso wie heute.

Querverweise

- Spike Lee: *Jungle Fever* (1991)
- *Loving v. Virginia* (1967)
- Eldridge Cleaver: *Soul on Ice* (1967)
- John Ford: *The Searchers* (1956)
- G. W. Pabst: *Geheimnisse einer Seele* (1926)
- Ida B. Wells: *Southern Horrors: Lynch Law in All Its Phases* (1892)
- David G. Croly / George Wakeman: *Miscegenation* (1864)

Literatur

Althusser, Louis: *Das Kapital lesen*. Reinbek: Rowohlt 1972.

Lennig, Arthur: *Myth and Fact. The Reception of 'The Birth of a Nation'*. In: *Film History* 16,2 (2004), S. 117–141.

National Association for the Advancement of Colored People: *Fighting a Vicious Film. Protest Against 'The Birth of a Nation'*. Boston, MA: Boston Branch of the National Association for the Advancement of Colored People 1915.

Stokes, Melvyn: *D. W. Griffith's The Birth of a Nation: A History of the Most Controversial Picture of All Time*. New York: Oxford UP 2007.

Wilson, Woodrow: *A History of the American People*. New York: Harper & Bros. 1902.

Filme

The Birth of a Nation (*Die Geburt einer Nation*, USA 1915, R: D.W. Griffith).

Saving Private Ryan (*Der Soldat James Ryan*, USA 1998, R: Stephen Spielberg).

Thomas Watson: A Full Review of the Leo Frank Case (1915)
Oder: Zur Physiognomie des „jüdischen Perversen“ im Leo Frank Case

Kristoff Kerl

Im März 1915 erschien in der Ausgabe von *Watson's Magazine* mit „A Full Review of the Leo Frank Case“ ein Artikel aus der Feder Thomas Watsons, eines populistischen Politikers und Publizisten. Sein Gegenstand war die Affäre um den jüdischen Fabrikleiter Leo Frank, der zu diesem Zeitpunkt als verurteilter Mörder im US-Bundestaat Georgia einsaß. Beim Lesen des sich über mehr als 40 Seiten erstreckenden Artikels weckt seine Bebilderung mein Interesse und löst Verwunderung aus. Eine Karikatur sowie drei Fotos und eine Nachzeichnung einer Fotografie sind Bestandteile des Textes. Auf zwei von ihnen ist jeweils Frank zu sehen, auf den anderen beiden ist eine junge Frau namens Mary Phagan abgebildet. Sowohl die beiden Fotos von Frank als auch die beiden Darstellungen Phagans gleichen sich jeweils bis hin zur Bildunterschrift weitestgehend.

Zunächst richtet sich meine Neugier insbesondere auf die Nachzeichnung einer Fotografie, die während des Gerichtsprozesses gegen Leo Frank gemacht wurde. Sie zeigt den Verurteilten im Profil mit Brille, weißem Hemd, Schlips und Anzug. Die Blickrichtung ist von der Kamera abgewandt. Generell ist das Bild von einer dunklen Farbgebung geprägt, die die Konturen des Oberkörpers mit dem Hintergrund verschwimmen lässt. Die Aufmerksamkeit und das Augenmerk der Leser_innen werden durch die Bildunterschrift auf die aus Sicht Watsons zentralen Besonderheiten der auf dem Bild abgelichteten physiognomischen Eigenschaften Leo Franks gelenkt: auf die Form und Größe der Nase, auf die Lippen und den Mund sowie auf die Augen bzw. deren Blickrichtung. Diese Körperteile markierten Leo Frank, wie die Bildunterschrift zum Ausdruck bringt, in den Augen von Zeitgenoss_innen offenbar als „typical pervert“. Auch das zweite Bild von Frank, eine Fotografie, die ihn frontal abgebildet zeigt, und die dazu gehörige Bildunterschrift verweisen auf diese Körperpartien und fordern die Leser_innen auf, sie intensiv zu studieren.

Die beiden Fotos von Mary Phagan zeigen diese im Portrait. Sie trägt dunkles lockiges Haar, das von weißen Schleifen zu zwei Zöpfen zusammengehalten wird. Ihre braunen, großen Augen erwidern auf freundliche und offene Art den Blick der Leser_innen. Die Fotos werden von hellen Farben, insbesondere weiß, dominiert. Diese Inszenierungen der jungen Frau als kindlich, rein und unschuldig werden durch den dazugehörigen Text: „Another View of the Little Victim" bzw. „Leo Frank's Victim, Mary Phagan" unterstützt.

Die Fotos sowie die dazugehörigen Bildunterschriften setzen die beiden abgebildeten Personen in ein Verhältnis zueinander. Jedoch bleiben die Details der Relation zwischen ihnen, außer dass Phagan als Opfer von Frank vorgestellt wird, für die Leser_innen zunächst unklar. Um die Bedeutungen und inhaltlichen Aufladungen der beiden Bilder und ihre Beziehung zueinander verstehen zu können, müssen diese zunächst in ihrem historischen Entstehungskontext verortet werden. (Cameron 2005a)

Am 26. April 1913, dem *Confederate Memorial Day*, wurde Mary Phagan auf dem Gelände der in Atlanta, Georgia, ansässigen National Pencil Company, in der sie als Arbeiterin beschäftigt war und die unter der Leitung des in New York geborenen Juden Leo Frank stand, ermordet aufgefunden. Die polizeilichen Ermittlungen und das Gerichtsverfahren wurden von einer immensen öffentlichen Aufmerksamkeit begleitet. Schnell gerieten der jüdische Fabrikleiter und eine afroamerikanische Reinigungskraft namens Jim Conley in den Fokus der Polizei. Entgegen der damaligen juristischen Praxis, die Aussagen von *African Americans* in Gerichtsprozessen gegen Weiße keinen Wert beimaß, wurde Conley im Laufe des Prozesses zum wichtigsten Zeugen der Anklage. Am 25. August 1913 wurde Frank nach einem mit Emotionen aufgeladenen Prozess trotz zahlreicher Ungereimtheiten in der Beweisführung von der Jury zum Tode verurteilt. Nachdem die Prozessführung und damit die Todesstrafe von sämtlichen juristischen Instanzen bis zum Obersten Gerichtshof der USA als rechtmäßig bestätigt wurden, verwandelte der damalige Gouverneur von Georgia, John M. Slaton, die verhängte Todesstrafe in lebenslange Haft. Diese Maßnahme rief unter großen Teilen der Bevölkerung wütende Reaktionen hervor, die den Einsatz bewaffneter Einheiten zum Schutz des Gouverneurs erforderlich machten. In der Nacht zum 16. August 1915 drang ein unter dem Namen *The Knights of Mary Phagan* operierendes

Lynchkommando in das Gefängnis ein, entführte Frank und erhängte ihn. (Dinnerstein; Oney)

Eine wesentliche Rolle in der dramatischen Entwicklung des *Leo Frank Case* spielte der ehemalige einflussreiche populistische Politiker Thomas Watson als Herausgeber sowohl des Monatsmagazins *Watson's Magazine* sowie der Wochenzeitung *The Jeffersonian*. Die beiden Printmedien bildeten im Verlaufe der Affäre die mediale Speerspitze des Anti-Frank-Lagers. Thomas Watson griff insbesondere in den Artikeln des *Watson's Magazine* häufig auf Fotografien bzw. Nachzeichnungen von Fotografien zurück, um seine Artikel zu bebildern. Diese Abbildungen übernahmen dabei nicht bloß die Funktion einer lediglich ‚passiven' Visualisierung und Illustration der in den Fall Involvierten. Sie waren vielmehr in dem Sinne produktiv, als dass sie die gegen Leo Frank vorgebrachten Vorwürfe mit Hilfe des vermeintlich neutralen und exakten Mediums der Fotografie scheinbar verifizierten und objektivierten. Die Fotografien und Zeichnungen dienten folglich als Evidenzmedium.

Um den *Leo Frank Case* und seine Dynamiken historisch verstehen zu können, müssen die zeitgenössischen Konflikte um die Transformation einer agrarisch geprägten Gesellschaftsformation zu einer industriell-kapitalistischen bedacht werden. Die im Anti-Frank-Lager dominierende ablehnende Haltung zu diesem gesellschaftlichen Wandel war eng an rassifizierte, vergeschlechtlichte und sexuelle Bedrohungswahrnehmungen gekoppelt. Die Entstehung urbanisierter und industrialisierter Räume und die damit verbundene Ausbildung neuer Formen der Interaktion zwischen unterschiedlichen Individuen wurden als Angriff auf den *Southern Way of Life* empfunden. Als idealtypischer Ort des Aufstiegs dieser neuen gesellschaftlichen Ordnung galt dem Anti-Frank-Lager die Stadt Atlanta. Das Leben dort mit seinen neuen Formen der sozialen Beziehungen wurde als Antitypus zur gesellschaftlichen Ordnung des Südens begriffen.

Als Garant der Stabilität der als republikanisch-demokratisch perzipierten ländlichen Ordnung und Lebensweise galt ihnen die hegemoniale Position angloamerikanischer Männlichkeit. Diese Hegemonie, die auf der absoluten Verfügungsgewalt über weibliche Haushaltsangehörige sowie über African Americans basierte, geriet in der Wahrnehmung des Anti-Frank-Lagers durch Industrialisierung und Urbanisierung unter Beschuss. Als zentrale Akteure dieser Entwicklung galten den Anhänger_innen dieser Position Juden, die sie der Durchsetzung der industriell-kapitalistischen Ordnung und damit der erneuten Subordination des Südens unter den Norden verdächtigten. Gesellschaftliche Phänomene, die eng mit dieser Transformation verbunden waren – wie z. B. die wachsende Zahl angloamerikanischer Lohnarbeiterinnen – wurden als Konsequenzen jüdischen Handelns und unter Rückgriff auf die Kategorie Sexualität verhandelt.

Die aus dem Eintritt in ein Lohnverhältnis resultierende Steigerung weiblicher Autonomie und die damit verbundene Schwächung der *Patria Potestas*, also der vollständigen Verfügungsgewalt des Familienpatriarchen über die weiblichen Familienmitglieder, brachte eine Veränderung innerhalb des Verhältnisses zwischen angloamerikanischen Frauen und Männern der neu entstehenden Arbeiterklasse mit sich. Diese Entwicklung machte Neuaushandlungen des Rahmens männlicher Dominanz über weibliche Familienangehörige notwendig. Zusätzlich produzierte weibliche Lohnarbeit im Süden eine neuartige Interaktion zwischen unterschiedlichen bzw. teilweise neuen Sozialfiguren: die zwischen dem Chef und der Lohnarbeiterin. Und zu guter Letzt geriet die Autorität und Macht, über die ein Vorgesetzter gegenüber seinen Angestellten verfügte, in Konkurrenz zur Patria Potestas. Somit brachte weibliche Lohnarbeit auch Modifikationen in dem Verhältnis zwischen den unterschiedlichen Männlichkeiten hervor. (MacLean; Melnick)

Als Strategie der Restabilisierung ihrer als erodiert empfundenen hegemonialen Position diente angloamerikanischen Männern während des *Leo Frank Case* die Konstruktion einer jüdischen Männlichkeit, die als dreifache Bedrohung für angloamerikanische, christliche Frauen entworfen wurde: Jüdische Männer wurden als machtvolle und gleichzeitig tugendlose Lüstlinge, als potenzielle Zuhälter und Frauenhändler sowie als Menschen, die die strikte (sexuelle) Segregation zwischen angloamerikanischen Frauen und afroamerikanischen Männern untergruben, entworfen.

Die angeblich von Leo Frank ausgehenden Gefahren für angloamerikanische Frauen schieden sich also wesentlich von denen, die der Figuration des *Black Beast Rapist* zugeschrieben wurden. Zwar wurden sowohl die jüdische wie auch die afroamerikanische Sexualität als die Tugendhaftigkeit angloamerikanischer Frauen zerstörend wahrgenommen, dennoch standen sich die Konstruktionen der beiden vermeintlich gefährlichen Sexualitäten antipodisch gegenüber. Von zentraler Bedeutung für die unterschiedliche Konstruktion und Positionierung von Frank und Conley war das ihnen bzw. Juden und African Americans zugeschriebene Verhältnis zu den im Verlauf der Affäre verhandelten gesellschaftlichen Phänomenen: der Urbanisierung und der Industrialisierung. Juden wurden zum einen als bedeutende Akteure einer als negativ perzipierten gesellschaftlichen Transformation verstanden und zum anderen als Subjekte konstruiert, deren Wesen und Körper diese Veränderungen in gewisser Weise materialisierten. Während dessen wurden African Americans auf Grund ihrer vermeintlichen intellektuellen Minderwertigkeit nicht als Menschen angesehen, die gesellschaftlichen Wandel anzustoßen vermochten. Diese stark divergierenden Subjektkonstruktionen und die damit verwobenen unterschiedlichen Verortungen innerhalb der sozialen Matrix des Südens manifestierten sich im *Leo Frank Case* in den zeitgenössischen Versuchen, jüdische und afroamerikanische Sexualitäten zu typologisieren. Während die afroamerikanische Sexualität als triebhaft, ungehemmt und natürlich entworfen wurde, wurde die jüdische als ‚unnatürlich' bzw. ‚pervers' wahrgenommen. In diesem Kontext waren die zeitgenössischen Vorstellungen eines Zusammenhangs zwischen Überzivilisierung, Effeminierung und der Ausbildung ‚sexueller Perversionen' von großer Bedeutung, wie sie z. B. durch den Neurastheniediskurs hervorgebracht wurden. Markierte die Konstruktion der afroamerikanischen Sexualität als eine vollkommen von den Trieben beherrschte African Americans als unzivilisiert und zu keiner Kulturleistung fähig, kennzeichnete der Perversionsvorwurf Juden als überzivilisiert.

Der angeblichen Effeminierung und ‚sexuellen Perversion' Franks wurde auf mannigfaltige Art und Weise Ausdruck verliehen. Immer wieder wurde gegen ihn der Vorwurf erhoben, dass er vermeintlich widernatürlichen Sexualpraktiken fröne, weshalb er in den Augen vieler Zeitgenoss_innen als „Sodomite Jew" erschien. Unter dem Begriff der Sodomie wurden zu der damaligen Zeit sämtliche sexuelle Praktiken zusammengefasst, die als widernatürlich verstanden wurden. ‚Sexuelle Perversion' stellte also nach zeitgenössischem Verständnis ein polymorphes Phänomen dar. Die Polymorphie der Frank zugeschriebenen ‚sexuellen Perversion' äußerte sich in den changierenden Sexualobjekten, auf die sich laut zeitgenössischen Berichten sein sexuelles Begehren richtete und mit denen jeweils auch die angewandte, immer aber ‚unnatürliche' Praktik wechselte. Eine dieser angeblich von Frank gefrönten ‚perversen' Praktiken stellte die orale Befriedigung junger Arbeiterinnen dar, die als Angriff auf deren Gesundheit begriffen wurde. Allerdings bedrohte diese sexuelle Praktik nicht nur die körperliche Unversehrtheit der Arbeiterinnen, sondern sie stellte in den Augen des Anti-Frank-Lagers auch eine Inversion des Verhältnisses zwischen männlicher Aktivität und weiblicher Passivität und damit eine Gefahr für das Geschlechterverhältnis dar. (Melnick)

Die Konstruktion Franks als ein Akteur, der Veränderungen des Geschlechterverhältnisses vorantrieb, machte ihn in den Augen vieler Zeitgenoss_innen nicht bloß zu einer Gefahr für angloamerikanische Frauen. Sie sahen in ihm einen Repräsentanten der gesellschaftlichen Veränderungen, die für eine vermeintliche Krise angloamerikanischer Männlichkeit verantwortlich seien. Die angeblich von Frank ausgehende Gefahr für angloamerikanische Männer spiegelte sich auch in dem ihm zugeschriebenen gleichgeschlechtlichen Begehren wider. So wurde Frank des Versuchs geziehen, einen anderen Mann verführen zu wollen, wobei er zudem den aktiven Part einnehmen wollte. Insofern fürchteten angloamerikanische Männer, durch Frank effeminiert und von diesem subordiniert zu werden.

Die Konstruktion als ‚sexuell Perversem' wurde von den Zeitgenoss_innen auch in dem Körper Franks verankert. Seine Vorliebe für vermeintlich unnatürliche Sexualpraktiken wurde u. a. in Zusammenhang mit seinem angeblich dysfunktionalen Penis gesetzt. Aber auch in anderer Weise wurde während des *Leo Frank Case* ein Zusammenhang zwischen der Physiognomie Franks und seiner Sexualität hergestellt. Dies zeigt sich deutlich anhand der eingangs beschriebenen Fotos. Von großer Bedeutung für das Verständnis dieser Bilder waren wissenschaftliche Diskurse, die einen Zusammenhang zwischen der Physiognomie und den mentalen, kognitiven und moralischen Merkmalen eines Menschen herstellten. Seit Mitte des 19. Jahrhunderts erfreute sich diese Annahme in der Anthropologie und in anderen Humanwissenschaften in den USA einer weiten Verbreitung. Mit der Kraniologie, Anthropometrie, Phrenologie usw. entstand eine Vielzahl an benachbarten und sich überschneidenden wissenschaftlichen Disziplinen, die durch die Analyse vermeintlicher physiognomischer Differenzen zwischen Menschen Typologien der ‚Rassen', der Geschlechter oder der Sexualitäten entwickelten. Auf diesem Wege zementierten sie den hegemonialen gesellschaftlichen Status männlicher, heterosexueller Angloamerikaner auf neuartige Weise. (Brown; Cameron 2005b)

Der in diesen akademischen Disziplinen verbreitete Glaube, dass sich mentale, kognitive oder moralische Charakteristika eines Menschen in seinem Körper materialisierten, wurde von Thomas Watson geteilt und in seine Kampagne gegen Leo Frank integriert. Die Abbildung der Physiognomie von Personen, die für den *Leo Frank Case* von zentraler Bedeutung waren, diente den Zeitgenoss_innen als Objektivierung und Verifizierung der den unterschiedlichen Personen zugeschriebenen Rollen innerhalb der Affäre. Die Augen, der Mund und die Nase produzierten somit Gewissheit über Frank als „Jew Pervert" und damit verbunden als Bedrohung für die durch Mary Phagan verkörperte weibliche Reinheit und Tugendhaftigkeit angloamerikanischer Frauen.

Alle drei hervorgehobenen Organe unterliefen in den Augen der Zeitgenoss_innen eine gewisse Metamorphose ihrer Funktionalität. Sie waren nicht mehr primär zur Ausübung ihrer ‚eigentlichen' Funktionen bestimmt, sondern gerieten in Franks Körper in gewisser Weise unter ein Primat der Sexualität. Sie wurden zu Sexualorganen, die ihm die Befriedigung seiner vermeintlich widernatürlichen, mit seinem Judesein in Zusammenhang gestellten Vorlieben ermöglicht hätten.

Die angeblich verdrehten oder abgewandten Augen drückten zum einen Hinterlist und Verschlagenheit aus, mithin ‚jüdische' Attribute. Zum anderen verliehen die abgewandten Augen jedoch auch einer Schamhaftigkeit sowie einem Schuldbewusstsein Ausdruck, die auf Franks angeblich ‚perverse Sexualität' verwiesen. Für das Anti-Frank-Lager dienten die Augen, die in anderen Artikeln in *Watson's Magazine* oder in *The Jeffersonian* als „horrible", „lustful" oder „satyr eyes" beschrieben wurden, sowohl auf mittelbare wie auch unmittelbare Art und Weise der Befriedigung seiner ‚perversen Sexualität'. Vermeintlich gebrauchte er sie zum einen als Instrument zur Auswahl der Arbeiterinnen, mit denen er sich sexuelle Befriedigung verschaffen konnte, und zum anderen als Mittel, um nicht-jüdische Frauen mittels seines Blicks zu entkleiden.

Ebenso markierte die sinnlich-erotisierte Darstellung der „horrible lips" bzw. seines „sadistic mouth" diese eindeutig als Werkzeuge, derer er sich bediente, um seine Lust nach Oralverkehr zu befriedigen. Allerdings wurden die Lippen nicht nur sexualisiert wahrgenommen, sondern sie wurden gleichsam einer Rassifizierung unterzogen. Watson beschrieb den jüdischen Fabrikanten in einigen Artikeln als „thick-lipped". Mit diesem körperlichen Attribut wurden in den von Watson verfassten Artikeln neben Frank noch Katholik_innen und African Americans versehen. Beide Gruppen wurden von Watson ebenso wie Juden und Jüdinnen als große Bedrohung für die gesellschaftliche Ordnung der Südstaaten gekennzeichnet. Vor dem Hintergrund der in den Südstaaten weit verbreiteten Wahrnehmung von Italiener_innen (Katholik_innen wurden häufig mit diesen in eins gesetzt) als nicht-weiß, negierte das Attribut „thick-lipped" Leo Franks *Whiteness*.

Auch das dritte physiognomische Merkmal, die Nase, fungierte für zeitgenössischen Leser_innen als Zeichen, das sowohl eine rassifizierte wie auch eine sexualisierte Aussage machte. Zum einen stellte die Nase das klassische physiognomische Merkmal zur Kennzeichnung von Juden und Jüdinnen dar. (Gilman 1991) Des Weiteren äußerte sich die Wahrnehmung von Franks Nase als Sexualorgan auch in dem Vorwurf, seine Nase in die von ihm praktizierten Liebesspiele zu integrieren. (MacLean)

Die beiden Bilder entwarfen Leo Frank offenkundig mit leicht dechiffrierbaren Zeichen sowohl als Jude wie auch als ‚Perversen', wobei die beiden Kategorien miteinander verschmolzen. Nach Ansicht Watsons und seiner Anhänger_innen stellte die gesellschaftliche Transformation des Südens das Resultat einer vom Norden ausgehenden Aggression dar. Industrialisierung und Urbanisierung waren in ihren Augen dem Süden wesensfremd. In einer agrarischen Gesellschaft jedoch seien ‚sexuelle Perversionen' nicht existent gewesen. Somit kennzeichnete der Perversionsvorwurf Leo Frank als ein aus dem Norden kommendes ‚industriell-kapitalistisches Subjekt', das dem Süden gesellschaftliche Transformationen zu oktroyieren suchte.

Die beiden Fotos von Mary Phagan wiederum entwerfen sie als Widerpart zu Leo Frank. Die junge Frau wird als Ikone weiblicher Reinheit und Unschuld konstruiert und als hilfloses Opfer der sich anbahnenden gesellschaftlichen Transformationen markiert. Die Bilder stellten also im Zusammenspiel mit den schriftlichen Textproduktionen eine Intervention gegen die sich unter den Bedingungen gesellschaftlichen Wandels vollziehenden Veränderungen innerhalb des Geschlechterverhältnisses dar, indem sie die Abhängigkeit tugendhafter angloamerikanischer Weiblichkeit von Männlichkeit und damit die Subordination von Frauen unter Männer propagierten. Auf diesem Weg versuchten angloamerikanische Männer, in der agrarisch geprägten Gesellschaft des Südens die Einhegung angloamerikanischer Frauen auf die häusliche Sphäre (wieder-)herzustellen. Selbst eine Technologie der Moderne waren die Fotografien während des *Leo Frank Case* Bestandteil im defensiv-kulturellen Kampf gegen die Durchsetzung einer als modern kategorisierten industriellen Ordnung und den dieser Gesellschaftsformation zugeschriebenen sozialen Verhältnissen.

Querverweise

- Der Rasseschänder von Magdeburg (*Der Stürmer*, 1935)
- Ida B. Wells: *Southern Horrors. Lynch Law in All Its Phases* (1892)
- Wilhelm Marr: *Reise nach Central-Amerika* (1863)

Literatur

Brown, Elspeth H.: Racialising the Virile Body. Eadweard Muybridge's Locomotion Studies 1883–1887. In: *Gender & History* 17,3 (2005), S. 627–656.

Cameron, Ardis: Introduction. In: Ders. (Hrsg.): *Looking for America*. Oxford: Blackwell 2005a, S. 1–12.

—: Sleuthing Towards America. Visual Detection in Everyday Life. In: Ders. (Hrsg.): *Looking for America*. Oxford: Blackwell 2005b, S. 17–41.

Dinnerstein, Leonard: *The Leo Frank Case*. Athens / London: University of Georgia Press 2008.

Gilman, Sander: *The Jew's Body*. New York / London: Routledge 1991.

MacLean, Nancy: The Leo Frank Case Reconsidered. Gender and Sexual Politics in the Making of Reactionary Populism. In: *The Journal of American History* 78,3 (1991), S. 917–948.

Melnick, Jeffrey: *Black-Jewish Relations on Trial*. Jackson: UP of Mississippi 2000.

Oney, Steve: *And the Dead Shall Rise*. New York: Pantheon 2003.

Watson, Thomas: A Full Review of the Leo Frank Case. In: *Watson's Magazine* März 1915, S. 235–278.

Kolonie und Heimat (1907 ff.)
Oder: *race & sex* und das Drama der unvollendeten Kolonisierung

Felix Axster[1]

> Dieses Blatt soll der sichtbare geistige Mittelpunkt der Frauen draussen und in der Heimat sein, wird Ratschläge erteilen und entgegennehmen und durch Wort und Bild den kolonialen Gedanken in den deutschen Frauenherzen weiter pflegen.

Mit diesen Worten kündigte der Deutschkoloniale Frauenbund im April 1907 in einer Mitteilung in der *Deutschen Kolonialzeitung* eine neue Zeitschrift an, die am 15. Juli desselben Jahres unter dem Namen *Kolonie und Heimat* erstmalig erscheinen sollte. Ihr Wachstum und Verbreitungsgrad waren enorm – nach eigenen Angaben gab es bereits 1909 weit über 100.000 Abonnent_innen (*Kolonie und Heimat* 5 (1909), S. 2). Ihre Beliebtheit verdankte sich nicht zuletzt dem Umstand, dass sie als eine Illustrierte konzipiert war – sie war reich bebildert und bot neben seriös anmutenden, meist kürzeren Texten Kurzgeschichten, Humoristisches, praktische Tipps für die Haushaltsführung in den Kolonien und Kreuzworträtsel an. Allerdings stach die *Kolonie und Heimat* nicht nur aufgrund ihrer Popularität und ihres Erscheinungsbildes aus den zahlreichen Kolonialzeitschriften des Kaiserreichs hervor. Ihre Einzigartigkeit resultierte auch und vor allem aus ihrem inhaltlichen Profil bzw. ihrer interventionistischen Stoßrichtung. Zwar wurden – anders als es die Ankündigung des Frauenbundes vielleicht vermuten lässt – keineswegs ausschließlich Frauen als potenzielle Leserinnen adressiert, und die redaktionelle Arbeit oblag überwiegend Männern (Scheulen, S. 36). Auch nahmen dezidiert geschlechterspezifische Perspektivierungen kolonialer Fragestellungen im Verhältnis zur thematischen Vielfalt der einzelnen Beiträge

1 Ich danke Elisabeth Reicher und Heinz Gratzer vom Weltmuseum Wien für die freundliche Unterstützung bei der Suche nach Kolonialzeitschriften.

nur geringen Raum ein. Doch als Vereinsorgan des im Frühjahr 1907 gegründeten Deutschkolonialen Frauenbundes, der sich bereits ein Jahr später der Deutschen Kolonialgesellschaft anschloss und fortan unter dem Namen Frauenbund der Deutschen Kolonialgesellschaft firmierte, unterstrich die Zeitschrift den Anspruch von weißen deutschen Frauen, aktiv an dem Aufbau einer kolonialen Ordnung in den überseeischen Territorien mitwirken zu wollen. Mehr noch: Mit der *Kolonie und Heimat* wurde ein Forum etabliert, das den Zusammenhang zwischen weißer Weiblichkeit und kolonialer Praxis auf die kolonialpolitische Agenda setzte (siehe dazu auch Dietrich). Die Entfaltung dieses Zusammenhangs basierte im Wesentlichen auf der Verschränkung von *race&sex*.

Ausgangspunkt der Intervention des Frauenbundes war das Narrativ der unvollendeten Kolonisierung: Die (militärische) Eroberung der Kolonien durch weiße deutsche Männer wurde als eine Art äußerer Landnahme vorgestellt, der so etwas wie eine innere Landnahme zu folgen habe. Der Vollzug dieser zeitlich nachgeordneten Landnahme obliege weißen deutschen Frauen, die allein dafür Sorge tragen könnten, dass die Kolonisierenden bei Erhalt ihrer nationalen und kulturellen Identität auf fremdem Boden heimisch werden. Angelehnt an das Konzept der ‚geistigen Mütterlichkeit', das Ende des 19. Jahrhunderts vom konservativen Flügel der Frauenbewegung propagiert wurde und die traditionelle Frauenrolle insofern neu definierte, als sie nun zu einem integralen Bestandteil von kulturell-zivilisatorischer Entwicklung und nationaler Formierung erklärt wurde, sollten kolonisierende Frauen vor allem für Pflege, Haushaltsführung und Erziehung verantwortlich sein und den Transfer von bürgerlicher Häuslichkeit garantieren (Wildenthal 2001 / 2003). Dies schien umso mehr erforderlich zu sein, da sich in den Kolonien Formen des Zusammenlebens zu etablieren begonnen hatten, die der Vorstellung von bürgerlicher Häuslichkeit diametral entgegenstanden. Weiße Männer nämlich waren Ehen oder eheähnliche Verhältnisse mit schwarzen Frauen eingegangen, und aus diesen Beziehungen waren bereits zahlreiche Kinder hervorgegangen. Vor diesem Hintergrund erklärt sich die Dramatik, die dem Narrativ der unvollendeten Kolonisierung zumeist eignete: ein düsteres Untergangsszenario, das aber auch ein Lösungsversprechen bereithielt.

In dem Bestreben, sexuelle Beziehungen zwischen weißen Männern und schwarzen Frauen zu verhindern, war der Frauenbund keineswegs allein. Im Gegenteil war die Beschwörung einer von diesen Beziehungen ausgehenden existenziellen Gefahr ein weit verbreitetes Mantra des kolonialen Rassismus (Young). Und auch die deutsche Kolonialverwaltung hatte mit den 1905 in Südwestafrika und 1906 in Ostafrika erlassenen Verboten so genannter Mischehen bereits regulierend einzuwirken versucht. Insofern war die publizistische Initiative der deutschen kolonialen Frauenbewegung Bestandteil eines breit gestreuten bevölkerungspolitischen Programms, das darauf zielte, den eugenischen Imperativ der ‚Rassenreinheit' in der kolonialen Praxis zu implementieren (Grosse). Gleichwohl nahm die *Kolonie und Heimat* innerhalb dieses Programms eine Sonderstellung ein, und zwar vor allem aus zwei Gründen: Zum einen inszenierte sich die Zeitschrift gewissermaßen als Verkörperung eines Lösungsansatzes. Indem sie versuchte, weiße deutsche Frauen für die Ausreise in die Kolonien zu gewinnen und gleichzeitig bestrebt war, die kolonialen Entfaltungsmöglichkeiten dieser zu erweitern, offerierte sie eine Handlungsoption, die weit über das behördliche Eheverbot hinauszugehen schien. Dieser Handlungsoption lag die unhinterfragte Überzeugung zugrunde, dass die sexuellen Beziehungen zwischen weißen Männern und schwarzen Frauen auf einen Mangel an weißen Frauen zurückzuführen seien und dass, wenn dieser Mangel erst einmal behoben sei, das Problem wie von selbst verschwinden würde. Zudem wurde weiße Weiblichkeit als eine Art Rettungsanker vorgestellt, der allein im Stande sein sollte, die vermeintlich unheilvolle Dynamik, die sich im Zuge der äußeren Landnahme ergeben hatte, zu stoppen.

Zum anderen lässt sich hinsichtlich der Beschreibung der Geschehnisse in den Kolonien eine spezifische Ambivalenz von Empathiebekundungen und -verlagerungen ausmachen, die sich gerade aus der Perspektive weißer Weiblichkeit ergab. Das Konzept der ‚geistigen Mütterlichkeit' implizierte die Vorstellung, dass Männer ohne den Einfluss ihrer bürgerlichen Frauen zu verrohen drohten. Kolonisierenden Männern wurde attestiert, dass sie dieser Gefahr in besonderer Weise ausgesetzt seien. Ihr Wirken fernab der Heimat galt zwar als heroischer Einsatz für das nationale Expansionsstreben, war aber doch stets von einem Schatten begleitet, der Möglichkeit nämlich, sich heimischer Kultur und Sitte zu entfremden. Diese Möglichkeit fand Ausdruck in der Diagnose der ‚Verkafferung' oder ‚Vernegerung'. Sie kam einem symbolischen Schwarz-Werden kolonisierender Männer gleich, das zumeist auf das Zusammenleben mit schwarzen Frauen zurückgeführt wurde. Bisweilen wurde diese Diagnose beinahe mitleidsvoll gestellt. Kolonisierende Männer erschienen dann als Opfer der widrigen Umstände, denen Empathie nicht verwehrt werden sollte. An anderer Stelle wiederum wurde die Diagnose der ‚Verkafferung' mit moralisierenden Begriffen wie Schande in Verbindung gebracht, und zwar insbesondere dann, wenn sexuelle Gewalt, die von kolonisierenden Männern an kolonisierten Frauen ausgeübt wurde, Gegenstand der Reflektion war – was allerdings nur selten vorkam oder zumindest kaum explizit geschah. Die Empathie von weißen deutschen Frauen sollte sich nun auf schwarze Frauen richten. Schließlich wurde mit der Diagnose der ‚Verkafferung' eine besondere Form der Ehrverletzung und Herabwürdigung von weißen deutschen Frauen assoziiert. Dies korrespondierte mit dem Vorwurf an weiße Männer, keinen Unterschied zwischen weißen und schwarzen Frauen zu machen, sowie mit einem Blick auf schwarze Frauen, der vor allem von Verachtung geprägt war.

Die Diagnose der ‚Verkafferung' machte das Drama der unvollendeten Kolonisierung in besonderer Weise anschaulich. Mit ihr entstand das Zerrbild oder die Karikatur einer kolonialen Ordnung. Dabei war auch der Verweis auf die Existenz von afro-deutschen Kindern von Bedeutung, die in Anlehnung an die wissenschaftliche Rassetheorie mit Degeneration und Zersetzung assoziiert wurden – ein weiteres Mantra des kolonialen Rassismus (El-Tayeb). Zugleich beinhaltete das Narrativ, dass weiße deutsche Frauen als Hüterinnen rassisch definierter Grenzen fungieren sollten und dass erst das Ausüben dieser Funktion ein Gelingen der Kolonisierung in Aussicht stelle. Sexualität und ‚Rasse' waren hier auf vielfältige Weise miteinander verschränkt: Der Appell, die ‚Rasse' rein zu halten, richtete sich zwar auch auf Sprache, Kleidung, Habitus etc. Entscheidend war aber der Bereich der Sexualität, der als zentrales Einfallstor für Verunreinigung problematisiert wurde. Das heißt, dass das Sprechen über ‚Rasse' das Sprechen über Sexualität bedingte und vice versa. Das heißt aber auch, dass Sexualität konstitutiv war für die Definition von ‚rassischem' Status. Denn es war nicht zuletzt der Bereich der Sexualität, der über das Weiß-Sein entscheiden bzw. über den sich das Weiß-Sein konstituieren sollte. Die Diagnose der ‚Verkafferung' als Aberkennung eines ‚rassischen' Status wurde vor allem im Zusammenhang mit sexuellen Beziehungen virulent. Die Konstitution weißer Weiblichkeit wiederum erfolgte vor der Folie des Phantasmas ‚reinrassiger' biologischer Reproduktion.

Deutlich werden somit auch die geschlechtsspezifischen Implikationen der Kopplung von *race&sex*: Das Narrativ der unvollendeten Kolonisierung basierte auf der Voraussetzung, dass der Status von weißer Männlichkeit im kolonialen Setting strukturell gefährdet sei, und zwar vor allem durch Sexualität. Zudem wurde weiße Weiblichkeit als Lösungsmittel in Anschlag gebracht. Demnach vollzog sich die Konstitution von Weiß-Sein nicht nur in Relation zu Sexualität, sondern hing eben auch von den geschlechtsspezifischen

Positionierungen der Kolonisierenden ab. Reinheit als Ideal vollendeter oder gelungener Kolonisierung jedenfalls schien nur erreichbar zu sein durch das (sexuelle) Zusammenspiel zwischen weißer Männlichkeit und weißer Weiblichkeit. In diesem Zusammenhang ist auch der Faktor Klasse in Rechnung zu stellen: In der Diagnose der ‚Verkafferung' zum Beispiel klangen durchaus klassenspezifische Zuschreibungen an (Kundrus). Und die Diskussionen über weiße Weiblichkeit kreisten beständig um das soziale Profil ausreisewilliger Frauen, wobei insbesondere Dienstmädchen und Haushaltsgehilfinnen Gegenstand der Erörterung waren.

Der Titel der Zeitschrift *Kolonie und Heimat* ordnete zwei Räume in einer Art Spiegelungsverhältnis an. Impliziert war das Versprechen, dass die Kolonien als Heimat Gestalt annehmen könnten. Das Narrativ der unvollendeten Kolonisierung wiederum deutete die Möglichkeit einer zunehmenden Entfremdung zwischen Kolonie und Heimat an. In jedem Fall waren die zwei Räume unauflöslich aufeinander verwiesen: Das Heimisch-Werden in den Kolonien hing in hohem Maße davon ab, ob die Mobilisierung weißer Weiblichkeit in der Heimat gelingen würde. Und die Heimat musste sich daran messen lassen, ob sie im Stande sei, den Kolonisierungsprozess zu vollenden. In dem Versuch, das dem Titel der Zeitschrift inhärente Versprechen einzulösen, arbeitete der Frauenbund vor allem an der Verschränkung von Sexualität und ‚Rasse'. Anders gesagt: Diese Verschränkung war konstitutiv für den Frauenbund wie für die *Kolonie und Heimat*. Sie waren das Produkt einer Wissensformation, die sich im Zuge der kolonialen und bürgerlichen Moderne auszubilden begann. Zugleich aktualisierten sie diese Wissensformation – insbesondere durch das Narrativ der unvollendeten Kolonisierung und die mit diesem zusammenhängende Konstitution weißer Weiblichkeit.

Querverweise

- Sander Gilman: Black Bodies, White Bodies (1985)
- Frantz Fanon: *Schwarze Haut, Weiße Masken* (1952)
- Der Sarotti-M*** (1918/1922)
- Louis Agassiz / J. T. Zealy: *Delia* (1850)
- James F. Cooper: *The Last of the Mohicans. A Narrative of 1757* (1826)

Literatur

Dietrich, Annette: *Weiße Weiblichkeiten. Konstruktionen von ‚Rasse' und Geschlecht im deutschen Kolonialismus*. Bielefeld: Transcript 2007.

Eine Reise durch die deutschen Kolonien. In: *Kolonie und Heimat* 5 (1909), S. 2.

El-Tayeb, Fatima: *Schwarze Deutsche. Der Diskurs um ‚Rasse' und nationale Identität 1890–1933*. Frankfurt am Main: Campus 2001.

Grosse, Pascal: *Kolonialismus, Eugenik und bürgerliche Gesellschaft in Deutschland 1850-1918*. Frankfurt am Main: Campus 2000.

Kundrus, Birthe: ‚Weiß und herrlich'. Überlegungen zu einer Geschlechtergeschichte des Kolonialismus. In: Annegret Friedrich / Birgit Haehnel / Viktorie Schmidt-Linsenhoff / Christina Threuter (Hrsg.): *Projektionen. Rassismus und Sexismus in der Visuellen Kultur*. Marburg: Jonas 1997, S. 41–50.

Mitteilungen des Deutschkolonialen Frauenbundes. In: *Deutsche Kolonialzeitung* 17 (1907), S. 169.

Scheulen, Peter: *Die ‚Eingeborenen' Deutsch-Südwestafrikas. Ihr Bild in deutschen Kolonialzeitschriften von 1884 bis 1918*. Köln: Köppe 1986.

Wildenthal, Lora: Rasse und Kultur. Frauenorganisationen in der deutschen Kolonialbewegung des Kaiserreichs. In: Birthe Kundrus (Hrsg.): *Phantasiereiche. Zur Kulturgeschichte des deutschen Kolonialismus*. Frankfurt am Main: Campus 2003, S. 202–219.

—: *German Women for Empire, 1884–1945*. Durham, NC: Duke UP 2001.

Young, Robert J. C.: *Colonial Desire. Hybridity in Theory, Culture and Race*. New York / London: Routledge 1995.

W. E. B. Du Bois: *The Souls of Black Folk* (1903)
Oder: The Sex of Black Folk

Elisabeth Engel

The Souls of Black Folk ist ein Buch über *race.* 1903 schrieb der 35-jährige Soziologe, Bürgerrechtler, Ehemann und Vater aus Massachusetts, William E. B. Du Bois (1868–1963), 14 thematisch breit gefächerte Aufsätze über die „andere Welt", in der Menschen afrikanischer Abstammung in den USA lebten. Die Darstellung galt sofort nach ihrer Veröffentlichung beim Chicagoer Verlag A. C. McClurg als außergewöhnlich. Literarisch anspruchsvoll und zugleich beispiellos schonungslos machte *Souls* Du Bois über Nacht zur Stimme des schwarzen Amerika, das er beschrieb. „[T]he Negro", erklärte diese vielzitierte Stimme, „is born with a veil". Er besitze ein doppeltes Bewusstsein (*double consciousness*), sehe sich selbst mit den Augen Anderer und fühle sich deshalb immer geteilt, „an American, a Negro; two souls, two thoughts, to unreconciled strivings; two warring ideals in one dark body [...]" (S. 5). Dieses Problem, prophezeite die Stimme weiter, war indes kein afroamerikanisches. Es stand exemplarisch für die *color line*, „the relationship between the darker and the lighter races of men in Asia and Africa, in America and the islands of the sea", und damit für *das* Problem des anbrechenden 20. Jahrhunderts (S. 15).

Aus heutiger Sicht muss man der 1903 so wortgewaltigen Stimme wohl Recht geben. Europäischer Kolonialismus und Systeme der Rassentrennung prägten noch bis in die 1990er Jahre das Leben schwarzer Menschen. Afroamerikaner_innen bekamen die *color line* nach der Abschaffung der Segregation 1954 in Form von Massenverhaftungen zu spüren. Und Barack Obama, der erste schwarze Mann im Weißen Haus, war auch der erste, der seine Geburtsurkunde vorlegen musste, um dort hinein zu kommen. 2012 stilisierte *The Atlantic* – die Zeitschrift, in der die ersten Vorabdrucke von *Souls* 1903 zu lesen waren – Obama zu einer Art Du Bois des 21. Jahrhunderts. Doppelte Standards der Integration zwängen selbst den mächtigsten Präsidenten, schrieb dort Ta-Nehisi Coates, „twice as good“ und „half as black“ zu sein. Die Geschichten der Teilung von *color line* und *double consciousness* sind also nicht zu Ende.

Doch die Stimme war nicht nur prophetisch. Sie war auch selbsterfüllend. Du Bois’ Theorie von *race* als einem spezifischen Bewusstsein und der transnationalen kulturellen Identität schwarzer Menschen half die ein oder andere Revolte loszutreten. Egal ob Panafrikanismus oder Black Power, *Souls* taugte dazu, den Anspruch ethnischer Minderheiten auf Staatsbürgerschaft, Selbstbestimmung und Menschenwürde zu erstreiten. So wie es Lebensrealitäten veränderte, veränderte es auch die akademische Auseinandersetzung mit denselben. Angefangen mit den *African American Studies* in den 1920er Jahren, haben Forschungsfelder wie die *African Diaspora, Critical Race*, *Postcolonial* und *Transnational Studies* ihre Ansätze auf Du Bois’ *race*-Begriff zurückgeführt. Trotz der Vielfältigkeit seiner Effekte ist die Logik des *Du Bois-Souls-race*-Nexus bestechend simpel. Dem Du Bois-Biografen David L. Lewis zufolge, lässt sich die Geschichte von *race*-Verständnissen in die Zeit vor und nach dem Erscheinen von *Souls* einteilen (S. xii).

Souls, so möchte ich zuspitzen, war also weder ein außergewöhnliches Buch über *race* noch war Du Bois der Prophet der 20. Jahrhunderts. Vielmehr bilden Du Bois, *Souls* und *race* eine machtvolle Verbindung, die seit 1903 Politiken, Lebensrealitäten und akademisches Wissen produziert. Ausgehend von den vielen Wahrheiten, die wir aus *Souls* gezogen haben, möchte ich überlegen, inwiefern dieses Jahrhundertwerk auch über Sex wahrsagt. Es kann nämlich durchaus beobachtet werden, dass sich in der langen Liste der Du Bois Anhänger_innen nur wenige mit Themen wie Feminismus, Gender, Sexualität oder *Queerness* beschäftigen. Auch historisch betrachtet überrascht die Lücke. Um 1900 war das Verbot und die Kontrolle von ‚interrassischem‘ Sex im Munde der US-Justiz, der Eugeniker, Nativisten und Imperialisten, kurzum: ein zentraler Aspekt der *color line*. Außerdem, wie Michel Foucault feststellte, kamen Diskurse über Sexualität wegen ihrer Tabuisierung und Repression dann erst so richtig in Fahrt. Warum hat Du Bois‘ so vielsagendes *race*-Konzept also gerade dem Sex keine Stimme geben?

Im Folgenden werde ich *Souls*’ seltsames Schweigen zum Sex als einen Hinweis auf eine afroamerikanische Geschichte der Sexualität lesen. Damit meine ich, dass die Genealogie der Wahrheit über Sex spezifizierbar, diversifizierbar und damit ‚rassifizierbar‘ war. Ich werde ‚rassische‘ Sexualität also nicht als eine Zuschreibung rassistischer Vorurteile durch dominante Sexualitätsdiskurse verstehen, sondern davon ausgehen, dass Verständnisse von Sexualität in der anderen Welt von Schwarzen nach eigenen Regeln geformt wurden. Diese Verständnisse haben sich über *Souls* still und heimlich in nationale und internationale, politische und intellektuelle *race*-Diskurse eingeschrieben. Um der Ordnung des Sex in *Souls* nachzuspüren, werde ich also nicht fragen, wo und wie der Text die Rassismen der *color line* bekämpft. Es geht darum zu zeigen, welche ‚Anderen' *Souls* konstruiert, um das *black folk* zu definieren und zu managen.

Sex in *Souls*

Souls ist ein ziemlich dickes Buch, das dem Sex ziemlich wenige seiner knapp 300 Seiten widmet. Die gesammelten Aufsätze handeln von politischen Strukturen und sozialen Problemen im Süden, von Bildung, Religion und Musik in der afroamerikanischen Kultur und vom Leben und Werk verschiedener afroamerikanischer Intellektueller, einschließlich Du Bois' eigenem. Ob analytisch, fiktional oder autobiografisch, jeder der 14 Texte dient dazu, das „striving" zu konturieren, das laut Du Bois die afroamerikanische Geschichte prägt – „to make it possible for a man to be both, an American and a Negro" (S. 6).

Die Bedingung der Möglichkeit, schwarz und amerikanisch zu sein, sieht Du Bois in der durchaus biopolitischen Idee, die „Charakteristiken und Talente" der schwarzen Bevölkerung zu entfalten. Neben dem Kampf um Bürgerrechte wie physische Freiheit, politische Mitbestimmung und Bildung, sei laut Du Bois hierzu die „Verbrüderung" (S. 6) im Sinne einer wechselseitigen Befruchtung der beiden „world-races" (S. 13) nötig. Das Ideal der gleichberechtigten Bruderschaft verwirft das um die Jahrhundertwende vorherrschende Konzept des *racial uplift*, der Angleichung von Schwarzen an die dominante Gesellschaft unter Aufrechterhaltung einer strikten sozialen Trennung. Ebenso wenig ist es für Du Bois damit getan, Emanzipation mit uneingeschränktem Begehren gleichzusetzten. Seine Polemik liegt in der Idee, das *black folk* als diejenigen zu definieren, die ‚richtig', nämlich ‚rassisch'-spezifisch begehren. Die Erziehung zum ‚rassischen' Begehren, wie Ann Laura Stoler unlängst für die Kolonialgeschichte konstatierte, ist ein zentraler, jedoch bisher wenig beachteter Aspekt in der Geschichte der afroamerikanischen Sexualität.

Konzentriert man sich auf die Frage, wer nach Du Bois wann und wo, wen begehren darf/soll, stößt man im Verlauf des Buchs auf mehrere ‚Andere'. Die erste diesbezügliche Schlüsselszene findet sich im ersten Kapitel. „Of Our Spiritual

Strivings“ inszeniert Du Bois als den Urheber einer Begehrensstruktur, die das *black folk* von anderen unterscheidet. In der Szene weist eine weiße Mitschülerin irgendwo in Neuengland eine Grußkarte, die Du Bois ihr geschrieben hatte, mit einem „glance“ zurück. Durch den Blick des Mädchens wird Du Bois als schwarz und männlich markiert, verlernt jedoch frei zu begehren: „I had thereafter no desire to tear down that veil“. Der Reiz des Flirts mit dem anderen Geschlecht wird also durch die Internalisierung des *veil* unterbunden und sexuelles Interesse in das Bedürfnis umkodiert, sich mit gleichgeschlechtlichen „mates“ etwa in der Schule oder beim Sport zu messen (S. 4). Du Bois' neu gewonnener Kampfgeist unterscheidet ihn gleich auch von ‚anderen‘ Männern. Viele „black boys“, so der Autor, ließen sich durch ihr Wissen vom *veil* zu „geschmacklosen Schmeicheleien“, „stillem Hass“ oder „spöttischem Misstrauen“ gegenüber Weißen hinreißen und endeten somit als „outcasts and strangers in [their] own house“ (S. 5). Die Kriterien des Ausschlusses aus dem Projekt des *black folk* sind also klassisch: heterosexuelles Verlangen nach dem exotischsten Anderen, in diesem Fall die weiße Frau, und die Entmännlichung, die in der Versuchung lauert, sich durch Hass und Heuchelei dem Diktat der *color line* zu unterwerfen.

Gleichzeitig wird der Ausschluss des Anderen durch seine Bindung an Geschlechterkategorien verkompliziert. Du Bois' Kampfgeist erfordert gleiche Gegner und damit die Neuordnung gleichgeschlechtlicher Beziehungen. Das zeigt schon die Themenwahl der jeweiligen Aufsätze. In sechs von 14 Titeln stehen Männer im Fokus. Die Bandbreite reicht von „schwarzen Männern“ über „Söhne“, „Masters“, „Väter“ hin zu „Anderen“ (*others*), namentlich Du Bois' wichtigstem Zeitgenossen und Rivalen Booker T. Washington, dem afroamerikanischen Missionar Alexander Crummell, und „John“, dem fiktionalen Protagonisten einer ‚interrassischen‘ Männerfreundschaft. Der Mann „Du Bois“, so viel kann vorweggenommen werden, steckte ein bisschen in jedem von diesen. Wie Du Bois' zweiter großer Erzrivale, der jamaikanische Panafrikanist und Kopf der Universal Negro Improvement Association, Marcus Garvey, in den 1920er Jahren im Hinblick auf Du Bois' multiple Subjektivität bemerkte, war er „a little Dutch, a little French, a little Negro [...] a mulatto. Why in fact he is a monstrosity“ (Garvey, S. 310).

Für die Kategorisierung und Rangordnung von schwarzen Männern war ihr Sex also durchaus ausschlaggebend. In *Souls* bewertet Du Bois gleichgeschlechtliche Beziehungen ohne Sex, etwa im Sinne von Abstammungslinien zwischen Vätern und Söhnen, weitaus positiver als erotisch-sexuelle

Beziehungen zwischen Männern und Frauen. Der Ursprung dieser Ordnung des Sexes liegt nach Du Bois auf den Sklavenplantagen des Südens. So sei die Zeit vor 1865 zwar eine Periode „intensiver Gefühle" und „mächtiger menschlicher Leidenschaft" gewesen, habe aber auch zwei Figuren hervorgebracht, an denen „Mann" seitdem nicht mehr vorbeikomme. Du Bois nennt die erste Figur, den Plantagenbesitzer und Sklavenhalter, „grauhaarigen Gentleman". Er sei dadurch gekennzeichnet, dass seine Väter noch „wie Männer" im amerikanischen Unabhängigkeitskrieg gestorben seien, während seine eigenen Söhne – oft Produkte sexueller Übergriffe auf Sklavinnen – in namenlosen Gräbern lägen. Die zweite Figur bezeichnet Du Bois etwas flapsig als die einer „schwankenden, dunklen, mutterähnlichen Form". Bei dieser Gestalt handelt es sich um die Haussklavin, die sich üblicherweise nicht nur liebevoll um die Söhne und Töchter der „grauhaarigen Gentlemen" gekümmert hätte, sondern vor allem auch sich selbst zu dessen Vergnügen zur Verfügung stellte (S. 31–32). Die Beschreibung rekurriert zunächst auf das Klischee der, wie Frantz Fanon schrieb, „frantic women of color in quest of white men", die ihren Vergewaltigern romantische Gefühle entgegengebracht und über ‚interrassischen' Sex den Traum vom Weißwerden verfolgt hätten (Fanon, S. 34). Schon 1892 identifizierte die afroamerikanische Frauenrechtlerin Ida B. Wells dieses Stereotyp als symptomatisch für die intersektionale Unterdrückung von Frauen, die aus den *miscegenation laws* des Südens resultierte. Die Gesetzgebung zur „Rassenvermischung", schrieb Wells, erlaubte es weißen Männern, jedes schwarze Mädchen zu haben, das sie wollten. Missbrauchten schwarzen Frauen war es nicht möglich, gesellschaftliches Ansehen zu erlangen. Sie durften weder ihre Peiniger heiraten noch waren sie wegen ihrer „Verunreinigung" als Ehefrauen für schwarze Männer interessant. Obwohl dem Bürgerrechtler Du Bois die problematische Lage von schwarzen Frauen bekannt war, bemühte er das Stereotyp des „grauhaarigen Gentlemen", um die Unbrauchbarkeit schwarzer Frauen als Mütter und die Notwendigkeit patriarchaler Familienstrukturen für die ‚schwarze Nation' zu unterstreichen. Für ihn war die systematische und rechtmäßige Verunreinigung der schwarzen Frau Anlass, von ihrer Schuld auszugehen, anstatt sie als Opfer männlicher sexueller Gewalt zu betrachten (S. 11).

Vor dem Hintergrund der Geschichte „unreiner" schwarzer Frauen inszeniert Du Bois die „Last" (*burden*), die schwarze Männer unverschuldet auf ihrem Weg zu Selbstbewusstsein, Selbstverwirklichung und Selbstrespekt tragen mussten. Der „red stain of bastardy", den die schwarze Frau verkörperte, verrate die Tradition „afrikanischer Keuschheit" (*chastity*) und das „schwarze Heim" (*Negro home*), weil sich dort nun zwangsläufig auch das „Erbe weißer Ehebrecher" vermehre (S. 11). Sex zwischen schwarzen Frauen und schwarzen Männern war für Du Bois entsprechend nur in geordneten schwarzen Familienverhältnissen denkbar. In dieser Logik diente die Wiederherstellung der afroamerikanischen Familie der Wiederherstellung der Männlichkeit der Söhne weißer Sklavenhalter. Männliche ‚Mischlinge' sollten durch Ehe und Vaterschaft die Kontrolle über die weibliche Sexualität und Reproduktion zurückgewinnen. Schwarzer heterosexueller Sex war dabei ein Mittel zur Schadensbegrenzung. Er diente dazu, das vermeintlich ‚interrassische' Begehren der Frauen auszumerzen und sie in Familienstrukturen zurückzuführen, die es schwarzen Vätern erlaubten, eine loyale, liebevolle und vor allem direkte Beziehung zu ihren Söhnen einzugehen (S. 211).

Neben der Regulierung von Verwandtschaftsbeziehungen, diente der Sex des *black folk* der Erschaffung eines ‚Volkskörpers'. *Souls* suggeriert für diesen Körper drei Fluchtpunkte: den bekannten *race leader* und Pädagogen Booker T. Washington, den „vergessenen" Kirchenmann Alexander Crummell und die fiktionale Figur John. In dieser *men's world* kommt ‚rassisch'-spezifisches Begehren gänzlich ohne (hetero-)sexuelle Konnotationen aus. Die Männer verkörperten unterschiedliche Strategien zur Entfaltung der wünschenswerten „Charakteristiken und Talente" des *black folk*. Booker T. Washington stand für die Philosophie der *industrial education*. Du Bois hielt dessen Idee, schwarze Bildung auf Berufsausbildung zu konzentrieren, mit denen Afroamerikaner_innen eigenes Geld verdienen und gleichzeitig eine christliche Arbeitsethik verinnerlichen konnten, für eine „veritable Lebensweise". Washingtons Kompromissbereitschaft in Fragen der Hochschulbildung und der Bürgerrechte war dagegen inakzeptabel. Laut Du Bois unterschätzte Washington die „entmännlichende Wirkung der Kastenbildung", die er mit seiner *industrial education* vorantrieb (S. 43–44). Alexander Crummell lieferte die Vorlage für das Gegenteil. Der Kirchenmann, der unter schwersten Bedingungen zu Zeiten der Sklaverei aufwuchs, habe „einfach gearbeitet" und dabei eine enorme Willensstärke und eine „reine Seele" bei der Verfolgung seiner „Visionen und Lebenspläne" bewiesen. Diese Eigenschaften, so Du Bois, zeigten sich daran, dass er dort war, wo er gebraucht wurde, „inspiring the young, rebuking the old, helping the weak, guiding the strong" (S. 228). Crummells und Washingtons Ethik von Arbeit und Leben kontrastiert Du Bois durch sein vorletztes Kapitel „The Coming of John". Johns Geschichte schließt den Kreis zwischen *color line* und *double consciousness*, indem sie auf das Problem männlicher Loyalität und rassistischer, sexueller Gewalt zugespitzt ist. In der Episode vergewaltigt der weiße John Henderson die Schwester seines schwarzen Jugendfreunds John Jones. Jones rächt die Tat, indem er Henderson tötet. Du Bois will den Gewaltakt aber weder als einen Akt der Selbstjustiz noch als einen Akt zur Ehrenrettung einer weiblichen Familienangehörigen verstanden wissen. Er beschreibt, wie Jones den Tod des weißen Mannes begehrt, herbeiführt und zelebriert. Jones' Verwandlung vom Freund zum Mörder skizziert den Verlauf einer schwarzen Befreiung, in deren Zentrum die Beziehung zwischen zwei Männern steht, anstatt ein Streit um deren jeweiliges Verhältnis zu einer schwarzen Frau. In „The Coming of John" stellt Du Bois also die Fähigkeit des ‚Tötenkönnens' neben die selbstoptimierenden Lebensweisen und Talente eines Washington oder Crummel. Die Fiktion ist Du Bois' vielleicht explizitester Versuch, des Spektrum des ‚richtigen' Begehrens für asexuelle schwarze Männer zu erweitern.

Zusammenfassend kann beobachtet werden, dass *Souls* den Sex des *black folk* als eine externe Angelegenheit behandelt. Er kommt zur Sprache, wenn andere ihn haben. Der Sex der anderen ist dann von Bedeutung, wenn er schwarze Männer betrifft, bedroht oder sie in ihrer Männlichkeit verletzt. So muss die schwarze Frau zum ‚rassisch'-spezifischen Begehren erzogen werden, während schwarze Männer den Sex kontrollieren oder bekämpfen. Die männliche Erziehungsfunktion artikuliert sich auch in den ausschließlich männlichen Vorbildern, die Du Bois zur Modellierung des schwarzen Volkskörpers heranzieht. Ob Washington, Crummel oder Jones – er macht die Selbstverwirklichung von Männern zum Ausgangspunkt und zum Ziel der Geschichte afroamerikanischer *strivings*. Auch deshalb braucht *Souls* den Sex des *black folk* nicht groß zu benennen. Er ist nicht begehrenswert an sich. Er dient dazu, Ordnungen von Patriarchat, Reproduktion und Abstammung zu stabilisieren, und ist damit eine wichtige Funktion des ‚Leben-machen-und-sterbenlassens', das für *race* entscheidend ist. *Souls* ist also ein Buch über *race*, so wie Männer den Begriff verstanden. Es ist die Geschichte einer männlichen Erfahrung, Wissensproduktion und Überzeugung zum Thema Sex. Nicht zuletzt kann Du Bois' *race*-Konzept wegen seiner begrenzten Perspektive so viele verschiedene Dinge wie Nation, Volk, kulturelle Identität, und geteiltes Bewusstsein meinen. Diese Ideen würden sicher ganz anders lauten, wenn sie die Erfahrungen, Bedürfnisse und Überzeugungen von Frauen berücksichtigen würden. Du Bois' *race*-Konzept hat also eine Ordnung des Sexes geschaffen, in der Frauen als Andere, unerzogene oder unreine Figuren den äußeren Rand des *black folk* markieren und dort als eine Art Grundgerüst dienen, auf dem sich der Du Bois-*Souls-race*-Nexus so leichtfüßig und bedeutungsschwanger in alle möglichen Richtungen bewegt. Wenn wir das Du Bois-Orakel in Zukunft befragen, sollten wir also nicht vergessen, dass wir stets nach Männern fragen. Die Macht des *Du Bois-Souls-race*-Nexus erkennen wir bis heute daran, wie schwer es ist, ihm etwas über den *Sex* des *black folk* zu entlocken.

Querverweise

- Eldridge Cleaver: *Soul on Ice* (1967)
- James Baldwin: Preservation of Innocence (1949)
- Ida B. Wells: *Southern Horrors. Lynch Law in All Its Phases* (1892)

Literatur

Du Bois, W. E. B.: *The Souls of Black Folk* (1903). New York: Random House 2003.

Coates, Ta-Nehisi: Fear of a Black President. *The Atlantic*, September 2012. http://www.theatlantic.com/magazine/archive/2012/09/fear-of-a-black-president/309064/ (Zugriff am 30.11.2013).

Fanon, Frantz: *Black Skin, White Masks* [1952]. New York: Grove 2008.

Garvey, Marcus / Amy J. Garvey: *The Philosophy and Opinions of Marcus Garvey, Or, Africa for the Africans.* Dover, MA: Majority 1923.

Stoler, Ann Laura: *Race and the Education of Desire. Foucault's History of Sexuality and the Colonial Order of Things.* Durham, NC: Duke UP 1995.

Wells, Ida B.: Southern Horrors: Lynch Law in All Its Phases (1892). In: Dies: *Southern Horrors and Other Writing. The Anti-Lynching Campaign of Ida B. Wells, 1892–1900*, hrsg. v. Jacqueline Jones Royster. Boston: Bedford / St. Martin's 1997, S. 49–72.

Harry W. Harnish / Josephine P. Barnes: *Mixed Family – Mr. Bennet (American) and Filipino Wife* (1902) Oder: *race & sex* in kolonialen Fotografien

Silvan Niedermeier

Eine Fotografie: Zwei Menschen stehen nebeneinander, ihre Blicke sind auf die Kamera beziehungsweise die Betrachtenden gerichtet. Im Hintergrund ist ein Palmenhain zu sehen, dessen Untergrund mit Gras, Gestrüpp und Farnen bedeckt ist. In der hinteren linken Bildhälfte sind mehrere Häuser zu erkennen, die von Palmen umsäumt sind. Die linke der beiden Personen, ein Mann, trägt weiße Hosen mit Gürtel, ein weißes Hemd mit Fliege, eine dunkle Anzugjacke sowie einen Hut mit breiter Krempe. Seine Arme hängen am Körper herunter, der Gesichtsausdruck wirkt ernst und bestimmt. Die Frau zu seiner linken trägt einen bis auf den Boden herab reichenden dunklen Rock mit hell gehaltenem Blumenmuster sowie ein weißes Oberteil und eine helle Bluse mit breitem Kragen und weiten Ärmeln, die offenbar aus einem sehr leichten, fein gewebten Stoff gefertigt sind. Auch sie blickt mit einem ernsten, bestimmten Blick in die Kamera, die Lippen geschlossen, die Haare hoch gekämmt und nach hinten gesteckt. Um den Hals trägt sie eine Halskette mit einem Kreuz sowie eine zweite dünne Kette, die bis zu ihrer Hüfte hinunter reicht. Ihren rechts herabhängenden Arm schmückt ein Armreif, in der Hand hält sie einen geschlossenen Fächer. Ihr linker Arm, ebenfalls mit Armreif, ist angewinkelt, die Hand liegt auf der Hüfte auf und hält ein helles gefaltetes Tuch. Mehrere Ringe zieren den Ringfinger. Ein weiteres Tuch ist in den Rockbund gesteckt.

Offenbar handelt es sich um die historische Aufnahme eines Paares in einer tropischen Umgebung. Viel mehr Rückschlüsse lässt die erste Betrachtung der Fotografie ohne Kenntnis des historischen Kontexts nicht zu. Eine genauere Bestimmung des Bildinhalts ließe sich einzig über eine realienkundliche Untersuchung der Kleidungsstücke und -stile der beiden Personen oder der Bäume, Pflanzen und Häuser im Bildhintergrund erarbeiten.

Ein Merkmal aber springt den Betrachtenden ins Auge, scheinbar unvermittelt und unmittelbar, aber eben nur scheinbar: Die Gesichtszüge der beiden gezeigten Personen weisen phänotypische Merkmale auf, die eine Abstammung aus unterschiedlichen Kulturkreisen vermuten lassen. Es handelt sich offenbar um eine historische Fotografie eines ‚gemischten' Paares in einem tropischen und damit möglicherweise kolonialen *Setting*. Es ist dieses Bildmerkmal, das uns als Betrachterinnen und Betrachter des Bildes affiziert und das Denken über das Bild ins Rollen bringt – und dies ist nicht zufällig so. Vielmehr verbirgt sich hinter dieser scheinbar unvermittelten Aufmerksamkeit auf die ‚gemischte' beziehungsweise ‚bikulturelle' Konstellation der Portraitierten eine lange Geschichte des faszinierten ‚westlichen' Blicks auf ‚koloniale Andere' und der Verlockung und Gefahr sexueller Kontakte zwischen den Angehörigen westlicher kolonisierender und nichtwestlicher kolonisierter Kulturen (Young 1995).

Abb. 1: *Mixed Family – Mr. Bennet (American) and Filipino Wife* (1902).

Die vermutlich vom Fotografen hinzugefügte Bildunterschrift lautet: „Mixed Family – Mr. Bennet (American) and Filipino wife." Die Fotografie des philippinisch-amerikanischen Paares wurde wahrscheinlich um 1902 angefertigt, vier Jahre nachdem die ersten US-amerikanischen Armeeeinheiten im Zuge des Spanisch-Amerikanischen Krieges auf den Philippinen gelandet waren. Es handelt sich um eine der wenigen Fotografien aus dem frühen 20. Jahrhundert, auf denen ein solches Paar zu sehen ist. Zwar gab es solche Beziehungen zwischen US-amerikanischen Männern und philippinischen Frauen schon bald nach der Ankunft der US-Armee auf den Philippinen. Allerdings gibt es kaum Bilder von ihnen, vermutlich auch deshalb, da diese Beziehungen einer rassistisch codierten Kritik ausgesetzt waren, die sich in wiederholten Warnungen vor einer Vermischung der ‚Rassen' und einer ‚Bastardisierung' der Kolonialbevölkerung durch die Nachkommen solcher ‚gemischter Ehen' ausdrückte. Es ist dieser Umstand, der dieses Bild so bemerkenswert macht.

Die Fotografie stammt von dem Fotografen und ehemaligen US-Soldaten Harry Whitfield Harnish oder dessen Frau Josephine Peas Barnes. Harry W. Harnish war 1898 als Soldat des 14. Infanterieregiments der US-Armee auf die Philippinen gekommen und nahm auf Mindanao, im Süden des Archipels, an Kampfhandlungen gegen muslimische Aufständische teil. Nachdem die USA die Philippinen 1899 von der ehemaligen spanischen Kolonialmacht abkauften und trotz anderslautender Ankündigungen nicht in die Unabhängigkeit entließen, sondern als koloniale Besitzung beanspruchten, brach im Norden der Philippinen ein blutiger Kolonialkrieg aus, der in den Folgejahren ca. 50.000 philippinischen Soldaten, ca. 4.200 US-Soldaten und hunderttausenden Zivilist_innen das Leben kostete (Kramer 2006a, S. 157; Linn 2000).

Nach seiner Entlassung aus dem Militärdienst eröffnete Harry Whitfield Harnish gemeinsam mit seiner Frau in Zamboanga, Mindanao, eine Fotogalerie unter dem Namen *Mrs. H. W. Harnish Gallery*. Beide arbeiteten in der Folgezeit als Fotografen und fertigten Bilder der Landschaft und Bevölkerung der Philippinen sowie von US-amerikanischen Armeeangehörigen an. In ihrem fotografischen Nachlass, der heute an der University of the Philippines aufbewahrt wird, finden sich außerdem mehrere Bilder von philippinischen Kindermädchen und Müttern mit Kindern, die philippinisch-amerikanischen Ehen entstammen. Vermutlich entstanden diese Bilder im Auftrag der jeweiligen Familien und waren für den privaten Gebrauch bestimmt. Zur Anfertigung ihrer Bilder benutzten Harnish und Barnes eine Glasplattenkamera. Von den belichteten Glasplattennegativen fertigten sie anschließend Abzüge auf Fotopapier an. Im Fall der hier besprochenen Paarfotografie handelt es sich wahrscheinlich um Albuminpapier, das bis ins frühe 20. Jahrhundert aufgrund seiner Schärfe, dem charakteristischen Sepiaton sowie einer sehr guten Farbbeständigkeit zu den beliebtesten Kopierpapieren für Fotografien gehörte.

Auffällig an der Fotografie ist der gewahrte körperliche Abstand zwischen Mr. und Mrs. Bennett und der Umstand, dass die beiden mit keiner Geste die gegenseitige Verbundenheit als Ehepaar demonstrieren. Meist zeigen zeitgenössische Paaraufnahmen aus Europa und den USA einen engeren Kontakt zwischen Mann und Frau, der zugleich patriarchal codiert ist: Oft steht der Ehemann hinter der auf dem Stuhl sitzenden Ehefrau oder die Ehefrau steht mit eingehaktem Arm zur Seite ihres Mann.

Es lässt sich darüber spekulieren, ob der Abstand zwischen Mr. und Mrs. Benett eine Reaktion auf die Vorbehalte darstellte, die einer Beziehung zwischen einem Amerikaner und einer Philippinin im frühen 20. Jahrhundert entgegenschlugen. Womöglich erschien es den Fotografierten und/oder den Fotografierenden angesichts dieser Vorbehalte angebrachter, inszenatorische Hinweise auf eine affektive Paarbeziehung zu vermeiden. Anhand der Kleidung wiederum wird erkennbar, dass beide Portraitierten ihre kulturelle Verortung offen zur Schau stellen wollten. Während Mr. Bennet mit Hut, Jackett, weißem Hemd und weißer Hose im zeitgenössischen Stil westlicher Kolonisatoren gekleidet ist, trägt seine Frau einen Baro't Saya (zu Deutsch „Bluse und Rock"), die traditionelle Festtagskleidung philippinischer Frauen im 19. und frühen 20. Jahrhundert. Die auffälligen hellen Blusen wurden entsprechend der philippinischen Mode der Zeit aus Seide oder anderen feingewebten Stoffen hergestellt und mit aufwändigen Stickereien und Spitzenborten versehen. Häufig waren sie, wie auch im Fall von Mrs. Bennet, mit weiten Ärmeln ausgestattet, die oft aus dem aus Ananasblattfasern gewonnenen *piña* gefertigt wurden. Der geschlossene Fächer in der rechten Hand von Mrs. Bennet wiederum zeigt ihren Status als verheiratete Frau an. Unverheiratete philippinische Frauen präsentierten sich auf zeitgenössischen Fotografien mit geöffnetem Fächer. Sowohl der charakteristische Kleidungstil als auch das getragene Kreuz lassen darauf schließen, dass Mrs. Bennet dem gehobenen philippinischen Bürgertum entstammte.

In Manila und anderen philippinischen Städten hatte sich im 19. Jahrhundert eine mehrheitlich aus der Bevölkerungsgruppe der Tagalen bestehende Bürgerschicht herausgebildet. Sie gehörten dem katholischen Glauben an und beherrschten die spanische Sprache. Zahlreiche Vertreter dieses philippinischen Bürgertums standen in engem kulturellen Austausch mit der spanischen Kolonialgesellschaft in Manila und profitierten von den wirtschaftlichen Handelbeziehungen mit Spanien.

In der spanischen Kolonialzeit waren Heiraten zwischen spanischen Kolonisten und philippinischen Frauen aus dem gehobenen Bürgertum nicht ungewöhnlich und wurden sowohl seitens der spanischen Kolonialisten als auch der philippinischen Gesellschaft toleriert. Dagegen waren Beziehungen zwischen Amerikanern und Filipinas bereits unmittelbar nach der Ankunft der US-Armee auf den Philippinen 1898 einer ‚rassisch' fundierten Kritik in den USA ausgesetzt. Anders als die spanische Gesellschaft zeichnete sich die US-amerikanische Gesellschaft um 1900 durch eine äußert rigide Ideologie der ‚rassischen' Separierung aus. Besonders manifest wurde dies in den tausenden Lynchmorden im US-amerikanischen Süden des späten 19. und frühen 20. Jahrhunderts, die sich häufig gegen schwarze Männer richteten, die sexueller Übergriffe auf weiße Südstaatlerinnen beschuldigt wurden. Die in den USA des späten 19. und frühen 20. Jahrhunderts weit verbreitete Sorge um die ‚rassische Reinheit' der weißen Bevölkerung führte dazu, dass zahlreiche Bundesstaaten der USA so genannte *Anti-Miscegenation Laws* verabschiedeten, die Ehen und intime Beziehungen zwischen Weißen und Nicht-weißen Personen untersagten.

Vor diesem Hintergrund überrascht es nicht, dass unmittelbar nach Ankunft der US-Armee auf den Philippinen von verschiedener Seite die Sorge vor einer Vermischung der ‚Rassen' und die Gefahr einer ‚rassischen' Degenerierung durch intime Kontakte zwischen US-Soldaten und philippinischen Frauen laut wurde. Zum einen äußerten sich diese Befürchtungen in der Entrüstung der amerikanischen Öffentlichkeit über das Prostitutionssystem der US-Armee auf den Philippinen. Bereits kurz nach Ankunft der US-amerikanischen Truppen auf den Philippinen wurden in unmittelbarer Nähe der Armeestützpunkte Bordelle eröffnet. In Manila arbeiteten neben Philippininnen auch Frauen aus Europa und den USA als Prostituierte. Zudem führte die US-Präsenz zu einem massiven Zuzug japanischer Sexarbeiterinnen. 1905 arbeiteten laut zeitgenössischen Erhebungen 2.435 Japanerinnen in philippinischen Bordellen (Kramer 2006b, S. 370). Um die Ausbreitung ansteckender Krankheiten zu verhindern, institutionalisierte die Armeeführung ein Inspektionsprogramm für US-Soldaten und Prostituierte. Als im Juni 1900 eine amerikanische Zeitung über die von der Armeeführung regulierte Militärprostitution auf den Philippinen berichtete, reagierte die US-amerikanische Öffentlichkeit mit Empörung. Neben der Gefahr einer moralischen Degenerierung der Soldaten durch das ‚regulierte Laster' wurde unter anderem die Gefahr einer ,Verunreinigung' der US-amerikanischen Bevölkerung beschworen, sollten die Soldaten mit unentdeckten ansteckenden Geschlechtskrankheiten in die USA zurückkehren (Kramer 2006b).

Die Sorge vor ,rassischer Verunreinigung' artikulierte sich auch in den Vorbehalten gegenüber freiwilligen intimen Beziehungen zwischen Amerikanern und philippinischen Frauen. Zwar wurden diese Beziehungen, anders als Beziehungen zwischen Schwarzen und Weißen in den USA, von der amerikanischen Kolonialverwaltung in den Philippinen nicht strafrechtlich geahndet, zugleich wurden sie jedoch seitens der US-Gesellschaft sozial geächtet. Wie zeitgenössische Beobachter konstatierten, müsse ein Amerikaner, der eine Philippinin heirate und mit in die USA brächte, damit rechnen, aus der US-Gesellschaft ausgeschlossen zu werden (Crow, S. 232; Putnam, S. 163; siehe auch Flores, S. 9–10).

Die Haltung der amerikanischen Öffentlichkeit gegenüber der philippinischen Frau war dabei von einer grundlegenden Ambivalenz gekennzeichnet: Einerseits wurden zeitgenössische Kommentatoren nicht müde, die orientalische Schönheit und Sinnlichkeit philippinischer Frauen und deren Sittsamkeit und hingebungsvolle Fürsorge gegenüber ihren Ehemännern zu betonen, andererseits wurden sie in Debatten über Prostitution oder sogenannte ,Mischehen' als Quelle ,rassischer' Verunreinigung gekennzeichnet. Genau in dem Moment, in dem aus der Faszination für die exotisch-erotische Philippinin sexuelle Kontakte zwischen den amerikanischen Kolonisierenden und den philippinischen Kolonisierten erwuchsen, wurde dies als Problem wahrgenommen und markiert. Wie bereits Ann Laura Stoler am Beispiel des niederländischen und französischen Kolonialismus gezeigt hat, muss der Umgang der westlichen Kolonialmächte mit dem Phänomen des „métissage" (,gemischte Beziehungen') in den asiatischen Kolonien als ,Metonymie der Biopolitik des Imperiums' (S. 80) gelesen werden. Indem amerikanische Kommentatoren mit Vorbehalten gegenüber ,interrassischen' Beziehungen zwischen Amerikanern und Philippininnen reagierten, definierten sie die sexuellen und ,rassischen' Grenzlinien des kolonialen Projektes auf den Philippinen. Während das erklärte Ziel dieses Projektes in der paternalistischen Erziehung und Zivilisierung der angeblich ,rassisch' inferioren philippinischen Bevölkerung bestand, brachten ,gemischte' Beziehungen die ,rassisch' codierten Hierarchien zwischen Kolonisierenden und Kolonisierten ins Wanken, insbesondere solche, aus denen Kinder hervorgingen. Der der Fotografie von Mr. und Mrs. Bennet hinzugefügte Titel „mixed family" spielt mit der Sorge vor dem Nachwuchs dieser „mixed couples": Gleichwohl das Bild

‚nur' ein Ehepaar zeigt, kündet der Titel indirekt bereits die ‚gemischte' Nachkommenschaft dieser Beziehung an. In den Philippinen reagierte die amerikanische Kolonialverwaltung auf diese angebliche ‚Gefährdung' des kolonialen Projektes durch ‚interrassische Ehen', indem sie ab 1902 den Zuzug der Ehefrauen von US-amerikanischen Offizieren und Kolonialbeamten in die philippinische Kolonie unterstützte.

Vor dem Hintergrund dieser vielschichtigen Verschränkungen von *race&sex* in den kolonialen Philippinen wird die subversive Dimension der Fotografie von Mr. Bennet und Mrs. Bennet erkennbar. Sie bezeugt die weitgehend ignorierte Realität ‚gemischter' Beziehungen in den kolonialen Philippinen, die die rassistisch unterfütterte Ideologie des amerikanischen Kolonialismus zumindest punktuell in Frage stellte.

Querverweise

- *Bringing Them Home* (1997)
- Ann Laura Stoler: *Race and the Education of Desire* (1995)
- *Chinese Exclusion Act* (1882)
- Louis Agassiz / J. T. Zealy: *Delia* (1850)

Literatur

Crow, Carl: *America and the Philippines*. Garden City, NY: Doubleday, Page & Company 1914.

Flores, Patrick D.: White Man Posing, But Others Mingling. In: Gerald Rey A. Lico (Hrsg.): *The Philippines through the Lens of an American Soldier (1898–1907). The Harry Whitfield Harnish Photographic Collection (CD-ROM)*. Diliman: University of the Philippines 2004, S. 1–13.

Kramer, Paul A.: *The Blood of Government. Race, Empire, the United States, & the Philippines*. Chapel Hill: University of North Carolina Press 2006a.

—: The Darkness that Enters the Home. The Politics of Prostitution during the Philippine-American War. In: Ann Laura Stoler (Hrsg.): *Haunted by Empire: Geographies of Intimacy in North American History*. Durham, NC: Duke UP 2006b, S. 366–404.

Linn, Brian McAllister: *The Philippine War, 1899–1902*. Lawrence: UP of Kansas 2000.

Putnam, Israel: *Daniel Everton, Volunteer-Regular. A Romance of the Philippines*. New York / London: Funk & Wagnalls 1902.

Stoler, Ann Laura: *Carnal Knowledge and Imperial Power. Race and the Intimate in Colonial Rule*. Berkeley: University of California Press 2002.

Young, Robert: *Colonial Desire. Hybridity in Theory, Culture, and Race*. London / New York: Routledge 1995.

Fanny Cochrane Smith: *Spring Song* (1899) Oder: Geschichte dekolonial

Eva Bischoff

Niggur luggarato pawē,	It's spring time,
Punna mannakanna,	The birds are whistling,
Luggarato pawē tutta watta,	The spring is come,
Warrena pallanubranah.	The clouds are all sunny.

(Fanny Cochrane Smith: *Spring Song*, 1899)

Ich betrete *ningenneh tunapry*, den Teil des Tasmanian Museum and Art Gallery (TMAG), welcher der Geschichte und Gegenwart der indigenen Gesellschaften Tasmaniens gewidmet ist. Vor einem *touch panel* mit einem Modell einer Edison-Wachsrolle bleibe ich stehen und berühre den Zylinder. Eine Stimme erklingt. Die Beschreibung identifiziert sie als Fanny Cochrane Smith, geboren 1834 in Wybalenna, Flinders Island. Ihr Gesang ist Teil einer *sound scape*, der sich ständig verändernden Soundlandschaft im musealen Raum. Neben den verhaltenen Gesprächen der Besucher_innen sind wechselweise andere Geräusche und Stimmen zu hören: Erzählungen, Gesang, Tanz, die Herstellung von Ausstellungsgegenständen.

Die Rolle auf dem *touch panel* ist die Nachbildung einer von insgesamt sechs Hartgusswalzen, angefertigt für einen der um 1900 weit verbreiteten Edison-Phonographen. Jede Rolle gibt, mehr oder weniger vollständig, eine Aufnahme von maximal zwei Minuten Länge wieder. Die verwendete Wachsverbindung ist spröde. Fast alle Rollen weisen Kratzer oder Sprünge auf. Die Rillen der Tonaufnahmen sind dadurch durchkreuzt, umgekerbt, unterbrochen. Einige liegen in Bruchstücken und Fragmenten vor. Seit ihrer Entstehung sind die Walzen Teil wechselnder Anordnungen aus *sound*, Praktiken, Diskursen, Objekten und Menschen. Ebenso wie die materiellen Zylinder weisen diese historischen *assemblages* mehrere Schichten und Temporalitäten auf, die jeweils in verschiedene Richtungen durchkreuzt, gekerbt und unterbrochen werden. Jedes dieser Arrangements aktualisiert, ausgehend von Fannys Gesang als Ereignis, den mit der Kolonisation Tasmaniens entstandenen Konflikt um den Status tasmanischer Aborigines in der weißen Siedlergesellschaft. Der Blick auf diese Ereignisse öffnet neue Perspektiven auf die in der Geschichtsschreibung so zentralen Konzepte von Raum, Zeit und Identität.

Anordnung 1

Hobart, 5. August 1899. Fanny C. Smith nimmt vor einer Gruppe aus ausgewählten Mitgliedern der Royal Society of Tasmania sowie anthropologisch interessierten Honoratioren der weißen Gesellschaft in den Räumlichkeiten der Organisation die ersten drei Wachsrollen auf: „I'm Fanny Smith. I was born on Flinders Island. I'm the last of the Tasmanians" (zit. n. Longman, S. 80). Sie antwortet auf Fragen und singt zwei Lieder in einer der indigenen Sprachen Tasmaniens: den *Spring Song* sowie den *Corroboree Song*. Anwesend waren unter anderem der Vorsitzende der Society und Bischof Tasmaniens, Henry Hutchinson Montgomery, ihr Sekretär und Kurator des Tasmanian Museum, Alexander Morton, sowie James Backhouse Walker, Mitbegründer und Vizekanzler der University of Tasmania. Die anderen drei Walzen entstanden in einem privaten Rahmen, am 8. und 10. Oktober 1903 in Barton Hall, dem Wohnsitz von Horace Watson, einem lokalen Philanthropen. Die Sängerin blickte auf ein Leben zurück, in dessen Verlauf sich das Verhältnis zwischen Indigenen und weißer Siedlergesellschaft radikal veränderte.

Fanny gehörte zu der kleinen Gruppe von Kindern, die in Wybalenna, der Exilsiedlung der tasmanischen Aborigines, nach Ende des erfolglosen Guerillakampfes gegen die britische Landnahme (*Black War*, 1826–1831) auf Flinders Island geboren wurden. Sie wuchs in einer aus Mitgliedern der verschiedenen indigenen Nationen Tasmaniens zusammengesetzten Gemeinschaft auf, die von Krankheit und Tod geprägt war, aber auch von Austausch und Teilhabe. Viele der insgesamt etwa 220 auf die Insel übersiedelten Indigenen starben, zumeist an Erkältungskrankheiten. Die Kinder wurden von ihren Familien getrennt, zunächst in die Orphan School in Hobart eingewiesen und danach, vor allem die Mädchen, bei weißen Familien untergebracht, wo sie zu Hausangestellten erzogen werden sollten. So verließ Fanny mit sieben Jahren Wybalenna, nur um 1843 dorthin zurückzukehren und im Haushalt des für die Siedlung verantwortlichen Katechisten, Robert Clark, zu arbeiten. Gleichzeitig gelang es den Aborigines Wybalennas immer wieder, sich der

Beobachtung der Verwalter und Missionare in den *Bush* zu entziehen und dort ihre Kultur am Leben zu erhalten.
Um 1900, als Fanny ihre Tonaufnahmen machte, hatte sich diese Gemeinschaft jedoch aufgelöst. 1847 wurden die 46 Überlebenden des Lagers auf Flinders Island zurück nach Tasmanien transportiert und in einer alten Sträflingsstation, Oyster Cove, untergebracht und unter die Aufsicht des Arztes Joseph Milligan gestellt. Anders als die Jahre zuvor machte die Kolonialverwaltung hier keine Anstrengungen mehr, die Aborigines zu ‚zivilisieren'. Auch in Oyster Cove starben die Aborigines mit alarmierender Häufigkeit. Die Gründe hierfür waren die gleichen, die etwa eine Dekade zuvor für die Schließung der Sträflingseinrichtung ausschlaggebend gewesen waren. Die unzureichend isolierten Holzhütten standen auf sumpfigem Gelände, das die Abwässer der umliegenden Farmen auffing. Fanny, die zunächst auch in der Siedlung gelebt hatte, zog nach ihrer Heirat mit William Smith 1854 fort und gründete eine Familie bei Nicholls Rivulet. Jedoch riss der Kontakt nie ab: Regelmäßige Besuche erhielten enge Beziehungen aufrecht und Fannys elf Kinder wurden von Truganini, der Ältesten der Oyster Cove Gemeinschaft, in Jagd, Tanz und Legenden unterrichtet.
Die ständig kleiner werdende Gruppe geriet zunehmend in den Blick anthropologischen Forschungsinteresses. Nicht nur Milligan selbst, der zwischen 1848 und 1860 auch Sekretär der Royal Society Tasmaniens war, führte hier Studien durch, sondern auch viele seiner Zeitgenossen. Im Zuge der Durchsetzung von Phrenologie und sozialdarwinistischen Erklärungsmodellen intensivierte sich ab der Mitte des 19. Jahrhunderts besonders das Interesse an den Körpern der tasmanischen Aborigines. Sie galten als lebende Relikte eines evolutionär besonders weit zurückliegenden Zeitalters. Thomas Henry Huxley erklärte sie 1863 gar zum *missing link* zwischen Affe und Mensch. Als 1869 William Lanney und 1876 Truganini starben, wurden sie von der weißen Siedlergesellschaft als offiziell letzte männliche bzw. weibliche Angehörige der tasmanischen Urbevölkerung zu Grabe getragen. Ihre Körper wurden zum begehrten Objekt anthropologischer Sammelwut. Die Gebeine Truganinis lagerten zum Zeitpunkt von Fanny C. Smiths Aufführung vor der Royal Society in dem von der Gesellschaft geführten Tasmanian Museum. Ab 1904 wurde ihr präpariertes Skelett dort öffentlich ausgestellt.
„I'm the last of the Tasmanians", mit diesem Anspruch durchkreuzte Fanny C. Smith das Narrativ von der Entdeckung und Besiedlung Tasmaniens, demnach die Aborigines aufgrund ihrer angeblichen evolutionären Unterlegenheit

ausgestorben seien. Hier stand eine getaufte, mit einem Engländer verheiratete, indigene Frau, die zusammen mit ihrer europäischen Kleidung stolz den Schmuck der Aborigines trug: Muschelketten, Federn und Wallabyfelle. Eine Frau, die nicht nur vor Experten, sondern auch auf öffentlichen Veranstaltungen indigene Lieder rezitierte, wie zeitgenössische Zeitungen berichteten. 1882 erkannte das Parlament Tasmaniens ihren Anspruch offiziell an und sprach ihr zunächst £ 24, später £ 50 Jahresrente und insgesamt 300 Acre Land zu. Fannys Anspruch blieb allerdings nicht unwidersprochen. Anthropologen wie Henry Ling Roth bestritten ihre Authentizität auf der Grundlage einer phrenologischen Argumentation. Ihre Körpermerkmale, so Roth, seien nicht die einer ‚reinen' Tasmanierin – ein Ergebnis, zu dem er vor allem durch den Vergleich einer Fotografie ihres Kopfes mit einem Portrait Truganinis gelangte.

Was also zunächst wie die erneute Inszenierung des Aussterbens der tasmanischen Aborigines anmutet, stellt sich bei genauerer Betrachtung als vielschichtig und mehrfach gebrochen dar. Die Zuhörer sahen sich als Zeugen eines historischen Moments, dem letzten Akt der Geschichte der Indigenen Tasmaniens und bekräftigten den Topos von der *vanishing race*. Bischof Montgomery formulierte es so:

> I feel very glad indeed that the aboriginal language of these islands, together with its songs [...] have at least been permanently registered and can be preserved and listened to in future years, when this, and the remaining representatives of the native race, have passed away. (Zit. n. Longman, S. 80–81)

Im Angesicht des Ausdrucks einer lebendigen indigenen Kultur antizipierte er eine Zukunft, in der die Aborigines nur noch eine Erinnerung sein würden. Die Zylinder sollten diesen Moment einfangen und für zukünftige Generationen bewahren. Gleichzeitig bezogen Montgomery und die anderen Honoratioren durch die Bestätigung von Fannys indigener Identität Stellung in einer anthropologischen Fachdebatte, in der Zugehörigkeit über Blut und Knochen begründet wurde. Auch Fanny positionierte sich mit Hilfe ihrer Zeugen und der phonographischen Aufzeichnung ihres kulturellen Wissens: Sie verschaffte sich Gehör in einer Situation, in der Aborigines sonst kaum eine eigene Stimme hatten. Sie stellte Tradition gegen Vererbung.

Anordnung 2

Hobart, Oktober 1949. Im Studio der Australian Broadcasting Company (ABC) plaudert Norman Barnett Tindale vom South Australian Museum mit dem Radiosprecher Bob Langer. Tindale stellt in Langers Sendung die

Wachsrollenaufnahmen von Fanny C. Smith vor. Die Aufnahmen, so Tindale, seien von besonderer Bedeutung. Sie seien die einzigen ihrer Art:

> The Tasmanians were very primitive people and they died before science could obtain adequate records of their modes of thought, speech and behaviour. Because of this even a small relic such as these songs is of undoubted interest [...]. (Zit. n. Thomas, S. 112)

Fannys Gesang wurde als *soundbite* zur Illustration der Ausführungen des Experten eingespielt. Tindale führte den im 19. Jahrhundert begonnenen Diskurs von der vermeintlich evolutionären Rückständigkeit der tasmanischen Indigenen und ihrem quasi natürlichen Aussterben fort. Er rückte sie gar in den Bereich des unerreichbar Verlorenen, indem er von einer zerstörten Rolle berichtete, welche die Übersetzung von Fanny Smiths Worten beinhaltet habe. Eine Aufnahme, die nie existiert haben kann, wie der Musikhistoriker Martin Thomas dargelegt hat: Edisonrollen konnten lediglich Aufnahmen von maximal zwei Minuten Dauer aufzeichnen. Eine englischsprachige Version von Smiths Worten und Gesang, die an sich bereits mehrere Zylinder umfassten, hätte die technischen Kapazitäten des Geräts deutlich überschritten (Thomas, S. 112). Die Zuhörer_innen der ABC-Sendung wohnten so einer Iteration des Diskurses vom Aussterben der tasmanischen Aborigines bei. Ihr ‚Verschwinden' galt zu diesem Zeitpunkt als paradigmatisch für die genozidale Gewalt der *Frontier* gegen indigenen Bevölkerungen. So beschäftigte sich beispielsweise Raphael Lemkin, der geistige Vater der Konvention über die Verhütung und Bestrafung des Völkermordes, die nur ein Jahr zuvor von der Generalversammlung der Vereinten Nationen verabschiedet worden war, ausdrücklich mit der Kolonialzeit Tasmaniens.

Scheinbar paradox erscheint das Format der Live-Sendung, lag doch der Gegenstand des Beitrags zum Teil mehr als fünfzig Jahre zurück. Doch weder die historischen Akteure noch ihr Handeln standen im Mittelpunkt. Vielmehr ging es in dieser Anordnung aus *soundbites*, Experte, Moderator und Publikum um die Inszenierung der Erinnerung an eine Vergangenheit, in der die Aborigines bereits als ‚aussterbend' gekennzeichnet waren. Ihre Zukunft schien besiegelt. Fannys Stimme wurde dabei vom Tonträger getrennt und als ein Echo dieser Vergangenheit wahrgenommen. Anders als in der Situation um 1900, als für die weißen Honoratioren eine Gleichzeitigkeit von Moderne, vertreten durch sie selbst, und menschlicher Frühgeschichte, verkörpert durch Fanny C. Smith, denkbar war, ist der Radioraum der 1940er Jahre historisch bereinigt. Vergangenheit, Gegenwart und Zukunft liegen sequenziell geordnet auf einem Zeitstrahl, der ein fortschreitendes Verschwinden indigener Kultur anzeigt.

Dieser Zeitstrahl korrespondiert mit einer Politik, die in den 1940er Jahren sowohl von den einzelnen Staaten als auch der Bundesregierung Australiens seit mehreren Jahrzehnten betrieben worden war und die unter dem Begriff des *breeding out* zusammengefasst werden kann. Sie zielte darauf ab, den indigenen Bevölkerungsanteil und damit auch die kulturelle Identität der Aborigines zum Verschwinden zu bringen. Eine der zentralen Maßnahmen in diesem Zusammenhang war die Entfernung von Aborigine-Kindern aus ihren Familien und ihre Erziehung durch weiße Pflegeeltern. Besonders häufig wurde diese Vorgehensweise gewählt, wenn ein nicht-indigener Elternteil bekannt war oder auch nur vermutet wurde. Heiraten zwischen solcherart Zwangsassimilierten und Weißen wurden ermuntert, um die wahrgenommene biologisch-kulturelle Eigenart der Aborigines im Genpool der als weiß gekennzeichneten Gesamtgesellschaft verschwinden zu lassen. Zwischen 1909 und 1969 wurden in diesem Zusammenhang mindestens 100.000 Kinder verschleppt, so der 1997 veröffentlichte Bericht *Bringing Them Home* der Human Rights and Equal Opportunity Commission. Wie in der ersten Anordnung zu erkennen ist, stellte die Zwangseinweisung in Heime und die Umerziehung in weißen Familien jedoch bereits im 19. Jahrhundert eine wichtige Technik zur Zwangsassimilation und der kulturellen Auslöschung indigener Kultur dar. Mit dem *breeding out* ging auch ein Rückbau der Sichtbarkeit indigener Körper an anderen Orten einher: 1947 wurde Truganinis Skelett aus den Ausstellungsräumen des Tasmanian Museum entfernt und im Magazin eingelagert.

Die solcherart hergestellte Unsichtbarkeit wurde nach Ende des Zweiten Weltkrieges allerdings mehrfach durchbrochen: Zum einen durch eine Vielzahl von populären Darstellungen, in denen Indigene als bernsteinartige Relikte der eigenen nationalen Vergangenheit inszeniert wurden. Hier waren Massenmedien von zentraler Bedeutung, namentlich das von ABC 1947 entwickelte Radio-Liveformat *Australian Walkabout*, in dem die Zuhörenden akustisch unmittelbar die Nation in all ihren Facetten erleben konnten. Allerdings war diese Form der diskursiven Präsenz durch die Ausblendung kolonialer Gewalt gekennzeichnet, dem von W. E. H. Stanner kritisierten „cult of forgetfulness“ (Stanner, S. 25). Dem entgegen trat ab den späten 1940er Jahren vermehrt eine andere Stimme in die öffentlichen Debatte um den Status indigener Gruppen ein: Die zurückkehrenden ANZAC-Soldaten der *Australian Aborigines-*, *Torres Strait Islander-*, *Papua New Guinean-* und *Timorese*-Gemeinschaften, die sich nach dem Vorbild der afroamerikanischen Bürgerrechtsbewegung zunehmend öffentlich sichtbarer für ihre Gleichstellung engagierten.

Anordnung 3

Hobart, April 2012. Ich berühre den Zylinder. Fanny Smiths Stimme erklingt. Sie ist eine von vielen. Ebenso wie ihr Gesang werden viele andere Tonaufnahmen durch den Kontakt einer Besucher_innenhand mit der Repräsentation eines kulturellen Artefakts aktiviert. Vergangenheit, Gegenwart und Zukunft indigener tasmanischer Kultur füllt akustisch simultan den Raum. Viele der Ausstellungsgegenstände sind wie der Wachszylinder Rekonstruktionen, da die Originale zumeist aus vergänglichen Materialien wie Borke, Seetang oder Gras hergestellt wurden und nicht mehr erhalten sind. Dazu gehört auch das im Zentrum der Galerie stehende und durch Mitglieder der *Mouheneenner* aus Baumrinde hergestellte Kanu. Seine Existenz und erprobte Wassertauglichkeit widerlegt die seit dem 19. Jahrhundert in der Anthropologie vorherrschende Annahme, die tasmanischen Aborigines seien intellektuell und zivilisatorisch unterentwickelt. Artefakte wie dieses dokumentieren gleichzeitig die lebendige Tradition indigenen kulturellen Erbes im 21. Jahrhundert. Die Tasmanian Aboriginal Gallery der TMAG wurde von tasmanischen Aborigines kuratiert und 2007 eröffnet. Sie ist Teil der Ausstellungen der Nachfolgeinstitution des von der Royal Society of Tasmania im Jahr 1843 gegründeten Tasmanian Museum, das vom 19. bis in die Mitte des 20. Jahrhunderts durch Besitz und Zurschaustellung von indigenen Gebeinen wesentlich zum Mythos von den ausgestorbenen tasmanischen Ureinwohnern beitrug. *Ningenneh tunapry* stellt einen radikalen Bruch mit diesem Narrativ dar und ist das Ergebnis eines seit den 1970er Jahren andauernden Kampfes der tasmanischen Aborigines um rechtliche Anerkennung, Landrechte und Rückführung der im Namen der Wissenschaft geraubten Gebeine ihrer Vorfahren. So gelang es Richard Nicholls, einem Nachfahren Fanny C. Smiths und Mitglied des Tasmanian Aboriginal Council (TAC), 1976 das Parlament zur Herausgabe der Gebeine Truganinis zu bewegen. In anderen Fällen gestaltete sich die Rückgabe ungleich schwieriger, so bei drei Skeletten und 34 Schädeln, die Anfang des 20. Jahrhunderts von William Crowther, ebenfalls Mitglied der Royal Society of Tasmania, durch Grabschändung auf dem Friedhof der Siedlung in Oyster Cove in den Besitz des Museum gekommenen waren. Erst internationaler Druck konnte ihre Übergabe 1982 erzwingen. Die TAC-Kampagne zur Rückgabe indigener Gebeine setzte weltweit Maßstäbe und stieß eine bis heute andauernde Debatte um indigene Rechte und die Grenzen anthropologischer Forschung an.

Ningenneh tunapry setzt gleichzeitig aber auch eine Spur fort, die Fanny rund einhundert Jahre zuvor mit ihrem Gesang eingezeichnet hat: die Bestimmung von Identität auf der Grundlage von Tradition und Teilhabe an Praktiken, repräsentiert durch Gesang, Tanz und materielle kulturelle Artefakte, nicht über anthropologische Kriterien von ‚Reinheit' und Blut. Dazu gehört auch die Einbindung ihrer Aufnahmen in ein linguistisches Projekt des TAC, das sich der Rekonstruktion der verschiedenen Sprachen der tasmanischen Aborigines widmet. Ziel des Programms ist es, ein möglichst umfangreiches Archiv zu erstellen. Auf dieser Grundlage soll eine neue, gemeinsame tasmanisch-indigene Sprache entstehen: *palawa kani*.

Fanny C. Smith starb 1905. Mit ihren Aufführungen durchbrach sie sowohl die um 1900 verbreitete Vorstellung vom Verschwinden der tasmanischen Aborigines als auch biologistische Kategorisierungen von ‚Rasse'. Fanny Smith setzte der wissenschaftlichen Identifikation anhand von Knochen und Blut ihre lebendige kulturelle Praxis und Tradition entgegen. Das Ereignis ihrer Stimme wirft bis heute Fragen nach Authentizität und Identität auf. Es bricht die Trennung von Original und Kopie, Vorher/Nachher auf und entlarvt sie als Teil einer kolonialen Ordnung. Was tritt stattdessen zu Tage? Eine gekerbte, zerklüftete Geschichte, die keine einheitlichen Kategorien von Identität, Raum und Zeit voraussetzt, sondern nach Problemen, Spuren und Rissen Ausschau hält. Geschichte dekolonial.

Querverweise

- *Bringing Them Home* (1997)
- Stuart Hall: Wer braucht Identität? (1996)
- Sander Gilman: Black Bodies, White Bodies (1985)

Literatur

Curthoys, Ann: Raphael Lemkin's 'Tasmania'. An Introduction. In: *Patterns of Prejudice* 39,2 (2005), S. 162–169.

Healy, Chris: *Forgetting Aborigines*. Sydney: University of New South Wales Press 2008.

Human Rights and Equal Opportunity Commission: *Bringing Them Home: National Inquiry into the Separation of Aboriginal and Torres Strait Islander Children from Their Families*. https://www.humanrights.gov.au/sites/default/files/content/pdf/social_justice/bringing_them_home_report.pdf (Zugriff am 07.02.2014).

Langford, Rosalind F.: Our Heritage – Your Playground. In: *Australian Archaeology* 16 (1983), S. 1–6.

Longman, Murray J.; Songs of the Tasmanian Aborigines as Recorded by Mrs. Fanny Cochrane Smith. In: *Papers and Proceedings of the Royal Society of Tasmania* 94 (1960), S. 79–86.

Mignolo, Walter D.: *Epistemischer Ungehorsam. Rhetorik der Moderne, Logik der Kolonialität und Grammatik der Dekolonialität*. Wien: Turia + Kant 2012.

Roth, H. Ling: Is Mrs. F. C. Smith a 'Last Living Aboriginal of Tasmania'? In: *Journal of the Anthropological Institute of Great Britain and Ireland* 27 (1898), S. 451–454.

Ryan, Lyndall: *Tasmanian Aborigines. A History since 1803*. Crows Nest, NSW: Allen & Unwin 2012.

Stanner, W. E. H.: *After the Dreaming: Boyer Lectures 1968*. Crows Nest, NSW: Australian Broadcasting Corporation 1991.

Thomas, Martin: The Rush to Record: Transmitting the Sound of Aboriginal Culture. In: *Journal of Australian Studies* 31,90 (2007), S. 107–121.

Ida B. Wells: *Southern Horrors: Lynch Law in All Its Phases* (1892)
Oder: Von der Notwendigkeit eines starken Magens

Susan Strasser

Wie kann ich es vermeiden, *Southern Horrors* ein weiteres Mal zu lesen, wo ich doch versprochen habe, einen Essay genau darüber zu schreiben, also über die Relektüre dieses Textes? Wäre die Relektüre des Textes nicht vielmehr genau das, was ich als allererstes tun sollte? Wie gern würde ich am Anfang dieses Absatzes stattdessen darüber schreiben, wie es war, den Text nicht noch ein weiteres Mal gelesen zu haben. Schließlich habe ich das bereits früher getan – danke vielmals, und ich kann Ihnen versichern, dass man dafür einen starken Magen braucht. Für einige Jahre bin ich jeden Herbst zu diesem Text zurückgekehrt, gemeinsam mit zwei weiteren Schriften von Ida B. Wells. Sie gehörten zur Pflichtlektüre meines Überblickskurses zur amerikanischen Geschichte. Ich habe mit meinen Studierenden über Lynching gesprochen, ich habe sie entsetzliche Fotografien anschauen lassen, ich habe sie dazu aufgefordert, solche Situationen zu simulieren, wie sie Ida B. Wells sehr deutlich in einem späteren Text, *Mob Rule in New Orleans* (1900), beschreibt. Ich habe mit der Verwirrung, der Überraschung, dem Zorn und der Enttäuschung von viel zu vielen meiner meist weißen, amerikanischen Erstsemester gerungen, die nie zuvor von Lynching gehört hatten. Ich nehme an, der Geschichtsunterricht in ihren Schulen war darauf ausgerichtet gewesen, ihren Patriotismus zu schüren, und die beschämenden Facetten der Geschichte waren ignoriert oder zumindest heruntergespielt worden. Ich habe Ida B. Wells Schriften sehr aufmerksam gelesen, bevor ich sie das erste Mal unterrichtet habe, aber es brauchte keine allzu eindringliche Lektüre, um sie jeden Herbst wieder aufzugreifen. Diese Schrift heißt nicht umsonst *Southern Horrors*, obgleich die Beschreibungen in *Mob Rule* und *A Red Record* (1895) noch drastischer sind. Ich hab' keinen starken Magen. Ich mache im Kino auch häufiger mal die Augen zu.

Kann ich nicht mit den Büchern beginnen, die ich um mich herum aufgebaut habe, dieses intellektuelle Bollwerk, das wir alle bauen, wenn wir uns ans Schreiben begeben? Ich habe hier zwei Biografien von Wells. Vor allem meine Studentinnen betrachteten mit großer Aufmerksamkeit das Leben einer Frau, das äußerst inspirierend war. Noch zu Zeiten der Sklaverei geboren, gehörte Wells zu der Generation, die von den Bildungsmöglichkeiten der so kurzen *Reconstruction*-Zeit nach dem Ende der Sklaverei profitierte. Mit 16 Jahren durch eine Gelbfieberepidemie zur Waise geworden, kümmerte sie sich fortan um ihre sechs jüngeren Brüder und Schwestern, zog mit ihnen von einer Kleinstadt in Mississippi nach Memphis und ernährte sie durch ihre Arbeit als Lehrerin. Sie war kaum älter als zwanzig Jahre, da hatte sie bereits eine Eisenbahngesellschaft verklagt, die sie aus dem Frauenabteil hatte werfen lassen. Dann verdiente sie als Journalistin ihren Lebensunterhalt, war Mitbegründerin einer Zeitung für die afroamerikanische Community in Memphis und schrieb eine ebenso scharfe wie scharfsinnige Kolumne für ihre schwarze Leserschaft im ganzen Land. Als sie dreißig Jahre alt war, wurden drei ihrer Freunde in Memphis gelyncht, und ihre Karriere als außergewöhnliche Anti-Lynching-Aktivistin begann mit einem Editorial, das die Ermordung ihrer Freunde anklagte und es zugleich mit Lynching als sytemischem Phänomen verknüpfte. Als der Text erschien, nahm sie gerade an einer Konferenz in Philadelphia Teil, von wo aus sie nach New York ging, um zu erfahren, dass die Büros ihrer Zeitungsredaktion geplündert und zerstört worden waren und dass Weiße in Memphis öffentlich gedroht hatten, sie zu foltern und zu ermorden. Sie sollte nie mehr nach Hause zurückkehren.

Meine Studierenden lernten all dies aus den Einleitungen zu ihren Flugschriften und aus einem Film von dem hochgelobten afroamerikanischen Filmemacher William Greaves mit dem Titel *Ida B. Wells: A Passion for Justice*, der erstmals 1989 im Fernsehen gezeigt wurde.[1] In dem Film liest die Schriftstellerin Toni Morrison Auszüge aus Wells' Tagebuch, und mit einem rot leuchtenden und elegant über ihre Schulter geworfenen Schal liefert sie in einer geradezu brillanten Aufführung eine Fülle an Beweisen für den Mut und die Eloquenz der Aktivistin. Die Biografien konturieren sehr deutlich die Charakterzüge, die ihren Mut und ihre Kraft hervorgebracht haben. „Hardheaded to a fault, and possessed of a temper that she acknowledged to be a ‚besetting sin'",

1 Ein Trailer zu *Ida B. Wells: A Passion for Justice* ist online verfügbar, und der Film ist als DVD unter http://newsreel.org/video/IDA-B-WELLS erwerbbar.

schreibt Mia Bay (S. 9), habe Ida B. Wells nie den Kompromiss gesucht, und ihre Zeitgenossen hätten sie als schwierig empfunden. Linda McMurray (S. 68) schließt von Wells' Zorn und ihren Versuchen, diesen unter Kontrolle zu bringen, sie habe Anflüge von Depression gezeigt:

> Her diary is filled with references to days during which she can only summon the energy to get out of bed after sleeping long hours.

Southern Horrors: Lynch Law in All Its Phases war im Großen und Ganzen ein Nachdruck der Sonderausgabe der *New York Age* vom 25. Juni 1892, einer der führenden afroamerikanischen Zeitungen dieser Tage. Dort hatte Wells unter dem Pseudonym „Exiled" über das Lynching in Memphis und die Lynchpraxis des Südens generell geschrieben. Im November investierte sie dann $ 500, um den Text unter ihrem eigenen Namen nochmals als Flugschrift zu veröffentlichen. Das Geld hatte sie im vorangehenden Monat durch ein Spenden- und Informationsdinner in New York gesammelt. Afroamerikanische Frauen aus gehobenen Kreisen von Boston bis Philadelphia waren zusammengekommen, um sie sprechen zu hören und sie in ihrem Vorhaben zu unterstützen, eine eigene Zeitung zu gründen.

„It is with no pleasure", schreibt Wells im Vorwort ihrer Flugschrift *Southern Horrors*,

> I have dipped my hands in the corruption here exposed. Somebody must show that the Afro-American race is more sinned against than sinning, and it seems to have fallen upon me to do so. (S. 50)

Und von den ersten Seiten des Textes an taucht sie nicht bloß ihre Hände ein, sondern watet tief durch den schmutzigen Schlamm von ‚race' und Sex und wie die beiden in der Kultur des amerikanischen Südens ineinander verwoben waren. „Nobody in this section of the country believes the old thread bare lie that Negro men rape white women", schreibt sie im dritten Absatz, nachdem sie von acht Lynchings berichtet hat, fünf davon mit dem üblichen lauten Geschrei, „the new alarm about raping white women. If Southern white men are not careful", fährt sie fort, „they will over-reach themselves and [...] a conclusion will then be reached which will be very damaging to the moral reputation of their women." (S. 52) Dies war die Aussage, die ihr eine Todesdrohung einbrachte. Sie zitiert in ihrem Text die Antworten der Zeitungen aus Memphis: „The fact that a black scoundrel is allowed to live and utter such loathsome and repulsive calumnies is a volume of evidence as to the wonderful patience of Southern whites", schrieb etwa der *Daily Commercial*. „But we have had enough of it." Der *Evening Scimitar*, ebenfalls aus Memphis, kopierte den Kommentar des *Commercial* und wurde noch deutlicher:

> It will be the duty of those whom he has attacked to tie the wretch who utters these calumnies to a stake at the intersection of Main and Madison Sts., brand him in the forehead with a hot iron and perform upon him a surgical operation with a pair of tailor's shears. (S. 52)

„The wretch", der Schurke, war eine Frau, die unter einem Pseudonym geschrieben hatte. In *Southern Horrors* benutzte sie ihren eigenen Namen, und sie bot eine ganze Reihe ineinander verknüpfter Argumente. Erstens: Lynching war weder die Antwort auf Vergewaltigung noch schützte es weiße Frauen vor dieser. Zweitens: Schwarze Männer waren nicht die Monstren, als die sie die weiße Propaganda darstellte. Drittens: Auch wenn die weißen Männer des Südens immer ihre Ritterlichkeit hervorhoben, so entehrten sie doch ihre eigenen Frauen und ihre Opfer, wenn sie schwarze Frauen vergewaltigten. Viertens: Es gab zahlreiche einvernehmliche Beziehungen zwischen weißen Frauen und schwarzen Männern. Wie Crystal Feimster und Gail Bederman gezeigt haben, unterwanderten diese Argumente im Verbund sämtliche zeitgenössischen ‚rassischen' und geschlechtlichen Stereotype: Das des sexuell potenten und gewalttätigen schwarzen Mannes, der reinen und verletzlichen weißen Frau, des ritterlichen und zivilisierten weißen Mann und der verdorbenen und verkommenen schwarzen Frau.

Feimster und Bederman haben, ebenso wie die Biografinnen Bay und McMurray, das Leben und Werk einer Frau untersucht, von der die meisten weißen Amerikaner_innen – und sogar die meisten weißen Historiker_innen – noch nie gehört hatten, als im Jahr 1989 Geaves Film im frei empfangbaren Fernsehen gesendet wurde. Auch der bekannte Historiker David McCullough gibt dies in der Einführung zu der Reihe „American Experience" zu. Ida B. Wells war den Leserinnen und Lesern afroamerikanischer Presse über Jahrzehnte hinweg ein Begriff gewesen, in einer Zeit, als die ethnisch ausgerichtete Lokalpresse noch von Bedeutung war. Und Wells Arbeit existierte nur in Zeitungen oder in Form von Flugschriften und Manuskripten, und zu guter Letzt konnten sich nur noch ältere Menschen an sie erinnern. 1969 brachte dann Arno Press – ein Verlag, der sich auf Neuauflagen alter Texte spezialisiert hatte – drei ihrer Flugschriften in einem Buch heraus. Im Jahr darauf erschien erstmals Wells' Autobiografie, von ihrer Tochter herausgegeben und mit einem Vorwort von John Hope Franklin. Im Laufe der folgenden

Jahrzehnte folgten zahlreiche Forschungsarbeiten zu Wells, viele in den 1990er Jahren nach der Fernsehpremiere von *Ida B. Wells: A Passion for Justice*. Jüngst, im Jahr 2013, hat Estelle Freedman noch eine weitere Facette ausgeleuchtet, indem sie Wells' Arbeit in eine Geschichte sexueller Gewalt in Amerika und der veränderlichen Konzepte von Vergewaltigung eingebunden hat.

Bis ich die erste Version dieses Satzes niederschrieb, hatte ich meine Zähne zusammengebissen und Wells' Text erneut gelesen, und ich hatte auch schon einige Zeit mit den Materialien verbracht, die meine akademische Festung bilden. Wie kann ich etwas sagen, das über die Beiträge von so vielen und wirklich guten Wissenschaftlerinnen hinaus geht, die Wells genauer studiert haben, als ich das jemals tun werde? Ich denke, das kann mir nur dann gelingen, wenn ich einige der Gepflogenheiten akademischen Schreibens, das Formulieren wohlbegründeter Thesen und das ordentliche Zitieren von Quellen über Bord werfe und über mich selber schreibe; und dabei will ich zumindest so weit gehen, dass ich deutlich mache, aus welchen Zusammenhängen heraus ich schreibe und welchen Hut ich bisweilen trage, wenn ich ein Argument mache. Denn wenn ich mich mit Ida B. Wells befasse und diesen Essay schreibe, bin ich nicht nur eine Amerikahistorikerin, die mittlerweile nicht mehr unterrichtet, es aber liebte, ihren Studierenden die Augen für einen kritischen Blick zu öffnen. Ich bin zugleich eine Jüdin, die für ein größtenteils deutsches Publikum schreibt, und wir alle sind von Ereignissen geprägt, die geschahen, bevor wir geboren wurden. Ich bin eine Amerikanerin, die von dem profitiert, was wir lange ‚das Privileg weißer Haut' nannten, aber meine Großeltern waren noch nicht in Ellis Island angekommen und in die USA eingewandert, als Wells *Southern Horrors* veröffentlichte. Ich bin eine Frau, die sexuell attackiert worden ist, und vor vielen Jahren hatte ich afroamerikanische Liebhaber. Ich kann weniger Deutsch als ein Kleinkind, und so schreibe ich in Englisch und vertraue meinen deutschen Freunden, dass sie eine brauchbare Übersetzung erstellen.

So wie meine weiblichen Erstsemester bin ich von Ida B. Wells inspiriert. In meinen Augen ist es weniger ihre Unabhängigkeit und ihre Bereitschaft, in jungem Alter Verantwortung zu übernehmen, als vielmehr ihr blanker Mut, der so beeindruckt. Welch' eine mutige Frau! Die Dinge, die sie in dieser Flugschrift sagt! Noch einmal: „Somebody must show that the Afro-American race is more sinned against than sinning, and it seems to have fallen upon me to do so." Indem sie dies tut, ist sie so schonungslos – und grenzüberschreitend – wie man nur sein kann. Manche weiße Frauen mögen schwarze Männer, sagt sie, und zitiert dabei einen weißen

Zeitungskommentator aus Montgomery in Alabama und dessen Kommentar über „the growing appreciation of white Juliets for colored Romeos." (S. 53) „There are white women in the South", schreibt Wells, „who love the Afro-American's company even as there are white men notorious for their preference for Afro-American women." (S. 58) Sie zitiert einen Fall nach dem anderen, in dem weiße Männer schwarze Frauen vergewaltigen. Diese Fälle zu zitieren – von Vergewaltigungen schwarzer Frauen durch weiße Männer ebenso wie von einvernehmlichen Beziehungen zwischen weißen Frauen und schwarzen Männern – diente dazu, die herrschenden Stereotype zu entkräften. Bedenken wir die zeitgenössische Kultur, so war es geradezu unerhört zu behaupten, schwarze Männer könnten attraktiv und weiße Frauen könnten in ihren Beziehungen handlungsmächtig sein. Es war gleichermaßen unerhört zu behaupten, weiße Männer könnten sexuell übergriffig und schwarze Frauen ihre Opfer und nicht ihre Verführerinnen sein.

Und als ob ihre radikale Position zu ‚Rasse' und Geschlecht, deren Hierarchien und Archetypen noch nicht reichte, würzte Wells die Schrift noch mit weiterreichenden sozialen und politischen Analysen. Sie bot eine historische Interpretation der *Reconstruction*, die klar und eindeutig war:

> Thoughtful Afro-Americans with the strong arm of the government withdrawn and with the hope to stop such wholesale massacres urged the race to sacrifice its political rights for sake of peace. (S. 60)

Sie bietet eine ähnlich prägnante Analyse des sich brüstenden Neuen Südens – der sich nur wenig von dem Süden vor dem Bürgerkrieg unterschied, wie sie sagt – indem sie den Rassismus von Henry Grady beschreibt, des Herausgebers der *Atlanta Constitution* und bekanntester Fürsprecher des so genannten Neuen Südens. (S. 66) Und zu guter Letzt fordert sie die schwarzen Menschen auf, sich zu bewaffnen, weil die einzigen Männer, die ihren Lynchmobs entkommen konnten, diejenigen waren, die eine Waffe hatten und sie zur Selbstverteidigung nutzten:

> The lesson this teaches and which every Afro American should ponder well, is that a Winchester rifle should have a place of honor in every black home, and it should be used for that protection which the law refuses to give. (S. 70)

Irgendjemand muss schließlich die Wahrheit aussprechen, höre ich sie fast sagen, obschon es Toni Morrisons Stimme ist, die ich höre, und Toni Morrisons Gesicht (und ihren roten Schal), das ich mir vorstelle.

Was muss es einer afroamerikanischen Frau abverlangt haben, diese Positionen im Jahr 1892 öffentlich zu vertreten, auch in New York oder später in Chicago? Wie hart muss das für sie gewesen sein? Es kann kaum überraschen, dass es sie so sehr ermüdet hat. Anders als meine Studierenden suche ich in der Geschichte keine Inspiration. Aber wenn ich sie dann doch einmal finde, bin ich nicht weniger bewegt als sie. Ganz gleich, aus welcher meiner verschiedenen Lebensperspektiven ich mich ihr nähere, und ganz gleich, wie viele Thesen ich formuliere und wie viele Quellen ich zitiere: Die Frau ist einfach ‚awesome' und ‚amazing', um es in Worten zu sagen, die meine Studierenden so gerne benutzten und die wohl keiner Übersetzung bedürfen.

Aus dem Englischen von Jürgen Martschukat

Querverweise

- Spike Lee: *Jungle Fever* (1991)
- *Loving v. Virginia* (1967)
- Eldridge Cleaver: *Soul on Ice* (1967)
- D.W. Griffith: *The Birth of a Nation* (1915)
- David G. Croly / George Wakeman: *Miscegenation* (1864)
- *An Act for the Better Ordering of Negroes and Slaves* (1712)

Literatur

Bay, Mia: *To Tell the Truth Freely. The Life of Ida B. Wells.* New York: Hill & Wang 2009.

Bederman, Gail: *Manliness and Civilization. A Cultural History of Gender and Race in the United States, 1880–1917.* Chicago: University of Chicago Press 1995.

Feimster, Crystal N.: *Southern Horrors. Women and the Politics of Rape and Lynching.* Cambridge: Harvard UP 2009.

Freedman, Estelle B.: *Redefining Rape. Sexual Violence in the Era of Suffrage and Segregation.* Cambridge: Harvard UP 2013.

McMurray, Linda O.: *To Keep the Waters Troubled. The Life of Ida B. Wells.* New York: Oxford UP 1998.

Wells, Ida B.: Southern Horrors. Lynch Law in All Its Phases (1892). In: Dies. (Hrsg.): *Southern Horrors and Other Writings. The Anti-Lynching Campaign of Ida B. Wells, 1892–1900*, hrsg. v. Jacqueline Jones Royster. Boston: Bedford / St. Martin's 1997, S. 49–72.

—: A Red Record (1895). In: Ebd., S. 73–157.

—: Mob Rule in New Orleans (1900). In: Ebd., S. 158–208.

Film

American Experience, S02/E04: Ida B. Wells. A Passion for Justice (USA 1989, R: William Greaves).

Richard Freiherr von Krafft-Ebing: *Psychopathia sexualis* (1886)
Oder: Die Ordnung der Unordnungen als Markt der Lüste

Heiko Stoff

Im 1901 von Minna Wettstein-Adelt unter dem Pseudonym Aimée Duc publizierten Roman *Sind es Frauen?* weisen sich frauenliebende Frauen als „Krafft-Ebingsche" aus; als seien sie die glücklichen Kinder des Psychiatrieprofessors Richard Freiherr von Krafft-Ebing, der in den Jahren zuvor zum berühmten Sexualpathologen avanciert war. Die *Psychopathia sexualis* – Krafft-Ebings, wie Volkmar Sigusch (S. 93) es ausdrückt, seit 1886 in 17 ordentlichen und zahllosen unordentlichen Auflagen erschienenes Hauptwerk – ist nicht nur eine akribische Taxonomie „übermächtiger Naturtriebe", „grobsinnlicher Liebe" und „wollüstigen Dranges" (S. 1), sondern zugleich auch ein umfangreicher Angebotskatalog sexueller Variationen. Krafft-Ebing interessierte sich kaum für die um 1900 aufkommende vergleichende Sittengeschichte, verfasste aber doch mit ethnologischer Verve eine Studie der Sexualitäten in den deutschen und österreichischen Großstädten. Auch der Begriff ‚Rasse' tauchte dabei in der *Psychopathia sexualis* kein einziges Mal auf, seine Forschungsobjekte waren die von ihm in der Psychiatrie, in geheimen Winkeln, aber auch auf den öffentlichen Straßen entdeckten Spezies eigenwilligen Begehrens. Da die *Psychopathia sexualis* aber als Naturgeschichte funktionierte, kam ihr auch eine universalistische Wahrheit zu: Alle Menschen können sexualpathologisch veranlagt sein. Dass mit den Klassifikationen der Sexualpathologie spezifische sexualisierte Identitäten konstituiert wurden, hat Michel Foucault nachdrücklich aufgezeigt. Insbesondere der/die Homosexuelle wurde Ende des 19. Jahrhunderts zu einer Persönlichkeit, die, so Foucault,

> über eine Vergangenheit und eine Kindheit verfügt, einen Charakter, eine Lebensform, und die schließlich eine Morphologie mit indiskreter Anatomie und möglicherweise rätselhafter

> Physiologie besitzt". In der Engführung von Trieb und Identität entstand eine „natürliche Ordnung der Unordnung". (Foucault, S. 58–59)

Die Identifizierung der von einer bei Krafft-Ebing kaum explizierten Norm abweichenden Lüste, „die Kenntnisnahme der psychopathologischen Erscheinungen des Sexuallebens und deren Zurückführung auf gesetzmäßige Bedingungen" (Krafft-Ebing, S. IV), produzierte zugleich neue Begehrensmöglichkeiten, einen Markt der Perversionen.

Bei der *Psychopathia sexualis* handelt es sich zunächst um erzählte Wissenschaft, um Literatur. Ganz im Stil der psychiatrischen Diskurse des späten 19. Jahrhunderts zitiert Krafft-Ebing aus der Weltliteratur, sammelt Kulturstudien, ruft historische Persönlichkeiten auf und lässt seine Fälle erzählen, während er pflichtbewusst, aber auch ein wenig uninspiriert ihre Schädel misst und nach ‚Degenerationszeichen' fahndet. Die gesammelten Ausschweifungen funktionieren als atemlos erzählte Kriminalfälle vielfältigen Begehrens sowie als Kompendium staunenswerter sexueller Fantasien und Praktiken. Das Kompilieren ist dem Klassifizieren vorrangig. Die Erzählungen triebgeleiteter Lebensweisen, bei denen Krafft-Ebing bei gewissen Stellen eher anregend, denn verdeckend ins Lateinische wechselt, erhalten gegenüber den klinischen Einordnungen und psychopathologischen Begründungen eine eigene Qualität. Krafft-Ebings Schrift war gerade deshalb so erfolgreich, weil sie im Rahmen einer doch eher groben Ordnung der Unordnungen Geschichten aneinanderreiht, die nicht immer der Autorität des Psychiatrieprofessors unterworfen sind. Auch wenn sich Krafft-Ebing hier und da, aber doch sehr selten sittenstreng absichert, verfasst er keine Moralschrift, sondern ein Übersichtswerk der Perversionen. Und was sind diese anderes als die mitunter parodistische Steigerung „von andeutungsweise auch unter normalen Umständen möglichen Begleiterscheinungen der psychischen Vita sexualis, insbesondere der männlichen, ins Masslose und Monströse" (S. 61)? Das Normale, von dem nie die Rede ist, erscheint in der übersteigerten Kopie als Matrix lustvoller Unmäßigkeiten. Damit stand die *Psychopathia sexualis* nicht nur zwischen psychiatrischem Handbuch und pornografischer Literatur, sondern zog die Normalität unaufhaltsam ins Reich der variantenreichen Anomalität, um so auch anthropologische Aussagen zu provozieren. Dabei entstand Raum für gewisse Eigenwilligkeiten, verquere Selbstzeugnisse und selbstbewusste Bekenntnisse, die nicht als Geständnisse funktionierten. *Krafft-Ebingsche* konnten sich ebenso auf die herausfordernde Lebensgeschichte der Sarolta Vay, alias Graf Sandor, beziehen (S. 300), wie sich ein Masochist sicher war, dass „die seltsamen Vorstellungen, welche mich in geschlechtlicher Beziehung beherrschen, auch bei anderen Männern vorkommen" (S. 95). Das Anomale löste sich vom psychiatrischen Diskurs und wurde zum Identitätsangebot. Pathologien gehörten als Innovationen auf dem bunten Markt der Triebe schon im Moment ihrer missmutigen Klassifizierung durch vornehmlich deutsche Professoren zum Bestand der sich entwickelnden Konsumgesellschaft.

Nun verfasste der ordentliche Psychiater Krafft-Ebing seine Werke immer auch in Bezug auf die psychiatrische Klinik. Seine Erzählungen und Klassifizierungen waren ausgerichtet am schlimmsten Fall: der Monstrosität des Lustmords. Gemäß der psychiatrischen Logik musste konsequenter Sadismus zum Mord, Masochismus zur verlangten Tötung führen (was einzig durch den Selbsterhaltungstrieb verhindert werde). Dem Hauptkatalog der Lüste stand eine Schwarzliste moralisch fragwürdiger und justiziabler Begehrensformen entgegen, zu denen Krafft-Ebing durchaus auch Exhibitionismus und Voyeurismus, vor allem aber Unzucht mit unter 14-jährigen, Nekrophilie und Inzest zählte. Lüste waren in dieser Ordnung immer auch an psychiatrische Erscheinungen wie Manie, Hysterie oder Paranoia gebunden. Die Formen der Lust erstreckten sich dabei vom Unaussprechlichen bis zum so genannten Läppischen, den harmlosen Neurosen und Idiosynkrasien, wie sie jenen Mann peinigten, der beim Koitus immer an die Zahl 13 denken musste, was es ihm unmöglich machte, jemals einen Samenerguss zu erleben (S. 36).

Zwischen diesen Extremen entwickelte sich in Krafft-Ebings Erzählungen die neue Hauptlehre der Ordnung des Pathologischen, die da lautet, dass Triebe frei flottieren und nicht an die Reproduktion gebunden sein müssen. Perverse Lust lauert überall und kann jedes Objekt, jeden Körper, jede Sinnesempfindung, jede Assoziation begehren. Der Geschlechtstrieb kann sich an alle Körperteile, an alle Dinge, an alle Farben und Gerüche anheften. So wird selbst die Unlust zur Lust. Krafft-Ebing inaugurierte „erogene Zonen" als eine Reihe von Haut- und Schleimhautbezirken und benannte jene Liste der Fetische, auf die sich bis heute jede *Sex Tube* beziehen kann: Sadismus, Masochismus, Flagellation, Fuß-, Strumpf- und Schuhfetischismus, Koprolagnie und Urolagnie, Gegenstands-, Körperteil- und Kleidungsfetischismus, „Körperfehler als Fetisch", Tierfetischismus (auch: Bestialität), Zooerastie, Frotteurismus, Päderastie, Satyriasis oder Nymphomanie. Hände, Füße, Haare, Korsette, Hemden, Unterwäsche, Taschentücher, Handschuhe, Schuhe und Strümpfe, Nachtmützen, Schlafzimmereinrichtungen oder Stoffarten wie Seide, Samt, Pelz und Federn können je nach

Begehrensweise die entfesselten Triebe befriedigen. Alle möglichen Sekrete – Speichel, Nasenschleim, selbst Ohrenschmalz – würden mit Begierde verschlungen, „oscula ad nates und selbst ad anum gegeben“ (S. 136). Und nur so, kommt Krafft-Ebing zu einem vernünftigen Schluss, könne auch „das perverse Gelüste“, den Cunnilingus aktiv auszuüben, welches weit verbreitet sei, erklärt werden. Die Lust erscheint dabei im (evolutionsbiologischen) Sinne als etwas Männliches, muss aber überhaupt nicht an Männer gebunden sein. Es gibt keine Rassen- und Geschlechtertrennung der Perversionen, wenn auch, so erzählt Krafft-Ebing, bei den ja natürlicherweise masochistischen Frauen der Sadismus und bei den natürlicherweise sadistischen Männern der Masochismus seltener sei.

Der psychiatrische Blick fokussiert die Übersteigerung, aber Krafft-Ebings Sammelleidenschaft muss auch die schiere Masse an Perversionen konstatieren. Jedenfalls kämen derartige Fälle überall vor und seien durchaus nicht selten. Polymorphe Perversität, wie sie Sigmund Freud später als kindliche Sexualität kategorisiert und in ein Entwicklungsschema hin zum erwachsenen Koitus, der ermüdenden Passgenauigkeit von Penis und Vagina, presst, liest sich bei Krafft-Ebing als ein weit verbreitetes wildes Wuchern der Lüste. Es sind konsumierende Körper, die, ungebunden an Moral, Rationalität und Zweck, Befriedigung suchen. Mit den polymorphen Techniken der Macht korrespondiert polymorpher Konsum. Die Spezifizierung und Individualisierung, die Krafft-Ebing vornahm, konstituierte einen latent pornografischen Katalog, ein reichhaltiges Angebot, eine konsumistische Ordnung. Der Benennungsprozess der Identitäten und Praktiken lieferte zugleich auch ein überwältigendes Repertoire an Lüsten, Befriedigungen und neuen Anregungen. Lawrence Birken hat in seiner ausdrücklich als Erweiterung des Foucaultschen Ansatzes bestimmten Veröffentlichung über die Sexualwissenschaft der Jahrhundertwende auf einen epistemischen Wechsel des Körperkonzeptes zur Wende vom 19. zum 20. Jahrhundert hingewiesen. In Konkurrenz zum Primat des ökonomisch und sexuell produktiven Körpers trat zum Fin de Siècle der ökonomisch und sexuell konsumierende Körper. Aus der Sicht der Konsumierenden gebe es nur die Befriedigung oder Nichtbefriedigung ihrer Wünsche. Die Gesellschaft bestehe danach aus souveränen, wünschenden, konkurrierenden und idiosynkratischen Subjekten. Nach Birken folge auf die männlich-weiblich Ideologie des 18. und 19. Jahrhunderts eine egalitäre Ideologie von Konsumenten, die unter der einen Funktion des Begehrens vereint seien. Entscheidend sei der Wunsch der

Konsumierenden (*consumer choices*). (Birken, S. 11, 25–26, 30–35, 92, 122, 132; siehe auch Bennett)

Mit der Entwertung des Koitus, die eine konsumistische Sexualtheorie unweigerlich konstituiert, veränderte die entstehende Sexualwissenschaft auch die Zweigeschlechterordnung. Bei Krafft-Ebing finden sich und verschwinden zugleich drei Referenzpunkte der anatomisch-physiologischen Ordnung des 19. Jahrhunderts; erstens: Fortpflanzung und biologische Disposition, zweitens: die Kontrolle des „Kulturmenschen“ über seine Triebe, drittens: Zivilisierung und Höherentwicklung. Namentlich die „conträre Sexualempfindung“ wird zwar als krankhafte hereditäre Degenerationserscheinung erklärt, zugleich aber als eben nur invertierte Form der zugleich konzeptualisierten Heterosexualität zugeordnet. Eine Perversion sei die „Conträrsexualität“, weil sie nicht der naturgemäßen geschlechtlichen Befriedigung zum Zwecke der Fortpflanzung diene. Aber diese Definition erschien um 1900, als Sexualität als Geschlechtstrieb und nicht durch die Fortpflanzung erklärt werden sollte, bereits als obsolet und wurde gerade in der *Psychopathia sexualis* ad absurdum geführt. Krafft-Ebing veröffentlichte im Jahr 1901, kurz vor seinem Tod, in Magnus Hirschfelds *Jahrbuch für sexuelle Zwischenstufen* einen Aufsatz, in dem er die „conträre Sexualempfindung“ nicht länger als Krankheit, sondern als eine „hereditäre Anomalie“ definierte. Aus diesen Anomalien sollten im sexualwissenschaftlichen Diskurs des frühen 20. Jahrhunderts zunehmend Varietäten werden, denen auch der Koitus heterosexueller Paare als eine Möglichkeit unter vielen Sexualpraktiken zugeordnet wurde. Die Ordnung der Unordnungen war dabei, das Normale zum Verschwinden zu bringen. Dem Dogma der monogamen Sexualität zu Reproduktionszwecken widersprach der sexologische Diskurs vom prinzipiell wahlfreien sexuellen Konsum. Im Laufe des 20. Jahrhunderts wurden die Variationen der Lüste grundsätzlich nur durch ihre hetero- oder homosexuelle Orientierung unterschieden. Indem Sexualwissenschaftler wie Krafft-Ebing und Albert Moll Homo- und Heterosexualität gleichermaßen als Geschlechtstrieb definierten, war es ihnen auch möglich, die „conträre Sexualempfindung“ als eine bloß anders geartete Wahl eines Sexualobjekts zu bestimmen (Stoff). Bei den Laien gelte „Conträrsexualität“ als Laster, bei den Juristen als Verbrechen. Männerliebende Männer selbst würden ihr Empfinden zwar als eine Anomalie anerkennen, „aber auf Grund einer Laune der Natur und ebenso berechtigt wie die normale (heterosexuale) Liebe“ (S. 235). Mit dieser Zeugenaussage der Betroffenen rückte Krafft-Ebing auf achtsame Weise Homosexualität in die Nähe von Heterosexualität und Normalität. „Conträrsexuelle“ und „normale

Heterosexuelle" hatten also die gleichen Charaktereigenschaften – die gleichen Tugenden und Laster. Trotz einer mit anderen Perversionen kombinierten Inversion, resümierte der Psychiater und Kriminologe Paul Näcke 1913 unter Bezug auf Krafft-Ebing die neue Ordnung der Lüste, werde der Betreffende doch immer homo- oder heterosexuell bleiben: „Es gibt demnach homo- oder heterosexuelle Fetischisten, Sadisten, Masochisten, Exhibitionisten usw." (S. 328).

Die Variationen der Lust schleifen zusehends das psychiatrische Verdikt der Anomalie ab. Die biologische Definition der Perversionen als unausweichliche Disposition wiederum ließ jenseits eugenischer Forderungen keine andere Wahl, als die Variabilität der Lüste zu akzeptieren. In der *Psychopathia sexualis* ging es entsprechend immer auch schon um Modalitäten, auf straffreie Weise seine Triebe auszuleben und Lüste zu konsumieren. In den etwa bezüglich des Masochismus selbstbewusst und klug verfassten Selbstdarstellungen findet sich die Suche nach Wegen, die Lust auch sozial angemessen zu befriedigen, einen richtigen Partner oder eine richtige Partnerin zu finden für das Spiel von Sklave und Page, von Hörigkeit und Gehorsam. Da die meisten Tanten ihre Abnormität keineswegs als Unglück empfänden, sondern bedauern würden, wenn dieser Zustand sich ändern würde, da ferner der angeborene Zustand nicht beeinflussbar sei, berichtete wiederum ein homosexueller Mann in der *Psychopathia sexualis*, „so geht unser ganzes Hoffen darauf hin, dass es zu einer Abänderung der bezüglichen Strafgesetzparagraphen kommen möge" (S. 268). Krafft-Ebing sollte diese Forderung nach Abschaffung des §175, auch wenn er es nicht unterlassen konnte, Heilungsmethoden wie die Hypnose anzubieten, ausdrücklich unterstützen.

In diesem neuen Reich der Lüste ist das größte Problem nicht das Sexualverbrechen, sondern die mangelnde Sexuallust bei Männern und Frauen. Es geht um Anregungen und Möglichkeiten, weniger um Einsperrungen und Verbote. Dazu gehörte aber auch die zu Beginn des 20. Jahrhunderts in der Sexualreform so ausgiebig diskutierte Verbesserung des ehelichen Geschlechterverhältnisses. Begehren und Geschlecht waren um 1900 gleichermaßen problematisch und reformbedürftig sowie Gegenstand wissenschaftlicher und populärer Debatten. Die dimorphe Ordnung selbst, die psychophysische Alterität der Geschlechter, war bereits aus wissenschaftlicher Perspektive höchst fragwürdig geworden. Am Ewig-Weiblichen irre zu werden, wie es Krafft-Ebing 1894 angesichts der Existenz von gar nicht so seltenen „Mannweibern" ereilte, war die neue Erfahrung des späten 19. Jahrhunderts (S. 282).

Wohl kaum ein wissenschaftliches Werk ist so widersprüchlich wie die *Psychopathia sexualis*: Sexuelle Identitäten werden entworfen und als Subjektivierungsweisen gleich wieder unterlaufen, eine Ordnung der Unordnungen entsteht, während sich die Geschlechterordnung reformiert, Anomalitäten werden aufgelistet und die Triebe und Sexualobjekte beginnen ihr freies Spiel, aus dem Meisterwerk der Perversionen gehen endlose Variationen des Begehrens hervor und der Versuch, Moral, Pflicht und Recht vor der „Nachtseite menschlichen Lebens" zu schützen (S. V), entfesselt erst recht die schrankenlose Ausbreitung konsumistischer Sexualitäten (siehe zu Krafft-Ebings Hauptwerk Schaffner; Oosterhuis).

Querverweise

- Eve Kosofsky Sedgwick: *Epistemology of the Closet* (1990)
- R. Lautmann / W. Grikschat / E. Schmidt: Der rosa Winkel (1977)
- Michel Foucault: *Der Wille zum Wissen* (1976)
- Günter Amendt: *Sexfront* (1970)

Literatur

Bennett, David: Burghers, Burglars, and Masturbators. The Sovereign Spender in the Age of Consumerism. In: *New Literary History* 30 (1999), S. 269–294.

Birken, Lawrence: *Consuming Desire. Sexual Science and the Emergence of a Culture of Abundance, 1871–1914*. Ithaca: Cornell UP 1988.

Duc, Aimée: *Sind es Frauen? Roman über das dritte Geschlecht* [1901]. Berlin: Amazonen 1976.

Foucault, Michel: *Sexualität und Wahrheit I. Der Wille zum Wissen* [1976]. Frankfurt am Main: Suhrkamp 1977.

Krafft-Ebing, Richard Freiherr von: *Psychopathia sexualis mit besonderer Berücksichtigung der conträren Sexualempfindung. Eine klinisch-forensische Studie* [1886]. 9., verb. u. teilw. vermehrte Aufl. Stuttgart: Enke 1894.

—: Neue Studien auf dem Gebiete der Homosexualität. In: *Jahrbuch für sexuelle Zwischenstufen* 3 (1901), S. 1–36.

Näcke, Paul: Die gerichtliche Medizin und die Homosexualität. In: *Archiv für Psychiatrie und Nervenkrankheiten* 53 (1913), S. 322–329.

Oosterhuis, Harry: *Stepchildren of Nature. Krafft-Ebing, Psychiatry, and the Making of Sexual Identity*. Chicago: University of Chicago Press 2000.

Schaffner, Anna Katharina: *Modernism and Perversion: Sexual Deviance in Sexology and Literature, 1850–1930*. Basingstoke: Palgrave Macmillan 2011.

Sigusch, Volkmar: Richard von Krafft-Ebing (1840–1902). In: *Der Nervenarzt* 75,1 (2004), S. 92–96.

Stoff, Heiko: Heterosexualität. In: Rüdiger Lautmann / Florian Mildenberger / Jakob Pastötter / Jennifer Evans (Hrsg.): *Was ist Homosexualität? Forschungsgeschichte, gesellschaftliche Entwicklungen und Perspektiven*. Hamburg: Männerschwarm 2014, S. 73–112.

Chinese Exclusion Act (1882)
Oder: Migration und die Gefährdung der ‚Good Order'

Björn A. Schmidt

Am 18. Juni 2012 verabschiedete das House of Representatives der USA die Resolution *H.Res. 683 (112th)*. Dieser Beschluss bedauerte erstmals offiziell die Verabschiedung des *Chinese Exclusion Act* im Jahre 1882 und das bis 1943 anhaltende Verbot chinesischer Einwanderung. Das Repräsentantenhaus, so der Text, „regrets the passage of legislation that adversely affected people of Chinese origin in the United States because of their ethnicity".

Genau 130 Jahre nach dem Inkrafttreten des *Chinese Exclusion Act* stellte die Resolution eine späte und längst überfällige Entschuldigung an *Chinese Americans* und deren Vorfahren dar. Schließlich können chinesische Immigrant_innen und ihre Nachkommen auf eine lange Geschichte rassistischer Diskriminierung und Gewalt zurück blicken, die unmittelbar mit dem Gesetz verknüpft ist. Der *Chinese Exclusion Act* ist jedoch nicht nur ein wichtiger Abschnitt in der Geschichte der Chinese Americans, sondern stellt auch einen wichtigen Grundstein für das moderne Nationalbewusstsein und Staatsverständnis der USA dar. Durch die Exklusionspolitik wurden chinesische Menschen zu den ersten illegalen Immigrant_innen in einem sich zunehmend über *race* definierenden US-amerikanischen Nationalstaat. Zwar mag es die restriktiven Gesetze seit 1943 nicht mehr geben, doch das Grenzregime, das seinen Ursprung nicht zuletzt in der chinesischen Exklusion hat, ist heute deutlicher denn je.

Der *Chinese Exclusion Act* war das erste Gesetz der USA, dass Immigration auf der Basis von nationaler Herkunft und *race* verbot. Befristet auf zunächst zehn Jahre schrieb es im Jahre 1882 fest, „that the coming of Chinese laborers to the United States be [...] suspended". 1892 wurde die Exklusion durch den *Geary Act* um weitere zehn Jahre verlängert und daraufhin 1902 ihrer zeitlichen Befristung enthoben. Durch den

Immigration Act von 1924 wurde schließlich die Einwanderung aus weiten Teilen Asiens komplett unterbunden und zur Bekämpfung illegaler Immigration, besonders über die mexikanische Grenze, zeitgleich die *Border Patrol* ins Leben gerufen. (Daniels)

Die Exklusionsgesetze dienten nicht nur der Verfestigung territorialer Grenzen, sondern markierten auch, wer Teil der US-amerikanischen Gesellschaft werden konnte und wem dies verwehrt wurde. Zum ersten Mal in ihrer Geschichte schlossen die Vereinigten Staaten ihre Grenzen für eine bestimmte Gruppe von Immigrant_innen, und die Vorstellungen davon, wer nicht ‚hinein' gelassen werden sollte, waren wesentlich an *race&sex* gekoppelt: Der *Chinese Exclusion Act* und die darauf folgende Exklusionspolitik reproduzierten stets auch die Grenzen hegemonialer Konzepte weißer Geschlechtlichkeit über ihr konstituierendes Außen. So lässt sich der *Chinese Exclusion Act* innerhalb eines Dispositivs verorten, das Wissen von der vermeintlich ‚rassischen' Andersartigkeit chinesischer Menschen produzierte. In Anlehnung an Edward Said lässt sich dieser Macht-Wissen-Komplex als Form des Orientalismus begreifen, der Chines_innen als ‚Andere' entwarf. Erst über diese Abgrenzung von ‚dem' Orient formierten sich Vorstellungen von ‚abendländischer' bzw. US-amerikanischer Zivilisation. Die Andersartigkeit von Chines_innen stellte sich in besonderer Form über die Verschränkungen von *race&sex* her. Die Verabschiedung des *Exclusion Act* lässt sich daher nicht ohne die Berücksichtigung dieser Kategorien erklären. Umgekehrt werden erst vor dem Hintergrund der legislativen wie faktischen Exklusion chinesischer Immigrant_innen zentrale Aspekte US-amerikanische Kulturgeschichte vom 19. Jahrhundert bis zum Zweiten Weltkrieg deutlich.

Der *Chinese Exclusion Act* gilt gemeinhin als Reaktion auf die Immigration von chinesischen Arbeitern, vor allem an der Westküste der USA. Diese begann bereits Mitte des 19. Jahrhunderts mit dem Goldrausch in Kalifornien, als sich hauptsächlich männliche Migranten in der Hoffnung auf bessere Lebensbedingungen auf die Reise begaben. Auch für den Bau der transkontinentalen Eisenbahn wurden im Westen zahlreiche chinesische Einwanderer für die harte und schlecht bezahlte Arbeit verpflichtet. Chinesische Immigrant_innen waren daher in der zweiten Hälfte des 19. Jahrhunderts an der Westküste eine weit verbreitete Bevölkerungsgruppe. (Chan)

Zur Klärung der Frage, wie es zum Ausschluss kommen konnte, wurde in der Forschung lange Zeit die zentrale Bedeutung von Klasse hervorgehoben. Dies liegt zunächst nahe, da sich das Gesetz hauptsächlich gegen chinesische

Arbeiter richtete, während chinesische Händler, Studenten und andere Angehörige höherer Klassen – zumindest *de jure* – davon ausgenommen waren. Die Möglichkeit, chinesische Arbeiter zu Niedriglöhnen anzustellen oder gar als so genannte *coolies* in sklavenähnlichen Verhältnissen in die USA zu bringen, habe eine Gefahr für die weiße Arbeiterschaft dargestellt. In den 1970er Jahren wurde diese Interpretation von Alexander Saxton neu bewertet. Saxton stellte gerade die gegenseitige Wechselbeziehung von Klasse und *race* heraus und identifizierte die ideologische Grundlage dafür, dass sich die Arbeiterklasse eher ihrer eigenen *whiteness* versicherte, als sich mit chinesischen Arbeitern zu solidarisieren. Saxtons Buch wird oft als frühes Werk der damals aus der Bürgerrechtsbewegung hervorgehenden *Asian American Studies* gesehen. Mit der Entstehung dieser Disziplin begann man, neue identitätspolitische und kulturhistorische Perspektiven auf die Phase der *Chinese Exclusion* zu eröffnen, dank welcher wir heute den fundamentalen Rassismus gegenüber chinesischen Menschen in den USA des 19. und 20. Jahrhunderts besser bewerten können. (Saxton)

Bei der Betrachtung des *Exclusion Act* offenbart sich auf den ersten Blick eine geschlechtliche Dimension: Er bezog sich *per definitionem* in erster Linie auf männliche Immigranten. Dies korrespondiert mit zwei zentralen Charakteristika der Ausschlusspolitik gegenüber Chines_innen. Einerseits herrschte bei der chinesischen Immigration von Beginn an ein starkes Ungleichgewicht bei der Geschlechterverteilung, da ein Großteil der chinesischen Arbeiter zunächst ohne ihre Familien in die USA kam. Diese Entwicklung wurde wiederum durch die Exklusionsgesetze weiter verschärft. Andererseits artikulierte die Gesetzgebung damals vorherrschende (weiße) Konstruktionen von chinesischer Geschlechtlichkeit. Dies wird deutlich, wenn man einen Vorläufer des *Exclusion Act* hinzuzieht, den 1875 verabschiedeten *Page Act*, das erste Gesetz zur gezielten Selektion von Immigrant_innen auf nationaler Ebene. Neuere Forschungen zur Migrationsgeschichte stellen zu Recht heraus, wie sich ab 1875 normative Vorstellungen von Sexualität und *race* in die Immigrationsgesetze einschrieben und Kategorisierungen von gewollter und ungewollter Immigration daran koppelten (Hodes; Lee). Der *Page Act* definierte neben Kriminellen in erster Linie zwei Gruppen von Immigrant_innen aus Asien als „undesirable“: männliche Vertragsarbeiter (bzw. *coolies*) und Frauen, die zum Zweck der Prostitution in die USA kamen. Migrantinnen mussten fortan vor ihrer Abreise Befragungen über sich ergehen lassen und entsprechende Zertifikate vorweisen, die ihre „Tugendhaftigkeit“ bezeugen konnten. Durch den *Page Act* wurden zwei Kategorien ungewollter Immigration festgeschrieben und ‚rassisch' aufgeladen, die über den gesamten Zeitraum der Exklusion prägend bleiben sollten: Auf der einen Seite der quasi-alleinstehende chinesische ‚Sklavenarbeiter' als Gefahr für die weiße Arbeiterklasse sowie auf der anderen Seite die chinesische ‚Prostituierte', die das gesundheitliche und moralische Wohl nicht nur der chinesischen Arbeiter, sondern auch der weißen Bevölkerung gefährdete.

Die Vehemenz, mit der besonders chinesischen Immigrantinnen moralische Bedenken entgegen gebracht wurden, lässt auf die Wirkmacht von *race* schließen. So lässt sich zunächst beobachten, dass chinesischen Immigrantinnen unabhängig von ihrem Hintergrund unterstellt wurde, Prostituierte zu sein. Da chinesische Migration im Allgemeinen mit männlichen Arbeitern assoziiert wurde, galt die Einreise von Frauen als ungewöhnlich und wurde vor der Folie des gängigen Stereotyps der ‚Prostituierten' oder ‚Sklavin' gelesen. Darüber hinaus riefen Vorstellungen von chinesischer Prostitution Bedrohungsszenarien hervor, die diejenigen anderer bekannter Formen der Prostitution noch überstiegen. So wurde ein erhöhtes Risiko für teils unbekannte Krankheiten postuliert, das auf ‚rassische' Differenz zurückgeführt wurde. Der scheinbar diametrale Gegensatz zwischen Orient und Okzident schrieb sich auf diese Weise pathologisierend in Körperkonzepte von ‚fremder' Weiblichkeit ein. Dies wiederum äußerte sich auch in der postulierten moralischen Gefahr, die von chinesischen Immigrantinnen ausging. Chinatown war letztlich nicht bloß eine ethnische Enklave, sondern auch ein hybrider Ort, der auch von der weißen Unterschicht frequentiert wurde. Die Vorstellung, dass weiße Männer zur Kundschaft chinesischer Prostituierten gehörten, beförderte nicht nur zeitgenössische Ängste vor ‚Rassenmischung', sondern auch vor der Verbreitung von spezifisch ‚orientalischen' Lastern wie der Opiumsucht. Während chinesischen Immigrant_innen generell fehlende moralische Standards und ein Hang zur Kriminalität nachgesagt wurden, potenzierte sich dies im Bild der chinesischen Prostitution, da sie letztlich als Gefahr für die an Vorstellungen der Tugendhaftigkeit gekoppelten normativen Ideale von weißer Geschlechtlichkeit galt.

So ist auch die Arbeit der überregional bekannten Missionsarbeiterin Donaldina Cameron nicht zuletzt als Ausdruck eines kolonialen Impetus zu verstehen, in dem sich ‚rassisch' konnotierte Gender-Konzepte bündelten. Cameron leitete ab 1897 das Presbyterian Mission Home in der damals größten und bekanntesten Chinatown der USA in San Francisco. Zu Camerons Verdiensten gehörte es, chinesische Prostituierte, die teils durch Kidnapping oder Menschenhandel in die USA gelangt waren, aus dem kriminellen Milieu Chinatowns zu befreien. In der Mission sollten sie ein neues Heim finden und christliche Werte vermittelt bekommen. Der Mythos, der sich um die Figur der Donaldina Cameron rankte, ist bezeichnend für eine weiße Perspektive auf chinesische Migration und deren Verhältnis zur Sexualität und Geschlecht. Donaldina Cameron erlangte schnell Popularität als *Angel of Chinatown*. Zahlreiche Zeitungsberichte und nicht zuletzt ihre eigenen Veröffentlichungen widmeten sich ihrem Kampf gegen die *Yellow Slavery*. Oft wurde darin geschildert, wie Cameron mit Hilfe der Polizei auf spektakuläre Weise Frauen aus den Händen ihrer Peiniger befreit hatte. Diese Erzählungen erfreuten sich großer Beliebtheit, nicht zuletzt weil sie zugleich gängigen *Slave Narratives* folgten und in sensationalistischer Manier Stereotype chinesischer Kriminalität bedienten. Cameron selbst hatte in ihren Ausführungen wenig übrig für männliche Chinesen, verkörperten sie doch die Barbarei des Sklavenhandels und der Prostitution. Doch letztlich betrachtete sie auch die Frauen, denen sie zu Hilfe kommen wollte, aus dem Blickwinkel ‚rassischer' Distanz. Camerons erklärtes Ziel war es, den befreiten Chinesinnen christliche Werte und westlich geprägte Häuslichkeit beizubringen. Derart ausgestattet mit Konzepten ‚abendländischer Kultur' sollten die befreiten Frauen im Idealfall irgendwann in die Ehe mit einem christlichen Chinesen entlassen werden. Ganz im Sinne reformistischer Diskurse der *Progressive Era* stand die Rettung der *Yellow Slaves* auch im Zeichen des Kampfes gegen *White Slavery*, der Bewahrung geschlechtlich getrennter Sphären und der Idealisierung häuslicher, weißer Weiblichkeit (Donovan).

Das Stereotyp des männlichen, chinesischen Arbeitsmigranten, das sich in den Exklusionsgesetzen artikulierte, ist neben Klasse ebenfalls an *race&sex* gekoppelt. Da die ohnehin geringe weibliche Immigration durch die Exklusionsgesetze noch weiter begrenzt wurde, wurde die Wahrnehmung der in den USA lebenden Chinesen besonders durch die Abwesenheit von Frauen und ein damit verbundenes ‚gestörtes Gleichgewicht' geprägt. Chinesische Migranten waren nicht zuletzt ein Dorn im Auge der weißen Arbeiterschaft, weil sie scheinbar keine Familie zu unterstützen hatten und daher zu niedrigen Löhnen arbeiten konnten. Dem Lohnniveau entsprachen allerdings auch die Lebensumstände innerhalb der Chinatowns der Großstädte, wo Arbeiter unter schlechten Bedingungen in überfüllten Räumen lebten. Anstatt die desaströsten Verhältnisse als Folge geringer Löhne und rassistischer Diskriminierung zu erkennen, wurden sie als Ausdruck ‚rassischer' Veranlagung gelesen. Durch die zunehmende Wirkmacht von *Public Health*-Diskursen, die

Hygiene an Ideen von Zivilisiertheit und Staatsbürgerschaft koppelten, schienen die heruntergekommenen Wohnräume die vermeintliche Notwendigkeit der Exklusionsgesetze und des Einbürgerungsverbots noch zu bestätigen. (Shah)
Die Beobachtung, dass hauptsächlich Männer in Chinatown lebten, führte nicht nur dazu, dass diese stets als *Sojourners* wahrgenommen wurden, die mit dem in den USA erarbeiteten Geld nach China zurückkehren würden. Auch war von einer *Bachelor Society* die Rede, wodurch die vermeintlich gestörte Männlichkeit von Chinesen erklärt werden sollte. Chinesische Immigranten entsprachen nicht den modernen maskulinen Idealen des Familienoberhaupts und Brotverdieners. Stattdessen findet sich in zeitgenössischen Quellen und auch in der Forschung die Argumentation, dass der ‚Überschuss' an männlichen Arbeitern verantwortlich gewesen sei für die Verbreitung von Prostitution und anderer Laster wie Glücksspiel und Opiumkonsum sowie für den fehlenden Respekt für Frauen. Die Abwesenheit familiärer Strukturen wurde als Ursache dafür gesehen, dass chinesische Männer eine deviante Form der Männlichkeit verkörperten. Eine typische Erscheinung in den Großstädten war zudem die Verbreitung von *Chinese Laundries*. Diese Form der Arbeit bot eine Alternative zu den zunehmend erschwerten Verhältnissen in anderen Arbeitssektoren. Mit dem Wäschereigeschäft eigneten sich chinesische Immigranten eine Tätigkeit an, die in den USA traditionell weiblich konnotiert war. Auch dies wurde als Ausdruck einer gestörten Geschlechterordnung gelesen. Die Konstruktion chinesischer Männlichkeit als entweder unzivilisiert oder effeminiert konnte daher in zeitgenössischen Diskursen stets auf die – letztlich von den Exklusionsgesetzen mitproduzierte – Abwesenheit von Frauen und Familien zurückgeführt werden.
Die Wirkmacht des Dispositivs, das Verhaltens- und Lebensweisen chinesischer Migrant_innen in den USA als ‚rassische' Merkmale von *Orientals* markierte, ist kaum zu überschätzen. Hier nahm eine Entwicklung ihren Anfang, die sich zu Beginn des 20. Jahrhunderts in der Rede von der ‚Gelben Gefahr' äußerte, und zwar nicht nur auf politischer Ebene, sondern auch als beständiger Teil US-amerikanischer Populärkultur. Für unzählige *Pulp Novels* sowie große Hollywoodfilme lieferte die über *race&sex* produzierte Andersartigkeit von Chines_innen die erzählerische Grundlage. Sei es beispielsweise der effeminierte Bösewicht Fu Manchu, der hinter einer Verschwörung gegen die westliche Welt steckt und der zur Vorlage für die Figur des hinterhältigen Chinesen schlechthin wurde. Oder sei es die Darstellung asiatischer Frauen als *Lotus Blossom*, also als passive, sexuell verfügbare ‚Exotin', die sich scheinbar nach der Eroberung durch einen

weißen Mann sehnt. Beides sind bis weit ins 20. Jahrhundert wirkmächtige Stereotype und beide verweisen letztlich auf die abweichende Geschlechtlichkeit von *Orientals*.

Vor dem Hintergrund sich verfestigender, dezidiert moderner Konzepte von Gender, Sex und *race* in den USA um 1900 wird daher deutlich, weshalb chinesische Immigrant_innen als ‚anders' markiert und ausgeschlossen wurden. In dieser Hinsicht ist es aufschlussreich, sich abschließend erneut den genauen Wortlaut des *Chinese Exclusion Act* anzusehen. In der Einleitung des Gesetzestextes wird der *Act* damit begründet, dass „the coming of Chinese laborers to this country endangers the good order of certain localities within the territory [of the U.S.; B.S.]". Die Passage erscheint auf den ersten Blick banal. Doch erst unter Berücksichtigung von *race&sex* lässt sich in vollem Umfang erkennen, welche „good order" durch chinesische Immigrant_innen gefährdet wurde.

Querverweise

- Edward Said: *Orientalism* (1978)
- H. W. Harnish / J. P. Barnes: *Mixed Family – Mr. Bennet (American) and Filipino Wife* (1902)

Literatur

Chan, Sucheng: *Asian Americans. An Interpretative History*. Boston: Twayne 1991.

Daniels, Roger: *Guarding the Golden Door. American Immigration Policy and Immigrants since 1882*. New York: Hill & Wang 2004.

Donovan, Brian: *White Slave Crusades. Race, Gender, and Anti-Vice Activism, 1887–1917*. Urbana / Chicago: University of Illinois Press 2006.

Hodes, Martha (Hrsg.): *Sex, Love, Race. Crossing Boundaries in North American History*. New York / London: New York UP 1999.

Lee, Erica: *At America's Gates. Chinese Immigration during the Exclusion Era, 1882–1943*. Chapel Hill / London: University of North Carolina Press 2003.

Saxton, Alexander: *The Indispensable Enemy. Labor and the Anti-Chinese Movement in California*, Berkeley: University of California Press 1971.

Shah, Nayan: *Contagious Divides. Epidemics and Race in San Francisco's Chinatown*, Berkeley: University of California Press 2001.

U. S. House. 2012: *Expressing the Regret of the House of Representatives for the Passage of Laws that Adversely Affected the Chinese in the United States, Including the Chinese Exclusion Act*. 112th Cong., H.Res 683.

David G. Croly / George Wakeman: *Miscegenation: The Theory of Races, Applied to the American White Man and Negro* (1864)

Oder: Von *Miscegenation* zum Multikulturalismus: Eine Frage ökonomischer und politischer Macht

Lois E. Horton

Heutzutage gelten die USA als Modell für eine vielfältige, multiethnische Gesellschaft. Sowohl ‚gemischte' Beziehungen als auch die Gesetze gegen sie hatten ihren Ursprung in den ersten afrikanisch-europäischen Kontakten in Nordamerika. Diese Beziehungen wie auch ihre Untersagung waren sowohl während der Sklaverei wie auch zu Zeiten der Segregation mit politischer und wirtschaftlicher Macht verwoben. Sie brachten bedeutende kulturelle, soziale und ökonomische Effekte hervor, indem sie Vorstellungen über Hautfarbe und damit scheinbar verbundene Fähigkeiten formten, Handlungsmöglichkeiten von Menschen bestimmten und ihren wirtschaftlichen Status festlegten. Jahrhunderte der Sklaverei und der ‚rassisch' bestimmten Verbote äußern sich in einem tief verankerten Erbe des Rassismus und der Diskriminierung. Die Bürgerrechtsrevolution der 1960er Jahre brachte jedoch die Überwindung der rechtlichen rassistischen Restriktionen sowie einen beeindruckenden Wandel im sozialen und politischen Leben hervor. In den heutigen USA sind die sozialen und ökonomischen Auswirkungen des Rassismus subtiler und vielschichtiger, und ‚gemischte' Ehen stoßen nicht mehr in der Form auf Ablehnung wie früher.

1864 veröffentlichten David G. Croly und George Wakeman anonym das Buch *Miscegenation: The Theory of Races, Applied to the American White Man and Negro*. Darin prägten sie den scheinbar wissenschaftlichen Begriff *miscegenation* zur Bezeichnung einer angeblich von Abolitionist_innen propagierten ‚Rassendurchmischung'. Auf den ersten Blick ein abolitionistisches Pamphlet, handelte es sich um ein gegen die Republikanische Partei gerichtetes Traktat, das der Historiker Harold Holzer als ersten ‚faulen Trick in der Politik der USA' bezeichnete. Sowohl Croly als auch Wakeman gehörten zum Lager der Demokraten. Der New Yorker

Croly war leitender Redakteur der *New York World*, bei der Wakeman als Reporter tätig war. Das Pamphlet wurde in der Phase des Bürgerkriegs veröffentlich, nachdem Präsident Abraham Lincoln mit der *Emancipation Proclamation* die Abschaffung der Sklaverei verkündet hatte und während er sich zur Wiederwahl stellte. Die Schrift, die in einem ebenso religiösen wie wissenschaftlichen Gewand daherkam und in der bekannte Persönlichkeiten wie Ralph Waldo Emerson, Wendell Phillips, Charles Sumner, James Russell Lowell und Harriet Beecher Stowe zitiert wurden, suggerierte, dass Lincoln die Agenda seiner radikalen abolitionistischen Unterstützer_innen teilen würde.

Tatsächlich vertraten die Abolitionist_innen jedoch höchst heterogene Positionen in der Frage nach dem Umgang mit den befreiten Sklav_innen. Einige von ihnen lehnten zwar die Sklaverei ab, vertraten jedoch die Ansicht, dass die befreiten Afroamerikaner_innen die USA verlassen müssten. Sehr wenige unterstützten deren politische Gleichstellung, und lediglich eine Handvoll der radikalsten weißen Abolitionist_innen trat darüber hinaus auch für eine soziale Gleichstellung der ehemaligen Sklav_innen ein. Der radikale weiße Abolitionist William Lloyd Garrison hatte in den 1830er Jahren eine Kampagne in Massachusetts gestartet, die sich gegen das dort geltende (und im Jahre 1843 tatsächlich aufgehobene) Verbot von ‚Mischehen' wandte. Und Wendel Phillips, ein weißer Anhänger Garrisons, pries 1863 in einem bemerkenwert radikalen Essay „the harmonious and equal mingling of all races" (zit. n. Nash, S. 22). In diesem Essay äußerte er seine Ansicht, dass *racial amalgamation* das Christentum, die soziale Gleichheit und die Demokratie stärken würden.

Zu Beginn von *Miscegenation* propagierten Croly und Wakeman soziale Gleichheit und attackierten den herrschenden Glauben an eine *white supremacy*:

> The word is spoken at last. It is Miscegenation – the blending of the various races of man – the practical recognition of the brotherhood of all the children of the common father. While the sublime inspirations of Christianity have taught this doctrine, Christians so-called have ignored it in denying social equality to the colored man; while democracy is founded upon the idea that all men are equal, democrats have shrunk from the logic of their own creed. (S. 1)

Das Werk pries die physische und geistige Überlegenheit von *mixed races* und sagte, dass „dark races" die Begründer der Zivilisation und der Religionen seien, und dass die Menschen eine natürliche Neigung zu ihrem ‚Gegenpart' hätten. Die Freilassung der Schwarzen, so betonte das Buch, erkenne ihre Gleichheit an.

Raffiniert stellten die beiden Verfasser ein wirkmächtiges Argument gegen die Sklaverei vom Kopf auf die Füße. Abolitionist_innen hatten Sklavenhalter als Sexualtäter gebrandmarkt, die ihren Sklavinnen nachstellen und sie ohne Angst vor Strafe vergewaltigen würden. Stattdessen beschuldigten Croly und Wakeman nun die Abolitionist_innen, verbotene Beziehungen zu unterstützen. Gleichzeitig stellten sie die These auf, dass die militärische Tapferkeit von Südstaatlern das Resultat der Vereinigung von ‚Rassen' sei und dass lediglich schwarze Soldaten ‚wild' und ‚waghalsig' genug seien, um den Süden militärisch schlagen zu können. Sie behaupteten, dass die Freiheit der Afroamerikaner_innen ‚Mischehen' als wünschenswert erklären und es befreiten Sklav_innen ermöglichen würde, Ansprüche auf Erbschaften von den Nachkommen der Sklavenhalter geltend zu machen.

Im Norden, wo freie Schwarze und arme Weiße häufig in die gleichen Wohngegenden abgedrängt wurden, gab es Liebesbeziehungen jenseits der *color line*. Irische Immigrant_innen etwa kamen regelmäßig in Kontakt mit Afroamerikaner_innen, so dass ‚gemischte' Eheschließungen zumeist zwischen diesen beiden Gruppen zustande kamen. Konflikte über Jobs und gemeinsamen Schulbesuch schürten Spannungen zwischen ihnen. Außerdem gehörten irische Männer zu den berühmten Vertretern der *minstrels*, deren stereotype *Blackface*-Performances Afroamerikaner_innen rassistisch verunglimpften. Nicht ‚gemischte' Ehen, aber doch ‚gemischte' Nachkommenschaft war im Süden üblicher als im Norden, und Abolitionist_innen wiesen wieder und wieder auf die hohen Preise hin, die hellhäutige Sklavinnen auf den Sklavenmärkten erzielten, auf Haussklav_innen, die ihren *masters* ähnlich sahen, und auf die hohe Zahl recht hellhäutiger Sklav_innen, die als Beweis für die Übergriffigkeit der Sklavenhalter fungierten.

Die rassistische Sklaverei in Nordamerika machte es unumgänglich, Überlegungen zu *race&sex* anzustellen, weil sie grundlegende ökonomische Fragen hinsichtlich Vaterschaft und Freiheit aufwarf. 1662 wurde in Virginia per Gesetz festgelegt, dass ein Kind einer Sklavin und eines freien weißen Mannes den versklavten Status seiner Mutter erhält. Auf diesem Weg verkehrte das Gesetz das im Englischen Recht klassische Primat der Vaterschaft und stabilisierte stattdessen die Macht des Sklavenhalters über seine Slavinnen. Es machte, durchaus gewollt, deren Kinder zu seinem Eigentum. Um 1700 folgten weite Teile des Südens, aber auch Massachusetts und Pennsylvania dem Vorbild Virginias und verboten ‚gemischte' Verbindungen. Bei Verstoß gegen dieses Verbot wurden in Virginia zunächst (seit 1691) die weißen Ehegatt_innen verbannt. Ab 1705 wurden die gegen die freien, weißen Partner_innen möglichen Strafen auf die Verhängung einer Geldstrafe und sechs Monate Gefängnishaft reduziert, während außerehelicher Geschlechtsverkehr mit afroamerikanischen Frauen für weiße Männer straffrei blieb.

Die Illegalisierung sexueller Handlungen zwischen Menschen unterschiedlicher ‚Rassen' brachte weitreichende Konsequenzen mit sich, die über die Frage des Besitzes hinausgingen. Sie nährte Vorstellungen über schwarze Sexualität als primitiver und unkontrolliert und brachte Bilder schwarzer Frauen als Verführerinnen und schwarzer Männer als gefährlich hervor. Diese angebliche Gefahr machte es notwendig, dass weiße Sklavenhalter die Reinheit ihrer Frauen beschützten und zu diesem Zwecke deren Bewegungsfreiheit und Aktivitäten einschränkten.

Das Verbot von *interracial marriages* schuf auch die Notwendigkeit zu definieren, wer als schwarz und wer als weiß galt. Ein Mensch, der in Afrika gefangen und in die USA verschleppt wurde, galt als eindeutig schwarz, aber angesichts der vielen sexuellen Kontakte waren die Grenzziehungen weniger eindeutig. Virginia und South Carolina erklärten solche Menschen als schwarz, die in ihrer Familie der letzten drei oder vier Generationen „afrikanisches Blut" hatten. Nach der Revolution wurde in vielen Südstaaten ein Mensch als schwarz definiert, sobald ein Viertel bzw. ein Achtel der Vorfahren afrikanisch waren. Die ‚rassische' Bestimmung von Menschen war jedoch nicht unveränderlich. Das koloniale Recht in Virginia erklärte jeden Mensch als schwarz, der zu einem Achtel ‚afrikanisch' war, doch 1785 wurde die Grenze auf ein Viertel verändert, wodurch einige zuvor ‚schwarze' Menschen zu ‚weißen' wurden. Diese neue Definition stimmte mit Thomas Jeffersons wissenschaftlichen Erkenntnissen überein und machte interessanterweise jene Kinder, die er mit seiner Sklavin Sally Hemmings hatte, vor dem Gesetz zu Weißen. Die Hervorbringung von Kategorien mit definierten Grenzen verschärfte die wahrgenommene Differenz zwischen Menschen. Je genauer die Definition der Kriterien, die die Grenzen zwischen schwarz und weiß festlegten, umso größer wurden die empfundenen ‚rassischen' Unterschiede. Vor dem Hintergrund ihrer Unterdrückung während der Sklaverei brauchte es nur einen kleinen Schritt, um Vorstellungen schwarzer Minderwertigkeit und weißer Überlegenheit zu schaffen.

Die *Emancipation Proclamation*, die Abraham Lincoln am 1. Januar 1863 verkündete, war primär symbolisch, da sie lediglich diejenigen Sklav_innen zu freien Menschen machte, die nicht in den Rechtsbereich der Bundesregierung fielen. Trotzdem hatte die Erklärung erhebliche Effekte. Der Krieg, der mit dem Ziel geführt wurde, die Union zu retten, wurde so auch zu einem Krieg für das Ende der Sklaverei. Die Emanzipation würde das wirtschaftliche Fundament gefährden, überstieg der Wert der Sklav_innen doch den aller anderen Kapitalgüter der Nation – den des industriellen Sektors, der Banken und der Eisenbahnen zusammen. Die Freiheit für vier Millionen Sklav_innen wäre eine Revolution, und sie würde insbesondere die Weißen in Mississippi und South Carolina in Angst und Schrecken versetzen, da sie gegenüber den Sklav_innen in der Minderheit waren.

Der Verkauf des Pamphlets *Miscegenation* an Zeitungskiosken in New York und die entsprechenden Berichte in Nordstaatenzeitungen im Laufe des Jahres fachten die Ängste im Süden weiter an. Folgt man dem Historiker Sidney Kaplan, dann waren die Reaktionen führender Abolitionist_innen auf das Werk gemischt. Zum einen stellten sie die Wissenschaftlichkeit des Pamphlets in Frage, zum anderen äußerten sie sich jedoch vorsichtig enthusiastisch wegen der im Text zum Ausdruck gebrachten liberalen Haltung. Aber sie kritisierten dabei auch, dass das Aufwerfen der Frage insgesamt politisch unangemessen sei. Die der Demokratischen Partei nahestehende Presse hielt die Kontroverse während des gesamten Präsidentschaftswahlkampfes am Leben. Im September 1864 publizierte das Wahlkampfkomitee der Demokratischen Partei ein Flugblatt mit dem Titel *Miscegenation and the Republican Party*. Dieses richtete sich an irische Arbeiter_innen, die in *Miscegenation* als den Afroamerikaner_innen unterlegen entworfen wurden. Dabei griff das Flugblatt auf zustimmende Zitate aus Zeitungen des Anti-Sklaverei-Lagers zurück.

Die Nachricht von Lincolns deutlichem Sieg bei den Wahlen 1864 überlagerte die einige Wochen später in der *World* publizierte Bekanntmachung, *Miscegenation* sei eine Täuschung gewesen, die im Hinblick auf die Wahl nur wenig Wirkung gehabt zu haben schien. Am 21. November fasste das *Boston Journal*, das der Republikanischen Partei nahestand, den Einfluss der Schrift mit folgenden Worten zusammen:

> The fact is that the doctrine of miscegenation is not a practical question here at the North, and the public wisely concluded that it was safe to leave the matter with the Southerners who have been trying the experiment and testing the theory upon a large scale for a number of years. (Zit. n. Kaplan, S. 258)

Die Kapitulation der Konföderierten und die Abschaffung der Sklaverei im Jahre 1865 stellten den Kontrollverlust der weißen Südstaatler_innen über ihre Arbeiterschaft in Aussicht und malten das Schreckgespenst gleicher Rechte für Afroamerikaner_innen an die Wand, doch die ehemaligen konföderierten Staaten richteten neue rassistische Kontrollmechanismen ein. Das bundesstaatliche Bureau of Refugees and Abandoned Lands handelte tausende Arbeitsverträge für ehemalige Sklav_innen aus, viele davon mit ihren ehemaligen Herren. Vor dem Hintergrund der am Boden liegenden Ökonomie im Süden wurden die Arbeiter_innen dazu gezwungen, einen Teil der zukünftigen Ernte als Arbeitslohn zu akzeptieren. Da die Landbesitzer_innen die Kontrolle über die knappen Ressourcen ausübten, ging dieses System letztendlich in eine neue Form der Knechtschaft über. Gesetze gegen Landstreicherei, gerichtet gegen die gerade Befreiten, brachten eine wachsende Anzahl schwarzer Gefängnisinsassen und damit eine ausbeuterische Form von Sträflingsarbeit hervor.

Auch nach der *Reconstruction* etablierte man im Süden ein komplexes System von Gesetzen, die dazu dienten, eine rassistische Hierarchie aufrechtzuerhalten. Öffentliche Einrichtungen sowie das Transport- und Schulwesen wurden segregiert und schwarzen Menschen wurde der Zutritt zu vielen in Privatbesitz befindlichen Geschäften verwehrt – ein System, das 1896 in *Plessy v. Ferguson* durch die „separate but equal“-Entscheidung des Obersten Bundesgerichts vom Bund als verfassungskonfrom bestätigt wurde. Um eine solche strikte Segregation durchsetzen zu können, war eine noch exaktere Definition von ‚Rasse‘ notwendig. Einige Staaten verabschiedeten sich daher von der bisherigen Praxis, Anteile schwarzer Vorfahrenschaft in Brüchen festzulegen, und sie führten stattdessen, erstmals 1924 in Virginia, die so genannte *one drop rule* ein, nach der ‚ein Tropfen schwarzen Blutes‘ einen Menschen schwarz machte. Außerdem verabschiedeten südliche wie nördliche Bundesstaaten im Kontext der relativ jungen Wissenschaft der Eugenik, die eine ‚rassische‘ Minderwertigkeit biologisch zu begründen suchte, neue Gesetze, die sich gegen *miscegenation* richteten.

Aber Gesetze alleine reichten nicht aus, um die Afroamerikaner_innen in einer sozialen und politischen Position zu halten, die jener der Sklaverei vergleichbar war. Eine dramatische Terrorherrschaft nahm unmittelbar nach Ende des Bürgerkriegs mit der Gründung des Ku Klux Klans ihren Anfang. Erfolgreiche Afroamerikaner_innen und afroamerikanische politische Organisationen wurden zur Zielscheibe von Gewaltübergriffen. Diese Verschmelzung von *race*, *sex* und Macht erreichte ihren Höhepunkt mit dem Phänomen des Lynching. Ideen aus den Zeiten der Sklaverei, die einen Zusammenhang von *race* und Sexualität herstellten, wurden wiederbelebt, um die öffentlichen Morde an vorwiegend schwarzen Männern zu rechtfertigen. Nach Angaben der Historikerin Martha Hodes ereigneten sich in dem Zeitraum zwischen 1882 und 1890 mehr als 1.000 Lynchmorde in den Südstaaten. Vordergründig wurden diese Morde mit der Bestrafung von afroamerikanischen Vergewaltigern begründet, obgleich die gegen diese Gewalt ankämpfende Journalistin Ida B. Wells klarstellte, dass lediglich ein Drittel der Opfer überhaupt der Vergewaltigung beschuldigt wurden. Die gesellschaftliche Funktion der Lynchmorde, Afroamerikaner_innen einzuschüchtern, ihre Machtlosigkeit zu erhalten und schwarze Männer zu erniedrigen, wurde durch den öffentlichen Charakter hervorgehoben. Viele dieser weithin beworbenen Spektakel wohnten tausende Menschen bei.

Nach fast einem Jahrhundert der *Jim Crow*-Segregation veränderte der Zweite Weltkrieg die rassistische Ordnung der USA und verstärkte den Kampf um Bürgerrechte. Der Kampf gegen Nazi-Deutschland und das Bekanntwerden der unter Hitler verübten Verbrechen diskreditierten den wissenschaftlichen Rassismus, und der anschließende Kalte Krieg mit der Sowjetunion machte Segregation und Diskriminierung zu einem Schandfleck, der sichtbar im Widerspruch zum Selbstverständnis der USA als Inbegriff von Freiheit und Demokratie stand. Die aus dem Krieg heimkehrenden schwarzen Veteranen weigerten sich, ihren Status als Staatsbürger zweiter Klasse weiterhin zu akzeptieren, nachdem sie ihr Leben im Kampf für Freiheit aufs Spiel gesetzt hatten. Bürgerrechtsorganisationen initiierten in ihrer Kampagne für gleiche Rechte Aktionen zur Wählerregistrierung sowie zivilen Ungehorsam und sie strengten Prozesse gegen die rechtlichen Grundlagen der Segregation an, zum Beispiel gegen solche Gesetze, die ‚gemischte' Ehen untersagten. Die Entscheidungen des Obersten Bundesgerichts im Fall *Brown v. Board of Education of Topeka, Kansas* aus dem Jahr 1954, das Segregation an Schulen verbot, sowie im Fall *Loving v. Virginia* von 1967, das die Heiratsverbotsgesetze aufhob, stellten Meilensteine in diesem Kampf dar.

Die Bürgerrechtsrevolution Mitte des 20. Jahrhunderts verwandelte den Status rassifizierter Minoritäten grundlegend und setzte der Möglichkeit weißer Südstaatler_innen ein Ende, die Arbeiterschaft durch rassistische Gesetze zu kontrollieren. Schon zuvor war die Wirtschaft der Südstaaten durch die *Great Migration*, die zwischen dem Ersten Weltkrieg und 1970 sechs Millionen Afroamerikaner_innen in den industrialisierten Norden führte, einem Wandel unterworfen worden. Schwarze politische Macht, zunächst im Norden und dann im Süden, brachte auch größere ökonomische Macht und die Entstehung einer signifikanten schwarzen Mittelklasse mit sich. Der mit der *Desegregation* verbundene soziale Wandel spiegelte sich auch in größeren

Chancen für schwarze Sportler_innen und Entertainer sowie in der größeren Sichtbarkeit von *African Americans* in den Medien wider.

Weniger öffentliche Aufmerksamkeit wurde den Konsequenzen der Abschaffung der Heiratsverbote zuteil. Volkszählungen haben gezeigt, dass sich die Zahl der ‚gemischten' Ehen zwischen 1960 und 1990 verzehnfacht hat und die Zahl ihrer Kinder in diesem Zeitraum von 500.000 auf zwei Millionen angewachsen ist. In den späten 1970er Jahren entstand ein ‚Multiracial Movement', dessen Mitglieder Stolz auf ihre Herkunft ausdrückten, und im Jahr 2000 konnten Menschen im US-Zensus in der Frage nach ‚race' erstmals an mehr als einer Stelle ein Kreuz machen. In der Werbung wurden zunehmend ‚gemischte' Modells engagiert, um das junge Massenpublikum anzusprechen, und es wurden Kampagnen ins Leben gerufen, die sich explizit gegen Rassismus in einer globalisierten, urbanen Gesellschaft richteten. Populäre Zeitschriften warben mit dem hybriden Menschen als universalem Repräsentanten des US-Amerikaners.

Während das Ende der Segregation und der Heiratsverbote auch das Ende rassistischer Klassifikationen per Gesetz bedeuteten, vergrößerten einige gesellschaftliche Entwicklungen die Kluft zwischen Schwarz und Weiß bzw. zwischen arm und reich innerhalb der Minderheiten. Der Verfall der Städte im Norden, verursacht durch die Flucht von Industrien vor gewerkschaftlich organisierter Arbeit in Niedriglohnländer im Zuge der Globalisierung führte etwa zur Verarmung von African Americans im urbanen Raum. Eine Politik unterschiedlicher Strafmaße führte im Rahmen des *war on drugs* zu einem explosionsartigen Anstieg der Zahl inhaftierter schwarzer Männer. Und Arbeitgeber_innen ersetzten schwarze Arbeiter_innen durch Latinas und Latinos ohne Aufenthaltstitel und schufen somit eine weitere kontrollierbare Arbeiterschaft.

Zwei öffentliche Ereignisse bringen jedoch den revolutionären Wandel zum Ausdruck, was ‚gemischte' Ehen anbelangt. 1991 sollte der Afroamerikaner Clarence Thomas für den Supreme Court nominiert werden. Im Verlauf der Kongressanhörungen wurde er mit dem Vorwurf konfrontiert, er habe die Anwältin Anita Hill – eine schwarze Frau – sexuell belästigt. Wie die Schriftstellerin Toni Morrison (1992, S. xxi) analysierte, verkörperte seine weiße Ehefrau, die gut sichtbar hinter dem Kandidaten saß, dessen „racelessness". Thomas verteidigte sich selbst, indem er das Opfer rassistischer Diskriminierung spielte, während er gleichzeitig seine Ehe scheinbar dazu nutzte, *race* zu transzendieren.

Am offensichtlichsten kam der Wandel aber im überwältigenden Sieg des Liberalen Bill de Blasio bei der Bürgermeisterschaftswahl 2013 in New York zum Ausdruck. De Blasio machte Wahlkampf gemeinsam mit seiner schwarzen Frau und ihren zwei Kindern, Dante und Chiara, die schnell zu Lieblingen der Medien wurden. Fünfzig Jahre zuvor wäre die Ehe de Blasios in 19 Bundesstaaten illegal gewesen. Im Staat New York wären sie zwar nicht ins Gefängnis gekommen, aber sie wären auch nicht öffentlich gefeiert worden. Ihr Erfolg hätte selbst die radikalsten Abolitionist_innen der Zeit vor dem Bürgerkrieg mit großer Verwunderung erfüllt.

Aus dem Englischen von Kristoff Kerl

Querverweise

- Spike Lee: *Jungle Fever* (1991)
- Eldridge Cleaver: *Soul on Ice* (1967)
- *Loving v. Virginia* (1967)
- D.W. Griffith: *The Birth of a Nation* (1915)
- H.W. Harnish / J.P. Barnes: *Mixed Family – Mr. Bennet (American) and Filipino Wife* (1902)
- Ida B. Wells: *Southern Horrors: Lynch Law in All Its Phases* (1892)
- *An Act for the Better Ordering of Negroes and Slaves* (1712)

Literatur

Bardaglio, Peter W.: 'Shameful Matches'. The Regulation of Interracial Sex and Marriage in the South before 1900. In: Martha Hodes (Hrsg): *Sex, Love, Race. Crossing Boundaries in North American History*. New York: New York UP 1999, S. 112–126.

Croly, David G. / George Wakeman: *Miscegenation. The Theory of the Blending of the Races, Applied to the American White Man and the Negro*. New York: Dexter 1864.

DaCosta, Kimberly McClain: *Making Multiracials: State, Family, and Market in the Redrawing of the Color Line.* Stanford, CA: Stanford UP 2007.

Dalmage, Heather M. (Hrsg.): *The Politics of Multiracialism; Challenging Racial Thinking.* Albany, NY: SUNY Press 2004.

Higgenbotham, A. Leon, Jr.: *Shades of Freedom. Racial Politics and Presumptions of the American Legal Process*. New York: Oxford UP 1996.

Hodes, Martha: *White Women, Black Men. Illicit Sex in the Nineteenth-Century South.* New Haven: Yale UP 1997.

Holzer, Harold: *The Civil War in 50 Objects*. New York: Viking 2013.

Kaplan, Sidney: The Miscegenation Issue in the Election of 1864. In: Werner Sollors (Hrsg.): *Interracialism. Black-White Intermarriage in American History, Literature, and Law.* Oxford: Oxford UP 2000, S. 219–268 (Nachdruck aus dem *Journal of Negro History* 34,3 (1949), S. 274–343).

Morrison, Toni (Hrsg.): *Race-ing Justice, En-gendering Power: Essays on Anita Hill, Clarence Thomas and the Construction of Social Reality*. New York: Pantheon 1992.

Nash, Gary B.: The Hidden History of Mestizo America. In: Martha Hodes (Hrsg): *Sex, Love, Race. Crossing Boundaries in North American History*. New York: New York UP 1999, S. 10–32 (Nachdruck aus dem *Journal of American History* 82,3 (1995), S. 941–964).

Pascoe, Peggy: *What Comes Naturally. Miscegenation Law and the Making of Race in America*. New York: Oxford UP 2009.

Streeter, Caroline A.: *Tragic No More. Mixed Race Women and the Nexus of Sex and Celebrity*. Amherst: University of Massachusetts Press 2012.

Wilhelm Marr: *Reise nach Central-Amerika* (1863)*
Oder: Verflechtungen von Rassismus und Antisemitismus im 19. Jahrhundert

Claudia Bruns

Wissenschaftliche Arbeiten zum Rassismus tendieren dazu, Rassismus und Antisemitismus grundsätzlich getrennt voneinander zu untersuchen. Der anti-schwarze Rassismus habe seine historischen Wurzeln in Sklaverei und Kolonialgeschichte. Der Antisemitismus, so die geläufige Annahme, beruhe auf einer davon unabhängig verlaufenen, bis ins Mittelalter zurückreichenden Geschichte christlicher Judenverfolgung. Während im angloamerikanischen Sprachraum der koloniale Rassismus im Fokus steht, fragt die Rassismusforschung für die deutsche Geschichte vor allem nach Formen und Auswirkungen des Antisemitismus. Die Frage nach der wechselseitigen Verflechtung beider Rassismen ist erst in jüngerer Zeit und nur vereinzelt gestellt worden. Am Beispiel des bekannten deutschen Antisemiten Wilhelm Marr (1819–1904) möchte ich zeigen, wie eng anti-schwarze und antisemitische Diskurse miteinander verwoben waren.

Marr bezeichnete sich nicht zu Unrecht als „Patriarch des Antisemitismus“ und er gilt als derjenige, der den Begriff ‚Antisemitismus‘ in den Diskurs einführte, bevor dieser zu einem festen Begriff des internationalen Vokabulars wurde. Moshe Zimmermann (1986), der die zentrale Biografie zu Wilhelm Marr verfasst hat, erwähnt zwar dessen Reisen in die ehemals kolonialen Länder Nord- und Mittelamerikas. Die ‚Erfahrungen‘, die Marr dort im Kontakt mit einem ihm neuartigen rassistischen System gemacht hat, wurden bisher jedoch kaum in Beziehung zu seiner Wende zum Antisemiten gebracht. Obwohl Marrs Aufenthalt in Amerika fast zehn Jahre dauerte, wird diese Episode als relativ

* Teile des vorliegenden Beitrags sind auf Englisch erschienen in Bruns 2011.

irrelevant für dessen spätere Entwicklung zum Antisemiten angesehen.[1]

Ursprünglich war Marr als Kaufmann tätig, dann als Journalist und Politiker, wurde als extrem linkes Mitglied der radikal-demokratischen Partei im Oktober 1848 in die Hamburger Konstituante gewählt und als Deputierter nach Frankfurt am Main entsandt. Er gehörte wie Heinrich Heine und Ludwig Börne zur Bewegung ‚Junges Deutschland', die von den Idealen der Französischen Revolution inspiriert war. Er polemisierte gegen Liberale und das Paulskirchenparlament als zu gemäßigt. Erstmals attackierte er auch die Judenemanzipation, die er mit dem Liberalismus in Verbindung brachte. Als radikaler Linker musste Marr mehrfach den Wohnort wechseln, um der Zensur und Verfolgung zu entgehen.

Restlos enttäuscht von der gescheiterten 1848er-Revolution und dem was folgte, emigrierte er nach Zentralamerika, wo er zwischen 1852 und 1860 lebte. Wie man seinen mehrbändigen biografischen Aufzeichnungen entnehmen kann, kam er hier verstärkt in Kontakt mit anti-schwarzem Rassismus und wurde mit den populären Begründungsstrategien für Rassentrennung und Sklaverei konfrontiert.

Einige Jahre später, zurück in Hamburg, wo er der Bürgerschaft angehörte und Vorsitzender des Demokratischen Vereins wurde, präsentierte er sich der überraschten Öffentlichkeit als jemand, der seine radikal-demokratischen Positionen aufgegeben und sich zu einem Rassenantisemiten entwickelt hatte. In einem *close reading* seiner zweibändigen Reisebeschreibungen lässt sich offenlegen, wie der Kontakt mit Praktiken der Sklaverei, der Rassentrennung und des *indentured servant-systems* von Marr zu einer neuen ‚Rassenerfahrung' montiert wurde, die dazu beitrug, sein politisches Selbstverständnis unter Rückgriff auf kolonial-rassistische Diskursmuster zu verändern.

Im Jahr 1863 publizierte Marr ein zweibändiges Werk mit dem Titel *Reise nach Central-America* als vierten Teil seiner Memoiren, die sich auf die Jahre 1852 bis 1860 beziehen. Auf eine ausführliche Schilderung der Überfahrt folgt eine Beschreibung der ersten Begegnung mit der afroamerikanischen Bevölkerung in New York. „Seeing black men for the first time" kann – in den Worten James Baldwins – als Urszene nordamerikanischen Kulturkontakts gelten, welche in den Reiseberichten bereits eine Art ‚kultureller Übersetzung' erfährt, indem eine Relation zwischen dem ‚Fremden'

1 Moshe Zimmermann selbst hebt eher die politischen Konflikte, die Marr mit liberalen Juden in Hamburg hatte, und die verheerende Wirkung der verschiedenen gescheiterten Ehen mit jüdischen Frauen als Faktoren für Marrs Wende zum Antisemiten hervor.

und dem ‚Eigenen' konstruiert wird. D.h., die Schilderung von Afroamerikaner_innen ist unmittelbar mit einer „selbstreflexiven Beschreibung" der sich verändernden eigenen Identität verbunden. (Paul, S. 2–3; Haselstein, S. 8, 19) So auch bei Marr.

Die erste Begegnung mit Afroamerikaner_innen lässt Marr (noch) Bezüge zur weißen Arbeiterklasse in Deutschland herstellen:

> Fare well, armer Landsmann! Es giebt aber hier eine Classe von Menschen, deren Loos dem deinigen auch nicht vorzuziehen ist […]. Das sind die Farbigen. Mit sittlicher Entrüstung las ich an einem Waggon in Harlem-Rail-Road die Worte: ‚Coloured people admitted'. Denn ich habe die ‚Déclaration des droits de l'homme' schon im Confirmanden-Unterricht auswendig gelernt, und der Thermometer meiner Bewunderung des freiesten Volk der Erde fiel um einige Grade, als ich die kastenartige Etiquette an dem Eisenbahnwagen sah. (Bd. 1, S. 117)

Die „Farbigen" stehen hier zunächst noch durchaus gleichwertig neben der Gruppe der „armen Landsmänner", also des weißen Proletariats. Sie werden von Marr – vor der Folie seines Kampfes für die Befreiung der Arbeiterklasse – in sein bisheriges Weltbild als gleichberechtigt eingebaut.

Erst als Marr die strenge Segregation der ‚Rassen' im öffentlichen Transportwesen wahrnimmt, verändert dies seinen Blick auf die amerikanische Gesellschaft. Hatte der Erzähler insbesondere die Nordamerikaner_innen für das „freieste Volk der Erde" gehalten, äußert er nun seine Enttäuschung über die unverhohlen praktizierte Verletzung der Bürgerrechte. Im Gegensatz dazu erlebt sich der Erzähler deutlich anderen Idealen verpflichtet, welche ihm auch von seiner deutschen Herkunftsgesellschaft vermittelt worden seien:

> Daß im Süden, in *Louisiana* und in anderen Staaten, jene Grenzlinie zwischen farbig und weiß scharf gezogen sei, hatte ich aus Büchern gelernt, aber hier, in dem aufgeklärten New York, wo der Neger ein freier Mensch ist, wenn er auch kein freier Mensch sein darf, solche direct gegen die *droits de citoyen* verstoßenden Sitten – das hatte ich nicht erwartet! (Bd. 1, S. 118)

Um seine Überzeugung von der Gleichheit aller Menschen auch praktisch unter Beweis zu stellen, steigt der Ich-Erzähler in den Wagen, der für so genannte „farbige ladies and gentlemen" vorgesehen ist. Den kritischen Blick des Fahrers beantwortet er mit dem revolutionären Schlachtruf geteilter Brüderlichkeit. Zugleich wird aber dieser zivile Widerstand vom Erzähler selbst in Zweifel gezogen und ironisiert – etwa, indem die Brüderlichkeitsideale in einem Nebensatz als reines Philosophieren abgetan werden und die Aktion letztlich als Fehlinvestition vorführt wird.

Vier oder fünf Monate später machte sich Marr auf die Reise nach Zentralamerika. In Nicaragua angekommen, ist seine emphatische (als naiv ausgestellte) Verteidigung von Gleichheit und Brüderlichkeit einem rassistischen Differenzdenken gewichen. Besonders negativ werden Menschen beschrieben, deren Vorfahren sich gleichermaßen aus der ‚indigen-indianischen' und der schwarzen Bevölkerung zusammensetzen, für deren Charakterisierung Marr ausschließlich animalische Analogien verwendet: „Ein Drittheil Tiger, ein Drittheil Affe und ein letztes Drittheil Schwein bildete, in eine verdorbene Menschenform gebracht, den Zambo von Nicaragua." (Bd. 1, S. 168) Die anfängliche Furcht vor diesen Menschen verwandle sich allmählich in Neugierde und weiche schließlich einem Gefühl des Ekels, welches Marrs Ich-Erzähler die „von unsern europäischen Ideologen aufgestellte brüderliche Wahlvervandtschaft [nun explizit, C. B.] belächeln" lässt (Bd. I, S. 168). Resümierend hält der Erzähler fest: „Es wäre wirklich schade, [...] wenn es wahr wäre, dass alle Menschen Brüder sind." (Bd. 1, S. 169)

Offenbar hat sich bei dem erzählenden Alter Ego Wilhelm Marrs ein fundamentaler Wandel vollzogen, der mit seinem Eintauchen in eine rassifizierte Gesellschaft unmittelbar verbunden war und die zu einer Auseinandersetzung mit Kategorien kolonialrassistischer Hierarchiebildung zwang. In Band 2 seiner Reiseerzählungen ist dann auch zu lesen:

> Der Verstand drängt mir in diesen Ländern ohnehin so manches auf, worüber mein Gemüth noch vor sechs Monaten den Stab würde gebrochen haben. Art und Entartung [...]. (Bd. 2, S. 47)

Es bedurfte allerdings noch einiger Übersetzungsprozesse, um ein rassifiziertes Denken mit dem religiösen anti-jüdischen Diskurs zusammenzubinden. Eine Übersetzungsleistung, zu deren Vorreiter und Verfechter Marr wurde. Erst der Kontakt mit dem Diskurssystem des kolonialem Rassismus hat den Grundstein dazu gelegt, dass Marr den Übersetzungsprozess vom religiös argumentierenden zum Rassenantisemitismus leisten konnte.

Marrs erstes antijüdisches Pamphlet, das bereits vor der Publikation seiner Memoiren erschien, wurde nicht von ihm selbst herausgegeben, sondern von einem demokratischen Mitstreiter, Hobelmann, einem früheren Freund aus Bremen, der als Befürworter der Judenemanzipation aufgetreten war. Marr gehörte seit 1861/62 der Hamburgischen Bürgerschaft und dem Vorstand des Demokratischen Vereins an. Hobelmann suchte Marrs Unterstützung für eine Gesetzesvorlage, die den Juden in Bremen gleiche Rechte garantieren sollte. Doch Marrs Antwort vom 4. Juni 1862 entsprach in keiner

Weise den Erwartungen Hobelmanns. Offenbar war sich Marr der Provokation, die von seinem Antwortschreiben ausgehen musste, durchaus bewusst, denn er erwähnt gleich zu Beginn seines Briefs an Hobelmann, dass er nichts dagegen einzuwenden hätte, wenn dieser seine Zeilen publizieren würde, um damit eine Debatte anzustoßen. In der Tat war Hobelmann so empört, dass er Marrs Schriftstück nur neun Tage später als offenen Brief in einer Beilage des *Couriers an der Weser* veröffentlichte (abgedruckt in Zimmermann, S. 116–118). Es sollte der Auftakt zu Marrs ‚Karriere' als Antisemit sein.

Er begann seinen antiklerikalen Ansatz mit rassischen Kategorien zu verbinden, um die Möglichkeiten jüdischer Integration (rückwirkend) infrage zustellen:

> Ich glaube, dass sich das Judentum wegen seiner Stammeseigentümlichkeit nicht mit unserem politischen und sozialen Leben verträgt. Es muss, wegen seiner inneren Natur, einen Staat innerhalb des Staates zu bilden versuchen. (Zit. n. Zimmermann, S. 117)

Überdies werden Kategorien des kolonialen Rassismus übernommen und zur Herausbildung des antisemitischen Diskurses eingesetzt. So scheint im selben Brief kein anderes Gegensatzpaar die Radikalität der Kluft zwischen ‚orientalisierten' Juden und der eigenen Gruppe treffender auszudrücken als der Gegensatz zwischen ‚Schwarz' und ‚Weiß': „Das orientalische Element [des Judentums, C. B.] ist politisch und sozial inkompatibel mit unserem, genauso wie schwarz und weiß nie eine andere Farbe als grau produzieren werden."

Nur wenige Wochen nachdem Marr öffentlich wegen seines Briefs an Hobelmann angegriffen wurde, im Juni 1862, legte er eine eigene Publikation unter dem Titel *Der Judenspiegel* vor, welche die neue rassistische Stoßrichtung fortführte und weiter ausbaute. Darin zeigt sich erneut die enge Verknüpfung von Juden und Schwarzen, indem sie deren Verwandtschaft behauptete. „Negerblut" könne auch im jüdischen Körper gefunden werden (S. 51).

Im Februar 1863, ein paar Monate nach dem Erscheinen des *Judenspiegels*, erschien im *Freischütz* ein Artikel von Marr „Zum Verständnis der Nordamerikanischen Wirren", der durch die Art, wie Marr das Thema der ‚Rasse' aufwarf, seine Zeitgenossen zu Analogiebildungen zwischen den beiden Formen des Rassismus anregte. Nach den Worten eines anonymen Liberalen würdigte „Marr die ‚Rasse' der Juden ebenso herab [...] wie ein reinblütiger *Southern Yankee* die Farbigen Rassen abqualifiziert und jede Person, in deren Venen nur ein Tropfen afrikanischen Blutes fließt" (zit. n. Zimmermann, S. 49).

Als selbstbewusster Liberaler war er sich sicher, dass „Marrs Versuch, Unterstützung für einen solch amerikanisches

Südstaaten-Yankeetum hier in Deutschland zu finden, zum Scheitern verurteilt" sei. Man sei „schon über dieses Stadium hinaus, feine Unterschiede zwischen Menschen auf der Basis von ‚Rasse' und ‚Religion' zu begründen". Marr verlor den letzten Respekt, den er innerhalb der radikaldemokratischen Fraktion in Hamburg genossen hatte. Nachdem seine Angriffe gegen den amtierenden Präsidenten der Hamburger Bürgerschaft, den liberalen Juden Gabriel Riesser (1806–1863), im liberalen Hamburg eine Kontroverse ausgelöst hatten, verlor er sein Bürgerschaftsmandat und den Vorsitz im Demokratischen Verein.

Dieser komplexe Verschiebungsprozess in Richtung Rassenantisemitismus verdichtete sich in der Figur des ‚Schwarzen Juden', welcher zugleich für das System der Rassenhierachie selbst stand. Juden rückten für Marr nun (analog zu Schwarzen) nicht nur in die Nähe von tierischen Primaten, sondern wurden – hier wieder mit Bezug auf das Alte Testament – auch als Erfinder von Sklaverei und Massenhinrichtungen kritisiert, um ihre zivile Entrechtung auf neue (areligiöse) Weise zu legitimieren:

> Die Rasse, die unter Josephs religiöser Führung die Sklaverei eingeführt hat, die unter Mordechais Massenschlachtungen von Menschen vorgenommen hat [und] die sogar bis auf diesen Tag diesen Horror in dem politischen Purimfestival zelebriert, ist nicht – [...] als Juden zu gleichen Bürgerrechten berechtigt.
> (Zit. n. Zimmermann, S. 117)

Die Verflechtung und gleichzeitige Rassisierung von traditionell religions- und kapitalismuskritischen Argumentationssträngen, lässt hier den vielschichtigen Konstruktionsprozess des Rassenantisemitismus *in nuce* erkennen. Dabei knüpfte die Intersektion von Schwarzsein und Jüdischsein an eine lange europäische Tradition an, die sich bis ins Mittelalter zurückverfolgen lässt, der zufolge Juden mit der in christlicher Tradition negativ konnotierten Dunkelheit assoziiert wurden. Diente im anti-schwarzen Rassismus die Pigmentierung der äußeren Haut lange Zeit als primäres rassistisches Differenzmerkmal, geriet nun die mit Prestige der Naturwissenschaften aufgeladene Signifizierung der inneren Natur zum ausschlaggebenden Kriterium für rassische (deutsch-jüdische wie auch afrikanisch-amerikanische)[2] Andersheit: das Blut. Die Konstruktion eines *‚inneren* Schwarzseins' versprach die unsichtbaren Differenzen der integrierten

2 Um die Jahrhundertwende setzte sich die Entwicklung zur Aufwertung des ‚Blutes' zur Bestimmung von ‚Rassendifferenz' auch in den USA mit der *One-Drop Rule* rechtlich durch; weniger die Hautfarbe als der eine ‚Tropfen schwarzen Blutes' sollte nun die Gruppe von Nicht-Weißen kennzeichnen.

deutschen Juden plausibler zu machen – selbst wenn der Antisemitismus weiterhin mit großer Energie daran arbeitete, die unsichtbare Differenz zu Juden zu visualisieren. Die Vorstellung, dass Juden schwarzes Blut hätten, verweist auf die intensive zeitgenössische Diskussion um die Vererbung von degenerativen Merkmalen an die nächste Generation, die um 1900 international geführt wurde und auch im Deutschen Kaiserreich Konjunktur hatte. Die Angst vor unkontrollierten sexuellen Vermischungen der ‚Rassen' spiegelte sich in der phantasmatischen Angst vor einer Verunreinigung des ‚arischen' Kollektivkörpers und seiner Nachkommenschaft. Derartige Reinheitsfantasien betrafen auch die vermeintlich abnorme Sexualität von Juden, die besonders oft als pervers oder homosexuell stigmatisiert und damit zugleich effeminiert wurden, während Schwarze eher mit Zuschreibungen von Hypersexualität konfrontiert waren. Die negativen Eigenschaften, die Frauen, Juden und Bevölkerungsgruppen aus kolonialisierten Ländern zugeschrieben wurden, verwiesen dennoch wechselseitig aufeinander und bildeten ein immer dichter werdendes diskursives Netz, das sie – wenn auch in unterschiedlicher Form und Radikalität – als Gefährdung des ‚arischen' Kollektivkörpers markierte und von diesem ausschloss.

Zusammenfassend lässt sich sagen, dass sich Marr mit der Erfahrung von kolonialem Rassismus in Mittelamerika eine neue Interpretationsfolie für gesellschaftliche Differenzerfahrungen anbot, die er aufgriff und später in neu aufkeimenden Konfliktsituationen mit Hamburger Juden auf diese übertrug. Die Kenntnis einer rassistisch segregierten Gesellschaft lieferte in Zeiten des Umbruchs neue Erklärungsstrategien für bestimmte, aus seiner Sicht verhärtete Konfliktsituationen. Vor diesem Hintergrund ließe sich schlussfolgern, dass Marrs Teilhabe am Projekt ‚kolonialer Erfahrung' für seine Wende vom religiösen Antijudaisten zum Rassenantisemiten durchaus ein konstitutiver Faktor war. Es bedurfte also keines eigenen Kolonialbesitzes, um auch als Deutscher am kolonial-rassistischen Projekt mitzuwirken und es in einem anderen nationalen Kontext, zurück in Deutschland, in einen antisemitischen Rassismus zu übersetzen.

Folgt man MacMaster, so verbreiteten sich seit 1860 die Bilder vom ‚Schwarzen Juden' in bis dahin unbekannter Weise weit ins 20. Jahrhundert hinein. So spekulierte Ludwig Woltmann (1871–1907) in seiner *Politischen Anthropologie* aus dem Jahr 1903 ausgiebig über die möglichen Effekte der Beimischung von ‚schwarzem Blut' in das anderer ‚Rassen'. Neben ihm folgten auch andere führende deutsch-völkische Ideologen den Imaginationen Arthur Gobineaus, denen zufolge besonders

Juden „durch die Vermischung mit schwarzem Blut" (Gobineau, S. 205) befleckt seien. Im engen Anschluss an Gobineau blieb es Houston Stewart Chamberlain vorbehalten, die um 1900 „herrschende Anschauung" auf den Punkt zu bringen, nach welcher der „Semit" der „absoluteste Mischling" sei, den man sich denken könne, nämlich als „Frucht einer Kreuzung zwischen Neger und Weissen!" (Chamberlain, S. 355) Gobineau habe das vor fünfzig Jahren gepredigt und sei ausgelacht worden. Heute sei seine Meinung die orthodoxe. Selbst der Historiker Leopold von Ranke hätte sie in seiner „Völkerkunde" folgendermaßen zusammengefasst, betonte Chamberlain: „Die Semiten gehören zu den *mulattenhaften* Übergangsgliedern zwischen Weissen und Schwarzen." (Chamberlain, S. 355) Laut Neil MacMaster diente die Figur des Schwarzen als Basismodell des unterlegenen rassischen Anderen, das in antisemitischen Diskursen zitiert wurde, um Juden zu rassifizieren.[3] Die Nähe zum Schwarzen schien eine Naturalisierung unsichtbarer Differenz zu ermöglichen, die von der Überzeugungskraft und täglich reproduzierten ‚Realität' des kolonialen Projekts erheblich profitierte.

Eine derartig vertiefte Verbindung der Figuren des Schwarzen und Juden mag nicht zuletzt dem Eintritt der Deutschen in die Reihen der Kolonialstaaten geschuldet sein. Houston Stewart Chamberlain hob nicht nur hervor, dass Juden und Schwarze gleicher Abstammung seien. Er setzte Juden auch mit kolonialisierten Indigenen gleich, indem er diese als ‚Stamm' mit abergläubischen Praktiken beschrieb, der in seiner Entwicklung arretiert sei und damit im Prinzip keine Existenzberechtigung mehr besitze. Auch derartige Bemerkungen sind Teil des (kolonial-)rassistischen Repertoires, das auf Juden appliziert wurde (Hess). Die Analogie zwischen Juden und den als primitiv bezeichneten *Vanishing Races*, die – der rassistischen Fortschrittslogik zufolge – früher oder später einem genozidalen Prozess zum Opfer fallen würden, schloss auch die ‚Auslöschung' von Juden schon mit ein (Finzsch).

3 Andererseits gab es eine Reihe von rassistischen Stereotypen, die als anti-jüdische Zuschreibungen ihren Ausgangspunkt im christlich dominierten Europa hatten und in die Neue Welt transferiert auf die Begegnung mit kolonialen Anderen übertragen wurden, von dort wieder zurück nach Europa wanderten oder in enger Wechselbeziehung zu anderen Rassismen, etwa mit dem Anti-Ziganismus, standen.

Querverweise

- Der Rasseschänder von Magdeburg (*Der Stürmer*, 1935)
- Thomas Watson: A Full Review of the Leo Frank Case (1915)

Literatur

Bruns, Claudia: Toward a Transnational History of Racism. Wilhelm Marr and the Interrelationships between Colonial Racism and German Anti-Semitism. In: Manfred Berg / Simon Wendt (Hrsg.): *Racism in the Modern World. Historical Perspectives on cultural Transfer and Adaptation*. New York: Berghahn 2011, S. 122–139.

Chamberlain, Houston Stewart: *Die Grundlagen des neunzehnten Jahrhunderts* [1899]. 10. Aufl. München: Bruckmann 1912.

Finzsch, Norbert: ‚[…] der kupferfarbige Mensch [verträgt] die Verbreitung europäischer Civilisation nicht in seiner Nähe'. Der Topos der ‚Dying Race' in den USA, Australien und Deutschland. In: Claudia Bruns / Michaela Hampf (Hrsg.): *Wissen–Transfer–Differenz. Transnationale und interdiskursive Verflechtungen von Rassismus ab 1700*. Göttingen: Wallstein 2014.

Gobineau, Graf Arthur: *Die Ungleichheit der Menschenrassen*, 6 Bde. in einem Bd. [1853–1855]. Leipzig: Brandstetter 1935.

Haselstein, Ulla: *Die Gabe der Zivilisation. Kultureller Austausch und literarische Textpraxis in Amerika, 1682–1861*. München: Fink 2000.

Hess, Jonathan: Johann David Michaelis and the Colonial Imagery. Orientalism and the Emergence of Racial Antisemitism in Eighteenth-Century Germany. In: *Jewish Social Studies* 6,2 (2000), S. 56–101.

MacMaster, Neil: 'Black Jew – White Negro'. Anti-Semitism and the Construction of Cross-racial Stereotypes. In: *Nationalism and Ethnic Politics* 6,4 (2000), S. 65–82.

Marr, Wilhelm: *Der Judenspiegel*. Hamburg: Selbstverlag 1862.

—: *Reise nach Zentral-Amerika*, 2 Bde. Hamburg: Meißner 1863.

—: Zum Verständnis der Nordamerikanischen Wirren. In: *Der Freischütz. Politik, Unterhaltung, Lokal-Zeitung*, 26.02.1863.

Paul, Heike: *Kulturkontakt und Racial Presences. Afro-Amerikaner und die deutsche Amerika-Literatur, 1815–1914*. Heidelberg: Winter 2005.

Woltmann, Ludwig: *Politische Anthropologie. Eine Untersuchung über den Einfluss der Descendenztheorie auf die Lehre von der politischen Entwicklung der Völker*. Eisenach / Leipzig: Thüringische Verlags-Anstalt 1903.

Zimmermann, Moshe: *Wilhelm Marr. The Patriarch of Anti-Semitism*. New York: Oxford UP 1986.

Sojourner Truth: *Ain't I a Woman?* (1851)
Oder: Was ist eine Autorin?

M. Michaela Hampf

Einer der zentralen Texte im Kanon der Rhetorik afroamerikanischer Frauen ist Sojourner Truths Rede vor der Women's Rights Convention in Akron, Ohio im Jahr 1851, die unter dem Titel „Ain't I a Woman?" in die Anthologien und Geschichtsbücher eingegangen ist. Bereits der Aufritt der Predigerin, Abolitionistin und Feministin Sojourner Truth in der Erinnerung von Frances Dana Gage ist Eindruck gebietend:

> [E]very eye was fixed on this almost Amazon form, which stood nearly six feet high, head erect, and eyes piercing the upper air like one in a dream. At her first word there was a profound hush. She spoke in deep tones, which, though not loud, reached every ear in the house, and away through the throng at the doors and windows. (Zit. n. Stanton et al., S. 116)

Auch heute noch wird diese Rede als herausragendes Beispiel für eine intersektionale Analyse von Unterdrückungsverhältnissen gelesen. Sojourner Truth, die frühere Sklavin und emblematische feministische Abolitionistin, wurde zum Symbol der authentischen schwarzen Feministin, die unbeeindruckt von rassistischen Stereotypen oder viktorianischen Weiblichkeitsidealen einen Subjektstatus als Frau einforderte. Die Versammlung im Mai 1851 wurde von den Abolitionistinnen und Frauenrechtlerinnen Hannah Tracy und Frances Dana Barker Gage organisiert. Viele der Frauen, die sich in der frühen Anti-Sklavereibewegung engagiert hatten, waren auch aktiv im Kampf für die Rechte von Frauen. Auch Sojourner Truths Rede zeigt deutlich, wieviel die Frauenrechtsbewegung – oder *First Wave*-Feminismus – der abolitionistischen Bewegung verdankte, aus der sie hervorging.

> Dat man ober dar say dat womin needs to be helped into carriages, and lifted ober ditches, and to hab de best place everywhar.

> Nobody eber helps me into carriages, or ober mud-puddles, or gibs me any best place!" And raising herself to her full height, and her voice to a pitch like rolling thunder, she asked. And ain't I a woman? Look at me! Look at my arm! (and she bared her right arm to the shoulder, showing her tremendous muscular power). I have ploughed, and planted, and gathered into barns, and no man could head me! And ain't I a woman? I could work as much and eat as much as a man – when I could get it – and bear de lash as well! And ain't I a woman? I have borne thirteen chilern, and seen 'em mos' all sold off to slavery, and when I cried out with my mother's grief, none but Jesus heard me! And ain't I a woman? (Zit n. Stanton et al., S. 116).

Das so beliebte Erklärungsmuster der *separate spheres* war auf weiße Frauen der Mittel- und Oberschichten begrenzt. Unter den Bedingungen der Sklaverei, des *Gilded Age* und der *Jim Crow*-Gesetze gab es für schwarze Frauen keine häusliche Sphäre, auf die sie begrenzt worden wären. Die Reproduktion des eigenen Haushaltes, die Versorgung ihrer eigenen und häufig auch anderer Kinder kamen einfach zu den übrigen Erfordernissen der Feld- oder Hausarbeit hinzu. Sojourner Truth sprach in Akron mit vollem Körpereinsatz. Sie führte ihre Muskelkraft ins Feld und entblößte zum Beweis ihren Oberarm. Sie könne arbeiten wie ein Mann, die Peitsche ertragen und essen wie ein Mann. Ist sie nicht ebenso viel wert wie ein Mann? Gleichzeitig aber blieben ihr auch die einer Dame zu entbietenden Höflichkeitsrituale verwehrt. Niemand biete ihr einen Sitz an, niemand helfe ihr in eine Kutsche hinein. Hat sie nicht Kinder geboren, hat man ihr diese nicht weggenommen und hat sie nicht gelitten? Und ist sie etwa keine Frau?

Tatsächlich hat Sojourner Truth diese Frage aber wohl so nie gestellt. Sie lernte zeitlebens weder Schreiben noch Lesen und so gibt es kein Redemanuskript und keine Tonaufzeichnung, sondern nur verschiedene, teils viel später von anderen niedergeschriebe Transkriptionen der Rede. Gleichwohl wurde die Rede zu einem Schlüsseltext der Antisklaverei- und der Frauenrechtsbewegung. Ich möchte mit Jean Humez vorschlagen, die Rede als kollaborativen Text der weißen Frauenrechtlerin Frances Dana Barker Gage und Sojourner Truths zu lesen. In oralen Wissenssystemen ist Autorinnenschaft zwangsläufig komplex, denn die Praktiken des Denkens und Schreibens fallen nicht in einer Person zusammen. Gleichwohl bieten die verschiedenen Versionen von Truths Rede gerade wegen ihrer Vielstimmigkeit und der miteinander verwobenen Authentizitätsansprüche die Gelegenheit, über Fragen der Autorinnenschaft schwarzer Frauen und der Repräsentation schwarzer Erfahrung nachzudenken.

Versionen

Der oben zitierte Bericht stammt von Frances Dana Gage, die die Versammlung geleitet und Sojourner Truth vorgestellt hatte. Er wurde erstmals 1863, mitten im Amerikanischen Bürgerkrieg niedergeschrieben und mehrmals neu aufgelegt. Noch vor dem charakteristischen Refrain „Ain't I a Woman?", der bald zum Titel der Rede Sojourner Truths wurde, fällt die Sprache ins Auge, die linguistische Elemente der von Sklav_innen im Süden gesprochenen Sprache enthielt, obwohl Truth nicht aus dem Süden stammte und bis zu ihrem neunten Lebensjahr nur niederländisch gesprochen hatte. Tatsächlich ist der ausgeprägte Südstaatenakzent, der in der 1881 publizierten Version noch stärker ausgeprägt ist als in der von 1863, eine rhetorische Strategie, die Frances Dana Gage einsetzte, um Truth in den Augen ihres Publikums noch glaubwürdiger und authentischer erscheinen zu lassen.

Bereits zwölf Jahre früher war von Marius Robinson, dem Herausgeber des abolitionistischen *Ohio Anti-Slavery Bugle*, bereits eine andere Version der Rede veröffentlicht worden:

> I want to say a few words about this matter. I am a woman's rights [*sic*]. I have as much muscle as any man, and can do as much work as any man. I have plowed and reaped and husked and chopped and mowed, and can any man do more than that? I have heard much about the sexes being equal. I can carry as much as any man, and can eat as much too, if I can get it. I am as strong as any man that is now. (*Anti-Slavery Bugle*, 21.06.1851, S. 4)

Sklaverei

Die Sklavin Isabella, wie Sojourner Truths Geburtsname lautete, wurde in Ulster County am Hudson River im Staat New York im oder um das Jahr 1797 geboren. Ihre Eltern waren James und Elizabeth Bomefree, die aus den Gegenden der heutigen Staaten Ghana und Guinea verschleppt worden waren. Ihr Besitzer war der niederländische Großgrundbesitzer Charles Hardenbergh. Die Zeit ihrer Versklavung fiel bereits in die letzten Jahre vor der offiziellen Abschaffung der Sklaverei im Staat New York, aber Isabella wechselte noch vier Mal den Besitzer. Gesetze zur Abolition der Sklaverei gab es im Staate New York ab 1799, aber erst durch das *New York Anti-Slavery Law* von 1827 wurden tatsächlich alle Sklavinnen und Sklaven emanzipiert. Als Anreiz für gutes Benehmen hatte ihr Master Dumont Truth die Freilassung ein Jahr vor der offiziellen Emanzipation versprochen. Nachdem er diesem Versprechen nicht nachgekommen war, „ging sie [aus der Sklaverei] fort", wie sie ihre Selbstemanzipation im Jahr

1826 später bezeichen sollte (Truth 1850, S. 27). Im Hudson Valley in New York war es Sklavinnen und Sklaven möglich, sich einen neuen Besitzer zu suchen, wenn es die Situation erforderte. Dies tat Isabella Bomefree im Jahr 1826. Sie kam bei den Quäkern Isaac und Maria Van Wagenen unter, die sie auch später unterstützten, als sie vor Gericht zog, um die Freilassung ihres Sohnes zu erwirken, der illegal nach Alabama verkauft worden war. Als erste schwarze Frau gewann sie einen solchen Prozess gegen einen weißen Mann.

Sojourner Truth als Wanderpredigerin und Aktivistin

Im Jahr 1829 zog sie mit ihrem Sohn nach New York City. Etwa um diese Zeit muss ihr auch ihre rednerische Begabung bewusst geworden sein. Zunächst in einer weißen Methodistischen Kirche schloss sie sich bald der African Methodist Episcopal (AME) Zion Church an, um sich schließlich radikaleren Pfingstgemeinden zuzuwenden.

1843 war ein Wendepunkt für Isabella. Am 1. Juni 1843 legte sie ihren aus der Sklaverei stammenden Namen ab und gab sich den Namen Sojourner Truth. Ihre Freunde ließ sie wissen: „The Spirit calls me there, and I must go" (Truth 1850, S. 73). Fortan reiste sie und erhob öffentlich die Stimme für die Abolition der Sklaverei. Sie schloss sich den evangelikalen Millerites an und begann als Wanderpredigerin auf *camp meetings*, großen Freiluftgottesdiensten im Kontext des *Second Great Awakenings*, zu predigen. 1844 wurde sie ein Mitglied der Northampton Association of Education and Industry, einer abolitionistischen Kommune in Massachusetts, die sich auch für Frauenrechte, Pazifismus und religiöse Toleranz einsetzte und ein Depot der Underground Railroad unterhielt. Dort traf sie sowohl Frederick Douglass, mit dem sie eine enge Freundschaft verband, als auch William Lloyd Garrison und David Ruggles.

Um 1850 begann die Frauenrechtsbewegung an Schwung zu gewinnen und Sojourner Truth wurde eine der ersten und prominentesten afroamerikanischen Sprecherinnen dieser Bewegung, die hauptsächlich von weißen Frauen der Mittelklasse getragen wurde. Ihre ungewöhnlich hochgewachsene Statur, ihre tiefe Stimme und ihre Schlagfertigkeit veranlassten einerseits manche zeitgenössische Zuhörer_innen dazu, sie für einen Mann zu halten, machten sie aber andererseits gerade zu einer charismatischen und gefragten Rednerin. Truths Redegabe, ihre Niederschriften und Fotografien von sich dienten dabei aber nicht nur dazu, ihre Predigten und abolitionistischen Inhalte zu transportieren, sondern auch zur Finanzierung ihres Lebensunterhaltes und ihrer bemerkenswert unabhängigen Selbststilisierung.

Oralität

Frederick Douglass, der 1838 aus der Sklaverei entkommen war, legte großen Wert darauf „to speak and act like a person of cultivation and refinement". Truth hingegen sprach stets frei und überließ es anderen, ihre Reden niederzuschreiben (Fitch / Mandziuk, S. 38). Als schwarze Frau, „who professed a spiritual calling", zog sie die traditionell afroamerikanische und christliche orale Praxis der Wissensspeicherung vor. Zusammen mit anderen evangelikalen Protestant_innen des neunzehnten Jahrhunderts war sie der Auffassung, dass die Bibel im Anhören der vorgelesenen Schrift studiert werden müsse. Jeder gelehrte Kommentar würde ihre tiefere Bedeutung nur verschleiern. Truth selbst soll bei mehreren Gelegenheiten gesagt haben: „You read books, I talk to God" (Truth 1993, S. xxvii).

Ihre Memoiren *The Narrative of Sojourner Truth: A Northern Slave* und verschiedene Reden wurden von anderen niedergeschrieben und zeugen von den komplexen Beziehungen zwischen der Erzählerin und ihren Mitstreiterinnen aus der abolitionistischen wie der Frauenrechtsbewegung. Diese komplexen Beziehungen, in denen verschiedene politische Zielsetzungen und kulturelle Hintergründe zum Tragen kamen, haben die Rezeption von Truth jeweils sehr stark geprägt. Sie selbst vermarktete ihr Buch in den 1850er Jahren sehr gezielt, als sie vor immer mehr Menschen in Ohio und darüber hinaus sprach. Vor allem am Rande großer Konferenzen verkaufte sie ihre *Narratives* als Erinnerungsstücke für 25 Cent das Exemplar.

1853 besuchte sie die Autorin des Bestsellers *Uncle Tom's Cabin*, Hariet Beecher Stowe, in Andover, bei der sie einen bleibenden Eindruck hinterließ und die schließlich die Einleitung zu einer Neuauflage ihrer Memoiren schrieb. Zehn Jahre später publizierte Stowe im *Atlantic Monthly* einen Artikel mit dem Titel „Sojourner Truth, the Libyan Sibyl". Wie später Frances Gage wählte auch Stowe für Truth einen schwarzen Plantagen-Dialekt und präsentierte sie in einer exotisierenden Darstellung eher als primitive, göttlich inspirierte Ex-Sklavin denn als Abolitionistin oder Feministin. Als Predigerin verkörpert sie in Stowes Darstellung den „fervor of Ethiopia, wild, savage, hunted of all nations, but burning after God in her tropic heart" (Stowe, S. 477). Für Sojourner Truth, die sich in den vierziger und fünfziger Jahren schon einen Ruf als Predigerin und Rednerin erarbeitet hatte, beruhte zu ihren Lebzeiten ein Großteil ihrer Berühmtheit auf diesem Text der Bestsellerautorin Stowe, der gerade nach Lincolns Emanzipationsproklamation auf enormes Interesse beim Publikum des Nordens stieß.

Auch die verschiedenen Versionen der Rede in Akron gehen auf Kollaborationen mit anderen zurück. Es ist wahrscheinlich, dass Truth an der ersten Transkription ihrer Rede durch den Abolitionisten Marius Robinson im *Anti-Slavery Bugle* mitgewirkt hat, bei der die Antisklaverei-Aspekte der mündlichen Rede stärker betont wurden als die Rechte der Frauen, die bei Frances Dana Gage stärker im Vordergrund stehen sollten. Die radikale Frauenrechtsaktivitin Gage schrieb gelegentlich im *Independent* und anderen Zeitungen. Sie war eine gefragte Rednerin für die Antisklavereibewegung, die Frauenbewegung und die Temperenzbefürworterinnen. Anders als viele andere Aktivistinnen war sie zum Beispiel besonders am Schicksal von Frauen der Arbeiterklasse interessiert. Als sie während des Bürgerkrieges 1863 von den South Carolina Sea Islands zurückkehrte, wo sie als Freiwillige mit befreiten Sklavinnen und Sklaven gearbeitet hatte, war Harriett Beecher Stowes „Libyan Sibyl" soeben im *Independent* erschienen. Verärgert von diesem in ihren Augen wenig politischen Portrait von Truth publizierte sie weniger als einen Monat später ihren kämpferischer Bericht von der Women's Rights Convention in Ohio, dessen Herzstück Sojourner Truths Rede bildet. Der heute kanonische Text der Rede von Sojourner Truth erschien also zwölf Jahre nach der Frauenrechts-Konferenz in Akron, aber weniger als einen Monat nach dem Erscheinen von Stowes Portrait. Während Truth bei Stowe im Stil von Minstrel-shows romantisierend als Ex-Sklavin dargestellt wurde, portraitierte Gage sie als starke, kämpferische Feministin, deren Auflehnung gegen die Geschlechterkonventionen ihrer Zeit besonders im Refrain „Ain't I a woman?" zum Ausdruck kommt. Ihre größte Verbreitung und Popularisierung erfuhr Sojourner Truths Rede schließlich durch die von Matilda Joslyn Gage, Elizabeth Cady Stanton, Ida Husted Harper und Susan B. Anthony 1881 bis 1922 herausgegebene, sechsbändige *History of Woman Suffrage*.

Truth als Ikone

Sojourner Truth inszenierte ihr öffentliches Bild sorgfältig, entschlossen und fast immer in Kollaboration mit anderen Abolitionist_innen und Frauenrechtlerinnen. Dabei gelang es ihr zeit ihres langen Lebens, sich eine bemerkenswerte Unabhängigkeit zu bewahren. Sowohl die gemeinsame Autorinnenschaft ihrer Texte wie auch ihre öffentliche Persona schmälern nicht etwa Truths *agency*, sondern betten sie ein in ein Netzwerk verschiedener politischer Auseinandersetzungen, allen voran die Antisklaverei- und die Frauenrechtsbewegung. Im Rahmen des *Cult of True Womanhood*, der weißen konservativen Antwort auf die Frauenrechtsbewegung, wurde Frauen die moralische Überlegenheit der Konzentration auf die häusliche Sphäre nahe gebracht. Öffentlich zu sprechen war für ‚respektable' (lies: weiße) Frauen nicht vorgesehen. Als schwarze Frau, der der Status der *true woman* mit Verweis auf ihre angeblich promiske Sexualität generell verwehrt wurde, konnte Truth dagegen außerhalb traditioneller Geschlechternormen aktivische Positionen vertreten. Als Predigerin hatte sie langjährige Erfahrung ‚to speak in meeting'. Als ehemalige Sklavin und mit ihrer beeindruckenden Präsenz verkörperte Truth das feministische Argument, dass Frauen, weit davon entfernt, ‚zu fragil' für gleiche Rechte zu sein, tatsächlich ‚Männerarbeit' leisteten, ohne dafür die gleiche Bezahlung oder im Fall von Sklavinnen irgendeine Bezahlung zu bekommen. Die rhetorische Frage „Ain't I a woman?" setzt also Schwarzsein wieder in den Feminismus ein und hebt gleichzeitig hervor, wie vergeschlechtlicht die ‚rassische' Identität ist.

Nachdem im ausgehenden 19. Jahrhundert in der öffentlichen Wahrnehmung Sojourner Truths zunächst das missionarische Feuer der Wanderpredigerin und später die Darstellung als primitive, exotische „Libyan Sibyl" duch Stowe im Mittelpunkt gestanden hatten, gelang ihr mit Hilfe ihrer Mitstreiter_innen später eine sehr moderne Inszenierung einer starken schwarzen Frau. Tatsächlich wurde sie, wie Painter gezeigt hat, metonymisch zu *der* schwarzen Frau in der amerikanischen Geschichte, „straight talking, authentic, unsentimental", indem sie eine Lücke in der politischen Kultur füllte, die noch heute sichtbar ist. In diesem Prozess der metonymischen Transfiguration Sojourner Truths setzte sich schließlich die von Gage mitinszenierte radikalfeministische Lesart von Gage gegenüber der pragmatischen abolitionistischen Perspektive Robinsons und dem durch *romantic racialism* geprägten Portrait von Harriett Beecher Stowe durch. Aber bevor sie in Akron, Ohio aufs Podium trat, hatte Sojourner Truth, die Ex-Sklavin Isabella, die Predigerin, die Autorin, Aktivistin und Netzwerkerin, sich bereits viele Male selbst neu erfunden. Die von ihr verkörperten Forderungen aber prägen die politische Debatte in den USA bis heute.

Querverweise

- Stuart Hall: Wer braucht Identität? (1996)
- Kimberlé Crenshaw: Mapping the Margins (1991)
- Gloria Anzaldúa: *Borderlands / La Frontera: The New Mestiza* (1987)
- W. E. B. Du Bois: *The Souls of Black Folk* (1903)
- Ida B. Wells: *Southern Horrors. Lynch Law in All Its Phases* (1892)

Literatur

Beecher Stowe, Elizabeth: Sojourner Truth, the Libyan Sibyl. In: *Atlantic Monthly* 11,66 (1863), S. 473–481.

Brezina, Corona: *Sojourner Truth's 'Ain't I a Woman?' Speech. A Primary Source Investigation*. New York: Rosen Central Primary Source 2005.

Fitch, Suzanne Pullon / Roseann M. Mandziuk: *Sojourner Truth as Orator. Wit, Story, and Song*. Westport, CT: Greenwood 1997.

Fredrickson, George M.: *The Black Image in the White Mind; the Debate on Afro-American Character and Destiny, 1817–1914*. New York: Harper & Row 1971.

Humez, Jean M.: Reading 'The Narrative of Sojourner Truth' as a Collaborative Text. In: *Frontiers: A Journal of Women Studies* 16,1 (1996), S. 29–52.

Lebedun, Jean: Harriet Beecher Stowe's Interest in Sojourner Truth, Black Feminist. In: *American Literature* 46,3 (1974), S. 359–363.

Mabee, Carleton / Susan Mabee Newhouse: *Sojourner Truth – Slave, Prophet, Legend*. New York: New York UP 1993.

Painter, Nell Irvin: Representing Truth. Sojourner Truth's Knowing and Becoming Known. In: *Journal of American History* 81,2 (1994), S. 461–492.

—: *Sojourner Truth: A Life, a Symbol*. New York: Norton 1996.

Stanton, Elizabeth Cady / Susan B. Anthony / Matilda Joslyn Gage / Ida Husted Harper: *History of Woman Suffrage*. New York: Fowler & Wells 1882.

Stetson, Erlene / Linda David: *Glorying in Tribulation. The Lifework of Sojourner Truth*. East Lansing: Michigan State UP 1994.

Truth, Sojourner: Women's Rights Convention. In: *Anti-slavery Bugle* (New-Lisbon, Ohio), 21.06.1851, S. 4.

—: *Narrative of Sojourner Truth. A Northern Slave, Emancipated from Bodily Servitude by the State of New York, in 1828*, hrsg. v. Olive Gilbert. Boston: Printed for the Author 1850 (zit. n. *Electronic Classics Series Publication*, hrsg. v. Jim Manis. Hazleton: Pennsylvania State UP 2000–2013. http://digital.library.upenn.edu/women/truth/1850/1850.html (Zugriff am 14.03.2016).

—: *Narrative of Sojourner Truth*, hrsg. v. Margaret Washington. New York: Vintage 1993.

Washington, Margaret: *Sojourner Truth's America*. Urbana: University of Illinois Press 2009.

Louis Agassiz / J. T. Zealy: *Delia* (1850)
Oder: „What you see is what you get"?
Frühe Daguerreotypien der Sklaverei und deren Deutungen

Jens Jäger

Delia weint. Elinor Reichlin ‚sah' das jedenfalls, als sie 1976 diese alte Fotografie tief in den Archiven des Paebody-Museums in Boston entdeckte. Die notwendige lange Belichtungsdauer bei dieser Aufnahmetechnik führte jedoch zu Unschärfen, die durch Augenbewegung der Porträtierten verursacht waren. Delia ‚weint' also nicht, sondern saß eben nicht sklavisch still vor dem Objektiv. Sie schaute links und rechts, was um sie herum vorging und verhielt sich dadurch erkennbar nicht nur passiv duldend. Die Tränen vergoss eher Reichlin, ausgelöst durch ein Schuldgefühl, denn das Porträt zeigt eine junge Afrikanerin, die als Sklavin auf einer Plantage in South Carolina leben musste. Die weiße Amerikanerin Reichlin war überwältigt angesichts dieser frühesten bekannten Fotografien von Sklavinnen und Sklaven – das ganze Unrecht erschien in den Bildern versinnbildlicht und konkretisiert: Hier war das fotografische Porträt einer jungen Frau, über deren Status kein Zweifel bestand.[1]

Es gilt als eine der wichtigen Eigenschaften fotografischer Quellen, dass sie durch ihren indexikalischen Charakter eine besondere Realitätsnähe besitzen. Wovon es Fotografien gibt, dessen Existenz ist landläufig kaum zu leugnen (auch wenn die Bedeutung unklar ist). Delias Porträt beweist, führt vor Augen, konkretisiert und individualisiert die Sklaverei in den USA. Zudem ist es ein Porträt aus einer Serie von Daguerreotypien, die gleichzeitig entstanden. Sie alle zeigen Frauen und Männer, die als Sklav_innen lebten und vervielfachen somit den optischen Beweis. Obwohl die Existenz der Sklaverei in den USA niemals ein Geheimnis gewesen ist, war der Fund

1 Das Bild ist abrufbar unter http://commons.wikimedia.org/wiki/File:Delia1850FrontPortrait.jpg (Zugriff am 29.08.2014).

der Daguerreotypien doch bedeutsam, sie gaben der Sklaverei Gesichter und den Aufgenommenen in den Augen der Betrachter_innen seit den späten 1970er Jahren Individualität und Würde. Einzelne Schicksale wurden greifbarer, ein weiterer Ansatzpunkt für Mikrostudien war gefunden.
Der zeitgenössische Zweck der Bilder war jedoch ein vollkommen anderer. Sie dienten dazu, die These der Polygenese der Menschheit wissenschaftlich zu erhärten. Anhänger dieser Theorie gingen davon aus, dass die Menschen keinen gemeinsamen Ursprung haben, sondern sich an verschiedenen Orten und unabhängig voneinander entwickelt hatten. Zudem vertrat eine Reihe von Forschern die Auffassung, dass sich die Gattungen nicht fortentwickeln würden. Der Gedanke unveränderlicher ‚Rassen' war attraktiv für die Sklavenhaltergesellschaft in den Südstaaten der USA, konnten ihre Nutznießer so doch behaupten, dass die Ungleichheit unter den Menschen biologischen Ursprungs sei und es eben ‚überlegene', d. h. weiße Menschen, und unterlegene, d. h. ‚schwarze' Menschen, gab, was ein ‚natürliches' hierarchisches Verhältnis begründen und die Sklaverei rechtfertigen sollte.
Der Schweizer Naturforscher Louis Agassiz (1807–1873), auf dessen Initiative die Bilder entstanden, vertrat genau diese Auffassung. Hintergrund bildete der forschende Blick des weißen, europäischstämmigen, gebildeten Mannes, der stets eine Perspektive von oben einnahm, d. h., er sah sich in seiner sozialen, kulturellen und geschlechtlichen Stellung als vorläufigen Höhepunkt der Entwicklung. Dass diese Position ‚natürlich' war, also gleichsam vorbestimmt, war Antrieb zahlloser biologischer, anthropologischer und (im weitesten Sinne) historischer Studien. Hier lässt sich die Auseinandersetzung um die Genese der Menschheit verorten. Gab es, wie es die Bibel lehrte, einen gemeinsamen Ursprung aller Menschen oder waren Menschen unabhängig voneinander an verschiedenen Orten entstanden? Nachdem Louis Agassiz 1846 in die USA übergesiedelt war, schien ihm diese letztere These immer plausibler. Angesichts des Elends der versklavten Afrikaner_innen und der sozialen Stellung freier Afrikaner_innen im Norden der USA schloss er, dass nur die Polygenese diese Ungleichheit begründen könnte. Nur, wie ließ sich das beweisen? Antwort: Beobachtung, Erfahrung und Empirie. Ein Argument aufgrund bisheriger und eigener Forschung aufzubauen, war das Alltagsgeschäft, eine Behauptung sichtbar zu machen, war die Kür. Beschreibungen körperlicher Merkmale konnten fehlerhaft sein, subjektiv gefärbt und lediglich eine Meinung ausdrücken. Ein unbestechlicher, überprüfbarer Beweis war das auch für die Zeitgenossen nicht. Aber die um 1850 noch recht neue Fotografie versprach scheinbar, vor Augen führen zu können, was er meinte. So entstand die Serie von Daguerreotypien, die als

bislang älteste bekannte Fotografien von Sklav_innen gelten. Agassiz gewann für seinen Plan den amerikanischen Fotografen J. T. Zealy, der die Bilder im Stil der damaligen Zeit inszenierte. Ausnahmen waren die geringfügige Bekleidung seiner Objekte und – schlicht – dass es Sklav_innen waren. So entstanden Brustbilder wie Ganzkörperaufnahmen von Männern und Frauen, die sorgfältig ausgesucht worden waren, um Agassiz' These zu visualisieren.

Agassiz Verwendung der Daguerreotypie konnte noch nicht auf einschlägige Erfahrung mit fotografischen Techniken in Anthropologie und Ethnologie zurückgreifen, allein deswegen sind die Aufnahmen schon bemerkenswert. Es war noch nicht allzu lange her, als im Januar 1839 die Nachricht kursierte, dass zum Erzeugen von Bildern eine Technik entwickelt worden sei, die rein optisch-chemisch funktioniere und keinerlei ‚Handarbeit' durch einen Menschen mehr benötigte. Am 19. August 1839 wurde dies zu einer Gewissheit. Frankreich schenkte die Erfindung des Louis Jacques Mandé Daguerre der ganzen Welt, wie es im Parlament in Paris verkündet wurde. Bürgte die Chambré de Députés und die Pairskammer gleichermaßen schon für die Wahrhaftigkeit der Nachricht, galt dies für die positiven Urteile durch die *Big Shots* der damaligen Wissenschaft noch viel mehr, darunter der französische Physiker Dominique François Arago (1786–1853), der preußische Geograph und Naturforscher Alexander von Humboldt (1769–1859), der englische Mathematiker und Astronom John Frederick William Herschel (1792–1871) oder auch der amerikanische Erfinder Samuel B. Morse (1791–1872). Daher rechnete Agassiz damit, dass der bildlichen Evidenz ‚seiner' Bilder ein hoher Stellenwert beigemessen werden würde.

Viele Zeitgenossen sahen zunächst vor allem in der wissenschaftlichen Verwertung der Fotografie großes Potenzial. Erstmals konnten sichtbare Phänomene (vorausgesetzt, sie waren ausreichend beleuchtet und bewegten sich nicht) unabhängig vom subjektiven Seheindruck eines Individuums und dessen Fähigkeiten, diese zu Papier zu bringen, dokumentiert werden. Der Forschung, so schien es, öffneten sich neue Horizonte. Dem positivistischen Glauben an die ‚Fakten', die für sich selbst sprechen würden, verschaffte die Fotografie einen weiteren Schub.

Ordnen, kategorisieren, bewerten – in der Moderne versuchte die Forschung die Welt auf diese Weise zu verstehen, während vor allem religiöse Gewissheiten verloren gingen. Teleologisches Denken war damit keineswegs abgehakt. Gerade die verschiedenen Lebensverhältnisse und Entwicklungen menschlicher Gruppen wurden auf deren ‚natürliche' Fähigkeiten zurückgeführt oder mit quasi zwangsläufigen historischen Prozessen erklärt. Maßstab war stets das weiße, männliche, bürgerlich-elitäre Europa und deren überseeische Siedlungsterritorien. Unterlegenheit gegenüber aggressiven Kolonisatoren wurde so in eine grundsätzliche Schwäche und Unfähigkeit umgedeutet. Siege waren insofern niemals zufällig, Ergebnis gewaltvoller Eroberung, aufgrund lokaler Bündnisse oder gar der Hilfe durch Einheimische errungen, sondern immer Ausdruck einer ‚rassisch' bedingten Stellung in der Welt. Jeder und jede sollte genau einer ‚Rasse', einem Volk, einer Ethnie zugehören – alles konzipiert als unüberwindliche und unabänderliche Schicksale.

Mit den Mitteln der Wissenschaft erhielten diese Vorstellungen den Charakter von unumstößlichen Gewissheiten, an die sich Wertungen und Normen anbinden ließen und die administrative Maßnahmen begründeten. Daher waren Anthropologie und Ethnologie wichtige Begleiterinnen kolonisatorischer Projekte und auch Helferinnen staatlicher Ordnungs-, Ausgrenzungs- und Unterdrückungsmaßnahmen im Umgang mit Minderheiten bzw. dem, was in der eigenen Gesellschaft dazu gemacht wurde.

Diese Ordnungen mussten sichtbar gemacht werden, damit sie ihre Effekte erzeugen konnten. Fotografie war (und ist) in diesem Zusammenhang ein potenziell machtvolles Instrument. Außerdem erfüllte es auch die Forderungen der Transparenz: der beobachtete Gegenstand war der kritischen Würdigung zugänglich. Louis Agassiz wusste das alles. Nicht seine Ideen, Theorien, Messungen und Beobachtungen allein würden überzeugen können. Es bedurfte sichtbarer ‚Beweise', um seine Thesen zu bestätigen. Doch seine ‚Beweise' fruchteten nicht; zeigte er sie bei wissenschaftlichen Gesprächen in Boston herum, ließen sich nur die Betrachter_innen überzeugen, die ohnehin an Polygenese glaubten. Die anderen ließen sich von den Merkmalen der dargestellten Individuen nicht von ihren Überzeugungen eines gemeinsamen Ursprungs der Menschheit abbringen, auch wenn sie nicht an ‚rassischen' Differenzen zweifelten.

Aber die Bilder zeigten Unterschiede. Agassiz' Deutung dieser Unterschiede als Beweis für die von den ‚Weißen' unabhängige Entstehung der Afrikaner verfing nicht. Was aber zeitgenössisch funktionierte, war unter den Bedingungen christlich-religiöser Vorstellungen, der Suche nach Entwicklungspfaden der Welt wie der Menschheit, die Bilder als Zeichen einer hierarchisch nach rassischen Kategorien strukturierten Menschheit zu lesen. Außerdem bestätigten sie den Glauben an die Dichotomie der Geschlechter; denn klare Kategorien schienen auch hier sichtbar gemacht zu werden. Je nachdem, welcher Kategorie ein Individuum zugeordnet wurde, entfalteten sich Annahmen über dessen oder deren Möglichkeiten und Chancen. Europäischen bürgerlichen Frauen galt der Weg in Ehe und Familie als natürliche Karriere. Verfeinerte kulturelle Fähigkeiten waren hierbei durchaus erwünscht, da Frauen über Bildung und Lebensart verfügen sollten, um dem Mann beiseite zu stehen, den Haushalt auch ökonomisch zu leiten und der Kindererziehung gewachsen zu sein. Als emotional galten sie zwar auch, doch sollte sich dies nicht in sexueller Hinsicht zeigen. Sinnlichkeit war eher animalischen Trieben zugeordnet und daher kulturell einzuhegen. In dieser Einhegung lag auch eine Begründung für die Überlegenheit gegenüber den sozial wie ethnisch als unterlegen eingeordneten Menschen. Äußeres Zeichen zivilisatorischer Höherentwicklung war, den Körper weitgehend zu verhüllen, um das Menschsein gegenüber der Natur zu betonen. Wer den Körper kaum bekleidete, war dem Urzustand ganz offenbar näher, besaß kein zivilisiertes Schamgefühl, schien den Sinnen mehr Raum zu geben. Gerade der wenig oder kaum bekleidete weibliche Körper war hierbei ein Maßstab. Ausnahmen bildeten betont künstlerische Darstellungen, die (vorgeblich) höheren Idealen zugehörten und (ebenso vorgeblich) keinesfalls sinnlicher Stimulation dienten. Ihr Gebrauch war zudem reglementiert, der Zugang idealerweise nur Erwachsenen mit hohem Bildungsniveau gestattet oder unter Anleitung sinnvoll. Weitere Ausnahmen bildeten wissenschaftliche Aufnahmen, die dem höheren Zweck der Forschung dienten. Gerade anthropologisch-ethnografische Darstellungen beanspruchten für sich jedoch, die Unterschiede zwischen den ‚Rassen' nachweisen zu können. Dafür allerdings war jenseits der bürgerlichen Europäer_innen die Repräsentation der Körper notwendig. Eine Forderung, die schon früh vertreten wurde und später auch der deutsche Anthropologe Gustav Fritsch (1838–1927) hervorhob, denn nur so könne man den reinen ‚Typus' erkennen.

Gesicht und Körper wurden also als Zeichenträger gelesen, physische Merkmale dienten der Kategorisierung, und je mehr Zeichen vorhanden waren (entsprechend zeitgenössischer Logik), desto klarer ließ sich eine ethnische und geschlechtliche Zuordnung vornehmen. Der wissenschaftliche Impuls zielte auf eine möglichst hohe Informationsdichte, die durch Kleidung zunichte gemacht worden wäre. Wichtig im rassischen Diskurs war außerdem die Zurschaustellung sekundärer Geschlechtsmerkmale, denn deren Nacktheit war allein auch schon Kriterium, um die Unzivilisiertheit, das Animalische der Abgebildeten hervorzuheben. So wurden Delia und die anderen Sklavinnen teils mit freiem Oberkörper aufgenommen, und die Männer teils mit gänzlich unbekleidetem Körper. Zweifellos war dies auch eine weitere Demonstration der Macht, die Sklavenhalter auszuüben verstanden. Ebenso zweifelsfrei war dies aber auch eine Bestätigung der Geschlechterdichotomie, denn die Zweigeschlechtlichkeit war als biologisches Grundprinzip der höheren Lebewesen ausgemacht – hier wurde sie in den

Augen Agassiz' bei einer anderen Menschenart demonstriert. Allerdings in der für diese Art ‚angemessenen' Weise, nämlich reduziert auf Körperlichkeit und nicht, wie bei den ‚Weißen', durch kulturell vermittelte Elemente wie Kleidung, Haartracht, betont häusliche Inszenierung.

Unbekleidete Körper verweisen auf Sexualität und Begehren. Zeitgenössische Forscher und gegenwärtige nicht minder sprechen diese Zusammenhänge ungern aus, wenn es sie persönlich betreffen könnte. Sie haben scheinbar wenig mit dem Forschungsgegenstand zu tun. Es sind ja keine Pin-ups. Teilweise werden die Ganzkörperaufnahmen aus der Serie als ‚pornografisch' bezeichnet, und sie sind auf der Website des Peabody-Museums auch nicht als Vorschau verfügbar. Jene nicht als ‚pornografisch' bezeichneten Bilder gelten demnach als dem öffentlichen und forschenden Interesse zuträglich und damit gleichzeitig für die Abgebildeten nicht als ehrenrührig, da sie dort scheinbar nicht offensichtlich als sexualisierte Objekte markiert sind. Und doch ist sie auch bei diesen Bildern da, die visuelle Nähe und ‚Verfügbarkeit' der Körper – für den Sehsinn allemal. Das Individuum war für jene Zeitgenoss_innen, die über den Status und die materiellen Mittel verfügten, auch konkret käuflich, und eben nicht nur bezüglich seiner Arbeitskraft. Kurz: das gegenwärtige Verbergen der Nacktheit der Sklav_innen schützt weder diese noch die Betrachter_innen letztlich vor Sexualität und Begehren. Denn allein schon als Bild waren die Abgebildeten für die zeitgenössischen Betrachter_innen in jeder Beziehung zugänglich – sie konnten sich dem Blick nicht entziehen. Aber die Blicke, selbst der verschwommene Blick Delias, richten sich auch auf die Betrachter_innen (zeitgenössische wie gegenwärtige) – anders als in der Theorie des Panoptikums belegen sie, dass die Abgebildeten sich der Beobachtung bewusst waren, und die Betrachter_innen der Bilder haben nicht (oder nur sehr eingeschränkt) die Möglichkeit, sich als heimliche Zuschauer zu imaginieren. So produziert gerade der Gegenblick eine Nähe, die insbesondere dann verstören kann, wenn es sich um Bilder solch intensiver Körperlichkeit handelt.

Zealys Daguerreotypien sind fotografisch von hoher Qualität, ihre Entstehung ist gut dokumentiert: Produzent (Zealy), Auftraggeber (Agassiz) und dargestellte Personen sind nicht anonym. Der ursprüngliche Zweck der Bilder ist bekannt, das Scheitern der zeitgenössischen Absicht, nämlich Mosaikstein für den Nachweis der Polygenese zu sein, ebenfalls. Kurz: Die Bilder haben eine umfangreiche Geschichte und sind als Objekte materiell wie ideell sehr wertvoll. Heute sind sie Ikonen für das Unrecht der Sklaverei, für den brutalen Rassismus der Sklavenhaltergesellschaft; sie stehen auch für so etwas wie den inneren Widerstand der Versklavten, dafür, dass ihre Individualität nicht zerbrochen werden konnte. Auch lässt sich mit ihnen wie unter einem Brennglas der Zusammenhang zwischen *race&sex* andeuten. Es ist eine Ironie der Geschichte, dass Agassiz als Wissenschaftler eigentlich vergessen ist. Selbst zeitgenössisch war er eher aufgrund seiner Glazialforschung bekannt. Seine Überlegungen zur Polygenese des Menschen spielten außerhalb des Südens der USA kaum eine Rolle. Die Daguerreotypien, die er in Auftrag gab und gelegentlich vorführte, sind inzwischen weitaus bekannter als ihr Auftraggeber. Hier haben sich gleichsam die Machtverhältnisse verkehrt: Agassiz ist zum Anhängsel der Bilder geworden, die einst für ihn lediglich Objekte und Argument seiner Forschungen waren; sie stehen im Vordergrund, er und die Porträtierten haben ihre Bedeutung getauscht.

Querverweise

- Sander Gilman: Black Bodies, White Bodies (1985)
- *Kolonie und Heimat* (1907 ff.)
- H. W. Harnish / J. P. Barnes: *Mixed Family – Mr. Bennet (American) and Filipino Wife* (1902)

Literatur

Rogers, Molly / David W. Blight: *Delia's Tears. Race, Science, and Photography in Nineteenth-Century America*. New Haven, CT: Yale UP 2010.

Wallis, Brian: Black Bodies, White Science. The Slave Daguerreotypes of Louis Agassiz. In: *The Journal of Blacks in Higher Education* 12 (1996), S. 102–106.

John L. O'Sullivan: *Manifest Destiny* (1845)

Oder: Expansionsdiskurse, Expansionsbegehren und das Unbehagen der kontinentalen Vision

Dominik Ohrem

„Manifest destiny", so der Historiker Ephraim D. Adams im Jahr 1913, „has indeed a characteristic of American humor, – exaggeration. The Englishman defined American humor as 'merely a big lie,' – but he missed the fact that, to the American, the 'big lie' was never quite an absolute impossibility" (Adams, S. 90). Es ist das Spannungsfeld zwischen den Grenzen des Möglichen und Visionen der Grenzenlosigkeit, das in der oftmals megalomanisch anmutenden Rhetorik der *Manifest Destiny*, der „offenkundigen Bestimmung" der amerikanischen Nation, adressiert wird. Denn mit Ausnahme des Siedlungsbeginns im 17. Jahrhundert offenbarten die post-revolutionären Jahrzehnte und die frühen 1800er Jahre mehr als je zuvor ‚Amerika' als Potentialität, als einen mit Imaginationen, Fantasien und Erwartungen angereicherten Möglichkeitsraum, dessen Konturen noch unscharf und dessen Grenzen noch nicht abgesteckt waren. „We have it in our power to begin the world over again", wie Thomas Paine bereits 1776 in *Common Sense* schreibt: „A situation, similar to the present, hath not happened since the days of Noah until now. The birth-day of a new world is at hand" (Paine, S. 53). Es gehörte zu den Aufgaben des amerikanischen 19. Jahrhunderts, die Bedeutung der jungen Republik im historischen Prozess, das Verhältnis zu ihrer altweltlichen Vorgeschichte und ihre vermeintlich einzigartige Position und Bestimmung unter den Nationen der Welt zu definieren.

Diese nationale Bestimmung, so herrschte weitgehende Einigkeit, ließ sich nicht durch einen Blick in die Vergangenheit finden. Vielmehr musste die Historizität der Nation als solche dem Primat einer radikalen Zukunftsorientierung weichen: Werden, nicht Geworden-Sein, Diskontinuität und Erneuerung, nicht die Anknüpfung an europäische kulturelle und politische Altlasten standen im Vordergrund.

Die Geburt der USA als „The Great Nation of Futurity", so der wenig bescheidene Titel eines 1839 erschienenen Artikels, markiere in der Tat einen vollständigen Bruch mit den Unzulänglichkeiten der europäischen Vergangenheit und den Beginn einer neuen, besseren Geschichte. „The expansive future is our arena", so verkündet der Verfasser, der New Yorker Journalist und Herausgeber der populären *Democratic Review* John L. O'Sullivan. „We are entering on its untrodden space, with [...] a clear conscience unsullied by the past. [...] The far-reaching, the boundless future will be the era of American greatness" (S. 427). Der Artikel wagt einen utopischen Blick in eine Geschichte der Zukunft, in der den USA als Verkörperung allgemeinmenschlichen Fortschritts die Vorreiterrolle bei der friedlichen Realisierung der „moral dignity and salvation of man" (S. 430) auf Erden zufallen würde: Das amerikanische *telos* einer Entfaltung und Vervollkommnung demokratischer Ideale war damit zugleich ein welthistorisches. In seiner Berufung auf die „high destiny" und „blessed mission" (ebd.) der Republik, die Etablierung universalgültiger Freiheitsideale auch über nationale Grenzen hinaus voranzutreiben, kann der Text als Paradebeispiel exzeptionalistischen Denkens und eines quasi-imperialen Sendungsbewusstseins gelten. Doch während der von O'Sullivan zelebrierte Marsch in die „boundless future" der Republik zunächst lediglich eine *Metaphorik* der Grenzenlosigkeit bemüht, wurde dieser Topos in zeitgenössischen Debatten weniger im Sinne einer Entwicklung nationaler Potentiale über *Zeit*, sondern einer Ausbreitung der Nation im nordamerikanischen *Raum* verstanden. Amerikanische Zukunftsvisionen nahmen damit einen dezidiert kontinentalen Charakter an, der insbesondere an die kulturelle Emergenz des amerikanischen Westens als Projektionsfläche hegemonialer Imaginationen gekoppelt war. Ein weit zurückreichendes Vorsehungs- und Auserwähltheitsdenken verband sich in den ersten Dekaden des 19. Jahrhunderts mit einem in seiner Intensität neuartigen Expansionsbegehren – *Manifest Destiny* war der Name, den diese diskursiven und imaginativen Verschiebungen bekommen sollten und der zugleich zu ihrer Legitimierung beitrug.

In den 1840er Jahren stand diese kontinentale Vision immer häufiger in brisanter Wechselwirkung mit den politischen Ent- und Verwicklungen der Zeit. Es war besonders der sich zuspitzende Konflikt mit Mexiko um die Zukunft von Texas, der einen zunehmend aggressiveren Expansionismus befeuerte. Im Sommer 1845, ein Jahr bevor der Konflikt schließlich in einen durch die USA provozierten Krieg münden sollte, bezieht O'Sullivan in der *Democratic Review* in einem in militärischer Schlichtheit mit „Annexation" betitelten

Leitartikel selbst Position. Der nationalen und internationalen Opposition amerikanischer Expansionsbestrebungen wird hier der Kampf angesagt; denn diese behinderte, in den berühmten Worten O'Sullivans, „the fulfillment of our manifest destiny to overspread the continent allotted by Providence for the free development of our yearly multiplying millions" (1845a, S. 5). Mit O'Sullivans Prägung des *Manifest Destiny*-Begriffs[1] bekam seine ebenso hochtrabende wie diffuse Zukunftsvision einer demokratisch-republikanischen Weltgemeinschaft unter amerikanischer Führung einen stärker den Nerv der Zeit treffenden kontinentalen Zuschnitt. Als Erzählung der Nation ersetzte der kompromisslose Optimismus der *Manifest Destiny* die Unwägbarkeit und Kontingenz historischen Werdens durch die Unumgänglichkeit der hegemonialen Vision und ihrer Realisierung: der Deckungsgleichheit von National- und Kontinentalkörper, *body politic* und *continental body*.

O'Sullivans Denken war spätestens 1845 aber nicht nur vollends in die Expansionsdiskurse der Zeit eingebunden, sondern blieb auch von ihren rassifizierten Legitimierungs- und Rationalisierungsstrategien nicht unbeeinflusst. Wie Reginald Horsman in einem vielbeachteten Buch gezeigt hat, gewann im Verlauf der *antebellum era* eine Idee an Einfluss, nach der das weiße Anglo-Amerika als neuweltliche Inkarnation einer überlegenen ‚angelsächsischen Rasse' konstruiert wurde. Die kontinentale Expansion war damit nicht mehr nur providentiell, sondern zugleich durch eine protosozialdarwinistische Rhetorik naturgesetzlicher und historischer Progression legitimiert: göttliche Vorsehung sowie ein in ‚rassischer' Dominanz begründetes Durchsetzungsrecht gingen nun Hand in Hand. Entsprechend marschierte mittlerweile auch durch O'Sullivans Texte die „irresistible army of Anglo-Saxon emigration [...], armed with the plough and the rifle, and marking its trail with schools and colleges, courts and representative halls, mills and meeting-houses" (1845a, S. 9). O'Sullivans expansionistischer Nationalteleologie zufolge war die amerikanische Westexpansion weder mit bloßer Eroberungslust gleichzusetzen noch ein durch Volk oder Regierung bewusst in Gang gesetzter Prozess, sondern vielmehr Folge des natürlichen Gangs der Ereignisse. Der Verweis auf eine dem Expansionsprozess zugrunde liegende göttliche, natürliche oder historische Gesetzmäßigkeit war keine bloße Legitimierungsstrategie, sondern erlaubte es auch, ein grundlegendes identitäres Problem zu umgehen: das Paradox einer Nation, die sich einerseits als Erfolgsprodukt

1 Die Autorenschaft des Artikels und damit des *Manifest Destiny*-Begriffs ist allerdings nicht unumstritten (vgl. Sampson, S. 244–245).

anti-imperialen Widerstands zelebrierte, zugleich aber selbst einen imperialen Charakter anzunehmen drohte. Die Annexion von Texas war nicht nur die angeblich natürliche Konsequenz der expansiven Energien der angelsächsischen ‚Rasse' und ihrer überlegenen politischen Ideale, sondern zudem lediglich ein weiterer Schritt in einem Prozess, der alsbald auch auf das noch mexikanische Kalifornien, das von Grenzstreitigkeiten mit den Briten betroffene Oregon Country und selbst auf Kanada übergreifen würde.

Am anderen Ende der Skala ‚rassischer' Wertigkeit fand sich das durch jahrhundertelange ‚Rassenmischung' charakterisierte Mexiko, „composed of every poisonous compound of blood and color", eine „sickening mixture, consisting of such a conglomeration of Negroes, and Rancheros, Mestizos, and Indians, with but a few Castilians" (zit. n. Horsman, S. 215–216, 239). Im zeitgenössischen Phantasma des (un)reinen Blutes zeigt sich die zunehmende Verschränkung von ‚Rasse' und Sex insbesondere in Form des allgegenwärtigen Gespenstes ‚interrassischer' Sexualität. Wie Michel Foucault argumentiert hat, spielte das Wiederaufleben einer historisch weiter zurückreichenden Blutsmetaphorik in den Rassendiskursen des 19. Jahrhunderts eine wichtige Rolle bei der Genese des modernen wissenschaftlichen Rassismus und der damit einhergehenden Biologisierung von Gesellschaft, Nationalstaat und Politik. Im Übergang von einer „Symbolik des Blutes" zu einer für die Ära der Biopolitik charakteristischen „Analytik der Sexualität" mit ihrem organischen Verständnis von Populationen, deren Gesund- und Reinheit sowie Reproduktions- und Leistungsfähigkeit es gegen interne und externe Feinde zu verteidigen galt, kam dem Blutsmythos erneut eine zentrale Bedeutung zu (Foucault, S. 178). Ein toxisches Gebräu aus Blut, ‚Rasse' und Sex prägte auch die Rhetorik des mexikanisch-amerikanischen Konflikts, der in zeitgenössischen Diskursen von Beginn an als ein ‚rassischer' verstanden wurde. Die 1846 einsetzenden Kriegshandlungen wurden dabei nicht zuletzt als Gradmesser ‚rassischer' Vitalität und als Kraftprobe rassifizierter Männlichkeiten begrüßt.

Von amerikanischen Journalisten, Politikern, Soldaten oder Reisenden wurden mexikanische Männer als effeminiert, faul, schmutzig, lüstern und barbarisch, als unfähig zur geordneten Familien- und demokratischen Staatsführung sowie zur effektiven Landnutzung dargestellt (Horsman; De León). Während insbesondere letztere Argumentation auf reichhaltige Erfahrung im Umgang mit *Native Americans* zurückgreifen konnte, bildeten erstere Vorwürfe eine doppelte Legitimierung der sexuellen Begehrlichkeiten weißer Expansionisten und des territorialen Expansionsbegehrens der Nation. Mexikanische Frauen wurden dabei nicht selten zum Objekt eines lustvollen Exotismus, der die Möglichkeit einer sexuellen Liaison zwischen weißen Amerikanern und angeblich promisken Mexikanerinnen implizierte, deren sinnliche Körperlichkeit und sexuelle Freizügigkeit für amerikanische Männer in der Erotik des Fandango symbolisch verdichtet wurde (De León, S. 36–37). Obwohl bzw. gerade weil mexikanische Frauen so als moralisch verwerflicher Gegenpol zeitgenössischer Idealbilder züchtiger weißer Weiblichkeit konstruiert wurden, figurierten sie in den rassifizierten (S)Expansionsdiskursen und -fantasien der Zeit zugleich als zusätzlicher Anreiz: Denn als sich energischen Amerikanern hingebende Sexgespielinnen boten sie neben der Annexion mexikanischer Territorien im rassisch-nationalen Auftrag amerikanischen Männern darüber hinaus noch die Möglichkeit einer sexuellen „Annexion" jenseits der hegemonialen Männlichkeitsnormen, die den Umgang mit weißen Amerikanerinnen regelten (Greenberg, S. 23, 88–89). Die imaginierte Promiskuität mexikanischer Frauen verwies somit weniger auf die Erwartung aktiver oder gar aggressiver weiblicher Sexualität und Handlungsmacht als auf eine Vorstellung passiv-rezeptiver Lustobjekte. Ebenso wie die fruchtbaren, ‚jungfräulichen' und ihre Zivilisierung erwartenden Landschaften des Westens waren dabei gemäß zeitgenössischer Vorstellung scheinbar auch Mexikanerinnen ihrer ‚offenkundigen Bestimmung' im amerikanischen Expansionsprozess unterworfen.

Allerdings verschafften sich im Stimmengewirr zeitgenössischer Rassenobsessionen auch jene Gehör, die im exzessiven Expansionsbegehren der Nation trotz der angeblichen Überlegenheit ‚angelsächsischen Blutes' die Gefahr ‚rassischer Degeneration' sahen. Denn, so die Befürchtung, durch den andauernden Kontakt und die ‚Amalgamierung' mit ‚rassisch minderwertigen Populationen' könnte der Triumph territorialer Expansion in der Katastrophe einer schleichenden Zersetzung rassisch-nationaler Kräfte enden. Dieses für die Diskurse und Praktiken der *Manifest Destiny* sowie für siedlerkolonialistische Expansion im Allgemeinen charakteristische Dilemma von (‚rassisch') unerwünschten Populationen auf äußerst erwünschtem Land zeigt sich etwa in den bio- bzw. ‚blutspolitisch' geprägten Debatten über eine Annexion Gesamt-Mexikos. Denn die Biologisierung der Politik territorialer Expansion unter dem Vorzeichen einer phantasmatischen Kalkulation ‚rassischer' Reinheits- und Reproduktionsbedingungen verlangte, dass die Ausbreitung im kontinentalen Raum keinesfalls auf Kosten der vermeintlichen ‚rassischen' Homogenität und Überlegenheit der Nation stattfinden durfte. Während die radikalen Expansionisten des *All Mexico Movement* zuversichtlich waren, dass die sexuelle Verbindung zwischen Amerikanern und Mexikanerinnen mit der Zeit zu einer vollständigen Absorbierung der ‚mexikanischen Rasse' ohne eine nachhaltige Verunreinigung einer vermeintlichen (und vermeintlich dominanten) angelsächsischen Blutslinie führen würde, erlangte die Bewegung nie die Unterstützung der Mehrheit (Greenberg, S. 26). Die Annexion von Texas, eine unabhängige und mittlerweile dominant anglo-amerikanische Republik mit einer überschaubaren Bevölkerung, war begrüßenswert, die rassisch-nationale Inkorporation der südlicheren und oft dicht mit nicht-weißen Körpern bevölkerten Regionen hingegen barg ein zu hohes ‚Kontaminationsrisiko'.

O'Sullivan selbst konnte sich als enthusiastischer, aber auch entschieden pazifistischer Expansionist mit der kriegstreiberischen und aggressiv rassistischen Rhetorik der 1840er Jahre zunächst nur wenig anfreunden. In der Tat finden sich selten explizit rassi(sti)sche Argumente in seinen Texten der 1830er und 1840er Jahre. Während O'Sullivan seine zugleich nationalistische und kosmopolitische Zukunftsvision in „The Great Nation of Futurity" völlig ohne das Rassenkonzept artikuliert, wirkt selbst „Annexation" zurückhaltend in seiner Darstellung Mexikos, und seine Betonung des amerikanischen Expansionsrechts wird weniger ‚rassenhierarchisch', als diffus providentiell sowie durch Bezug auf die Überlegenheit des amerikanischen politischen Systems begründet. O'Sullivans radikaler Nationalismus hinderte ihn auch nicht daran, die amerikanische Politik gegenüber Mexiko als rücksichtslos und undiplomatisch zu kritisieren, eine Politik, die leichtfertig eine Zukunft verspielt habe, in der Mexiko und die USA in enger und freundschaftlicher Beziehung gegen europäische Interventionen hätten verbunden sein können (1845a, S. 6). Schimmern durch O'Sullivans Vision amerikanischer kontinentaler Hegemonie also Momente einer trans- bzw. ‚interrassischen' Kontinentalgemeinschaft? Andere Passagen lassen dies zweifelhaft erscheinen. So beschreibt O'Sullivan Mexiko in einem weiteren Artikel in äußerst zeitgeistiger Rhetorik als „substantially below our national average both in purity and intelligence" und als „semi-barbarous people, who are yet ignorant of the very elements of the science of political government" (1845b, S. 245–246). O'Sullivan scheint die Befähigung zu Demokratie und politischer Selbstbestimmung klar an ‚rassische' Fähigkeiten und Kapazitäten zu koppeln, die der mexikanischen Nation ebenso abgesprochen werden wie *African Americans* und anderen nicht-weißen Gruppen in- und außerhalb US-amerikanischer Grenzen. Wie in anderen zeitgenössischen Repräsentationen wird Mexiko dabei oft als mehr oder weniger handlungsohnmächtiger, arg- und wehrloser Spielball europäischer imperialer

Interessen oder als zu rationaler Politik unfähig dargestellt. Das Fehlen explizit rassistischer Rhetorik in den meisten von O'Sullivans Texten darf deshalb weder zu der Annahme verleiten, dass sich seine politischen Ideale irgendwie in einer von den Rassendiskursen der Zeit abgeschirmten Blase entwickeln konnten noch dass sie ohne Anbindung an bzw. Vereinnahmung durch diese Diskurse artikuliert und rezipiert werden konnten. Vielmehr sollte von dem implizit rassifizierten Charakter auch vermeintlich neutraler politischer Konzepte wie ‚democracy' oder ‚equality' ausgegangen werden – Konnotationen, die im zeitgenössischen Kontext vermutlich selten weiterer Explizierung bedurften.

Scheinbar zurückhaltend zeigt sich O'Sullivan auch in Bezug auf die brisante und häufig kommentierte Verbindung zwischen territorialer Expansion und der Zukunft des Sklavereisystems. Die von Frederick Douglass herausgegebene *North Star* und andere abolitionistische Publikationsorgane verurteilten nicht nur häufig den militanten Expansionismus der Zeit, sondern warnten insbesondere vor der Gefahr einer Ausweitung der Sklaverei durch die Aufnahme neuer *slave states* in die Union als Resultat der Westexpansion. O'Sullivans kontinentale Vision hingegen sollte von sektionalen Spannungen möglichst unberührt bleiben und keinesfalls in diese Debatten hineinzogen werden. Ein Vergleich mit einer anderen eminenten Figur der Geschichte amerikanischer Westexpansion drängt sich auf: Ähnlich wie O'Sullivan sollte rund 50 Jahre später auch Frederick Jackson Turner die Genese der amerikanischen Nation qua territorialer Expansion beschreiben. Auch bei Turner funktioniert dabei die Reproduktion weißer Suprematie weniger mittels der Markierung ‚minderwertiger Rassen' gegenüber einer überlegenen ‚angelsächsischen Rasse' als durch den stillen Ausschluss nicht-weißer Gruppen aus dem Spektrum sichtbarer, handlungsmächtiger Akteure.

War *Manifest Destiny* ein bloßer „euphemism for an aggressive, masculine, violent, and racist program of territorial expansionism" (Gross, S. 61)? Eine solche Charakterisierung ist sicherlich zu einfach, denn erstens war *Manifest Destiny* kein einer zentralen Deutungshoheit unterliegendes politisches Programm, sondern selbst in seiner engeren territorial-kontinentalen Fassung der 1840er Jahre ein durchaus heterogener Diskurs- und Imaginationsraum, der zwar den politischen Prozess maßgeblich prägte, aber nie die Form einer konkreten Agenda annahm. Für Ephraim D. Adams war das ‚Ideal' der *Manifest Destiny* auch deshalb so wirkmächtig, weil es nicht auf ein (geo)politisches, ökonomisches oder anderweitiges Kalkül reduziert werden konnte, sondern eine diffuse, aber bedeutende affektiv-emotionale

Komponente beinhaltete: eine „emotion of territorial greatness“ und „genuine passion for expansion“ (Adams, S. 75, 78). Dieses Expansionsbegehren konnte ein durchaus dynamisches Eigenleben entwickeln, das mitunter im Widerspruch zu den politischen Bestrebungen der Zeit stand. Wie etwa das von Robert E. May untersuchte *filibustering* der 1850er Jahre verdeutlicht, lagen ein in nationale Bahnen gelenktes Expansionsbegehren und wilder, rhizomatischer Expansionsexzess mitunter nahe beieinander. Zweitens war die Rolle von *race* um einiges komplexer und widersprüchlicher als obige Definition impliziert. Die *All Mexico*-Debatte verdeutlicht die grundlegende Ambivalenz der *Manifest Destiny*, deren triumphalistische Vision in ihrem Oszillieren zwischen territorialen und rassisch-sexuellen Eroberungsfantasien auf der einen Seite und der Angst vor ‚rassischer Degeneration‘ auf der anderen immer von einem Unterstrom aus Ängsten und Unsicherheiten begleitet und von dem bedrohlichen Begehren gerade jener Körper heimgesucht wurde, die zur Materialisierung amerikanischer Hegemonie im kontinentalen Raum beitragen sollten. Während die Rassifizierung des mexikanisch-amerikanischen Konfliktes einerseits die Aufheizung desselben bewirkte, war es ironischerweise gerade der emergente Bio-Rassismus der Zeit, der dazu beitrug, dass Mexiko vor einem weiteren Ausgreifen der USA bewahrt blieb. Allerdings waren es weniger zeitgenössische Rassendiskurse allein, sondern vor allem die zunehmende biopolitische Verschränkung von *race&sex*, die in diesem Zusammenhang von Bedeutung ist. Denn diese bildete die Grundlage einer *Biologie* territorialer Expansion, in der die Bewegungen, Praktiken und (sexuellen) Interaktionen individueller Körper im Expansionsprozess immer auf die vermeintliche Gesund- oder Krankheit, die Homogenität und Reproduktionskraft des Bevölkerungskörpers rückbezogen wurden. In ihrer Verbindung mit biologistischen Rassendiskursen funktionierte die *Manifest Destiny* damit auch als eine Art kontinentale Biopolitik, bei der die angestrebte Hegemonie der ‚angelsächsischen Rasse‘ nicht durch die bloße Aneignung von Territorium, sondern in ständiger Wechselwirkung mit der Regulierung von Populationen nach imaginierten ‚rassischen‘ Kriterien hergestellt bzw. aufrechterhalten werden musste. Nicht zuletzt war die Furcht vor ‚Rassenmischung‘ und ‚Kontamination‘ dabei auch eine implizite Anerkennung, dass der glatte, weiße *Anglo Saxonism* der Westexpansion lediglich ein Wunschtraum war, der mit den Uneindeutigkeiten und vielförmigen Grenzüberschreitungen territorialer Expansion wenig gemein hatte.

Querverweise

- Ann Laura Stoler: *Race and the Education of Desire* (1995)
- Gloria Anzaldúa: *Borderlands / La Frontera: The New Mestiza* (1987)
- John Ford: *The Searchers* (1956)
- James F. Cooper: *The Last of the Mohicans: A Narrative of 1757* (1826)
- *Civilization Fund Act* (1819)

Literatur

Adams, Ephraim Douglass: *The Power of Ideals in American History*. New Haven: Yale UP 1913.

De León, Arnoldo: *They Called Them Greasers. Anglo Attitudes toward Mexicans in Texas, 1821–1900*. Austin: University of Texas Press 1983.

Foucault, Michel: *Sexualität und Wahrheit I. Der Wille zum Wissen* [1976]. Frankfurt am Main: Suhrkamp 1983.

Greenberg, Amy S.: *Manifest Manhood and the Antebellum American Empire*. Cambridge: Cambridge UP 2005.

Gross, Jeffrey: Boyish Play and Manifest Destiny. The Transition from Civilizer to Killer in America and Abroad. In: *South Atlantic Review* 73,2 (2008), S. 59–80.

Horsman, Reginald: *Race and Manifest Destiny. The Origins of American Racial Anglo-Saxonism*. Cambridge: Harvard UP 1981.

May, Robert E.: *Manifest Destiny's Underworld: Filibustering in Antebellum America*. Chapel Hill: The University of North Carolina Press 2002.

O'Sullivan, John L.: The Great Nation of Futurity. In: *The United States Magazine and Democratic Review* 6,23 (1839), S. 426–430.

—: Annexation. In: *The United States Magazine and Democratic Review* 17,85 (1845a), S. 5–10.

—: Territorial Aggrandizement. In: *The United States Magazine and Democratic Review* 17,88 (1845b), S. 243–248.

Paine, Thomas: Common Sense. In: Mark Philp (Hrsg.): *Rights of Man, Common Sense and Other Political Writings*. Oxford: Oxford UP 1995, S. 1–59.

Sampson, Robert D.: *John L. O'Sullivan and His Times*. Kent: Kent State UP 2003.

Turner, Frederick Jackson: The Significance of the Frontier in American History. In: Ders.: *Frontier and Section. With an Introduction by Ray Allen Billington*. Englewood Cliffs: Prentice-Hall 1961, S. 37–62.

James F. Cooper: *The Last of the Mohicans. A Narrative of 1757* (1826)
Oder: Koloniale Körper, blutüberströmt: Siedlungslust und Siedlungshorror

Frank Kelleter

Alles doppelt. Magua und Uncas. Munro und Montcalm. Alice und Cora. Weiße und Indianer. Edle Wilde und mordlustige Barbaren. Amerikaner und Europäer, Briten und Franzosen, Männer und Frauen. Wie es sich für eine imperiale Fantasie gehört, gibt es in diesem Roman keine Position ohne Widerpart – und keinen Widerpart, der bei näherem Hinsehen nicht wie ein fataler Doppelgänger seines Gegenteils aussieht. Mit einer Ausnahme: Natty Bumppo, der hier noch nicht Lederstrumpf heißt, sondern Hawk-eye. Diese Figur ist das vielleicht nachhaltigste Geschenk Amerikas an die Mythologie westlicher Kulturen: der weiße Mann, der sich von der Zivilisation verabschiedet, ohne seine Herkunft zu verleugnen; der Eroberer, der eine Neue Welt nicht etwa unterwirft, das fremde Land nicht vergewaltigt, sondern ihm gerecht zu werden verspricht und trotzdem der Fremdheit des Fremden nicht verfällt. Coopers weißer Idealamerikaner ist ein Pfadfinder im Wortsinn: einer, der sich durch die Wildnis bewegt „like a man who expected, at each step, to discover some object he had formerly known" (S. 613). Ohne selbst zum Indianer zu werden, ist Natty im unbesiedelten Raum doch heimisch – und bereitet damit dessen Kolonisierung vor. Er ist es, der den Weg bahnt für die Umwandlung Amerikas in Kulturlandschaften, in denen er selbst nicht mehr wird leben können. Sein indianischer Vertrauter, Chingachgook, ist dabei weniger Gegenpol als notwendige Voraussetzung der außergewöhnlichen kulturellen Zwischenposition des weißen Waldläufers.

Die Attraktivität dieser Figur für die imperiale Imagination ist immens. Mit Natty und seinen zahlreichen populärkulturellen Wiedergängern bis hin zu Karl Mays Old Shatterhand und darüber hinaus kann sich Kolonialismus über sich selbst entsetzen und doch moralisch überlegen fühlen. Diese

Figuren, zusammen mit ihren eingeborenen Gewährspersonen, zeigen euroamerikanische Weltbegegnungen, die von Respekt und Verständnis für das Andere geprägt sind und dennoch keinen Zweifel lassen an der Berechtigung des Eigenen und seiner machtvollen geographischen Ausbreitung. Es sind Figuren, die den tiefen Wunsch herrschender Zivilisationen zum Ausdruck bringen, von ihren Opfern akzeptiert, ja sogar geliebt zu werden.

In *The Last of the Mohicans* ist Natty damit immer beides zugleich: authentischer Indianerversteher und authentischer Indianerhasser. Die fieberhaften Doppelungen der Figurenkonstellation bringt er auf eine einfache kulturrelativistische Formel: „Every story has its two sides" (S. 502). So nimmt er die Indianer konstant gegen die Vorurteile britischer Soldaten in Schutz und erklärt seinen amerikanischen Landsleuten, dass die Ureinwohner nach Wertvorstellungen leben, die den Anforderungen der Neuen Welt besser entsprechen als alle zivilisatorischen Kultivierungsideale. Kulturhermeneutik – die Kunst des Fremdverstehens – entsteht hier auch als Nebenprodukt euroamerikanischer Expansion. Jede Geschichte hat zwei, hat viele Seiten: In ähnlicher Weise wird sich 25 Jahre später Herman Melvilles Erzähler Ishmael (aus *Moby Dick*) ins wilde Denken Queequegs einfühlen, um sich dem Kannibalen fortan in homoerotischer Männerfreundschaft verbunden zu fühlen. Empathie wird so zum Standardmotiv reiselustiger Kolonialromantik: Nicht zufällig gehört das Sich-Hineinversetzen bis heute zur Grundausstattung westlicher, zumal amerikanischer Fiktionstheorien. Erzählen von fremden Erfahrungswelten, heißt es dort in unzähligen Varianten, erlaube Selbstüberwindung ohne Selbstverlust. Im 19. Jahrhundert antwortet diese gefällige Selbstbeschreibung der Literatur auch auf das merkwürdige, historisch einigermaßen neuartige Gefühl, sich dort zu befinden, wo man befürchtet, gar nicht hinzugehören.

Die interpretationsfreudige Seite kolonialer Weltimagination findet ihre spiegelbildliche Entsprechung in der Furcht vor einer Überwältigung durch das Andere, dem Grauen der Vermischung, dem Zwang zur Grenzziehung. Drastisch wie selten zeigt sich in Coopers Figur des Pfadfinders, wie Mitgefühl und Rassismus im 19. Jahrhundert als zwei Seiten einer Medaille auftreten können. Denn Natty ist nicht nur der wissende Fürsprecher und einfühlsame Deuter indianischer Lebensart, sondern auch der strikteste Exekutor kultureller Unterscheidungen im Roman. Unermüdlich, mit stupender Besessenheit, verweist er auf seine ‚Reinrassigkeit'. Nicht selten spricht er diese Beteuerung in der dritten Person aus, als ob es ihm um die Sicherung eines externen Objektes ginge: Er sei „a man, who, his very enemies will own, has no cross in his blood, although he may have lived with the red skins long enough to be suspected!" (S. 507)

Ausgerechnet der Kulturrelativist beglaubigt damit die Aufspaltung des Cooperschen Indianerbildes in zwei absolute Fantasiegestalten. Mohikaner und Mingos stehen sich wie unvereinbare Extreme gegenüber und sind doch korrespondierende Versionen einer einzigen schuldbelasteten Fremdheitserfahrung: Auf der einen Seite stoische, anmutige Krieger, die ihrem unvermeidlichen Verschwinden mit antiker Würde entgegensehen; auf der anderen Seite hinterlistige und unversöhnliche Intriganten, ihrerseits von blindem Rassenhass getrieben. Auf der einen Seite also die der weißen Kultur zugewandte Seite des Ureinwohners – der Freund im Fremden, den man auch deshalb herbeiwünscht, damit er in seine Enteignung einwilligt –; auf der anderen Seite der Ureinwohner als das Monster, das auf brutale Verdrängung mit noch brutalerer, weil wesensnatürlicher Wut reagiert und genau deshalb kollektiv vernichtet und tiergleich ausgerottet werden muss. „Extarminate [*sic!*] the varlets!" (S. 598), rät Natty Bumppo aufgebracht, doch erkenntnisgestützt, denn besser als sonst einer weiß er, dass schlechte Indianer nie zu guten werden können: „A Mingo is a Mingo, and God having made him so, neither the Mohawks nor any other tribe can alter him" (S. 513). Kein Wunder, dass einzelne Schurkenfiguren im Roman regelrecht übertötet werden müssen, als wären sie Dämonen, mit deren postmortaler Rückkehr jederzeit zu rechnen ist: „the tomahawk of Heyward, and the rifle of Hawk-eye, descended on the skull of the Huron, at the same moment that the knife of Uncas reached his heart" (S. 599). Als tragische Entsprechung zu dieser Szene rammt zum Ende der Erzählung der diabolische Magua dem edlen Mohikaner Uncas das Messer dreimal ins Herz.

Magua, der Prototyp des bösen Indianers, ist das Schreckbild, das sich die imperiale Imagination von ihren eigenen Folgen malt. So wie Thomas Jefferson sich nicht vorstellen konnte, dass befreite Sklaven darauf verzichten würden, blutige Vergeltung zu nehmen (weshalb er die Rücksiedlung emanzipierter Schwarzer nach Afrika empfahl), so unterlegt auch Coopers Roman der Niedertracht seines Schurken ein eindeutiges, durchaus realistisches Motiv: Magua wurde von Colonel Munros Truppen erniedrigt, mit Alkohol gefügig gemacht, wie ein Hund geschlagen. Seine Rachepläne zielen deshalb auf die Wiederherstellung einer vergewaltigten Männlichkeit: Er will Munros Tochter Cora zu seiner Frau und Sklavin machen, um so Erniedrigung mit Erniedrigung zu bezahlen. Cora, eine von zwei weiblichen Hauptfiguren, erkennt in diesem Ansinnen Rassismus – „am I answerable that thoughtless and unprincipled men exist, whose shades of countenance may resemble mine?" (S. 587) –, empfindet die Vorstellung einer sexuellen Beziehung zu Magua selbst aber vor allem als eines: widernatürlich.

Die neurotischen Spiegelungen des Romans bescheren auch dieser Abscheu ihr passendes Pendant. Die Vermischung fremdartiger Körper – roter Mann und weiße Frau – ist in *The Last of the Mohicans* ekelerregend und lustbesetzt zugleich. Während Alice, Coras blonde Schwester, als Typus der zerbrechlichen und schutzbedürftigen Jungfrau auftritt – jener Figur also, deren drohende Schändung bis ins 20. Jahrhundert hinein der bürgerlichen Erzählkultur ihre vielleicht größte Angstlust bereitet –, weiß sich die dunkelhaarige Cora recht gut gegen männliche Indianerkörper zur Wehr zu setzen, eben weil sie ihnen in merkwürdiger Weise zugetan ist. In einer frühen Szene des Romans werden beide Frauen vom Anblick eines viril an ihnen vorbeirauschenden Wilden aufgeschreckt; der zarten Alice entfährt, wie so oft, ein verstörter Schrei, aber Cora entblößt ein tieferes Interesse:

> [A] slight exclamation proceeded from the younger of the females, as the Indian runner glided by her, unexpectedly [...]. Though this sudden and startling movement of the Indian, produced no sound from the other, in the surprise, her veil also was allowed to open its folds, and betrayed an indescribable look of pity, admiration and horror, as her dark eyes followed the easy motions of the savage. (S. 488)

Mitgefühl, Erschrecken und Faszination im unwillkürlich mitgezogenen Blick: Coras vieldeutige Haltung hat mit ihrer eigenen äußeren Erscheinung zu tun, ihrem dunklen Haar und ihrer Hautfarbe, die, wie der Erzähler rasch versichert, zwar nicht „brown“ sei, aber eben doch „of the rich blood, that seemed ready to bursts its bounds“ (S. 488). Wenig überraschend interessiert sich Cora dann auch für Uncas – und er sich für sie. Wäre eine Verbindung mit Magua einfach nur pervers, kann sich der Roman die Liebe der stolzen Britin zum edlen Wilden durchaus vorstellen. Aber das nicht ohne Weiteres: Der Grund für Coras heimliches Verlangen wird deutlich, als ihr Vater erklärt, dass Coras Mutter keine ‚reinrassige‘ Weiße war, sondern Tochter eines Gentleman aus den West Indies, „whose misfortune it was, if you will, ... to be descended, remotely, from that unfortunate class, who are so basely enslaved to administer to the wants of a luxurious people!“ (S. 653). In Munros verklausulierten Worten, mit ihren fast parodistischen Einschränkungen und Aufschüben einer alten Rassentragödie, zeigt sich die begehrliche Schamhaftigkeit des Romans selbst.

Wiederholt exkulpiert sich Coopers Erzählung damit von einem Rassismus, den sie zugleich mit jeder narrativen Entscheidung vertieft. Munros Geständnis fällt bezeichnenderweise in einem Gespräch mit seinem künftigen Schwiegersohn Duncan Heyward, den Munro verdächtigt, Cora zwar zu lieben, sie aber aufgrund ihrer zweifelhaften ethnischen Herkunft nicht zur Frau nehmen zu wollen: „You scorn to mingle the blood of the Heywards with one so degraded—lovely and virtuous though she be?“ (S. 654) Wie in einer Verwechslungskomödie liebt der jugendliche Held jedoch Alice und kann Munros Unterstellung deshalb guten Gewissens von sich weisen: „Heaven protect me from a prejudice so unworthy of my reason!“ (S. 654) So entschuldigen die Figuren des Romans dessen Figurenkonstellation – geradezu eine Urszene der amerikanischen Populärkultur, wo Charaktere sich mit Vorliebe als selbstverantwortliche Menschen präsentieren, die über alle Fragen kultureller Repräsentation, aus denen heraus sie ihre Realität empfangen, erhaben sind. (Vielleicht kann man hier schon Figuren wie den afroamerikanischen General aus *The West Wing* sehen, der seinem weißen Präsidenten versichert, dass er andere Probleme habe, als über die geringe Anzahl schwarzer Kollegen im Personal der Fernsehserie nachzudenken.)

Die Figurenkonstellation in *The Last of the Mohicans* lässt aber nur eine Liebe zwischen Heyward und Alice zu, während Uncas und Cora allenfalls als Leichen vereinbar sind, Seite an Seite beerdigt. Die Finalität dieser narrativen Ankunftsszenen (Ehe, Tod) ergibt sich aus den wirren Wandlungen des kolonialen Körperreigens selbst, die der Roman zum Schluss genüsslich fast wie in einer Shakespeare-Komödie ausmalt. Eigentlich alle Figuren tragen nun Masken, verkleiden sich ständig, tauschen konstant Identitäten aus, spielen unterschiedliche Rollen, um aus Lebensgefahr zu entfliehen. Sogar die Grenze zwischen Mensch und Tier wird überschritten, als sich Natty und Uncas nacheinander als Bär verkleiden. Dass britischer und indianischer Held auf analoge Namen hören – Duncan/Uncas – erscheint plötzlich folgerichtig und erweist sich am Ende doch als unhaltbar. Wo die gewünscht-gefürchtete Hybridisierung tatsächlich stattfindet, setzt sie nämlich den Tod derer voraus, die zueinander finden sollen: Im nächsten Lederstrumpf-Roman, *The Prairie* von 1827, dessen Handlung 47 Jahre nach *The Last of the Mohicans* spielt, lernen wir den Enkel von Alice und Duncan kennen, und erst in seinem Namen scheint das Versprechen einer indianisch-britischen Zusammenkunft postmortal eingelöst: Er heißt Captain Duncan Uncas Middleton.

Wäre das alles erzählbar, ohne den Mittler, den Pionier, der Fremdes männlich zum Eigenen zu formen? Cooper weiß, dass dem Akt des Geschichtenerzählens selbst etwas Gefühlvolles, Weiches, Unentschlossenes anhaftet – und wohl deshalb nähert er die Perspektive seines Erzählers bisweilen derjenigen Hawk-eyes an, trotz aller zivilisatorischen Vorbehalte. Romane, heißt es im Vorwort, seien ja eigentlich etwas für „the more imaginative sex“ (S. 469). Wie so viele amerikanische Erzählwerke des 19. Jahrhunderts positioniert sich *The Last of the Mohicans* ausdrücklich gegen diese Assoziation. Zum einen, indem der Roman sich schon im Untertitel als *A Narrative of 1757* ankündigt – als historischer Roman also, in dem es nicht um sentimentale Hirngespinste geht, sondern um einen prärevolutionären Krieg, der 70 Jahre in der Vergangenheit liegt –, zum anderen, indem er von Dingen berichtet, die dazu geeignet sind, zarten Damen, Junggesellen und Pfarrern das Fürchten zu lehren, wie das Vorwort betont. So werden alle Vertreter eines vergeistigten oder vornehmen Lebensstils, vor allem aber „young ladies, whose ideas are usually limited by the four walls of a comfortable drawing room" (S. 472) gleich eingangs vor den Schrecken gewarnt, die die koloniale Wildnis außerhalb sicherer Zivilisationsroutinen bereit hält.

Zum Objekt amerikanischer Begierden wird das Indianerleben hier auch deshalb, weil mit ihm Amerikas Distanz zu britischer Verweichlichung greifbar wird. In einer vielsagenden Geste, die Coopers Kulturideal nicht nur gegen begehrtgefürchtete Ureinwohner, sondern auch gegen europäisches Raffinement abgrenzt, berichtet der Roman früh im ersten Kapitel, was geschieht, wenn sich Siedlungsgesellschaften von den Gefahren der Siedlungsexistenz erzählen. Geschichten von Indianerangriffen sind nichts für schwache Nerven: „the blood of the timid curdled with terror, and mothers cast anxious glances even at those children which slumbered within the security of the largest towns" (S. 482). In diesen Worten offenbart die Erzählung ihre eigenen ästhetischen Ambitionen, denn *The Last of the Mohicans* möchte einer ganz und gar männlichen – einer post-europäischen, auch antibürgerlichen – Lebenshaltung zum Ausdruck verhelfen.

Wo die hartgesottene Thematik des Romans zarte, weibliche, europäisierte Seelen um den Schlaf bringt, scheint sich eine hartgesottene Nation ihrer eigenen Realität zu versichern. Das Amerika dieser Fiktion sieht sich geboren aus einer handgreiflicheren Wirklichkeit als sie bücherlesenden und bibelfesten Zivilisationen bekannt ist: „‚Book!' repeated Hawk-eye, with singular and ill-concealed disdain, ‚do you take me for a whimpering boy, at the apron string of one of your old gals […] Book! what have such as I, who am a warrior of the wilderness, though a man without a cross, to do with books!'" (S. 604). Die wahre Nation, von der *The Last of the Mohicans* träumt, liegt irgendwo da draußen, jenseits der Befestigungen, Bibliotheken und Kirchen, die gegen primitive Ureinwohner errichtet wurden. Zwar sehen Coopers Lederstrumpf-Erzählungen den europäischen Geist am Ende über derbe Hinterwäldler siegen – und auch der wissende, rhetorisch gepflegte Erzählton vermeidet jeden

Anschein eines stilistischen „going native“. Doch die narrativen Effekte dieser Romane bereiten bereits amerikanische Selbstbeschreibungen vor, in denen das Ausgesetzt-Sein, die Herausforderung, das Durchhalten, das Überleben, die kurz entschlossene Tat, die Wandlung zum Harten, Unmissverständlichen und Gewalttätigen als ideologische Default-Position dient.

Erzählungen, denen daran liegt, ein verzärteltes Publikum zu schockieren, haben sich über dieses Publikum wohl schon längst erhoben. Mit seinen dreifach getöteten Wilden und der bemerkenswert grausamen Passage, in der ein Indianer einer Siedlerin das Baby aus dem Armen reißt und dessen Kopf an einem Felsen zertrümmert, feiert sich die Ästhetik des Romans letztlich selbst als maskulin, amerikanisch, wirklichkeitsmutig. Die drastische Romantik solcher Gewaltausbrüche ist sicherlich keine Erfindung der amerikanischen Literatur, aber in erstaunlich vielen späteren Erzähl- und Zeigewerken der US-Kultur wird sich diese Szene wiederholen: zerspringende Schädel, spritzende Gehirnmasse, Fluten von Blut. Als ginge es darum, zu beweisen, dass solche Beschreibungen einem standhaften, unverschleierten Realitätssinn entspringen, zeigt *The Last of the Mohicans* – so deutlich es einer europäisch kultivierten Erzählstimme eben möglich ist –, was menschliche Körper einander antun, wenn sie in ungesicherten Landschaften aufeinander treffen. Das Ergebnis ist, bis heute, Siedlungshorror:

> Death was every where, and in his most terrific and disgusting aspects. Resistance only served to inflame the murderers, who inflicted their furious brows long after their victims were beyond the power of their resentment. The flood of blood might be likened to the outbreaking of a torrent; and as the natives became heated and maddened by the sight, many among them even kneeled to the earth and drank freely, exultingly, hellishly, of the crimson tide. (S. 672)

Die populäre Erzählung malt sich aus, wie fürchterliche Landesbewohner die Kontrolle verlieren und Amerikas blutige Wirklichkeit offenbaren, aber eigentlich erzählt der Roman hier von sich selbst.

Querverweise

- Tzvetan Todorov: *Die Eroberung Amerikas* (1982)
- John Ford: *The Searchers* (1956)
- John L. O'Sullivan: *Manifest Destiny* (1845)
- *Civilization Fund Act* (1819)
- Mary Rowlandson: *The Sovereignty and Goodness of God* (1682)
- John Smith: *Generall Historie of Virginia* (1624)

Literatur

Cooper, James Fenimore: *The Leatherstocking Tales*, Bd. 1, hrsg. v. Blake Nevius. New York: Library of America 1985.

Civilization Fund Act (1819)
Oder: *race & sex* und die ‚Zivilisierung des Indianers'

Hanno Scheerer

Der *Civilization Fund Act* von 1819 war der vorläufige Höhepunkt einer Indianerpolitik des US-amerikanischen Nationalstaates, deren Anfänge bis in die 1780er Jahre zurückreichen. Das Gesetz sah vor, die indigenen Völker Nordamerikas vor „further decline and final extinction" zu schützen, indem Geld für ihre Anpassung an die „habits and arts of civilization" bereitgestellt wurde. Dies sollte über zwei Maßnahmen geschehen: Zum einen sollten Personen „of good moral character" abgestellt werden, welche ‚die Indianer' in die Landwirtschaft einführen. Zum anderen sollte ihren Kindern Lesen, Schreiben und Arithmetik beigebracht werden. Der Präsident der USA war dazu autorisiert, über die genaue Vergabe der Mittel in Höhe von 10.000 Dollar pro Jahr zu entscheiden (Prucha, S. 33).

Diese Maßnahmen klingen zunächst harmlos und spiegeln den ernsthaften Willen aufklärerischer Politiker der frühen amerikanischen Republik wider, die indigene Bevölkerung vor ihrer Vernichtung zu retten. Tatsächlich war der *Civilization Fund Act* jedoch ein Grundpfeiler früher Indianerpolitik, die mit Michel Foucault unter dem Machtmechanismus der Disziplin und der politischen Form der Bio-Politik subsummiert werden kann. Das Gesetz von 1819 verfolgte nämlich eine paradoxe Logik: Erhalt durch Zerstörung. Die Körper der indigenen Bevölkerung Nordamerikas sollten erhalten werden, indem ihre Lebensweisen und kulturellen Besonderheiten zerstört wurden. Am Ende sollte ihre vollständige Integration in die weiße, protestantische, anglo-amerikanische Siedlergesellschaft stehen. Die indigene Bevölkerung sollte normalisiert werden und nicht mehr als kulturell und sozial eigenständige Gruppe erkennbar sein. ‚Rasse', Sexualität und insbesondere Geschlecht als soziale Kategorien spielten in der Formulierung, Implementierung und im Scheitern dieser

offiziell als Zivilisierungspolitik bezeichneten Umerziehung ‚des Indianers' eine Schlüsselrolle.
Die destruktive Indianerpolitik des frühen neunzehnten Jahrhunderts war paradoxerweise die Folge eines festen Glaubens der amerikanischen Aufklärung an Monogenese – der Theorie, dass alle Menschen auf der Welt den gleichen Ursprung hatten und somit grundsätzlich einer einheitlichen ‚menschlichen Rasse' entsprangen. Unterschiede in Aussehen und sozialer Organisation der verschiedenen Gruppen von Menschen auf der Welt wurden natürlichen Umständen wie dem Klima zugeschrieben, und es wurde angenommen, dass sie sich durch bewusste Maßnahmen ‚ausmerzen' ließen.
Dieses optimistische Menschenbild hatte jedoch seine Grenzen. Konfrontiert mit der Realität der immer stärker rassistisch untermauerten Sklaverei in den amerikanischen Südstaaten äußerten aufklärerische Denker und Politiker wie Thomas Jefferson (in seinen *Notes on the State of Virginia*) ihre Vermutung („suspicion"), dass ‚Schwarze' tatsächlich einer vollständig anderen ‚Rasse' angehörten und in ihren „endowments both of body and mind" inhärent minderwertig gegenüber der ‚weißen Rasse' seien. Derartig offen rassistische Äußerungen waren zwar eher ungewöhnlich für die Zeit der amerikanischen Aufklärung, doch ein Glaube an die tiefgründige Andersartigkeit der versklavten Afrikaner war in der frühen Republik dennoch virulent. Interessanterweise bestand ein solcher Glaube kaum bezüglich der indigenen Bevölkerung. ‚Die Indianer', so Jefferson, seien vollständig gleichwertig mit Weißen in ihrer „vivacity and activity of mind", und alle ihre angeblichen Minderwertigkeiten seien eher einem Mangel an Bildung und Zivilisation, als einer angeborenen Unterlegenheit zuzuschreiben (Jefferson, S. 64, 68, 150–151).
In solch einer Taxonomie der ‚Rassen' war ein ethnozentrischer ‚kolonialer Blick' von entscheidender Bedeutung. Indigene und afroamerikanische Körper wurden einer rigiden Beobachtung unterzogen und in eine bipolare Dichotomie aus ‚schön' und ‚hässlich' eingeordnet. ‚Schwarze', so Jefferson, hätten nicht nur krauses Haar und weniger Körperbehaarung, sondern seien auf Grund ihrer Hautfarbe allgemein weniger schön als ‚Weiße'. Zwar wurde auch der indigene Körper einem kolonialen Blick unterzogen, doch dieser Blick stellte weniger die Unterschiede, als die Gemeinsamkeiten zwischen der indigenen und der euroamerikanischen Bevölkerung hervor. So machte Jefferson deutlich, dass die angeblich geringere Körperbehaarung ‚der Indianer' nicht etwa einer natürlichen Minderwertigkeit geschuldet sei, sondern einzig kulturellen Unterschieden: Da ‚Indianer' Körperbehaarung als beschämend empfänden, entfernten sie diese grundsätzlich. Im

Zusammenleben mit europäischen Männern jedoch würden indigene Frauen eine Körperbehaarung gleich derer weißer Frauen entwickeln (Jefferson, S. 66, 145).

Sexualität spielte in der Konstruktion solch eines frühen Rassismus eine Schlüsselrolle. Nicht nur seien Afrikaner äußerlich minderwertig, so Jefferson, sondern die angeborene sexuelle Lust afrikanischer Männer sei weit größer ausgeprägt als jene weißer Männer. Auch entspräche die Liebe, die sie ihren Frauen zukommen ließen, nicht der „tender delicate mixture of sentiment and sensation" weißer Männer. Indigene Männer zeichneten sich demgegenüber angeblich durch eine sehr geringe sexuelle Lust aus, die jedoch nicht einer angeborenen Minderwertigkeit, sondern allein den indigenen Sitten und dem ganz auf Krieg ausgerichteten Lebenswandel zugeschrieben wurde. Tatsächlich war die indigene Sexualität für viele Euroamerikaner kein exotisches Phänomen, sondern eine gelebte Realität. An der *frontier* – insbesondere im Pelzhandel – entwickelten sich schnell sexuelle Beziehungen zwischen indigenen Frauen und nicht-indigenen Männern, die mit dem Historiker Albert Hurtado als zentraler Teil der *intimate frontier* bezeichnet werden können. In diesen sozialen und kulturellen Räumen wurden Macht- und Rasseverhältnisse unmittelbar ausgehandelt, z. B. indem europäische Pelzhändler über ihre sexuellen Kontakte zu indigenen Frauen in die häufig matrilinear organisierten indianischen Gesellschaften integriert wurden. Außenstehende Beobachter wie Thomas Jefferson sahen in den sexuellen Verhältnissen zwischen indigenen Frauen und Pelzhändlern zudem eine weitere Bestätigung ihrer Theorie, dass ‚Indianer' keiner eigenen ‚Rasse' angehörten und in ihren angeborenen mentalen und körperlichen Kapazitäten keineswegs der weißen Bevölkerung unterlegen waren. So erklärte Jefferson, dass indigene Frauen zwar weniger Kinder gebären würden als europäische Frauen, fügte aber hinzu, dass dies rein ihrer Unterversorgung und Überbelastung als Mitglieder einer Gesellschaft von Jägern und Sammlern geschuldet sei. Sobald indigene Frauen sexuelle Beziehungen mit weißen Händlern eingegangen waren, so Jefferson, seien sie stets ebenso gebärfreudig geworden wie weiße Frauen (Jefferson, S. 65, 146, 208–209; Hurtado).

Sexualität führte in der frühen amerikanischen Republik also nicht zu einer Exotisierung und Externalisierung der indigenen Bevölkerung im Sinne eines ‚kolonialen Anderen', sondern im Gegenteil zu der Wahrnehmung, dass sie und die europäische Bevölkerung grundsätzlich einer gemeinsamen ‚Rasse' angehörten. Sexuelle Beziehungen zwischen indigenen Frauen und europäischen Pelzhändlern an der *frontier* trugen zur Erschaffung eines *middle ground* bei, und aufklärerische Beobachter sahen in den positiven Effekten dieser sexuellen Beziehungen einen Beweis dafür, dass die indigene Bevölkerung problemlos in die euroamerikanische Gesellschaft zu integrieren sei.

Die wohlwollende Beobachtung der indigenen Bevölkerung durch einen kolonialen Blick bedeutete allerdings nicht, dass sie in dieser Zeit nicht doch in eine hierarchische Ordnung eingepasst wurde. Aufbauend auf Theorien der schottischen Aufklärung folgten nordamerikanische Denker einer Einteilung von Gesellschaften entsprechend ihrer zivilisatorischen Entwicklung. Am unteren Ende der Skala standen Gesellschaften, deren Wirtschaftssystem auf der Jagd basierte, gefolgt von solchen, die Herdenhaltung betrieben. Weiter oben standen Agrarwirtschaft betreibende Gesellschaften, und ganz oben thronten Gesellschaften mit Handel und Industrie. Obwohl viele indigene Gesellschaften stets Landwirtschaft betrieben hatten, kategorisierten aufgeklärte Denker der frühen amerikanischen Republik sie in die niederste Kategorie der Jäger. Dieser Zustand, so die Annahme, war aber veränderlich, indem man der indigenen Bevölkerung half, zumindest auf das Level der Agrikultur gehoben zu werden – für Denker wie Thomas Jefferson, der das letzte zivilisatorische Level des Handels und der Industrie ohnehin mit Korruption und Armut in Europa verband, durchaus der erstrebenswerteste Aufstieg (Lewis, S. 7–12). So war die frühe amerikanische Zivilisierungspolitik ganz auf dieses Ziel ausgerichtet. Der *Trade and Intercourse Act* von 1793 gewährte dem Präsidenten Geld, um indigene Nationen mit Nutztieren und landwirtschaftlichen Arbeitsgeräten zu versorgen und somit ihre Zivilisierung zu begünstigen. In den zahllosen zwischen 1795 und 1819 abgeschlossenen Landnahmeverträgen gab es häufig einen Passus, der den Nationen garantierte, dass sie mit Nutztieren und Arbeitsgeräten versorgt würden. Wie erwähnt war auch der *Civilization Fund Act* darauf ausgerichtet, die indigene Bevölkerung zur Landwirtschaft zu bekehren.

Die Konvertierung zur Landwirtschaft sollte als ein Allheilmittel die indigene Bevölkerung auf einen Schlag ‚zivilisieren' und besonders auch die für europäische Beobachter unbehaglichen Geschlechterverhältnisse und Männlichkeitskonstruktionen reformieren. In den meisten indigenen Gesellschaften waren Frauen für die Landwirtschaft zuständig, und teilweise nahmen sie wichtige Rollen in der öffentlichen, politischen Sphäre ein, wie beispielsweise bei den Iroquois, wo Frauen die Wahl sogenannter *peace chiefs* vorbehalten war. Männlichkeit definierte sich in vielen Gesellschaften über Tätigkeiten wie Kriegsführung und Jagd. Während Kriegsführung auch für Europäer ein anerkanntes

Männlichkeitsideal war, so wurde die Konzentration auf die Jagd bei Vernachlässigung der Landwirtschaft grundsätzlich kritisch gesehen. Schon 1702 hatte der puritanische Gelehrte Cotton Mather die indigene Arbeitsaufteilung als „barbarous" beschrieben: Die Männer seien „abominably slothful" und würden ihre „poor Squaws" dazu zwingen, nicht nur den Maisanbau und die Ernte zu übernehmen, sondern sogar die anstrengende Arbeit des Wigwam-Baus (Mather, Bd. 1, S. 559). Die Idee des ‚faulen männlichen Indianers' wurde zu einem Grundpfeiler der euroamerikanischen Beobachtung indigener Gesellschaften, während indigene Frauen in der Regel als hilflose Opfer ihrer männlichen Peiniger stilisiert wurden, die es aus der Knechtschaft der männlichen Herrschaft zu retten galt. So berichtete Thomas Jefferson in seinen *Notes*, dass indianische Frauen zu „unjust drudgery" gezwungen würden. Dies, so Jefferson, sei jedoch normal in barbarischen Gesellschaften, die grundsätzlich Gewaltherrschaften seien. Erst die Zivilisation gäbe Frauen ihre nicht genauer definierte „natural equality" – gemeint war damit wohl die Rolle der Frau in der häuslichen Sphäre als Mutter und Ehefrau, fernab von körperlicher Arbeit auf dem Feld (Jefferson, S. 64; Steele, S. 61). Obwohl diese Konstruktion von Weiblichkeit keineswegs den Realitäten im postkolonialen Nordamerika entsprach – insbesondere an der *frontier* verübten Frauen harte körperliche Arbeit –, so wurde die Häuslichkeit der Frau doch zu einem wirkungsmächtigen Ideal, das die Historikerin Linda Kerber später als *republican motherhood* beschrieb.

In ihrem Kern war die amerikanische Zivilisierungspolitik daher ein Angriff auf bestehende Geschlechterverhältnisse innerhalb indigener Gesellschaften. Frauen, die zwar für die Landwirtschaft und den Haushalt zuständig waren, in indigenen Gesellschaften aber häufig wichtige politische und soziale Funktionen einnahmen, sollten auf eine rein häusliche Rolle beschränkt werden, während Männer zu Landwirtschaft betreibenden Patriarchen werden sollten. In ihrem optimistischen Denken glaubten Politiker der frühen Republik zunächst, dass es ausreiche, die indigene Bevölkerung mit den Instrumenten der Zivilisation – Nutztieren, Pflügen und Werkzeugen – auszustatten und sie damit natürlicherweise ihren Weg in die Zivilisation finden zu lassen. In Anbetracht der massiv unterschiedlichen Geschlechterverständnisse scheiterten derartige Versuche allerdings früh. Widerstände insbesondere im männlichen Teil indigener Gesellschaften machten sich breit. So glaubte der Shawnee-Prophet Tenskwatawa etwa, in den Zivilisierungsversuchen amerikanischer Missionare einen Plan zu sehen, Frauen aus den Shawnee-Männern zu machen. Nicht nur, dass sie landwirtschaftliche Tätigkeiten erledigen sollten; der Präsident hatte ihnen in William Kirk auch noch einen Quäker geschickt, dessen friedensliebende Dogmatik dem Männlichkeitsverständnis der Shawnee diametral entgegenstand, das auf öffentliche Auszeichnung in kriegerischen Auseinandersetzungen fußte (nach Dowd, S. 135–136). Viele männliche Angehörige indigener Nationen des alten Nordwestens teilten diese Ansicht, so dass die Zivilisierungspolitik hier kaum die erwünschten Ergebnisse verbuchen konnte.

Politiker änderten angesichts der geringen Erfolge ihre Taktiken. Sie erkannten, dass man weit früher ansetzen müsse, nämlich bei den Kindern, denen man durch Bildung schon früh das euroamerikanische Ideal der Geschlechterbeziehungen einimpfen konnte. „Our hopes must rest upon the rising generation", erklärte etwa Lewis Cass, der als Gouverneur des Michigan Territory das Scheitern der Zivilisierungspolitik aus nächster Nähe betrachten konnte, und so ist zu erklären, warum die im *Civilization Fund Act* bereitgestellten Mittel nahezu ausschließlich genutzt wurden, um Missionierungsorganisationen die Einrichtung von Schulen zu finanzieren (Cass, S. 115).

Der *Civilization Fund Act* hatte nur von der Ausbildung indigener Kinder in Lesen, Schreiben und Mathematik gesprochen, doch von Missionaren geführte Schulen entwickelten sich schnell zu wahren Disziplinaranstalten, in denen indigene Kinder vollständig zu Euroamerikanern erzogen werden sollten. Ab den 1880er Jahren in den Boarding Schools perfektioniert, sollten indigene Kinder lediglich ihre Körper erhalten und jegliche Anzeichen ihrer kulturellen Herkunft verlieren. Bei Ankunft wurden ihnen europäische Namen zugewiesen, sie wurden einem rigiden Zeitplan unterworfen, den männlichen Kindern wurden die Haare abgeschnitten und Jungen und Mädchen nach europäischen Geschlechterrollen differenziert entsprechend ausgebildet. An vielen Instituten wurde sogar Sexualkunde unterrichtet, um die indigenen Körper vollständig der vorherrschenden Geschlechterordnung zu unterwerfen.

Derartig elaborierte Disziplinartechniken standen zur Zeit des *Civilization Fund Act* noch am Anfang, doch die diskursive Konstruktion ‚des Indianers' aus der Zeit der Aufklärung hatte massive Einflüsse auf die Entwicklung im gesamten neunzehnten Jahrhundert. Zwar zirkulierte ab den 1830er Jahren auch ein stark rassistischer Diskurs, der die indigene Bevölkerung als grundsätzlich minderwertig und andersartig darstellte und Maßnahmen wie das *Indian Removal* theoretisch unterfütterte, doch unter Wohltätigkeitsverbänden und Missionaren kursierte noch das weit optimistischere Bild der Aufklärung. Konstruiert durch einen wohlwollenden kolonialen Blick und die Annahme positiver Effekte durch sexuelle Beziehungen zwischen indigenen und europäischen Menschen, war das Bild einer gemeinsamen ‚Rasse' gezeichnet worden, die durch Zivilisierungs- und

Umerziehungsmaßnahmen zusammengeführt werden konnte – eine Zusammenführung, die jedoch eher einer vollständigen Assimilierung indigener Gesellschaften gleichkommen sollte. Dieses Bild führte zu politischen Maßnahmen, die auf einer individuellen Ebene die disziplinarische Umerziehung indigener Kinder und auf einer gesellschaftlichen Ebene die biopolitische Erhaltung indigenen Lebens bei gleichzeitiger Zerstörung ihrer kulturellen Besonderheiten förderte.

Historiker_innen zögern noch immer, die siedlerimperialistischen Bestrebungen der euroamerikanischen Gesellschaft im neunzehnten Jahrhundert als einen genozidalen Akt zu verstehen, während koloniale Beziehungen beispielsweise zwischen Europäern und Aborigines in Australien längst als inhärent genozidal angesehen werden. Dies ist in weiten Teilen der biopolitischen Dimension der frühen amerikanischen Indianerpolitik geschuldet, die sich nicht um die Auslöschung, sondern um den Erhalt indigener Körper drehte. Schon in den 1820er Jahren ließ die Bundesregierung einen Bericht erstellen, der detaillierte Bevölkerungsstatistiken über alle indigenen Nationen enthielt und der, wie der Verfasser erläuterte, dazu genutzt werden sollte, den Erhalt und die Zivilisierung der Indianer voranzutreiben (Morse). Auch die kollektive Gesundheit indigener Nationen geriet immer mehr in den Fokus, insbesondere in der Frage des Alkoholkonsums, der von Zeitgenossen des frühen neunzehnten Jahrhunderts als Hauptursache für deren Niedergang angesehen wurde. Kurz gesagt, die vollständige physische Ausrottung indigener Gesellschaften stand nie auf der offiziellen Agenda amerikanischer Politiker vor 1830. Im festen Glauben an eine gemeinsame Herkunft sollten ‚Indianer' und Euroamerikaner eine vereinte Zukunft haben. Da diese Zukunft mit der vollständigen Zerstörung der kulturellen Eigenständigkeit indigener Gesellschaften einherging, muss sie jedoch als das betrachtet werden, was sie war: ein groß angelegter, kultureller Genozid.

Querverweise

- Tzvetan Todorov: *Die Eroberung Amerikas* (1982)
- Duke Redbird: *We Are Metis* (1980)
- John Ford: *The Searchers* (1956)
- John L. O'Sullivan: *Manifest Destiny* (1845)
- *Pinturas de Castas* (18. Jahrhundert)
- Mary Rowlandson: *The Sovereignty and Goodness of God* (1682)
- John Smith: *Generall Historie of Virginia* (1624)

Literatur

Cass, Lewis: The Indians of North America. In: *North American Review* 22 (1826), S. 53–119.

Dowd, Gregory Evans: *A Spirited Resistance. The North American Indian Struggle for Unity, 1745–1815.* Baltimore, MD: Johns Hopkins UP 1992.

Hurtado, Albert: *Intimate Frontiers. Sex, Gender, and Culture in Old California.* Albuquerque, NM: University of New Mexico Press 1999.

Jefferson, Thomas: *Notes on the State of Virginia* [1785]. New York: Penguin 1999.

Kerber, Linda: *Women of the Republic: Intellect and Ideology in Revolutionary America.* Chapel Hill, NC: University of North Carolina Press 1980.

Lewis, David Rich: *Neither Wolf nor Dog. American Indians, Environment, and Agrarian Change.* New York: Oxford UP 1994.

Mather, Cotton: *Magnalia Christi Americana* [1702], hrsg. v. Thomas Robbins. Hartford, CT: Silas Andrus and Son 1853.

Morse, Jedidiah: *Report to the Secretary of War of the United States on Indian Affairs.* New Haven, CT: Converse 1822.

Prucha, Francis Paul (Hrsg.): *Documents of United States Indian Policy.* Lincoln, NE: University of Nebraska Press 2000.

Steele, Brian: *Thomas Jefferson and American Nationhood.* New York: Cambridge UP 2012.

Francisco de Arango y Parreño: Representación (1811)
Oder: Der „Adam Smith der Plantagensklaverei in den Amerikas" und das Verhältnis von ‚Rasse' und Klasse

Michael Zeuske

Bei Francisco de Arango y Parreño (1765–1837) – ‚Arango', so die Kurzform des für nichtkastilische Ohren etwas komplizierten Namens – ist Sex eine Fehlstelle. Möglicherweise ist dies ein Quellenproblem. Aber *race* (*raza*) gibt es bei Arango als einem der ersten Theoretiker der Sklaverei zur Genüge, sogar schon eine „schwarze Klasse" (*clase negra*), fast im Sinne von Karl Marx. Das wird aber nicht gerne erwähnt. Arango war auch ein Promotor und aufgeklärter Lobbyist der Massensklaverei auf Kuba sowie des Präfordismus in der Arbeitsorganisation der industriellen *Ingenios* (Plantagen), inklusive Vollbeschäftigung, Schicht-Arbeit, Frauen-Arbeit und Sozialsystemen (medizinische Versorgung, Ernährung sowie Kinderbetreuung). Er ließ all dies auch auf seinem Muster-*Ingenio La Ninfa* (Die Nymphe) praktisch ausprobieren – beispielsweise gelang ihm der Nachweis der Wirtschaftlichkeit der Arbeit von versklavten Frauen als Zuckerrohrschnitterinnen.

Arango war ein genialer Aufklärungsdenker, ein begnadeter Essayist, ein konservativer Revolutionär und im Großen und Ganzen wohl wirklich ein Adam Smith der Plantagensklaverei. So hat ihn Dale Tomich, Erfinder des Konzepts der *Second Slavery*, dargestellt und so betrachte auch ich ihn immer wieder. Aber Arango war auch liberales Mitglied einer eher stockkonservativen Kolonialoligarchie. Er hat einerseits alle wirtschaftlichen Folgen von Kolonialismus aus Sicht der Kolonieeliten dargestellt und ist insofern ein etwas ungewöhnlicher Vorgänger des Postkolonialismus. Andererseits hat er, meist zynisch in absolut klarer Prosa, die entscheidenden ‚Verbesserungen' für die Kolonialoligarchie von Havanna bei der Zentrale in Madrid angemahnt, um wirtschaftliche Modernisierung im Sinne dieser Elite, die zugleich eine Plantagen- und Sklavenhalterelite war, voran zu treiben.

Arango hatte für diese Lobbyarbeit die besten Voraussetzungen: die vierte Generation in Havanna, ein Jura-Studium in Havanna und Madrid, exzellente Klientelnetzwerke auf ganz Kuba sowie in Spanien (zugleich blieb er so unabhängig als Denker und Essayist, dass er nie zu einer bestimmten politischen Klientel gerechnet werden konnte), Reisen nach Saint-Domingue (der reichsten Kolonie der Welt bis zur Sklavenrevolution 1791–1803), Portugal (atlantischer Sklavenhandel), England, Frankreich sowie zu einigen ihrer Kolonien. Gesellschaftlich war die Umbruchsituation der atlantischen Revolutionen (1776–1848) das Umfeld der konservativen Revolution, die zwischen 1810 und 1830 auf Kuba stattfand und in Arango ihren wichtigsten Repräsentanten sah.

Die Amerikanische Revolution, zusammen mit dem Erwerb Louisianas (1803) und der kubanischen Suffragan-Territorien der beiden Floridas und dem Krieg von 1812, eröffnete trotz der Territorialverluste für Spanien einen potentiell unbegrenzten Markt für kubanische Exporte (Zucker, vor allem Weißzucker, Kaffee (bis ca. 1830) und Tabak). Die beiden Sklavereisysteme der amerikanischen *Second Slavery* im Süden der USA und auf *Cuba grande* entwickelten sich symbiotisch. Noch ganz unklar ist die Rolle des Sklavenschmuggels zwischen Kuba und den USA nach 1808/1820, als der atlantische Sklavenhandel in den USA und im spanischen Imperium formal abgeschafft wurde. Die Amerikanische Revolution und die Entwicklung der Sklaverei in den USA begünstigte Kuba – trotz oder gerade wegen der offiziellen Feindschaft zwischen den USA und dem spanischen Imperium sowie den Territorialverlusten des spanischen Imperiums in Nordamerika.

Die Französische Revolution schwächte die Metropole in Europa und machte sie in gewissem Sinne von Kuba abhängig. Kuba wurde – nach kurzem Zögern eines von Arango angeführten Juntabildungsversuches 1808, der zu ähnlichen Ergebnissen wie im kontinentalen Spanisch-Amerika (*Independencia* 1808–1830) hätte führen können – ab 1808 zur *Siempre Fiel*-Insel, also zur Spanien „ewig treuen Insel". Der harte Druck der metropolitanen Eliten ließ nach und Spanien musste tiefgreifende Reformen zulassen, so die Freigabe des Waldes, formales Privateigentum an Boden im „römischen" Sinne sowie Freiheit der Separation (Landvermessung), Freihandel (Export) und Freihandel mit menschlichen Körpern (freier Sklavenhandel, 1789–1820).

Die *Independencia* der kontinentalen Kolonien Spanisch-Amerikas 1808–1830 machte Kuba von einem Vorhafen Mexikos zur reichsten Kolonie der Welt, von einer Insel der (wenigen) Milizen zu einer soldatischen Militärinsel mit einer Kolonial-Diktatur der Prokonsuln (Generalkapitäne). Kuba wurde zur Perle des spanischen Inselimperiums (1830–1898). Auf der Insel konzentrierten sich Immigration aus den ehemaligen Kolonien Spanisch-Amerikas, darunter eine

Immigration von Kaufleuten und Kapitalien, eine massive Immigration ‚armer' Spanier und Militärs aus dem europäischen Spanien (und vielen anderen Ländern), eine Zwangsmigration verschleppter Menschen aus Afrika (ca. eine Million zwischen 1820 und 1880) und eine Zwangsmigration von chinesischen Kulis (1847–1880, 125.000–150.000 inklusive einer zweiten Welle von Migrationen aus Kalifornien nach dem mexikanisch-amerikanischen Krieg).

Das waren, trotz oder gerade wegen der Katastrophe für das Imperium, extrem günstige Voraussetzungen und Begleitumstände der konservativen Revolution, die sich Arango auf seine Fahnen geschrieben hatte. Was konnte er erreichen? 1804 gelang es ihm, die Krone zu überzeugen, mehr Frauen aus Afrika verschleppen zu lassen und damit das Missverhältnis zwischen den Geschlechtern auf den modernen *Ingenios* (Zucker-Plantagen) etwas zu entspannen. Die Herren hatten Probleme mit ihrer Vorliebe für junge Männer als Zuckersklaven, zumal es im Gefolge der Revolution von Haiti öfter zu Rebellionen kam. Arango warb für Frauenarbeit im Zucker. 1799/1800 und 1804 wurde Arango Freund und Informant Alexander von Humboldts. 1811 wies Arango mit einer atemberaubenden Strategie, in der er die ‚Schuld' an Sklaverei und Sklavenhandel der Metropole und Las Casas (nicht ganz unberechtigt) zuschob, alle Versuche, den Sklavenhandel abzuschaffen, vehement und sehr geschickt zurück. Dabei handelte es sich um Beratungen zur ersten geschriebenen Verfassung des Liberalismus im ersten Parlament Spaniens, den *Cortes* von Cádiz (bis 1808 war Spanien absolute Monarchie, erst der Unabhängigkeitskrieg gegen Napoleon führte u. a. zur Bildung eines Parlaments, den *Cortes*, die zunächst in Cádiz tagten). Arango wurde 1815 Berater der spanischen Krone im Ministerrang. Als solcher bereitete er gegen seine Überzeugung, dass Kuba noch 400.000 Versklavte mehr aus Afrika brauchte, den Vertrag von 1817 mit Großbritannien zur Abolition des spanisch (kubanischen) Sklavenhandels ab 1820 vor. In den 1820er Jahren ernannte ihn die Krone zum Intendant von Kuba und somit quasi zum kolonialen Wirtschaftsminister.

Arango ist der Denker und Schreiber, der die *clase negra* nicht mehr traditionell, sondern modern definierte. In der *Representación*, mit der Arango 1811 vor die *Cortes* von Cádiz trat, betonte er, dass von den *gentes de color* in Freiheit (freie Farbige und ehemalige Sklaven) politisch mehr zu fürchten sei, als von den Sklaven. Gerade der Pragmatiker Arango benutzte den Begriff der *clase negra*, der schwarzen Klasse, um auf gemeinsame Interessen aller von Afrikanerinnen und Afrikanern abstammenden Menschen, egal ob versklavt oder frei, zu verweisen. Er verlangte von der Krone und dem Parlament, den Menschen dieser ‚schwarzen Klasse' niemals volle Bürgerrechte zuzugestehen, selbst nach mehreren Generation als Freie. Arango tat noch mehr – er definierte den ‚modernen' Sklaven, im Gegensatz zu den ‚edlen Sklaven' der Römer, nicht mehr religiös oder ausschließlich zivilisatorisch, sondern biologistisch, visuell, ethnographisch und naturrechtlich:

> De color negro, de pelo, de facciones diversas y de costumbres salvajes, son en su origen los esclavos modernos [...] la naturaleza quiso que el hombre negro se distiguiese del blanco.

> Von schwarzer Farbe, von [hässlichem] Haar, von unterschiedlichen [hässlichen] Gesichtszügen und von wilden Gebräuchen, sind in ihrer Herkunft die modernen Sklaven [...] die Natur [selbst] wollte, dass der schwarze Menschen sich vom weißen unterscheide.

Die *Cortes* von Cádiz folgten den Forderungen Arangos mit der Verfassung von 1812. Erst nachdem Arango in seinem Text alle Schwarzen und Farbigen sozusagen in den Begriff der *clase negra* eingesperrt hatte – seinen Vorstellungen nach sollten sie das auf ewig bleiben – benutzte er rassistische Klischees und Worte, um die Mitglieder dieser schwarzen Klasse näher zu charakterisieren: Bei ihm schafft eine biologistisch definierte Klasse die ‚Rasse'!

Nach dem Tod Arangos wurde aus *clase negra* immer mehr eine *raza negra*. In der kubanischen Sklavereigesellschaft geht Klasse der ‚Rasse' voraus! Wichtige Statusmerkmale innerhalb der Gruppe der *Libertos* und *Ingenuos* war der Abstand in Generationen von der Sklaverei sowie kirchliche Heirat, ein ‚ehrenhafter' Beruf, Bildung (*cultura*), Dienst und Ränge in der Miliz, Religiosität, Treue zum König und gute Beherrschung des Spanischen. Das Bild des fleißigen und königstreuen freien Farbigen und *Liberto* änderte sich bis um 1820 nicht. Dann aber setzte ein neuer Diskurs ein. Er war verbunden mit dem Stereotypenwandel von *clase negra* für Sklaven aus Afrika zu *raza negra* für alle Farbigen, mit Argumenten wie Faulheit, Verführung durch ‚Mulattinnen', Vagabundentum, Warnung vor Haiti und Angst vor Rebellionen. Wortführer waren zunächst Arango selbst und später, nach dessen Tod, der Historiker (und Sklavenbesitzer) José Antonio Saco, Verfasser einer der wichtigsten Weltgeschichten der Sklaverei. Die spanischen Liberalen in den Kolonialverwaltungen sahen zu oder versuchten die Widersprüche zwischen den kubanischen Eliten sowie den einfachen Kubanern aktiv zu ihren Gunsten auszunutzen. Der präventive Staatsterror gegen Sklavenverschwörungen 1843/44, die repressive Sozialkontrolle zwischen 1844 und 1868, generalisierende Ehr- und Rassenbegriffe, die Sklaven und freie Farbige in einen Topf warfen und ihnen eine gemeinsame Identität als *raza negra* aufzwang, und die Hispanisierung der Amtskirche seit 1850 trieben große Teile der Farbigen in die Arme des Independentismus, des Abolitionismus sowie eines neuen radikalen und republikanischen Liberalismus. Neben den Sklaven selbst waren die ‚freien' *personas de color* zwischen 1844 und 1890 einer hysterischen Kontrolle unterworfen und nahezu aller politischen Rechte beraubt. Individuell besonders belastend war wohl, dass freie Farbige seit 1855 eine Art Personalausweis (*cédula de personas de color libres*) zum Nachweis ihres Freienstatus (und zur Kontrolle) führen mussten. Allerdings konnten sie seit 1818 Eigentum erwerben und vererben – auch Sklaven.

Querverweise

- Tzvetan Todorov: *Die Eroberung Amerikas* (1982)
- *Pinturas de Castas* (18. Jahrhundert)
- M.-L.-É. Moreau de Saint-Méry: *Description... de la partie française de l'isle Saint-Domingue* (1797)
- *An Act for the Better Ordering of Negroes and Slaves* (1712)

Literatur

Arango y Parreño, Francisco de: Representación de la Ciudad de la Habana a las Cortes, el 20 de julio de 1811, con motivo de las proposiciones hechas por D. José Miguel Guridi Alcocer y D. Agustín de Argüelles, sobre el tráfico y esclavitud de los negros; extendida por el Alférez Mayor de la Ciudad, D. Francisco de Arango, por encargo del Ayuntamiento, Consulado y Sociedad Patriótica de la Habana. In: Ders.: *Obras de D. Francisco de Arango y Parreño*, 2 Bde. La Habana: Publicaciones de la Dirección de Cultura del Ministerio de Educación 1952, Bd. 2, S. 145–189.

Tomich, Dale W.: The Wealth of the Empire: Francisco de Arango y Parreño, Political Economy, and the Second Slavery in Cuba. In: *Comparative Studies in Society and History. An International Quarterly* 1 (2003), S. 4–28.

Zeuske, Michael: Slavery and Racism in Nineteenth-Century Cuba. In: Manfred Berg / Simon Wendt (Hrsg.): *Racism in the Modern World. Historical Perspectives on Cultural Transfer and Adaption*. New York / Oxford: Berghahn 2011, S. 105–121.

—: *Die Geschichte der Amistad. Sklavenhandel und Menschenschmuggel auf dem Atlantik im 19. Jahrhundert*. Stuttgart: Reclam 2012.

—: *Handbuch Geschichte der Sklaverei. Eine Globalgeschichte von den Anfängen bis heute*. Berlin / Boston: de Gruyter 2013.

Médéric-Louis-Élie Moreau de Saint-Méry: *Description... de la partie française de l'isle Saint-Domingue* (1797) Oder: *race & sex* im Ordnungsgefüge einer kolonialen Gesellschaft

Nora Kreuzenbeck

1797 veröffentlichte der französische Kolonist Médéric-Louis-Élie Moreau de Saint-Méry im Exil im US-amerikanischen Philadelphia ein Buch mit dem Titel *Description topographique, physique, civile, politique et historique de la partie française de l'isle Saint-Domingue*. Das Werk beschrieb ein gesellschaftliches Ordnungsgefüge, das zum Zeitpunkt der Veröffentlichung schon nicht mehr existierte, nämlich die französische Kolonie Saint-Domingue unmittelbar vor den Ereignissen, die später unter dem Namen ‚Haitianische Revolution' in die Geschichte eingehen sollten.

Saint-Domingue, das heutige Haiti, war Frankreichs profitträchtigste Kolonie in der Karibik gewesen. Versklavte Afrikanerinnen und Afrikaner, die im Zuge des transatlantischen Menschenhandels in die so genannte Neue Welt verschleppt worden waren, und ihre Nachkommen produzierten hier unter härtesten Bedingungen Zucker, der mit hohem Gewinn auf den europäischen Märkten verkauft wurde. 1791 hatten Sklavinnen und Sklaven im Norden der Insel einen sorgfältig geplanten Aufstand in die Tat umgesetzt. Sie legten Plantagen in Brand, töteten und vertrieben weiße Kolonialisten und setzten dabei eine Bewegung in Gang, die schließlich die gesamte Kolonie erfasste. Es war der Beginn eines umfassenden gesellschaftlichen Umbruchs, der im Laufe von mehr als zehn Jahren letztlich zur Abschaffung der Sklaverei, der Unabhängigkeit von Frankreich und der Gründung der schwarzen Republik Haiti im Jahr 1804 führen sollte.

Die Ereignisse in Saint-Domingue und das Verschwinden der Gesellschaft, die Moreau de Saint-Méry in seinem detailliert recherchierten Buch beschrieb, wurde von vielen weißen Zeitgenossinnen und Zeitgenossen in der atlantischen Welt mit Bedauern, Furcht, aber auch Ungläubigkeit wahrgenommen. Für viele war es unvorstellbar, dass Sklavinnen und Sklaven in Freiheit leben und diese sinnvoll nutzen könnten. Widerstand und Aufstände von nicht-weißen Menschen wurden als Ausnahmen von der Regel und als brutale und singuläre Ereignisse rationalisiert. Schließlich hatte sich doch die Gesellschaftsordnung in der atlantischen Welt seit Jahrhunderten entlang der rassistischen Annahmen strukturiert, dass weiße Menschen über schwarze Menschen herrschen sollten und dass diese sich darüber hinaus in ihren Status als Versklavte natürlich fügten. Vielen weißen Zeitgenossinnen und Zeitgenossen erschien eine solche Gesellschaftsordnung ganz offensichtlich gottgegeben und kaum ernsthaft hinterfragbar. Um das, was in Saint-Domingue passierte, mit ihren rassistischen Annahmen in Einklang bringen zu können, hielten viele die Ereignisse auf der karibischen Insel für ein unpolitisches Phänomen, einen barbarischen Aufstand wilder fehlgeleiteter Individuen. Keinesfalls aber sahen sie in ihnen ein politisch motiviertes Aufbegehren gegen gesellschaftliche Strukturen, wie man sie etwa im revolutionären Frankreich beobachten konnte (Trouillot). Obwohl sein Buch erst einige Jahre nach Beginn der umstürzenden Ereignisse in Saint-Domingue beendet und veröffentlicht wurde, räumte auch Moreau den aktuellen Entwicklungen auf der Insel in seiner Beschreibung keinen Platz ein. Wie er in den Einleitung (S. 3–11) zu seinem Werk darlegte, ging er vielmehr sogar davon aus, dass seine detaillierte Beschreibung des alten Saint-Domingue dabei helfen könne, die Kolonie in Zukunft wieder so aufzubauen, wie sie einmal gewesen war.

Moreau war mit der Gesellschaft des vorrevolutionären Saint-Domingue bestens vertraut. Er war 1750 in der französischen Kolonie Martinique als Sohn weißer französischer Kolonisten geboren worden. Nach einem Jurastudium in Paris zog er nach Cap Français in Saint-Domingue, wo er in den elitären Gesellschaftskreisen rasch aufstieg. Er arbeitete am Obersten Gericht in der Stadt und betätigte sich als Kolonialhistoriker. In den 1780er Jahren agierte er im vorrevolutionären Paris als Sprecher der weißen kolonialen Elite. Als solcher setzte er sich vehement gegen die rechtliche Gleichstellung freier nicht-weißer Menschen in der kolonialen Gesellschaftsordnung ein. Moreaus Beschreibung von Saint-Domingue bezeugt, wie stark *race* Macht- und Herrschaftsverhältnisse im kolonialen Saint-Domingue strukturierte. Dies zeigt sich unter anderem in dem umfangreichen zweiten Kapitel des Werkes, in dem der Verfasser die Bevölkerung Saint-Domingues beschrieb und klassifizierte (S. 29–111). Dort teilte Moreau Saint-Domingues Bevölkerung in drei verschiedene Gruppen auf: Weiße, Versklavte und die so genannten „Affranchis", also übersetzt ‚Befreite', auch bekannt als *Gens de Couleur* oder *Sang-mêlés* (S. 83).

Die Aufteilung in Weiße, Versklavte und Befreite, die Moreau hier vornahm, orientierte sich zum einen an dem Status der Beschriebenen als freie oder unfreie Mitglieder der kolonialen Gesellschaft. Gleichzeitig korrespondierte diese Aufteilung auch mit den rassifizierten Klassifizierungen der Menschen, die in seinem Text beschrieben werden. Auf diese Klassifizierungen möchte ich im Folgenden weiter eingehen, denn hier wird sichtbar, wie eng und unmittelbar die rassistische koloniale Ordnung mit sexuellen Praktiken und dem Sprechen über Sex verknüpft war. Die Weißen waren die einzige der drei Gruppen, die von Moreau nicht explizit als frei oder unfrei beschrieben werden musste. Denn Moreau konnte davon ausgehen, dass die Zeitgenossinnen und Zeitgenossen des späten 18. Jahrhunderts Weiß-Sein und Versklavt-Sein als Zustände verstanden, die sich gegenseitig ausschlossen. Wie sah es mit den Versklavten aus? Moreaus Beschreibung der Versklavten schloss unmittelbar an die der Weißen an. Moreau hat dieses Unterkapitel in zwei Teile gegliedert: einen Teil über Versklavte, die in Afrika geboren worden waren (S. 45–59), und einen zweiten Teil über kreolische Versklavte, also jene, die in Saint-Domingue oder an anderen Orten der französischen Karibik zur Welt gekommen waren (S. 59–83). Aber egal, wo ihr Geburtsort war: Bei beiden Gruppen handelte es sich um Menschen, die als nicht-weiß klassifiziert wurden. Auch die dritte von ihm beschriebene Gruppe, die so genannten *Affranchis*, stellte eine als nicht-weiß identifizierte Gruppe dar. Moreau bezeichnete sie als eine Gruppe „entre le maître et l'esclave“ (S. 83).

Diese Zwischenposition bezog sich zum einen auf den rechtlichen Status der Beschriebenen. Zwar waren die Angehörigen dieser Gruppe nicht versklavt. Allerdings waren sie den Weißen keinesfalls rechtlich gleichgestellt, sondern erfuhren in der kolonialen Gesellschaftsordnung eine Vielzahl von gesetzlich begründeten Diskriminierungen. Im vorrevolutionären Saint-Domingue war es den freien *Gens-de-Couleur* beispielsweise verboten, öffentliche Ämter zu bekleiden oder bestimmte Berufe auszuüben (Garraway, S. 228). Gleichzeitig hatten sie mehr Rechte und mehr Handlungsmöglichkeiten als versklavte Menschen. Neben dem rechtlichen Status der *Affranchis* beschrieb Moreau aber auch ihre ‚rassische‘ Positionierung als einen Zwischenstatus. Er verstand die *Affranchis* als eine Gruppe, die auch aufgrund ihrer ‚rassischen‘ Verortung zwischen den Weißen und den Schwarzen angesiedelt war. Die Benutzung des Begriffs *Affranchi* kann in diesem Kontext leicht zu Verwirrung führen, da er genau genommen einen rechtlichen Status beschrieb, nämlich Freiheit, und häufig als Synonym für die Begriffe *Gens de Couleur* oder *Sang-mêlés* (S. 83) benutzt wurde. Dies waren ‚rassische' Zuschreibungen, die einen Status zwischen schwarz und weiß beschrieben. Tatsächlich wurden mit dem Begriff aber auch solche Menschen beschrieben, die frei waren und als schwarz galten (Dayan, S. 224). Die überwiegende Mehrheit der Gruppe der *Affranchis* waren allerdings Nachfahren von Menschen, die in sexuellen Beziehungen zwischen weißen männlichen Kolonialisten und schwarzen versklavten Frauen gezeugt worden waren und die deshalb in der Gesellschaftsordnung der kolonialen französischen Karibik weder als schwarz noch als weiß galten. Es war nicht unüblich, dass weiße Väter ihre als Sklavinnen oder Sklaven geborenen nicht-weißen Kinder als junge Erwachsene aus der Sklaverei entließen. Bald bildeten diese Befreiten und ihre ebenfalls freien Nachkommen eine unübersehbare und rasch wachsende Bevölkerungsgruppe im kolonialen Saint-Domingue, deren Vertreter überdies die Gleichstellung mit den Weißen einforderte.

Zurück zu Moreaus Beschreibung: Hier stellten Weißsein und Schwarzsein oppositionelle Pole ‚rassischer' Reinheit dar, während die *Affranchis* ‚Mischformen' dieser Pole einnahmen. Mit diesen ‚Mischformen' beschäftigte sich Moreau in seinem Text ausgiebig. Er stellte eine detaillierte tabellarische Übersicht darüber auf, wie die Nachkommen von Eltern zu klassifizieren seien, denen eine unterschiedliche ‚rassische' Zugehörigkeit zugeschrieben wurde. Die möglichen Resultate von „combinaisons" (S. 86) zwischen Menschen begannen bei der Klassifikation „Mulâtre" (Kind eines Weißen und einer Schwarzen) und verzweigten sich immer weiter in möglichen Kombinationen zwischen schwarz und weiß sowie ihren vermeintlichen ‚Mischformen'. In seinem tabellarischen Überblick kam Moreau auf insgesamt zwölf solcher ‚Mischformen'. Er gab im Kontext seiner Klassifizierungen zu, dass sich die vermeintliche Zugehörigkeit zu den von ihm beschriebenen rassifizierten Gruppen keinesfalls ohne weiteres an der Hautfarbe festmachen ließ. Wo das Auge trügen konnte, versuchte Moreau – ebenso wie viele andere seiner Zeitgenossen – ‚rassische' Zugehörigkeit am Blut zu messen. Ausgehend von einer Systematik, die davon ausging, dass 128 einzelne Teile ein Ganzes formten, beschrieb Moreau einen „Mulâtre" beispielsweise zu 64 Teilen als schwarz und zu 64 Teilen als weiß (S. 100). Menschen, die als „sang-mêlé" kategorisiert wurden, schrieb Moreau hingegen 126 weiße Anteile und zwei schwarze Anteile zu (S. 100). Der Begriff *sang-mêlé* als solcher verweist auf den Versuch, ‚rassische' Kategorisierungen nicht anhand von Hautfarbe, sondern anhand des Blutes festzumachen (Garraway, S. 231). Selbst der geringste Anteil vermeintlich ‚schwarzen Blutes' stellte dabei eine Abweichung vom Weißsein dar und hatte somit zumindest theoretisch rechtliche Konsequenzen. Moreau glaubte zudem, Abweichungen vom Weißsein auch an weiteren körperlichen Merkmalen festmachen zu können. So kennzeichne die „Mameloucs", die nach seiner Berechnung zu 116 bis 120 Anteilen weiß und nur zu 8 bis 12 Anteilen schwarz seien (S. 98), eine mangelnde Elastizität der Haut, die dem Auge die Abweichung verraten könne (S. 92). Es muss hier kaum ausgeführt werden, dass Moreaus Überlegungen und Berechnungen eine Fiktion waren. Selbstverständlich gab es keine Möglichkeit, einer Person vermeintliche Anteile schwarzen oder weißen Blutes nachzuweisen. So hing die Glaubhaftigkeit des Weißseins einzig von einer gelungenen Performanz derselben ab. Allerdings wurde der Verdacht, nicht-weiß zu sein, zu einer Bedrohung, die so gut wie jeden treffen konnte und die gleichzeitig eine regierende Funktion einnahm: Denn nur wer ‚wirklich weiß' war, konnte eine Vormachtstellung in der kolonialen Gesellschaftsordnung beanspruchen, und diese Vormachtstellung war überaus exklusiv.

Aber was hatte es eigentlich mit den sexuellen Beziehungen auf sich, über deren ‚Resultate' Moreau hier so ausgiebig berichtete? Wie fügten sie sich ein in die koloniale Gesellschaftsordnung, und wie waren sie vor dem Hintergrund rassistischer Ordnungsmuster überhaupt möglich? Wenn wir uns Moreaus verzweigte Klassifizierungen ansehen, dann fällt Folgendes auf: Moreau räumte zwar in der ersten tabellarischen Übersicht seiner Klassifikationen der *Gens-de-couleur* durchaus die Möglichkeit sexueller Beziehungen weißer Frauen mit nicht-weißen Männern ein. So hieß es etwa in Tabelle II „Combinaisons du Nègre": „D'un nègre et d'une Blache, vient… un Mulâtre" (S. 86), oder in Tabelle III „Combinaisons du Mulâtre": „D'un Mulâtre et d'une Blanche, vient… un Quarteron" (S. 87). In seiner weiteren Analyse geht Moreau aber dazu über, ausschließlich Beziehungen weißer und nicht-weißer Männer zu nicht-weißen Frauen zu beschreiben (Garraway, S. 233). Weiße Frauen als Sexualpartnerinnen und Mütter nicht-weißer Kinder finden keine Erwähnung mehr. Dies ist deshalb bemerkenswert, weil in der Beschreibung grundlegende Macht- und Herrschaftsstrukturen der kolonialen Gesellschaftsordnung abgebildet und fortgeschrieben wurden. Ein zentrales Tabu dieser Gesellschaftsordnung waren nämlich sexuelle Beziehungen zwischen nicht-weißen Männern und weißen Frauen. Weiße Frauen galten als Trägerinnen ‚rassischer' Reinheit, und sexuelle Beziehungen zwischen weißen Frauen und nicht-weißen Männern brachten diese vermeintliche Reinheit in massive Gefahr, vor allem, wenn daraus Kinder entstanden. Sexuelle Beziehungen zwischen weißen Männern und nicht-weißen

Frauen hingegen waren, wie auch Moreaus Beschreibungen offenbaren, im kolonialen Kontext alltäglich. Im Kontext von Versklavung und Rassismus standen nicht-weiße Körper der sexuellen Ausbeutung durch Angehörige der männlichen weißen Elite zur Verfügung.

Es sei an dieser Stelle betont, dass die sexuellen Begegnungen zwischen nicht-weißen Frauen und weißen Männern im Kontext von Sklaverei und Kolonialismus höchst unterschiedlicher Natur sein konnten. Oft waren sie gewaltsam und erzwungen. Sie konnten aber auch auf einer ganz spezifischen Art gegenseitigen Einvernehmens beruhen, denn indem sie eine längerfristige sexuelle Beziehung zu einem weißen Mann eingingen, konnten sich nicht-weiße Frauen Freiräume schaffen und bessere Lebensbedingungen für sich und ihre Kinder erreichen. Über gewaltsame sexuelle Begegnungen schrieb Moreau in seinem Bericht über das koloniale Saint-Domingue freilich nicht. Stattdessen berichtete er über viele Seiten hinweg (S. 103–111) von den sexuellen Reizen der *Mulâtresses*, die ihre Erfüllung und ihren Lebensunterhalt darin fänden, weißen Männern als Geliebte zu dienen. Er zeichnete dabei ein überaus rassistisches Bild nicht-weißer Frauen, das bis heute wirkmächtig ist. Nicht-weiße Frauen wurden als hypersexualisierte Subjekte beschrieben, deren Reizen weiße Männer quasi hilflos unterliegen mussten. Die sexuelle Ausbeutung nicht-weißer Frauen durch weiße Männer brachte somit die koloniale Gesellschaftsordnung keinesfalls in Gefahr, sondern bestätigte sie sogar. Denn sie demonstrierte die beständige Verfügungsgewalt der weißen männlicher Elite über nicht-weiße weibliche Körper. Nicht-weiße Frauen wurden infolge dessen exotisiert und hypersexualisiert und dabei zu einem kolonialen Anderen, das sich durch Triebhaftigkeit und gesteigerte Körperlichkeit auszeichnete.

Moreaus Buch muss als ein Werk verstanden werden, das zum Zeitpunkt seines Erscheinens neueste Erkenntnisse über Vererbungslehre und den menschlichen Körper wiedergab und dabei nicht zuletzt ein Produkt der Aufklärung war, in deren Zentrum das wissenschaftliche Interesse am Menschen stand. Und es bezeugt zudem, in welch hohem Maße Vorstellungen und Praktiken von *race&sex* die koloniale Gesellschaftsordnung strukturierten und von ihr strukturiert wurden.

Querverweise

- Tzvetan Todorov: *Die Eroberung Amerikas* (1982)
- Francisco de Arango y Parreño: Representación (1811)
- *Pinturas de Castas* (18. Jahrhundert)
- *An Act for the Better Ordering of Negroes and Slaves* (1712)

Literatur

Dayan, Joan: *Haiti, History and the Gods.* Berkeley, CA: University of California Press 1995.

Garraway, Dorris: Race, Reproduction and Family Romance in Moreau de Saint-Mérys Description… de la partie française de l'isle Saint-Domingue. In: *Eighteenth-Century Studies* 38,2 (2005), S. 227–246.

Moreau de Saint-Méry, Médéric-Louis-Élie: *Description topographique, physique, civile, politique et historique de la partie française de l'isle Saint-Domingue* [1797], hrsg. v. Blanche Maurel / Étienne Taillemite. Paris: Société de l'histoire des colonies francaises et librairie Larose 1958.

Trouillot, Michel-Rolph: *Silencing the Past. Power and the Production of History*. Boston, MA: Beacon 1995.

Pinturas de Castas (18. Jahrhundert)
Oder: Verbildlichung von *race & sex* im kolonialen Mexiko

Robert Fischer

Als ich bei meinem ersten Aufenthalt in Mexiko-Stadt während meines Studiums zum ersten Mal *pinturas de castas* im mexikanischen Nationalmuseum für Geschichte im Schloss zu Chapultepec sah, war ich durchaus erstaunt. Vor mir hingen Bildkompositionen von 16 Bildern, die jeweils einen Mann, eine Frau und ein Kind darstellten. Diese waren wiederum jeweils mit einer eigenen Bezeichnung versehen und repräsentierten das kolonial-spanische Kastensystem der verschiedenen Ethnien und ihrer Kombinationen. Zum einen überraschte mich die Detailgenauigkeit, mit der versucht wurde, die verschiedenen Verbindungen nachzuvollziehen. Und zum anderen war ich verwundert darüber, dass derartige Darstellungen, die ich damals eher in die Vorstellungswelt deutscher Rassenhygiene oder der Eugenik verortete, im kolonialen Mexiko bereits zu Beginn des 18. Jahrhunderts existierten – in einem Land, welches für sein ethnisches Konzept der *mestizaje* (Vermischung) bekannt ist. Warum also wurden diese Darstellungen verschiedener ethnischer (Misch-)Typen in den spanischen Kolonien und besonders im Vizekönigreich Neu-Spanien angefertigt und inwieweit korrespondiere ihr Inhalt mit den dortigen Zuständen während ihrer Entstehungszeit?

Die erste Frage lässt sich noch relativ leicht beantworten: Auftraggeber waren oftmals Spanier, welche die Bilder von meist kreolischen Malern (in den Kolonien geborene Spanier) anfertigen ließen, um sie bei ihrer Rückkehr ins alte Spanien als Andenken mitnehmen zu können. Die *pinturas de castas* sind demnach vor allem Teil eines Elitendiskurses. Die zweite Frage hingegen öffnet den Blick auf die koloniale Gesellschaft. Die *pinturas de castas* beschäftigen sich explizit mit den ethnischen Kategorien und deren ‚Vermischung' in Neu-Spanien und stellen damit ein einzigartiges Genre der

äußerst diversen kolonial-spanischen – und wenn nicht gar der gesamten westlichen – Malerei zu dieser Zeit dar. Des Weiteren sind sie ein außergewöhnliches Beispiel für die Produktivität des Diskurses über *race* und thematisieren – neben der ethnischen Zusammenstellung Neu-Spaniens – das Verhältnis der Geschlechter, Belange der Moral/Lasterhaftigkeit, Einblicke in die Umgebung und den Alltag der Bevölkerung sowie die (vor-)wissenschaftliche Kategorisierung des ‚Anderen'. Die *pinturas de castas* sind Zeugnis dieser vielfältigen ‚Vermischung' der verschiedenen Ethnien. Sie stellen zum einen den Versuch dar, diese Vielfalt zu verstehen, sind aber auch Ausdruck einer Beunruhigung angesichts dieser Entwicklung.

Mit der ‚Entdeckung' Amerikas entwickelte sich durch die Begegnung mit dem ‚Anderen' in Europa eine tiefergehende Beschäftigung mit fremden, nicht-europäischen Kulturen, die zwischen wissenschaftlichem Anspruch sowie einer Exotisierung und Mystifizierung rangierte. In den spanischen Kolonien setzte im Gegensatz zu den englischen Kolonien ein starker Austauschprozess mit der indigenen Bevölkerung ein.

Abb. 1: Unbekannter Künstler, 18. Jh., Museo Nacional del Virreinato, Tepotzotlán.

Bereits mit der Eroberung des Aztekenreiches zu Beginn des 16. Jahrhunderts begann die ‚Vermischung' der Spanier und jener Indigenen, die den Krieg und die Epidemien überleben sollten. Der mexikanische Nobelpreisträger Octavio Paz charakterisiert die ‚Vermischung' (*mezcla*) der Ethnien als Element der sexuellen Gewalt und bezeichnet das mexikanische Volk als „hijos de la chingada" (Söhne der Gefickten). Allegorisch seien die mestizischen Nachkommen Mexikos das Produkt ihrer vergewaltigten indigenen Mütter, die nach dem zweifelhaften Bild der Malinche das aztekische Vaterland verrieten, sowie der Spanier, die während der Conquista jene Frauen vergewaltigten. Mit dem Verbot der Versklavung der indigenen Bevölkerung Mitte des 16. Jahrhunderts wurden diese nach dem Gesetz isoliert und afrikanische Sklav_innen als Arbeitskräfte importiert. Die Differenz der drei zeitgenössisch als *españoles*, *indios* und *negros* bezeichneten Ethnien wurde durch das Äußere – vor allem durch die Hautfarbe – aber auch den sozioökonomischen Status wahrgenommen. Schnell etablierte sich ein rassistisches System zur Herstellung von Ordnung: das *sistema de castas* (castus, lat. = keusch, rein). Dieses erwuchs aus dem Konzept der *limpieza de sangre* (Reinheit des Blutes), welches in Spanien mit dem Ende der 700-jährigen *reconquista* (Eroberung der muslimischen Teile der spanischen Halbinsel) Mitte des 15. Jahrhunderts und im Zuge der Ausweisung von Menschen jüdischen Glaubens Ende des 15. Jahrhunderts vor allem auf religiöser Basis angewandt wurde. Beide Konzepte rekurrierten auf genealogische Linien, um die ‚Reinheit des Blutes' sicherzustellen. Die Historikerin Magali Carrera betont dabei, dass im Übergang des genealogischen Ordnungssystems von Spanien nach Neu-Spanien die ethnische Zuordnung zum entscheidenden Faktor wurde.

Diese hierarchisch gedachte Differenz ist bereits in den Anordnungen der *pinturas de castas* zu finden. Dieses Anfang des 18. Jahrhunderts entstehende Genre umfasste als Bildkomposition meist 16 systematisch angeordnete Einzelbilder. Begonnen wurde mit der respektabelsten Beziehung, derjenigen zwischen Spaniern und Indigenen, gefolgt von den Verbindungen mit deren Kombinationen. Anschließend wurden die Verbindungen von Spaniern mit Afrikanern und weiter mit deren Kombinationen dargestellt und am Ende die Verbindungen zwischen Indigenen und Afrikanern und wiederum mit deren Kombinationen. Die Bilder produzieren jedoch nicht nur eine hierarchische Wertung der verschiedenen Ethnien und ihrer Kombinationen, sondern ermöglichen durch die individuelle Darstellung eine Verortung der eigenen *calidad* (Qualität) innerhalb des kolonialen gesellschaftlichen Gebildes. Es wurde also postuliert, welche interethnischen Verbindungen mit Personen einer bestimmten *casta* zu welchem Nachwuchs mit welcher Wertigkeit führten. Des Weiteren wurden in den *pinturas de castas* immer Familienkonstellationen abgebildet, die aus einem Kind, einer Frau und einem Mann bestanden. Damit wird zum einen das reproduktive Element der bis in die Mitte des 18. Jahrhunderts weit verbreiteten und später verstärkt problematisierten ‚Mischehen' direkt dargestellt. Zum anderen sind die Personen oftmals in einem situativen Handlungskontext eingebettet und zeigen damit die Beziehungen der Geschlechter auf. Durch die bildliche Beschreibung der Umgebung, in der sich die Personen befinden, ihrer Kleidung sowie der Tätigkeiten (Essen, Arbeit, Müßiggang), die sie ausüben, können ebenso Rückschlüsse auf ihren sozioökonomischen Status und ihre Einordnung im kolonialen Alltag gezogen werden.

Des Weiteren hatten die *pinturas de castas* eine wichtige Funktion nach außen, indem sie als erste Bilder ihrer Art versuchten, eine Systematik der Ethnien in den spanischen Kolonien abzubilden. Dabei ist allerdings auf den zweiten Blick kein systematisches Vorgehen erkennbar. Manche der interethnischen Nachkommen wurden in den Abbildungen immer weiter miteinander kombiniert, während andere nicht erwähnt wurden. In ähnlicher Manier funktionierten die Bezeichnungen für den Nachwuchs. So korrespondierten die Namen der Nachkommen von Spaniern (*mestizo*, *castizo*, *mulato*, *morisco*) oft mit Bezeichnungen aus dem kolonialen Quellenfundus und hatten somit eine Verwendung im Alltag. Die ‚exotischeren' Verbindungen zwischen *indios* und *negros* und Kombinationen dieser mit spanischem Anteil wurden teils mit Phantasienamen (*salta atras* [Sprung nach hinten], *tente en el aire* [Halt dich in der Luft]) oder mit zoologischen Bezeichnungen (*lobo* [Wolf], *coyote* [Koyote]) versehen. Die *pinturas de castas* stellen ein wichtiges Element innerhalb des atlantischen Wissenstransfers dar, indem sie koloniale Sichtweisen zur Systematisierung von außereuropäischen Ethnien nach Europa brachten. So waren sie beispielsweise als Teil des 1771 in Madrid gegründeten Real Gabinte de Historia Natural (Königliches Kabinett der Naturgeschichte) Bestandteil des aufgeklärten wissenschaftlichen Kanons über die Neue Welt. Weiterhin können die Bilder gerade aufgrund des Nebeneinanders von traditionellen und ‚fortschrittlicheren' Konzepten als ein Bindeglied zwischen den kulturell-religiösen Vorstellungen von Ethnizität im Mittelalter und den aufgeklärten biologisierten Konzepten von ‚Rasse' in der Moderne angesehen werden.

Im Zuge der bourbonischen Reformen (1759–1808) gerieten die nun als problematisch angesehen ‚Mischehen' in den Fokus. Die erneuernden und regulativen Veränderung im kolonialen Gefüge, mit denen die spanischen Könige versuchten, ihren Zugriff auf die Kolonien wiederherzustellen (‚Zweite Conquista') und diese vor allem effizienter zu durchdringen, kann anhand der *pinturas de castas* nachvollzogen werden. Während in der ersten Phase vor den bourbonischen Reformen Darstellungen von kolonialem Reichtum und Stolz dominierten, ist die zweite Phase vor allem von der Verbildlichung der Hierarchien durch die umgebenden Räume sowie einer kontrollierenden Perspektive geprägt. Die Produzenten der *pinturas de castas* griffen nun auch unmoralisches oder gewalttätiges Verhalten auf. Im Folgenden sollen nun die einzelnen Ethnien und zwei Einzelbilder von zwei verschiedenen Kompositionen aus dem Zeitraum der bourbonischen Reformen näher betrachtet werden.

Die *españoles* hatten aufgrund der Eroberung und der Missionierung der *indios* in der Neuen Welt sowie der Versklavung der Afrikaner das Selbstverständnis einer Vormachtstellung im kolonialen Gefüge. In den *pinturas de castas* waren die *españoles* oftmals mit Symbolen der Macht dargestellt. Innerhalb der Gruppe der *españoles* wurde zwischen den Europa-Spaniern und den Kreolen unterschieden. Während erstere in Spanien geboren wurden, waren letztere in den Kolonien beheimatet. Auf Grundlage des präkolonialen Erbes der

Abb. 2: Unbekannter Künstler, ca. 1780, private Sammlung, Palma de Mallorca, Spanien.

Azteken, der eigenständigen christlichen Kosmographie in Mexiko sowie ihres kolonialen Reichtums entwickelten die Kreolen über die Jahrhunderte eine sich von den Europa-Spaniern abgrenzende eigene Vorstellungswelt. Interessanterweise wurde in den *pinturas de castas* selbst allerdings nicht zwischen Europa-Spaniern und Kreolen unterschieden, was wiederum ein Element der Idealisierung der kolonialen Welt widerspiegelt. Die *pinturas de castas* konnten sowohl die Perspektive der Kreolen als auch der Spanier einnehmen. Die Historikerin Christa Olson argumentiert, dass die Kreolen mit der Produktion der Bilder sowohl ihrer Solidarität mit den kolonialen ‚Anderen' als auch ihrer Vormachtstellung innerhalb des *sistemas de castas* Ausdruck verleihen konnten. Diese Kontrolle über die kolonialen Subjekte beschreibt das folgende Bild eines unbekannten Künstlers von ca. 1780, welches einen Spanier, seine hellhäutige *morisca* (Kombination Spanier und *mulata*) Ehefrau und sein weißes *albino*-Kind darstellt.

In diesem Bild werden zwei Phänomene angesprochen, die im Zuge der bourbonischen Reformen in die Kritik geraten waren. Ilona Katzew bezeichnet den stehenden Spanier als „controller", der sowohl den Hahn hält als auch über die sitzende Frau Macht ausübt. Der Hahn ist als Repräsentation zugleich für Männlichkeit und für die weit verbreiteten Hahnenkämpfe zu verstehen. In engem Kontext mit dem Alkoholkonsum – vor allem dem traditionellen indigenen Getränk *pulque* – wurde das Glücksspiel als Element der Unordnung verstanden. Durch regulative Maßnahmen sollten die korrumpierenden und zur Untätigkeit verleitenden Praktiken eingedämmt werden. Während der Müßiggang des Spaniers als Zeichen der Überlegenheit angesehen wurde, war es die negativ konnotierte Faulheit der Nicht-Spanier, die es zu verhindern galt. Die Szene der stillenden Frau knüpft an die Haltung der Sozialreformer sowohl in Europa als auch in Neu-Spanien an. Entsprechend wurde kritisiert, dass Säuglinge wohlhabender Eltern nicht von ihren Müttern gestillt würden. Stattdessen sollten Ammen das Stillen übernehmen, die als der Natur näher empfunden wurden. In zeitgenössischen Theorien wurde jedoch befürchtet, dass der Umgang mit den oftmals indigenen, schwarzen oder *mulato*-Ammen einen Übergang nicht nur von Krankheiten, sondern auch von Unmoral auf den Nachwuchs nach sich ziehen würde. Der spanische Mann wird hier als Hüter der familiären Ordnung inszeniert und verweist die Frau auf ihre traditionelle Mutterrolle im häuslichen Umfeld. Des Weiteren zeigt das elitäre Verhalten des spanischen Mannes und die gleichzeitige Anwesenheit seiner *morisca*-Frau, dass die ethnischen Grenzen durchaus fließend waren und eine Zugehörigkeit zur Elite trotz der ‚Mischehe' möglich war.

Die *casta* der *indios* stand seit Mitte des 16. Jahrhunderts mit dem Konzept der *república de indios* unter dem Schutz der spanischen Krone, um eine erfolgreiche Missionierung zu ermöglichen. Entsprechend wurden sie in der Theorie über die versklavten Afrikaner gestellt – wie sie auch in den *pinturas de castas* in der Abfolge vor den *negros* angeführt wurden. Als Art Plebejer waren sie zu Tributzahlungen verpflichtet. Ihre Tätigkeiten beschränkten sich meist auf Landwirtschaft und Hilfsarbeiten. In der Realität standen die *indios* damit oftmals unterhalb der *casta* der versklavten Afrikaner, die allein durch ihre Nähe zu den Spaniern und Kreolen sowie durch ihre Arbeitsamkeit an Reputation gewannen. Während das segregierende Konzept der *república de indios* vor allem zu Beginn der Kolonialzeit durchaus eine gesellschaftliche Entsprechung besaß, bestand es später eher als bürokratisch-legales Konstrukt. So vermischten sich die Bevölkerungsgruppen besonders im 17. und 18. Jahrhunderts zusehends und vormals isolierte Gebiete beispielsweise an der Peripherie von Städten wurden in die Kolonialgesellschaft – entgegen dem Willen der *españoles* – eingebunden.

Die Gruppe der versklavten und freien Afrikaner bereitete den Spaniern dahingehend die größten Sorgen. Als vermeintlich homogene Gruppen hatten sie keine Rechte, waren aber gerade in Arbeitskontexten als überlegen gegenüber den *indios* angesehen. Die schwarze Bevölkerung im Mexiko war wohl den stärksten rassistischen Vorurteilen ausgesetzt: So besäßen sie aufgrund ihrer gesellschaftlichen Stellung eine natürliche Disposition zur Dienerschaft. Schwarz zu sein, bedeutete nicht nur einer anderen Religionsgemeinschaft

Abb. 3: Unbekannter Künstler, ca. 1780, Sammlung von Malú und Alejandra Escandón, Mexiko-Stadt, Mexiko.

anzugehören, sondern auch von Atavismen behaftet zu sein. Ihre schwarze Hautfarbe war entsprechend Ausdruck einer vermeintlichen Inferiorität, die unter anderem mit ungünstigen klimatischen Bedingungen, dem biblischen Argument ihrer Abstammung von Noahs unmoralischem Sohn Ham sowie mit ‚unreinen' Vorstellungen der Mutter während der Schwangerschaft erklärt wurde. Diese Aspekte übertrugen die Kolonisatoren auf die afrikanische Bevölkerung in Neu-Spanien und verknüpften ihre Hautfarbe mit vermeintlicher Unmoral und Sünde.

Die Spanier sahen gerade in der ‚Vermischung' der *indios* und der *negros* eine Gefahr für die Stabilität der Kolonialordnung. Die Darstellung individueller Gewaltakte innerhalb der Familie kann somit auch als Sorge vor gewaltsamen Aufständen der *indios* und *negros* betrachtet werden. Im *casta*-Bild 3 eines unbekannten Künstlers von 1780 findet sich eine derartige Szene. Ein ärmlich gekleideter *chamizo*-Mann (Kombination *mestizo* und *castiza*) sticht mit einem Messer auf die sich wehrende und bereits gebeugte *india*-Frau ein. Die Frau zieht dabei an den Haaren des Mannes, was im kolonialen Spanien als Entehrung gewertet wurde. Ihr Kind – als *cambuja* bezeichnet und mit besonders dunkler Haut dargestellt – steht lächelnd mit ausgebreiteten Armen hinter dem Mann, in einer Pose, die an einen Priester erinnert. Der Ort der Handlung befindet sich an einem Flussufer in der freien Natur. Gegenüber, vom Fluss abgetrennt, sind mehrere vereinzelte Gebäude zu finden, die auf eine weitläufige und idyllische Siedlung schließen lassen. Die Szene stellt in vielerlei Hinsicht das Gegenstück zur häuslichen Eintracht in Bild 2 dar. Der Mann ist hier Aggressor und die Frau sein Opfer. Anstatt Moral vorzuleben und diese zu überwachen, handelt er gegenteilig und verfällt in einen Zustand, in dem jene vermeintliche Unzivilisiertheit auf der anderen Seite des Flusses zutage tritt.

Die Einbettung der Personen in ihre Umgebung ermöglichte eine Zuordnung zu bestimmten sozialen Räumen und damit eine Manifestation ihrer Stellung in der Gesellschaft. Die Umgebung bestand entweder aus einem häuslichen Raum oder einer Landschaft mit Gebäudestrukturen und oftmals weitläufigem Horizont. Solche Landschaftsumgebungen stellten zum einen den kolonialen Reichtum dar, der sich im Überfluss an (bewirtschaftetem) Land ausdrückte. Zum anderen wurden hier arme Familien beim Straßenverkauf oder bei der Ausübung von einfachem Handwerk dargestellt. Der häusliche Raum ist von einem panoptischen Blick geprägt, wie ihn der spanische Mann in Bild 2 entsprechend seine Kontrolle über die häusliche Sphäre ausübt. Die Ausstattung der Räumlichkeiten ist hier elitär geprägt und negiert damit die Zugehörigkeit der Familie zu den Nicht-Spaniern. Die Bilder trugen auf der einen Seite durch die Reproduktion und Verbreitung von rassistischen Stereotypen zur Zuweisung der kolonialen Räume und Körper bei. So wurden *indios* vorwiegend in ländlichen Räumen imaginiert, während Spanier durch das Urbane markiert wurden. Auf der anderen Seite verbildlicht der panoptische Blick das Bestreben, die ‚Vermischung' zu kontrollieren und in die gewünschten moralisch korrekten Bahnen zu lenken.

Waren derart eindeutig moralisierende Darstellungen wie in Bild 2 und Bild 3 in den *pinturas de castas* einerseits in der Unterzahl, so entlarven sie andererseits doch deren herrschaftlichen Charakter. Die Elitendiskurse zur Erneuerung und Regulierung der Kolonien artikulierten sich in den Bildern und reproduzierten damit ein idealisiertes Bild der kolonialen Gesellschaft und der in ihr wahrgenommenen Gefahren. Denn die ethnischen Grenzen waren nicht derart stabil und fest, wie die Systematisierung suggerierte. Ganz im Gegenteil, denn es war durchaus möglich, den eigenen Stand zu verändern. Durch ökonomische Macht, gesellschaftliches Verhalten und schließlich durch die Manipulation kolonialer Urkunden. Der weit fortgeschrittenen ‚Vermischung' der Ethnien konnte durch die bourbonischen Reformen kein Einhalt geboten werden. So verzwanzigfachte sich die Anzahl der *mestizos* und *mulattos* von 1570 bis 1793. Menschen mit gemischter ethnischer Herkunft hatten damit zum Ende des 18. Jahrhunderts einen Anteil von knapp über 20 % und übertrafen die Gruppe der Europa-Spanier und Kreolen zusammen. Offensichtlich imaginierten die kolonialen Eliten diese Menschen negativ, wohingegen die Nicht-Spanier durchaus Stolz für ihre ethnische Herkunft empfunden haben mussten.

Entgegen den segregierenden Diskursen in der spanischen Kolonialelite, die in den bourbonischen Reformen ihren vorläufigen Höhepunkt erfuhren, wurde mit den gesellschaftlich weit verbreiteten ‚Mischehen' der Grundstein für die heutige Gesellschaft Mexikos gelegt. Immer wieder jedoch rangen die Mexikaner mit ihrem multiethnischen Erbe. Gerade mit dem Aufstieg der Eugenik um 1900 musste sich Mexiko in der Rassenideologie verorten, ohne sich dabei von der westlichen Welt zu stark abzugrenzen und ohne den Großteil der eigenen Bevölkerung zu verleugnen. Dies gelang unter anderem mit der biotypologischen Forschung nach Manuel Gamio, einem Schüler des deutsch-amerikanischen Anthropologen Franz Boas. Hier wurde in verblüffender Parallelität zu den späteren *pinturas de castas* Ethnie mit Umwelt und Kultur verknüpft und der genetische Determinismus des Westens abgelehnt. Auch die Sociedad Eugenesia de México (Eugenische Gesellschaft Mexikos) freundete sich schnell mit dem Konzept an und versuchte noch in den 1940er Jahren biotypologische Karten zu etablieren, die sowohl eine individuelle und eindeutige Verortung einer Person in das ethnische Geflecht Mexikos ermöglichten, als auch mit Hilfe einer entsprechenden Heiratsempfehlung den idealen Partner ermitteln sollten. So verfolgte man zwar das Ziel der Etablierung einer *raza cosmica* in Mexiko – allerdings auf kontrollierte Art und Weise mit einem überwachenden Blick.

Querverweise

- Gloria Anzaldúa: *Borderlands / La Frontera: The New Mestiza* (1987)
- Tzvetan Todorov: *Die Eroberung Amerikas* (1982)
- John Ford: *The Searchers* (1956)
- *Civilization Fund Act* (1819)
- Francisco de Arango y Parreño: Representación (1811)
- M.-L.-É. Moreau de Saint-Méry: *Description... de la partie française de l'isle Saint-Domingue* (1797)

Literatur

Carrera, Migali M.: *Imagining Identity in New Spain. Race, Lineage, and the Colonial Body in Portraiture and Casta Paintings*. Austin: University of Texas Press 2003.

Katzew, Ilona: *Casta Paining. Images of Race in Eighteenth-Century Mexico*. New Haven: Yale UP 2004.

Lomnitz, Claudio: Los orígenes de nuestra supuesta homogeneidad. Breve arqueología de la unidad nacional en México. In: *Prismas* 14 (2010), S. 17–36.

MacLachlan, Colin M. / Jaime E. Rodriguez: *The Forging of the Cosmic Race. A Reinterpretation of Colonial Mexico*. Berkeley: University of California Press 1990.

Martinez, María Elena: *Genealogical Fictions. Limpieza de Sangre, Religion, and Gender in Colonial Mexico*. Stanford: Stanford UP 2008.

Olsen, Christa: Casta Painting and the Rhetorical Body. In: *Rhetoric Society Quaterly* 39,4 (2009), S. 307–330.

Paz, Octavio: *El laberinto de la soledad*. Ciudad de México: Fondo de Cultura Económica 2004.

Immanuel Kant: Idee zu einer allgemeinen Geschichte in weltbürgerlicher Absicht (1784) Oder: Zur Verwicklung von Selbstkritik und epistemischer Gewalt in der Aufklärung

Karin Hostettler

Warum könnte es wichtig sein, sich die geschichtsphilosophischen Schriften Immanuel Kants erneut anzuschauen? Was spricht dafür, sich heutzutage mit Ideen wie dem unausweichlichen Fortschritt der Geschichte oder der These der ungeselligen Geselligkeit der Menschen auseinanderzusetzen?

Diese Fragen bringen zunächst eine skeptische Distanz zum Ausdruck, die sich aus einer Ablehnung des teleologischen Geschichtsverständnisses speist. Formuliert Kant im ausgehenden 18. Jahrhundert nicht ein Geschichtsverständnis, das inzwischen definitiv überkommen ist? Vorstellungen wie jene, dass Geschichte ein Prozess ist, der sich in einem ständigen Fortschritt befindet hin zu einem besseren Zustand, sind heute wohl kaum noch haltbar. Doch es sind nicht nur die Gräueltaten der Moderne, die lange nach der Lebenszeit Kants zweifeln lassen, ob eine solche Perspektive angemessen ist. Denn Kants Optimismus war bereits zu seiner Zeit umstritten. Nicht zuletzt erschien Voltaires satirische Schrift *Candid* 25 Jahre, bevor Kant seine „Idee zu einer allgemeinen Geschichte in Weltbürgerlicher Absicht" publizierte. In dieser Novelle wird das positive Weltbild des Protagonisten Candid durch die Konfrontation mit gewaltvollen und unverständlichen Geschehnissen zerstört.

Die Frage jedoch, wie Gräueltaten, Willkürherrschaft und Kolonialismus geschichtsphilosophisch zu denken sind, beschäftigten auch Denker_innen des 20. Jahrhunderts immer wieder. So formulierten Theodor Adorno und Max Horkheimer eine These, die großen Nachhall gefunden hat: Aufklärung kann, so die einprägsame Formulierung, immer in Barbarei umkippen. Irrationalität und Naturbeherrschung sind genauso Teil der Aufklärung, ja, sie sind sogar die Kehrseite der abendländischen Vernunft.

Doch führen mich diese Überlegung und die Eingangsfrage nach der Aktualität der kantischen Geschichtsphilosophie zugleich auch auf eine andere, zweite Art zu Kant. Denn die Frage nach dem Sinn einer Auseinandersetzung mit diesem Text verortet sich in einem Heute. Und die Skepsis in Bezug auf diesen geschichtsphilosophischen Ansatz speist sich aus einer Differenz vom Vergangenen und Vorangegangenen – Kants Zeiten – mit dem Heute. Doch genau diese Figur ist einer der zentralen Momente der Geschichtsphilosophie Kants. Denn Geschichte heißt für Kant nicht nur, die Vergangenheit zu ordnen und zu verstehen – das wäre an sich noch kein philosophischer Ansatz. Vielmehr geht es ihm – wie Michel Foucault dies betont hat in seinen Aufsätzen zur Aufklärung – um die Bestimmung dessen, was die Gegenwart ausmacht und wie sich diese von der Vergangenheit unterscheidet. Darüber hinaus geht es auch um das Wagnis zu bestimmen, wohin diese Entwicklung gehen soll: Auf der Basis von praktisch-normativen und auch theoretischen Überlegungen sollen jene Tendenzen betont werden, die als positiv betrachtet werden sollen. Berücksichtigt man diese reflexive Schlaufe, dann erkennt man auch eine spezifische Ebene, die Kant mit seinem geschichtsphilosophischen Verständnis verband. Denn gerade der Aufklärungsaufsatz von 1784 ist nicht nur eine Beschreibung von bestehenden (Miss-)Verhältnissen, sondern er enthält auch eine aufrufende Funktion. Die Geschichtsphilosophie Kants, so lässt sich verallgemeinern, hat einen performativen Charakter: Sie will jene Realität mit-herstellen, die sie als wünschenswert erachtet. Und dieser Aufruf geschieht aus einer bestimmten Position, einem reflektierten Standpunkt heraus und ist eine politische Stellungnahme. Damit sind diese Schriften weniger als eine universale Erzählung zu lesen, denn vielmehr als ein selbstkritisches Plädoyer. Und dies wiederum erscheint mir erstaunlich aktuell.

Folglich muss ein erneuter Blick auf die geschichtsphilosophischen Schriften Kants bedenken, dass sich das Heute in einem ganz bestimmten Bezugsrahmen befindet. In welchem historisch gewachsenen Dispositiv bewege ich mich? Mit welchem Interesse, von welchem Standort aus lese ich diese Texte? Und vor allem: Welche Tendenzen sollen betont werden, die wegweisend sein sollten für die Zukunft? Dies lässt sich nicht umfassend beantworten. Dennoch möchte ich es wagen, die kantische Geste in fragmentierter und gebrochener Weise für mich zu wiederholen. Ich sehe das Heute in Relation zu Kants Zeiten nicht nur bestimmt durch Brüche, sondern ebenso und gleichzeitig durch Kontinuitäten. Denn Kants Blick auf die Gesamtentwicklung des Weltgeschehens findet einerseits zu einem Zeitpunkt statt, der eine erste

Welle der kolonialen Expansion hinter sich hat, andererseits wird sich diese Expansion aber im kommenden Jahrhundert weiter ausdehnen. Die sich dadurch bildenden globalen Verhältnisse sind bis heute wirksam, wenn auch unter veränderten Vorzeichen. Eine andere historische (Dis-)Kontinuität sehe ich in Bezug auf die europäische Geschlechterordnung. Denn obwohl sich starke Veränderungen vollzogen haben, gehen wir auch heute noch von einem Zwei-Geschlechter-Modell aus, das in der Aufklärungszeit hegemonial wurde (Laqueur). Das hegemoniale Geschlechterverständnis im Alltag orientiert sich nach wie vor an Vorstellungen, dass u. a. die Menschen heterosexuell sind und ein einziges, eindeutiges, unwandelbares Geschlecht haben, das sich erkennen lässt, wenn wir einen Blick auf den Körper werfen (Connell).

Damit sehe ich eine Verbindung zwischen mir – einer europäischen, weißen Frau, geprägt durch akademische philosophische und geschlechtertheoretische Diskussionen – und Kant. Eine Verbindung, die weder von einer reinen Kontinuität noch von einem radikalen Bruch ausgeht und damit der Aufklärung gegenüber weder eine klare Distanznahme noch eine eindeutige Identifikation herstellen kann. Stattdessen stellen sich Fragen wie: Welche Rolle nimmt die Philosophie und die kritische Reflexion in Bezug auf diese kolonialen, patriarchalen und heteronormativen Verhältnisse ein? Rechtfertigen die geschichtsphilosophischen Texte Kants diese Gewaltverhältnisse oder üben sie gar selber eine Form von epistemischer Gewalt aus? Lässt sich eine koloniale/patriarchale/heteronormative Vernunft ausmachen? Wie würde dann bspw. eine entkolonialisierte Vernunft aussehen? Oder lässt sich in der Aufklärungszeit, die Zeit der Kritik, auch eine Kritik an diesen Weltverhältnissen finden? Lässt sich Kant gar einem Strang des Antikolonialismus zuordnen, den Sankar Muthu in der Aufklärungszeit ausmacht – und damit bei Kant also eine Antwort finden auf Fragen nach einer entkolonialisierten oder dekolonialen Vernunft?

Eine umfassendere Beantwortung dieser Fragen müsste über den Aufsatz hinaus in das Werk von Kant führen. Dennoch kann ein *close reading* der „Idee einer allgemeinen Geschichte in weltbürgerlicher Absicht" bereits darüber Aufschluss geben, wie Kant in Bezug auf diese Aspekte positioniert werden kann.

Kritik

Das Verständnis von Kritik in gegenwärtigen Diskussionen (vor allem um Geschlecht oder ‚Rasse') in der Akademie fokussiert sich oftmals darauf, essentialistischen Aussagen den Boden zu entziehen, die Verankerung von Geschlecht und ‚Rasse' im Körper zu hinterfragen und sie als Ausdruck natürlicher Verhältnisse zu kritisieren. Das trifft in gewissem Sinne mit dem Kritikverständnis von Kant zusammen. Seine geschichtsphilosophischen Ausführungen machen keine einfachen Aussagen darüber, was sich in der Welt vorfindet oder vorgefunden hat. Stattdessen reflektiert Kant die Begriffe, mit denen er einen Blick auf die empirischen Daten wirft. Dadurch geht es ihm vielmehr um die Frage, unter welcher Perspektive eine sinnvolle Geschichtsschreibung stattfinden kann. So wundert sich Kant über bestimmte Phänomene wie Geburten und Eheschließungen, die zwar den individuellen Entscheidungen der Menschen unterliegen, bei statistischer Betrachtung aber durch Regelmäßigkeiten ausgezeichnet sind. Ist das Zufall? Wie lassen sich diese Regelmäßigkeiten erklären? Kant versucht im Folgenden, sie als Naturabsicht zu untersuchen und damit eine Erklärung – also eine hinter den Entwicklungen stehende Notwendigkeit – zu liefern. Es mag heutzutage nicht völlig nachvollziehbar sein, warum in diesem Zusammenhang von Naturnotwendigkeit gesprochen wird. Doch wenn Kant nach Notwendigkeiten fragt, meint er damit auch Manifestationen des freien Willens. Geschichtliche Ereignisse, entstanden aus der Summe von individuellen Handlungen, werden auf ihre Intelligibilität hin befragt.

Der Aufsatz über die „Idee einer allgemeinen Geschichte in weltbürgerlicher Absicht“ vollzieht insgesamt einen Bogen, der die Kontinuität zwischen Naturverhältnissen und vernünftigem Handeln verdeutlicht. Die Natur bringt den Menschen dazu, sich aufzuklären, doch könnte er dies eigentlich auch selber und sogar besser tun. Damit entsteht im Text eine Doppelung von automatischem historischem Prozess und überlegtem Handeln. Beide Prozesse laufen nach Kant letztlich auf das Gleiche hinaus. Diese Doppelung kulminiert im Begriff der Aufklärung: So fordert Kant einerseits die Menschen dazu auf, sich selber aufzuklären und mündige Bürger[1] zu werden. Andererseits beschreibt er die Aufklärung als einen historischen Prozess, der sich hinter dem Rücken der Menschen abspielt und auf den Zustand einer aufgeklärten Gesellschaft hin zielt. Beide Momente sind für Kant auf ihre Art notwendig, denn auch die Selbstaufklärung ist ein Gebot der praktischen Vernunft. In diesem Zusammenhang artikuliert Kant auch die Kritik an der kolonialen Expansion Europas: So lange die europäischen Staaten ihre Energie für die gewaltsame Ausweitung Europas verschwenden, verhindert dies, dass sich das eigene Land weiterentwickelt.

1 Die männliche Bezeichnung orientiert sich hier und im Folgenden an Kants Sprachgebrauch.

Die Ressourcen sollten für die Bildung der Bürger eingesetzt werden – und nicht zur Eroberung fremder Gebiete.

Kolonial-patriarchal-heteronormatives Denken

Dennoch greift es zu kurz, diese Schrift rundweg als kolonialismuskritische zu etikettieren. Zunächst deshalb, weil die Kritik an der europäischen Expansion damit begründet wird, dass die Entwicklung der eigenen Bevölkerung vernachlässigt wird. Der ungerechte, gewaltvolle Übergriff auf andere ‚Völker' scheint sekundär zu sein. Diese Begründung wiederum kann als das Symptom einer grundsätzlicheren kolonialen Logik verstanden werden, die sich im geschichtsphilosophischen Denken erkennen lässt. Der geschichtliche Fortgang ist nach Kant eine Entwicklung, die bei den unzivilisierten, instinktgeleiteten Menschen beginnt und idealiter in der bürgerlichen Vereinigung der aufgeklärten Menschen endet. Damit eröffnet Kant ein Spektrum, für das die Imagination des ‚reinen Naturmenschen' und der gesetzlos lebenden ‚Wilden' konstitutiv ist. Setzt man diese Schilderung von ‚Naturmenschen' und ‚Wilden' in Bezug zu seiner Diskussion von verschiedenen „Menschenrassen" wird deutlich, dass Kant diese Lebensweise nicht nur für die Vergangenheit ausmacht.

Auch wenn Kant seinen europäischen Zeitgenossen gegenüber durchaus kritisch ist und sie zwar für (übermäßig) zivilisiert, jedoch noch nicht kultiviert hält, macht der Text dennoch klar, dass der Zielpunkt der historischen Entwicklung am ehesten in dieser Weltregion erreichbar ist. Europa dient als *role model*. Zwar hängt ein wünschenswerter, friedvoller Endzustand davon ab, dass ein geregeltes, ausbalanciertes Weltverhältnis („Völkerbund") hergestellt wird. Verfolgt man aber die Frage, *wie* ein solcher Völkerbund sich installieren könnte, dann ist es ‚unser' Weltteil, der wohl gemäß Kant, dereinst allen anderen die Gesetze vorgeben wird. Die Utopie hat damit ihren normativen Bezugspunkt in Europa und das stabile Weltverhältnis wird als verdecktes Machtverhältnis erkennbar.

Der Leitfaden, den Kant für seine Geschichtsschreibung benutzt, orientiert sich also explizit an der europäischen Geschichte, auch wenn er eine weltumfassende Gattungsgeschichte im Blick hat. Dies macht Kant in jener Passage nochmals explizit, in der er erklärt, dass die „Staatengeschichte anderer Völker" lediglich episodisch hinzugefügt werden können, um das Gesamtbild zu ergänzen. Für das generelle Verständnis sind Ereignisse außerhalb Europas also weder zentral noch haben sie einen Einfluss auf das Geschichtsverständnis an sich.

Damit wird die koloniale Grundstruktur des kantschen Geschichtsentwurfs deutlich. Diese Grundstruktur ergänzt Kant mit Überlegungen, wie der Prozess aussieht, der die geschichtliche Bewegung formt. Denn da Aufklärung offenbar eher weniger durch direkte Einsicht erreicht wird, ist es die Natur, die den Aufklärungsprozess in Gang setzt. Der Mensch als Naturwesen ist einerseits getrieben vom Wunsch, alleine zu sein, hat jedoch andererseits auch den Wunsch, in Gesellschaft zu sein. Begibt er sich in die Gesellschaft, sind es niedere Instinkte wie Rachsucht, Habgier und Ehrsucht, welche den Antrieb geben, die Faulheit zu überwinden und damit Schritte in Richtung Kultur zu unternehmen. Diese These der ungeselligen Geselligkeit der Menschen schreibt bestimmten Antrieben eine Zweckmäßigkeit zu, die auch als Rechtfertigung gelesen werden kann. Insofern dieser Antagonismus nach Kant nicht nur zwischen Individuum und Gesellschaft, sondern auch zwischen verschiedenen Gesellschaften eine Rolle spielt, stellt sich die Frage, ob durch diese Logik nicht auch koloniale Übergriffe gerechtfertigt werden.

Bei Kant sind nur selbständig erwerbende Männer die vollen Subjekte von Geschichte und Staat, nur sie sollten die aktive Staatsbürgerschaft erhalten, wie er in der *Metaphysik der Sitten* deutlich macht. Explizit wird die patriarchale und auch heteronormative Logik der Geschichtsphilosophie in einem späteren Aufsatz mit dem Titel „Mutmasslicher Anfang der Menschheitsgeschichte“ (1786). Die Entwicklung vom „wilden“ Zustand hin zur bürgerlichen Vereinigung wird dort von einem bestimmten Geschlechterverhältnis wie auch von Sexualitätsnormen getragen. Der „Instinkt zum Geschlecht“, der ausschließlich als heterosexuell ausgerichteter Instinkt überhaupt natürlich sein kann,[2] kann in seiner naturnahen Form schnell befriedigt werden. Doch durch den Gebrauch der Vernunft kann dieser Antrieb moduliert werden: So gilt es, die Begierde nicht sofort zu befriedigen, sondern durch den Entzug des Gegenstandes der Begierde den Antrieb zu vermehren und zu intensivieren. Über diese Beherrschung der Antriebe gelangt der Mensch weiter, weg von der Triebbefriedigung hin zur Liebe. Die Form, die die ideale Liebesbeziehung annehmen soll, findet sich in den *Beobachtungen über das Gefühl des Schönen und Erhabenen* (1764) genauer ausformuliert: Der Stachel der Lust soll bleiben, aber der

2 Kant deklariert den Sexualakt zwischen zwei Menschen gleichen Geschlechts in der *Metaphysik der Sitten* als unnatürlich und stellt ihn auf die gleiche Ebene wie Sexualverkehr mit Tieren. Homosexualität ist demnach für Kant eine „Läsion der Menschheit in unserer eigenen Person“ und kann „durch gar keine Einschränkungen und Ausnahmen wider die gänzliche Verwerfung gerettet werden […]“. (Kant 1797, S. 390)

Rahmen der bürgerlichen Ehe und der geschlechtsspezifisch ausdifferenzierten Charaktere nicht überschritten werden. Die europäische, bürgerliche Frau überwindet also den ‚rohen' Naturzustand und differenziert sich aus zu einem Geschlechtscharakter. Doch bleibt sie laut der *Metaphysik der Sitten* an Haus und Kind gebunden und hat dadurch kein Recht auf die aktive Staatsbürgerschaft.

Schlussfolgerungen

Die Geschichtsphilosophie Kants hat den Anspruch, weltumfassende Tendenzen zu erkennen. Dazu nimmt Kant einen Standpunkt ein, von dem aus er seine Überlegungen und seinen Aufruf artikuliert. Trotzdem verhindert diese aktive Verortung nicht, dass eine heteronormativ-patriarchal-koloniale Vernunft am Werk ist, die Kants Geschichtsphilosophie strukturiert. Denn in jenem Akt, in dem Kant geschichtlichen Ereignissen eine Intelligibilität verleiht, wird deutlich, dass diese Intelligibilität selbst kolonial strukturiert ist. Ein verortetes Denken an sich ist weder automatisch ein koloniales/patriarchales noch ein dekoloniales/antipatriarchales Denken. Damit stellt sich eine weitere Frage: Wenn ein kritischer Blick auf die Welt auch eine Selbstreflexion beinhaltet, wie ist ein solcher Blick auf die Welt und eine selbstkritische Haltung möglich, ohne dass koloniale Muster wiederholt werden? Es ist diese aktuelle Frage, die mich zu Kant bringt und zu der ich, wenn nicht eine Antwort, doch eine Haltung zu erlangen hoffe. Mit Blick auf Kant scheint es, dass eine selbstreflexive Haltung nicht reicht, um weder die damaligen noch die heute bestehenden globalen und patriarchalen Machtverhältnisse zu erkennen oder ihnen gar zu entkommen. Dennoch braucht es Selbstkritik; das Hinterfragen von überlieferten Traditionen und Denkweisen ist notwendig. Und auch wenn wir erst hinterher erkennen, welche epistemische Gewalt im Spiel war, so ermöglicht diese Erkenntnis dennoch, die Zukunft anders gestalten zu können. So dass sich das Heute zwar nicht in einer Differenz zum Gestern befindet, aber hoffentlich zum Morgen. Doch dieser Akt zur Erkenntnis bleibt eine unabgeschlossene und unabschließbare politische Arbeit, die nur aus einer positionierten Verortung heraus vorgenommen werden kann. Wenn wir anerkennen, inwiefern auch durch die Philosophie koloniale und patriarchale Verhältnisse gestützt wurden und werden, eröffnet sich erst die Möglichkeit, Philosophie anders zu gestalten.

Querverweise

- Judith Butler: *Gender Trouble* (1990)

Literatur

Connell, Reawyn W.: *Gender*. Wiesbaden: Springer 2013.

Foucault, Michel: *Was ist Kritik?* [1978]. Berlin: Merve 1992.

—: Was ist Aufklärung? (1984). In: Ders.: *Dits et Écrits*, Bd. 4: 1980–1988. Frankfurt am Main: Suhrkamp 2005, S. 687–707.

Kant, Immanuel: *Werke in sechs Bänden*, hrsg. v. Wilhelm Weischedel. Darmstadt: WBG 1998.

—: Beobachtungen über das Gefühl des Schönen und Erhabenen [1764]. In: Ebd., Bd. 1, S. 821–884.

—: Beantwortung der Frage: Was ist Aufklärung? [1784]. In: Ebd., Bd. 6, S. 51–62.

—: Idee zu einer allgemeinen Geschichte in weltbürgerlicher Absicht [1784]. In: Ebd., Bd. 6, S. 31–50.

—: Mutmasslicher Anfang der Menschengeschichte [1786]. In: Ebd., Bd. 6, S. 83–102.

—: Metaphysik der Sitten [1797]. In: Ebd., Bd. 4, S. 301–633.

Laqueur, Thomas: *Auf den Leib geschrieben. Die Inszenierung der Geschlechter von der Antike bis Freud*. Frankfurt am Main: Campus 1992.

Muthu, Sankar: *Enlightenment Against Empire*. Princeton, NJ: Princeton UP 2003.

Voltaire: *Candid oder Die Beste der Welten* [1759]. Stuttgart: Reclam 1971.

An Act for the Better Ordering of Negroes and Slaves (1712)
Oder: Keinen Zweifel lassen

Sebastian Jobs

Wer einmal Thomas Jeffersons privaten Landsitz Monticello in Virginia besucht hat und die Nähe von Sklav_innenquartieren und Herrenhaus sieht, kann sich diesem Dilemma kaum entziehen. Zum einen weite Plantagen, prächtige Gärten und ein stattliches Herrenhaus – zum anderen der nagende Gedanke an die Sklav_innen, deren erzwungene Arbeit diesen Reichtum und damit auch die bahnbrechende geistige Entfaltung des amerikanischen Gründervaters Jefferson („all men are created equal") erst erlaubten. Ist es möglich, die Schönheit des amerikanischen Südens zu genießen, ohne ständig an Rassismus, körperliche Ausbeutung und Gewalt zu denken? Wie gehen aufgeklärte Kulturlandschaft und brutale Unterdrückung einher? Wie begann die immer größere Verflechtung von Sklaverei und Rassismus?

Diese Fragen rühren an den Ursprüngen der Sklaverei in den britischen Kolonien, in denen ‚afrikanische' Sklav_innen und ‚europäische' Kolonisten beständig interagierten und miteinander umgehen mussten. Der *Act for the Better Ordering and Governing of Negroes and Slaves* von 1712 – entstanden keine 100 Jahre nach Ankunft der ersten Sklav_innen in den Kolonien – ist ein Eingeständnis, dass diese Kontakte nicht mehr von den Gesetzen Englands erfasst wurden und es neuer Regelungen bedurfte. Er ist Teil einer neuen amerikanischen Rechtstradition, die von der des Heimatlands in entscheidenden Punkten abwich und eigene Schwerpunkte setzte. Dieser *slave code* steht damit in einer Reihe von kolonialen Bestimmungen, Gerichtsbeschlüssen und Verordnungen, die seit Mitte des 17. Jahrhunderts erlassen wurden, um ‚schwarz' und ‚weiß' eindeutiger zu definieren, voneinander zu trennen und potentielle Kontaktzonen zu regulieren. Das ausgefeilte Dekret, das 1712 vom Parlament der Kolonie South Carolina beschlossen wurde, fußt auf einem Austausch von Wissen und Erfahrung über Leibeigenschaft innerhalb der britischen Kolonien auf dem nordamerikanischen Kontinent sowie in der Karibik. Hier flossen Prinzipien der englischen Rechtstradition, aber vor allem auch neue Formulierungen und Konzepte aus Virginia und Barbados ein.

In der Verfügung von 1712 liegt der Schwerpunkt oder Ansatzpunkt der Regulierung auf dem sklavischen Körper und dies schien nach den Prämissen des Codes nur folgerichtig. Denn die Präambel beschreibt „negroes" als wilde Barbaren, die sich nicht durch die Gesetze, Bräuche und Praktiken der Kolonie regieren ließen. Angesichts ihrer vermeintlichen Irrationalität, Exotik und Gefahr („the slaves [...] are of barbarous, wild, savage natures") blieb also nur die Zugriff auf die Körper, ihre Bewegungsfreiheit, ihre Unversehrtheit, ihre Sexualität als Ort weißer Verwaltung und Herrschaft. Sehr gelehrt zerlegte der *slave code* das Alltagsleben, erfasste die Betätigungsfelder von Sklav_innen möglichst genau und ordnete sie minutiös. Keinen Zweifel lassen!

Aus dem Zweck von Sklaverei machte das Gesetz aus South Carolina vom ersten Satz an keinen Hehl: „the plantations and estates of this Province cannot be well and sufficiently managed and brought into use, without the labor and service of negroes and other slaves". Was folgt sind jedoch keine Ausführungen über die wirtschaftlichen Notwendigkeiten oder die Klärung von Arbeitsverhältnissen und Betätigungsfeldern von Sklav_innen. Stattdessen geht es vornehmlich um die Arbeitskraft von Sklav_innen – ihre Körper sollten ihren Besitzern beständig zur Verfügung stehen und erhalten bleiben.

Um die wirtschaftliche Leistung von Sklav_innen zu sichern, waren sie in ihren Tätigkeiten und Bewegungen eingeschränkt. Sklav_innen durften für ihre Arbeit nicht bezahlt werden, sie waren von bestimmten beruflichen Aktivitäten ausgeschlossen – z. B. davon, ein Boot zu führen. Ein Haustier durften sie nicht besitzen. Es war ihnen verboten, sich ohne Erlaubnis ihrer Besitzer frei zu bewegen, sie hatten außerhalb der Plantagen eigens erstellte Pässe mit sich zu führen oder mussten sich in Anwesenheit einer zuständigen (weißen) Person bewegen, die sie beaufsichtigte. Damit sie als Sklav_innen erkennbar blieben, sollten sie ihre Körper ihrem sozialen Status angemessen umhüllen und sich in „negro cloth" kleiden. Zur Einhaltung dieser Regeln waren unter Strafandrohung alle weißen Mitbürger verpflichtet und zur Durchsetzung war ihnen weitgehend freie und harte Hand gegeben. Verdächtige und Flüchtige durfte jedermann festsetzen und durch Peitschen körperlich züchtigen, in Extremfällen war es sogar erlaubt, sie zu töten. Zudem war es Sklav_innen verboten, sich an Sonn- und Feiertagen in der

Hauptstadt South Carolinas, Charleston, aufzuhalten, da sie sich hier, so befürchteten die Gesetzesautoren, nur dem Trinken, Prügeln und Fluchen hingäben – ferner bestehe gerade hier die Gefahr, dass sie ihre vorübergehende ‚Freiheit' dazu nutzen konnten, teuflische Pläne („wicked designs and purposes") auszuhecken.

Gemeint sind Aufstände und Revolten. Dabei gab es eigentlich an dieser Stelle wenig Grund zur Besorgnis. Bis 1712 hatte es noch keine nennenswerten Sklavenaufstände gegeben, und doch widmete sich eine gesamte Sektion dem Thema „insurrection" und Komplott. Diese Vergehen waren bei Todesstrafe verboten. Und hier zeigt sich auch der *slave code* als Ort einer Obsession mit einer imaginierten Gewalt insbesondere von männlichen Sklaven, vor deren Impulsivität und Gewalttätigkeit der *slave code* zwar nicht ausdrücklich warnt, die aber regelmäßig in anderen zeitgenössischen Texten erwähnt wird. Die beständige Angst vor gewalttätigen und bewaffneten schwarzen Menschen ist dem Text eingeschrieben, der Beherrschung dieser Gewalt dienten die einzelnen Paragrafen. Es war Sklav_innen verboten, außerhalb ‚ihrer' Plantagen bzw. ohne Erlaubnis ihrer Besitzer, Feuerwaffen bei sich zu führen. Weiße waren verpflichtet, diese in den privatesten und unzugänglichsten Räumen ihrer Häuser aufzubewahren. Gleichzeitig waren sie angehalten, die Quartiere ihrer Sklav_innen mindestens zweimal monatlich gründlich nach jeglichen Waffen und verdächtigen Materialien zu durchsuchen, die im Zusammenhang mit widerständigem Verhalten stehen konnten.

Im Sinne der Erhaltung der Arbeitskraft stellte Flucht selbstverständlich eine der größten Gefahren für die Erhaltung des Wirtschaftssystems Sklaverei dar. Nicht nur stand Fluchthilfe durch Weiße wie Schwarze unter Höchststrafe. Sklav_innen, die mit der Absicht die Kolonie zu verlassen, davon liefen („runaway"), waren grundsätzlich mit dem Tod zu bestrafen. Das Gesetz legte einen exakten Strafenkatalog für Flüchtige fest, die der Plantage innerhalb Carolinas mehr als 20 Tage fernblieben – für Wiederholungstäter sah er eine vierstufige Strafeskalation vor. Der Körper der Sklav_innen war hier individueller Erziehungsort und sozialer Wissensspeicher zugleich. Bei einmaligem Vergehen sah das Gesetz eine Strafe durch Auspeitschen vor. Durch die Narben, die der Körper davon tragen würde, hatte dieser Sklave – so zynisch es auch klingt – an Wert verloren, da er nun für alle sichtbar als widerständig markiert war. Diese Strategie von Sichtbarmachung setzte sich beim zweiten Vergehen fort – hier war der Übeltäter auf seiner Wange mit einem „R" (für *runaway*) zu brandmarken. Auf der dritten Stufe sollten dem Delinquenten beide Ohren abgeschnitten werden. Dieser sinnlichen

Einschränkung folgte für ein viertes Vergehen Kastration als Bestrafung – das Gesetz nutzt hier den Begriff zur Kastration von Tieren („gelt"). Hier wird der Zusammenhang von *race&sex*, den der *slave code* immer wieder herstellt, am deutlichsten. Als Hort des Widerstands wurde das körperliche Geschlecht des männlichen Sklaven angesehen – im Entfernen der Geschlechtsorgane lagen Bestrafung für den Übeltäter und vermeintliche (Er)Lösung für die weiße Gemeinschaft. Während die Durchsetzung der vorangegangenen Strafen in der Hand der Besitzer lag, zog ein weiterer Verstoß gegen das Fluchtverbot einen offiziellen Prozess nach sich. Konsequenterweise wurde mit dem *slave code* eine eigens für Sklav_innen zuständige Gerichtsbarkeit eingesetzt, die aus zwei professionellen Richtern und drei grundbesitzenden Bürgern bestand. Die finale Strafe für das Weglaufen war entweder das Durchtrennen der Achillessehne oder auch der Tod, meist durch Erhängen. Diese Symbolik zieht sich durch die gesamte Geschichte der amerikanischen Sklaverei: Aufgeschlitzte Nasen, abgetrennte Ohren oder Finger oder eben Kastrationen finden sich immer wieder in den Strafkatalogen für Sklav_innen. Diese körperlichen wie sinnlichen Bestrafungen zielten darauf ab, die Delinquent_innen wortwörtlich von ihrer Umgebung abzuschneiden. Die performative Qualität dieser Strafeskalation ist offensichtlich – in einer kalkulierten Entwertung (ethisch und wirtschaftlich) sollten für alle sichtbar das widerständige Subjekt zunächst äußerlich gekennzeichnet, dann schrittweise sozial marginalisiert und schließlich für alle sichtbar und ohne Zweifel aus dem Körper der Gesellschaft entfernt werden.

Aber auch hier zeigt sich, dass sklavische Körper für ihre Besitzer vor allem Kapital und Arbeitskraft waren, deren Wert im Extremfall entschädigt werden musste. Für den Fall, dass ein Sklave in Folge einer rechtmäßigen Verurteilung wegen Flucht oder aufständischer Umtriebe hingerichtet wurde, hatte dessen Besitzer das Recht, bei den zuständigen Behörden eine Entschädigung im Wert seines ‚Eigentums' zu beantragen. In dieser Logik der wirtschaftlichen Werterhaltung enthält der *slave code* auch Passagen, die Sklav_innen vor exzessiver körperlicher Gewalt schützen sollten, auch wenn für dessen Autoren fest stand: „seldom happens". Sollte ein Sklave bei einem Unfall oder einer legitimen Strafaktion verletzt oder getötet werden, war der ‚Verursacher' nicht dafür haftbar zu machen. Bei bewusster ‚Beschädigung' eines fremden Sklaven oder einer Sklavin musste der Täter allerdings eine Geldstrafe und eine Entschädigung an dessen Besitzer zahlen. Aber die Regelung, wie genau dieser Mutwille zu definieren sei, blieb ziemlich vage und eröffnete den

freien Bürgern South Carolinas vielfache Handlungs- und Interpretationsräume – zweifellos.
Doch der *code* geht auch auf potentielle Handlungsräume für Sklav_innen ein. Ihre Zeugenaussagen waren als Beweismittel in Verfahren gegen andere Sklav_innen fest eingeplant, ihre Geständnisse wurden zum Bestandteil der Gerichtsprozesse. Andere Freiräume entstanden jedoch aus religiösen und vor allem sexuellen Kontakten in den Kolonien. Auch darauf ging der *slave code* ein. Er legt fest, dass alle unfreien „negroes" als Sklav_innen anzusehen seien – und ihre Kinder ebenso. Und hier legte das Gesetz etwas fest oder schreibt vielmehr fort, woran tatsächlich fünfzig Jahre zuvor noch Zweifel bestanden hatten. Wie war mit den Kindern von Sklav_innen umzugehen, bei denen ein Elternteil weiß war? Diese Zweifel machen sich vor allem an Elizabeth Key Grinstead fest, einer Sklavin, die 1656 vor einem Gericht in Virginia für sich und ihren unehelichen Sohn ihre Freiheit einforderte und gewann. Ihre Klage basierte auf zwei Argumenten: Zum einen war sie christlich getauft und zum anderen machte sie geltend, dass ihr Vater ein englischer Kolonist gewesen sei. Dies entsprach dem Recht des *common law*, nach dem sich der Status eines Kindes nach dem des Vaters richtet. Die Rechtsunsicherheit, die entstand, weil christliche Missionsethik und englische Rechtspraxis mit handfesten ökonomischen Interessen und rassistischen Vorurteilen konkurrierten, eröffnete Sklav_innen Handlungsräume, die biologisch ideologische Grundlage von Sklaverei zu hinterfragen und auszuhebeln. Als Reaktion auf diese Unsicherheiten stellte ein Beschluss des Parlaments in Virginia 1662 so knackig wie lakonisch fest: „WHEREAS some doubts have arrisen whether children got by any Englishman upon a negro woman should be slave or ffree". Um dann dieses biologische Schlupfloch zu schließen, setzte das Parlament jedoch fest: „that all children borne in this country shalbe held bond or free only according to the condition of the mother". Diese komplette Umkehrung des britischen *common law* ist allerdings keine amerikanische Rechtsinnovation, sondern ein gelehrter Rückgriff auf römische Rechtstraditionen (*partus sequitur ventrem*). Diese Regulierung von Sexualität bzw. von Reproduktion garantierte auf Dauer die biologische Fortsetzung von Sklaverei, einem System, das sich auf Dauer selbst tragen würde und nicht immer wieder auf den erneuten Zukauf von ausländischen Kräften angewiesen sein würde. Zudem eröffnete diese Regelung weißen Männern ein weitgehend risikofreies Zugriffsrecht auf die Körper schwarzer Frauen – denn die Erbfolge im weißen Herrschaftssystem der Sklaverei konnte durch Kinder von Sklavinnen nicht mehr ausgehebelt werden. Das Gesetz von 1662 stellte sexuelle

Kontakte zwischen weißen Männern und schwarzen Frauen prinzipiell immer noch unter Geldstrafe. Indem es die rechtliche Unsicherheit über die Kinder, die aus solchen Beziehungen in der Grauzone entstanden, tilgte, war es jedoch eine schleichende Anerkennung eines Systems der Konkubinage. Kurze Zeit später wurde Sklav_innen das Recht aberkannt, aufgrund einer christlichen Taufe ihre Freiheit zu beanspruchen. Auch hier: keinen Zweifel lassen!

Diese ständige Bemächtigung von Sklav_innenkörpern setzte sich im *slave code* von 1712 fort und zieht sich wie ein roter Faden durch den gesamten Gesetzestext. Sei es ungehemmte Gewalt gegenüber Flüchtigen, genauestens festgelegte körperliche Bestrafungen oder die Quasi-Legitimierung sexueller Kontakte – im *slave code* wurden rassistisches Weltbild und wirtschaftliche Ausbeutung streng aufeinander bezogen. Zum Ort ohne Zweifel wurden die Körper der Beherrschten. Ziel war es, zwei streng voneinander getrennte politische Körper zu kreieren – mit unterschiedlichen Rechten. Sklav_innen und andere „negroes" waren körperlich hart zu bestrafen, freie Weiße mussten für Kooperation und Hilfsleistungen für Sklav_innen mit empfindlichen Geldstrafen rechnen. Die Regelungen von 1712 wurden später immer wieder ergänzt und bestätigt, sie bildeten das Gerüst für die rechtliche Behandlung von Sklav_innen in South Carolina sowie anderen Staaten des Reis und Baumwolle anbauenden Südens (z. B. Georgia).

Die Arbeit und (sexuelle) Ausbeutung der vielen Sklav_innen und ihre Lebensbedingungen hinterlassen bei heutigen Besucher_innen mehr als einen bitteren Beigeschmack, sei es in Monticello, Mount Vernon, Charleston oder Washington. Historiker_innen diskutieren seit Jahren über Henne und Ei der amerikanischen Sklaverei: War es ein inhärenter Rassismus der englischen Siedler, der die Ausbeutung ermöglichte? Oder war die Sklaverei der Ausgangspunkt für einen Rassismus, der bis heute seine Spuren im amerikanischen Alltag hinterlässt? (Banks; Wahl) Diese Frage nach Eigentlichkeit ist müßig – die Genealogie des *slave code* von 1712 sowie seiner zahlreichen Vorgänger und Nachfolger zeigt, wie Sklaverei bis zum Ende des 17. Jahrhunderts zu einem festen Bestandteil des ökonomischen und kulturellen Selbstverständnisses in den amerikanischen Kolonien wurde und wie Sklaverei in immer neuen Verordnungen mit einer rassistischen Ideologie verwoben wurde, bis schließlich beide einander begründeten.

Als 2014 in Ferguson ein weißer Polizist den schwarzen Jugendlichen Michael Brown erschoss, beschrieb er Brown als eine physische Übermacht, von der er sich bedroht sah, er verglich ihn mit dem ambivalenten Superhelden Hulk, der für seine Gereiztheit und übermenschliche Kräfte bekannt ist. In der Aussage von Officer Wilson färbte das Bild des grünen Mannes, der unkontrollierbar und nur durch körperliche Züchtigung und Gewalt zu stoppen ist, auf sein schwarzes Gegenüber ab. Und es lebt in den Köpfen vieler Amerikaner_innen auch über 150 Jahre nach dem Ende der Sklaverei fort. Kein Zweifel!

Querverweise

- Spike Lee: *Jungle Fever* (1991)
- *Loving v. Virginia* (1967)
- Eldridge Cleaver: *Soul on Ice* (1967)
- Ida B. Wells: *Southern Horrors. Lynch Law in All Its Phases* (1892)
- David G. Croly / George Wakeman: *Miscegenation* (1864)
- Francisco de Arango y Parreño: Representación (1811)
- M.-L.-É. Moreau de Saint-Méry: *Description… de la partie française de l'isle Saint-Domingue* (1797)

Literatur

An Act for the Better Ordering of Negroes and Slaves. In: David J. McCord (Hrsg.): *Statutes at Large of South Carolina*, Bd. 7, Columbia, SC 1840, S. 352–365.

Banks, Taunya Lovell: Dangerous Woman. Elizabeth Key's Freedom Suit – Subjecthood and Racialized Identity in Seventeenth Century Colonial Virginia. In: *Akron Law Review* 41 (2008), S. 799–837.

Billings, Warren M.: Law in the Colonial South. In: *Journal of Southern History* 73 (2007), S. 603–617.

Morris, Thomas D.: *Southern Slavery and the Law, 1619–1860*. Chapel Hill, NC: University of North Carolina Press 1996.

Schwarz, Philip J.: *Slave Laws in Virginia*. Athens, GA: University of Georgia Press 1996.

Wahl, Jenny Bourne: *The Bondman's Burden. An Economic Analysis of the Common Law of Southern Slavery*. Cambridge: Cambridge UP 1998.

Mary Rowlandson: *The Sovereignty and Goodness of God* (1682) Oder: „I have seen the extreme vanity of this world". Die *Via Dolorosa* der Mary Rowlandson

Hartmut Lehmann

Der zuerst 1682 gedruckte und rasch als Bestseller in ganz Neuengland berühmte Bericht der 1637 geborenen Pastorengattin Mary Rowlandson, *The Sovereignty and Goodness of God, together with the Faithfulness of His Promises displayed, being a Narrative of the Captivity and Restauration of Mrs. Mary Rowlandson*, hinterlässt bei Lesern und Leserinnen des 21. Jahrhunderts unterschiedliche Eindrücke. Auf den ersten Blick handelt es sich um eine prallvoll mit Fakten gefüllte Erzählung von den Erlebnissen der Autorin in der Zeit ihrer Gefangennahme durch die Indianer am 10. Februar 1676 in der Siedlung Lancaster bis zu ihrer Freilassung gegen ein Lösegeld von 20 Pfund Sterling am 2. Mai des gleichen Jahres. Minutiös schildert sie die einzelnen Etappen, die sie zusammen mit ihren Entführern zurücklegen musste. Sie legt dar, wo sie übernachteten, welche Flüsse sie überquerten und welche Schwierigkeiten sie zu bewältigen hatten, welchen anderen Indianergruppen sie begegneten: Kurzum, jeder Leser und jede Leserin wird von ihr unmittelbar mit auf den äußerst beschwerlichen Weg genommen, den sie zusammen mit ihren neuen Herren in unwirtlichem Gelände und bei ungünstiger Witterung im Frühjahr 1676 zurücklegen musste. Die Vielzahl der konkreten Details, die Rowlandson schildert, suggeriert auf eine eindrucksvolle Weise, dass alles, was sie schreibt, sich tatsächlich so zugetragen hat.

Rowlandsons Text ist durchsetzt mit Bibelsprüchen. Manche zitiert sie aus dem Gedächtnis, manche direkt aus der Bibel, die sie sich durch Zufall beschaffen konnte und die sie auf ihrer Wanderschaft wie einen Schatz bewahrt. Die Quintessenz dieser Verweise auf Texte aus der Hebräischen Bibel und aus dem Neuen Testament erschließt sich den Lesern ohne Mühe. Denn immer, wenn sie betrübt ist und sich um ihr Leben sorgt, findet sie einen Spruch, der ihr Mut macht.

Immer, wenn sie in eine konkrete Notlage gerät, hat sie einen Vers parat, der ihr weiterhilft. Immer, wenn sie nicht weiter weiß, stößt sie in ihrer Bibel auf einen Text, der von Gottes Weisheit und Fürsorge spricht, von Gottes Providenz, auch wenn Gottes Wege ihr zunächst rätselhaft erscheinen mögen. Ihr Bericht gerät auf diese Weise zu einem höchst eindrucksvollen Erbauungsbuch, aus dem alle, die selbst in Not geraten, Trost schöpfen können.

Auf eine geradezu penetrante Weise deutet Rowlandson ihr Schicksal als ein exemplarisches Leben unter Gottes Schirmherrschaft. Aus ihrem Schicksal lässt sich ablesen, was ein starker, unerschütterlicher Glaube an Gott zu leisten vermag: Gott weiß, zu was ihre Leiden gut sind; Gott tröstet sie, wenn sie Trost braucht; Gott sorgt dafür, dass sich alle Dinge am Ende zum Besten wenden. Gottvertrauen ist ihre Botschaft, auch in schlechten, aussichtslosen Zeiten, in denen man versucht ist, sich von Gott abzuwenden. Der missionarische Ton ihrer Ausführungen hatte, so ist zu vermuten, in puritanischen Ohren einen wohlbekannten Klang.

Vielleicht sollte man an dieser Stelle noch einen Schritt weiter gehen. Denn Rowlandson gliederte ihren Bericht in zwanzig Teile, in die zwanzig Stationen ihres Leidensweges. Hätte sie diese zwanzig Stationen auf insgesamt sieben oder vierzehn Stationen reduziert beziehungsweise komprimiert, läge der Gedanke nahe, sie hätte andeuten wollen, es gäbe eine direkte Parallele zwischen ihrer Gefangenschaft und dem Kreuzweg Jesu: Mary Rowlandson, geläutert durch schwere Prüfungen, auf dem Weg zu ihrer Erlösung. So weit ist sie offensichtlich nicht gegangen. So weit wollten wohl auch die puritanischen Geistlichen, die, wie zu vermuten ist, ihren Text vor dessen Publikation lasen und höchst wahrscheinlich redigierten, nicht gehen. Fromme Puritaner, die noch mit der anglikanischen Kreuzwegs-Theologie vertraut waren, mögen ihren Text trotzdem so gelesen und verstanden haben.

Für moderne Leserinnen und Leser mag eindrucksvoller sein, mit welchem Mut Rowlandson die schweren Bedingungen ihrer Gefangenschaft gemeistert hat. Hunger und Kälte, das waren die schlimmsten Herausforderungen. Sie bekam tagelang nichts zu essen. Sie musste auf dem blanken Erdboden übernachten, wie ein wildes Tier, wie sie schreibt. Sie erzählt, wie sie sich von Dingen ernährte, mit denen man normalerweise nicht einmal Schweine oder Hunde füttert. Sie aß rohes Fleisch, halbgare noch blutige Pferdeleber und zögert nicht zu sagen, es habe ihr köstlich geschmeckt. Sie berichtet von Heißhunger, der dazu führte, dass sie alles, was sie erreichen konnte, wenn es doch einmal etwas gab, in sich hineinstopfte. Und dann blieb sie trotzdem weiterhin hungrig. In einem Fall nahm sie sogar, ohne schlechtes Gewissen, wie es scheint, einem Kind ein Stück Pferdefleisch weg. Überleben war ihre Devise. Ihr Überlebenswille ließ sie Demütigungen ebenso ertragen wie die unvorstellbare Not, mit der sie von einem Tag auf den anderen konfrontiert wurde. Wenn die Situation ausweglos erschien, orientierte sie sich am Gottesglauben von Hiob. Trotzdem bleibt erstaunlich, dass Mary Rowlandson nicht erkrankte und ihr Körper alle Strapazen überstand.

Zum Überleben gehörte, dass Mary Rowlandson etwa ab der dritten Woche ihrer Gefangenschaft ihre hausfraulichen Fertigkeiten einzusetzen wusste. Für den Häuptling, dem sie als Dienstbotin beziehungsweise als eine Art Sklavin zugeordnet war, nähte sie ein Hemd und bekam dafür etwas Geld, mit dem sie Pferdefleisch kaufte. Bald hatte sich unter den Indianern offensichtlich herumgesprochen, dass sie etwas konnte, was den Frauen des Stammes offensichtlich nicht geläufig war. Deshalb wurde sie in der Folge immer wieder gebeten, ein Hemd zu nähen oder eine Mütze anzufertigen oder Strümpfe und Socken zu stricken, und in allen Fällen erhielt sie dafür etwas Essen, mal ein Stück Bärenfleisch, mal Erbsen, mal eine Suppe. Einmal wird ihr als Dank für ein Hemd auch ein Messer gegeben, dass sie aber rasch, um eventuelle Missverständnisse zu vermeiden, bei ihrer Herrin wieder abgibt. Zu vermuten ist, dass Mary Rowlandson sich mit Hilfe ihrer hausfraulichen Fähigkeiten ein Stück Anerkennung, vielleicht sogar Respekt verschaffte. Bei keiner dieser Transaktionen – ‚Hemd für Essen' – ist in ihrem Bericht von irgendwelchen Unfreundlichkeiten die Rede.

Diese Aussagen sind bemerkenswert, weil sie von ihren Entführern von Anfang an den allerschlechtesten Eindruck hatte. Gewiss: Sie war im Zuge einer militärischen Auseinandersetzung in die Hände der Indianer geraten, bei der auch ihre Landsleute sich mit äußerster Gewalt zu verteidigen gesucht hatten. Für Mary Rowlandson waren die Unterschiede zwischen den Siedlern und den Indianern aber fundamental. Ihre Landsleute hatten offene, ehrliche Gesichter. Sie waren gastfreundlich und hilfsbereit. Kein Begriff war für sie dagegen zu negativ, um die Indianer zu charakterisieren. Indianer waren für sie unmenschliche, schwarze, barbarische Kreaturen; sie glichen Wölfen, die Schafe rissen; sie bezeichnete sie an einer Stelle als Höllenhunde. Indianer waren für sie blutrünstige Heiden, die Hilflose töteten, den Getöteten die Kleider auszogen, den Leib öffneten und den Skalp abzogen. Die Indianer, denen sie begegnete, bezeichnete Rowlandson als hinterhältig, brutal, unberechenbar und grausam. Eine schwangere Frau, die sie um Hilfe anflehte, schlugen sie ohne weiteres einfach tot. Von einer Minute zur nächsten konnten sie ihre Meinung ändern. Waren sie freundlich, so hieß das nichts. Denn unmittelbar danach konnten sie sich wieder als unfassbar grausam erweisen. Indianer logen, wie sie mehrfach betont. Als sie einmal nach ihrem Mann fragte, sagte einer, er sei tot, ein anderer, er habe wieder geheiratet. Als sie nach ihrem Sohn fragte, erhielt sie die Antwort, er sei geröstet worden und er selbst habe ein Stück von ihm gegessen und das habe gut geschmeckt. Bemerkenswert ist, dass Mary Rowlandson von den zum Christentum bekehrten Indianern keine bessere Meinung hatte. Diese „praying Indians" bezeichnete sie ebenfalls als Lügner und Verräter, die stahlen, was sie konnten, und die sich auch gegenseitig bestahlen.

Erst im Laufe des Berichts erfährt man einige positivere Einschätzungen. Ein Indianer gibt ihr die Bibel, die ihr so viel bedeutet. Als sie auf einer der langen Wanderungen erschöpft ist, setzt sie ein anderer auf ein Pferd. Einige bieten ihr eine Tabakpfeife an, die sie einmal ablehnt, einmal aber auch annimmt. Immer wieder wird ihr Essen gegeben. Ganz so schlimm, ganz so unmenschlich waren die Indianer, bei denen sie lebte, also nicht. Waren Indianer für Mary Rowlandson im Kern also doch gute Menschen? Festzuhalten ist aber, dass die diversen durchaus positiven Episoden, in denen sie freundliche und gutherzige Indianer erlebte, Mary Rowlandson nicht veranlassten, ihre prinzipiellen indianerfeindlichen Urteile zu überdenken und vielleicht sogar zu relativieren. Indianer waren und blieben für sie Heiden, Unmenschen, eine niedere Sorte von Mensch, denen der Teufel, wie sie an einer Stelle schreibt, Befehle gibt. Selbstverständlich sind das Stereotype. Diese Stereotypen sind aber ein wichtiger, eindrucksvoller Teil ihres Berichts.

Rowlandsons Buch wurde schon 1682 vier Mal publiziert, drei Mal in Boston und ein Mal in London, dann erneut 1720 und ab 1770 bis 1811 in 17 weiteren Auflagen. Man geht nicht fehl, wenn man annimmt, dass Rowlandsons gehässige Charakterisierung der Indianer im Laufe des späteren 18. Jahrhunderts, als der Begriff ‚Rasse' in die englische Sprache aufgenommen wurde, seine Wirkung nicht verfehlte. Rowlandsons christlich determinierte Abwertung der Indianer als Heiden konnte nun als ein unverkennbares Rassenmerkmal verstanden werden. Es wäre aber zu prüfen, ob die Neuauflage ihres Buchs im späten 18. Jahrhundert tatsächlich entsprechende Reaktionen auslöste.

Rowlandsons Schilderung der Indianerfrauen ist im Übrigen nicht positiver. Auch auf sie ist ihrer Meinung nach kein Verlass. Auch ihr Charakter ist schwankend. Auch sie kennen keine weibliche Solidarität. Einmal bekommt sie etwas zu essen, wenn sie darum bittet, einmal nicht. Manchmal wird sie freundlich behandelt, dann wieder nicht. Als ihre Herrin entdeckt, dass sie in der Bibel liest, wirft sie diese hinaus. Als sie auf einer der Wanderungen über eine zu schwere Last klagt, wird sie geschlagen. Als sie bei einer Gelegenheit gegen eine Ungerechtigkeit protestiert, wird ihr Asche in die Augen geworfen, so dass sie sich sorgt, sie könne erblinden. Als sie an einem Sabbat nicht arbeiten will, wird sie geschlagen und zur Arbeit gezwungen. Staunend berichtet sie von der Eitelkeit der Indianerfrauen und von dem Prunk, mit dem sich diese trotz aller Not schmücken.

Im Laufe der Zeit wird Rowlandson durchaus klar, dass auch die Indianer und ihre Familien unter der Kälte und Hunger litten, dass sie praktisch aus der Hand in den Mund lebten. Sie essen, was sie bei der Jagd erbeuten, und wenn sie keinen Erfolg haben, muss ein Pferd das Leben lassen. Sie sammeln Beeren, Nüsse, Wurzeln. Zwar pflanzen sie gelegentlich Mais oder Erdnüsse an. Ehe sie ernten können, sind sie aber schon weiter gezogen. Von einer geregelten Versorgung kann, wie sie feststellt, keine Rede sein. Um eine zu dünne Suppe zu verlängern, fügen sie, was sie verwundert, Baumrinde hinzu. Rowlandson hat mit ihren Peinigern aber kein Mitleid. Sie hofft jeden Tag darauf, dass sie bald wieder freikommt. Schon nach relativ kurzer Zeit schlägt sie vor, man solle sie gegen Pulver auslösen, was abgelehnt wird. Später macht sie den Vorschlag, man könne sie doch gegen ein Quantum an Schnaps freilassen. Auch daraus wird nichts. Freigelassen wird sie am Ende gegen eine Summe Geld.

Rowlandsons puritanisches Ethos zeigt sich, wenn man ihrem Bericht folgt, nicht nur an ihrem scheinbar unerschütterlichen Gottvertrauen, sondern vor allem an ihrer Rolle als Mutter. Als sie gefangen wird, wird auch ihr jüngstes Kind verletzt. Sie trägt dieses Kind, obwohl sie selbst verletzt ist, auf den ersten Wegstrecken auf ihrem Arm. Sie ist verzweifelt, dass sie ihm keine Linderung verschaffen kann. Als sie nach einigen Tagen nicht mehr weiter kann, stolpert und stürzt, wird sie zusammen mit ihrem Kind von den Indianern auf ein Pferd gesetzt. Da das Pferd kein Sattelzeug hat, fallen Mutter und Kind an einem steilen Abhang herunter. Die sie begleitenden Indianer lachen. Nach einigen Tagen bekommt ihr Kind hohes Fieber, nach neun Tagen stirbt die kleine Sarah. Die Mutter legt sich die ganze Nacht zu dem toten Kind, das am nächsten Tag von den Indianern ohne ihr Beisein beerdigt wird. Mary Rowlandson setzt nun alles daran, ihre zwei älteren Kinder, die ebenfalls in Gefangenschaft gerieten, zu finden. Das gelingt ihr, wenngleich sie mit ihren Kinder nur für kurze Zeit zusammen sein darf. Sie klagt, dass sie ihren Kindern nicht helfen kann und bittet Gott um Hilfe. Als sie ihren Sohn wieder einmal sieht, stellt sie fest, dass er Läuse hat. Sorgfältig kämmt sie seine Haare.

Beide Kinder überleben. Immer wieder fragt sie Indianer, die sie trifft, wie es ihrem Mann geht.

Zwei Stellen in ihrem Bericht lassen aufhorchen. Als Mary Rowlandson an einem Abend nicht weiß, wo sie schlafen kann, lädt sie ein Indianer zu sich in sein Wigwam ein und gibt ihr als Gegenleistung eine Handvoll Erdnüsse. Sie akzeptiert. Einige Tage später wiederholt sich die Szene. Dieses Mal bekommt sie außer Erdnüssen auch ein Stück Schweinefleisch. Wie sind diese beiden Szenen zu interpretieren? Kann man eine explizitere Aussage erwarten? Nicht einer der Indianer hätte sich ihr gegenüber auch nur das geringste Fehlverhalten geleistet, schreibt Rowlandson, nicht einer hätte ihr gegenüber die geringste Form von Unkeuschheit gezeigt, weder in Worten noch in Taten. Warum wurden von den puritanischen Zensoren, die mit großer Wahrscheinlichkeit Rowlandsons Text vor dessen Publikation durchsahen, diese Aussagen nicht einfach gestrichen? Möglicherweise gab es nach ihrer Freilassung Gerüchte, nach denen sie doch mit einigen Indianern intimere Beziehungen hatte. Vielleicht waren solche Gerüchte von Gegnern der puritanischen Elite, zu der die Rowlandsons gehörten, sogar gezielt gestreut worden, um zu erklären, warum sie, die Frau des Pastors, überlebt hatte, wo doch viele andere, die in die Hand der Indianer gerieten, nicht zurück kamen. Ist neben den als rassistisch zu deutenden indianerfeindlichen Stereotypen in diesem Text also zumindest andeutungsweise auch von ‚Sex' die Rede?

In seiner Einführung zu dem Text von Mary Rowlandson schreibt kein Geringerer als der Vater des berühmten Puritanerpredigers Cotton Mather, Increase Mather, man solle keine „coy phantasies" in den Text hinein imaginieren, keine wie immer gearteten schamhaften Gedanken. Gott sei stets an Mary Rowlandsons Seite gewesen. Und so als ob die mit biblisch fundierten Belehrungen voll gepackte Einleitung von Increase Mather nicht genügte, wurde Mary Rowlandsons Bericht 1682 in Boston zusammen mit der letzten Predigt ihres 1678 verstorbenen Mannes Joseph Rowlandson gedruckt. Deren Titel lautete: *The Possibility of God's Forsaking a People. That Have Been Visibly Near & Dear to Him.* Joseph Rowlandsons Vermächtnis war eindeutig: Gott könne auch jene verstoßen, denen einstmals seine Gunst gehörte. Unmissverständlich wurde von dem puritanischen Prediger auf diese Weise der Tenor des Berichts seiner Frau verstärkt: Gott ist treu zu jenen, die an ihn glauben und die ihm vertrauen. Wer wollte da noch an der Tugendhaftigkeit von Mary Rowlandson zweifeln?

Querverweise

- Tzvetan Todorov: *Die Eroberung Amerikas* (1982)
- John Ford: *The Searchers* (1956)
- James F. Cooper: *The Last of the Mohicans: A Narrative of 1757* (1826)
- *Civilization Fund Act* (1819)
- John Smith: *Generall Historie of Virginia* (1624)

Literatur

Davis, Margaret H.: Mary Rowlandson's Self-Fashioning as a Puritan Goodwife. In: *Early American Literature* 27,1 (1992), S. 49–60.

Faery, Rebecca Blevins: *Cartographies of Desire: Captivity, Race, and Sex in the Shaping of an American Nation*. Norman: Oklahoma UP 1999.

Lydon, Susan: Absent Patriarchs and an Indian Englishwoman. Gender in The Sovereignty and Goodness of God: Being a Narrative of the Captivity and Restoration of Mrs. Mary Rowlandson. In: *New England Journal of History* 67,1 (2010), S. 80–89.

Namias, June: *White Captives. Gender and Ethnicity on the American Frontier*. Chapel Hill: University of North Carolina Press 1993.

Potter, Tiffany: Writing Indigenous Feminity: Mary Rowlandson's Narrative of Captivity. In: *Eighteenth-Century Studies* 36,2 (2003), S. 153–167.

Rowlandson, Mary: *The Sovereignty and Goodness of God*, hrsg. v. Neil Salisbury. Boston: Bedford-St. Martin's 1997.

Stein, Jordan Alexander: Mary Rowlandson's Hunger and the Historiography of Sexuality. In: *American Literature* 81,3 (2009), S. 469–495.

John Smith: *Generall Historie of Virginia* (1624)

Oder: Pocahontas. Vom zweifachen ‚Werden' einer Frau

Hermann Wellenreuther

Die wenigen Texte zu Pocahontas, Tochter des mächtigen Powhatan, der einer regional durchaus einflussreichen Konföderation von indigenen Stämmen vorstand, sind von unzähligen Historikerinnen und Historikern zergliedert, zerpflückt und beguckt worden. Zahlreiche ihrer Analysen und miesepetrige Betrachtungen verhüllten die Person Pocahontas in einen Nebel von Mythen und Vermutungen, die von neugierigen Leserinnen und Lesern verschlungen wurden und werden. Weshalb also einen weiteren Essay zu Pocahontas? Angesichts der Fülle an Arbeiten über diese Frau aus dem Stamm der Powhatan in Virginia ist die Frage berechtigt. Sieht man sich allerdings diese Schriften an, dann fällt auf, dass die meisten Autorinnen und Autoren sich nicht wirklich für das Schicksal von Pocahontas interessierten, sondern eher für Spielfelder, auf denen sie ihre Theorien zur Überlegenheit Europas oder zumindest der europäischen Zivilisation oder zur Unterdrückung von Frauen und Männern ausbreiten konnten. Für solche Zwecke war die präzise Textanalyse eher hinderlich. Genau dies, die genaue Textanalyse, ist Absicht dieses Beitrages. Ausgangspunkt dafür ist folgende These der *Queer Theory*: „Die Queer-Theorie geht davon aus, daß geschlechtliche und sexuelle Identitäten nicht naturgegeben oder essenziell sind, sondern erst in sozialen und kulturellen Prozessen konstruiert werden" (Finzsch, S. 105).

Es geht im Folgenden um die Genese von Identitäten, genauer: um das ‚Frauwerden' von Pocahontas. Wir sind dabei auf Texte angewiesen, die alle von Männern verfasst wurden und zwar nicht von solchen der Kultur von Pocahontas, sondern von Männern einer anderen, der englischen Kultur – und für diese wurden sie auch verfasst. Unser wichtigster Autor ist John Smith (1580–1631), ein englischer Abenteurer, Soldat und Siedler.

In seinem ersten Bericht über die Jamestown-Expedition, der 1608 in London gedruckt wurde, finden sich gegen Ende folgende Passagen:

> Powhatan, understanding we detained certaine Salvages, sent his Daughter, a child of tenne years old, which not only for feature, countenance, and proportion, much exceedeth any of the rest of his people, but for wit and spirit, the only Nonpariel of his Country: this hee sent by his most trustie messenger, called Rawhunt, as much exceeding in deformitie of person, but of a subtill wit and crafty understanding. He with a long circumstance told mee how well Powhatan loved and respected mee, and in that I should not doubt any way of his kindnesse, he had sent his child, which he most esteemed, to see me, a Deere and bread besides for a present: desiring me that the Boy might come againe, which he loved exceedingly, his litle Daughter he had taught this lessen also… In the afternoone, they being gone, we guarded them as before to the Church, and after prayer gave them to Pocahuntas, the Kings Daughter, in regard of her father's kindnesse in sending her… Pocahontas also we requited, with such trifles as contended her, to tel that we had used the Paspaheyans very kindly in so releasing them. (Smith 1608, S. 93, 95)[1]

Der Text beschreibt die indigene gesellschaftliche Wirklichkeit in geschlechtsspezifischen Gegensatzpaaren: Powhatan, der Häuptling der Powhatan, sendet seine Tochter, womit das Verhältnis zwischen beiden bezeichnet ist. Diese wird dann näher beschrieben: Sie ist ein „Kind" (child) von zehn Jahren, wobei der Begriff „Kind" der Geschlechterdifferenz „männlich" – „weiblich" vorgestellt ist; „Kind" ist geschlechtslos. Dieses Kind hebe, so Smith, sich nach „feature, countenance, and proportion" von allen seinen Stammesmitgliedern ab. Es sei unvergleichlich („nonpareil"). Im Unterschied zu den Beschreibungen „child" und der Jahresangabe „tenn years", gehören die beschreibenden Begriffe in den Bereich

1 In freier Übersetzung: „Powhatan erfuhr, dass wir einige Wilde gefangen hielten. Er schickte seine Tochter, ein Kind von zehn Jahren, die nach Aussehen, Figur und Proportionen ebenso wie durch Witz und Geist alle andere ihres Volkes übertraf. Diese sandte er zusammen mit seinem Botschafter, dem er am meisten vertraute, genannt Rawhunt, der sehr verkrüppelt war, aber einen subtilen und schlauen Verstand besaß. Dieser erzählte mir sehr umständlich, wie sehr Powhatan mich liebte und respektierte und damit ich nie seine freundliche Gesinnung mir gegenüber in Zweifel ziehen sollte, habe er mir das seiner Kinder geschickt, welches er am meisten schätzte, ebenso wie einen Hirsch und Brot als Geschenke. Er wünsche, dass der Junge zurückkehren möge, den er außerordentlich liebe; auch seiner kleinen Tochter habe er diese Botschaft gelehrt… Am Nachmittag brachten wir sie wie früher zur Kirche und nach einem Gebet gaben wir sie Pocahuntas, des Königs Tochter, als Antwort auf ihres Vaters Freundlichkeit, sie zu senden. Pocahontas belohnten wir auch mit solchen Kleinigkeiten, die sie zufrieden stellten, damit sie sage, dass wir die Paspaheyans, die wir nun wieder frei ließen, freundlich behandelt hätten."

der Wahrnehmung. Sie sagen nichts über das tatsächliche Aussehen von Pocahontas aus, sondern nur, was Smith wahrnahm. In seiner Wahrnehmung heben Pocahontas Gestalt und Proportionen ebenso wie ihre („Körper"?-)Haltung diese von allen anderen indigenen Kindern ab. Sie ist ein Kind von unvergleichlich wohlproportionierten Formen. Mehr als dies: „wit and spirit" – vielleicht „Verstand und Esprit" – gehören zu ihren Eigenschaften. Smith war offensichtlich „bezaubert"; für Tobias Döring ist Smiths Beschreibung von Pocahontas als „Nonpareil im Rückgriff auf einen Unsagbarkeitstopos benannt, der das Unvergleichliche ihres Körpers („feature countenace, and proportion") so prägnant bezeichnet, daß er schon bald durch andere Texte zirkuliert" (Döring, S. 184).

1612 beschrieb William Strachey in *The Historie of Travaile into Virginia Britannia* Pocahontas schon als „younge", die nun verheiratet sei, „to a private captaine called Kocoum, some two yeares since." (*Strachey*, S. 54). Danach hätte Pocahontas 1610 im Alter von ca. zwölf Jahren geheiratet, wenn man Smiths Altersangabe von 1608 glaubt. Strachey benennt hier den Prozess des ‚Frauwerdens' in der indigenen Gesellschaft – in seiner Wahrnehmung war binnen zweier Jahre aus dem „child" eine junge, heiratsfähige Frau geworden.

Pocahontas war in der Gesellschaft der Powhatan, einem indianischen Stamm, der in der Stammesgemeinschaft der Chesapeake Bay eine beherrschende Stellung einnahm, aufgewachsen. Ihre Stammesnamen waren Amonute (Bedeutung unbekannt); Matoaka („Bright Stream Between the Hills"); Pocahontas („Little Playful One"). Innerhalb der Powhatan gehörte sie der Häuptlingsfamilie an, die in der örtlichen Gesellschaft den höchsten sozialen Rang einnahm. Priester und verdiente Krieger bildeten unter der Häuptlingsfamilie die herrschenden gesellschaftlichen Gruppen. Die Häuptlingsfamilie war besonders wohlhabend; ihr Landbesitz wurde von den anderen Dorfbewohnern mitbewirtschaftet. Diese und die anderen Dörfer hatten der Häuptlingsfamilie zusätzlich von ihren Ernten einen Anteil als Tribut zu zahlen, von dem der Häuptling seine Auslagen für Botschafter, Versammlungen und andere Pflichten beglich. Die Erbfolge war matrilinear: Sie und der Status als Lieblingstochter des Häuptlings sicherten Pocahontas in der indianischen Gesellschaft besondere Stellung, Einfluss, Wohlstand und angenehmes Leben.

Zwischen 1608 und 1617 erlitten die indianischen Gesellschaften in ihren Dörfern in der Chesapeake eine tiefe, ihre Existenz bedrohende Krise. Der stete Zuzug von Europäern, deren immer größerer Landbedarf, die durch europäische

Keime ausgelösten Krankheiten und Seuchen gepaart mit den Folgen einer langen Dürreperiode und europäischer Skrupellosigkeit – Erpressung etwa der Powhatan durch die Entführung von Pocahontas – zerstörten die Grundlagen indianischer Kultur und ihres Lebens.

John Smith, aus dessen Schriften wir neben den zahlreichen Erkenntnissen aus Ausgrabungen die meisten Informationen besitzen, war sich der besonderen Stellung von Pocahontas bewusst: In seinen Texten wurde Pocahontas wie auch die indianische Gesellschaft europäisiert: In dieser „anderen" Gesellschaft war der Häuptling „König" und seine Tochter „Prinzessin". Andere wie der *Gentleman of Elvas* hatten dies vor ihm, in diesem Falle 1609, auch schon getan, Ben Jonson griff dies in *The Staple of News* 1625 auf und Stephen Greenblatt bastelte aus diesen Knochen eine schöne Theorie. In dieser Sichtweise waren die Indianer ‚salvages' im Sinne der Antike, also ‚Barbaren', die außerhalb der christlichen Wertordnung standen, aber, wie Smith immer wieder betont, durchaus witzig, klug und intelligent, aber auch verschlagen waren.

1612 und 1613 markieren Schlüsseljahre für Pocahontas: Dank der Heirat mit Kocoum um 1610, einem lokalen Häuptling, war sie in die indianische Welt der Erwachsenen aufgenommen worden. Was für die Powhatan ‚Heirat' bedeutete, ist unklar. Ihr Vater Powhatan hielt sie jedoch für so tüchtig, dass er ihr wichtige Aufgaben übertrug. So wird 1612 in der kompilatorischen Veröffentlichung *The Proceedings of the English Colonie in Virginia* erwähnt, dass zwischen dem 20. April und dem 2. Juni 1608 Powhatan seine „dearest Daughter Pocahuntas" gemeinsam mit Botschaftern nach Jamestown geschickt habe, die die Untaten seiner Krieger entschuldigen sollten mit der Bitte, diese wieder frei zu lassen. Darauf habe Smith diese Krieger Pocahontas übergeben „for whose sake only he fained to save their lives and graunt them liberty" (Smith 1612, S. 220–221).

Die zeitnahe Darstellung der Ereignisse im Jahr 1613 stammt von dem Sekretär der Kolonie, Ralph Hamor, aus dessen *True Discourse* von 1614 John Smith 1624 für seine *Generall Historie of Virginia, New-England, and the Summer Isles* ganze Passagen kopierte:

> It chaunced Powhatans delight and darling, his daughter Pocahontas, [...] in her princely progresse, [...] to be among her friends at Pataomecke [...] where [...] it fortuned upon occasion [...] Captaine Argall to arrive there, whom Pocahantas, desirous to renue his familiaritie with the English, and delighting to see them,...would gladly visit, as she did, of whom no sooner had Captaine Argall intelligence, but he delt with an old friend, and adopted brother of his Iapazeus, how and by what meanes he might procure hir captive, assuring him, [...] that in ransome of hir he might redeeme some of our English men and armes, now in the possession of her Father, promising to use her withall faire, and

> gentle entreaty: Iapazeus… to effect his plot […] he agreed that himselfe, his wife, and Pocahuntas, would accompanie his brother to the water side, whether come, his wife should faine a great and longing desire to goe aboorde, […] whereupon her husband seeming to pitty those counterfeit teares, gave her leave to goe aboord, so that it would please Pochahuntas to accompany her; now was the greatest labour to win her, […] by her earnest perswasions, she assented: so forth with aboord they went, […] Pochahuntas was lodged in the Gunners roome, […], Pocahuntas nothing mistrusting this policy, who nevertheless being most possessed with feare, and desire of returne, was first up, and hastened Iapazeus to be gon. Capt. Argall […] told him, […], he would reserve Pocahuntas, whereat she began to be exceeding pensive, and discontented, yet ignorant of the dealing of Iapazeus, […] and so to James towne she was brought, a messenger to her father forthwith dispached to advertise him, that his only daughter was in the hands & possession of the English: ther to be kept til such times as he would ransom her with our men, swords, peeces, & other tools treacherously taken from us: the news was unwelcome […]. (Hamor: True Discourse, S. 5–6)[2]

Aus der Darstellung lässt sich folgender Hergang rekonstruieren: Anfang April 1613 kam Kapitän Samuel Argall in Pataomeke an; der lokale Häuptling dieser Siedlung, den zu einem früheren Zeitpunkt Argall offensichtlich adoptiert hatte, war Iapazeus. Dieser versprach, Argall bei der Entführung Pocahontas zu helfen. Dafür sollte er Kupferkessel erhalten.

2 In freier Übersetzung: „Es geschah, dass Powhatans Augapfel und Liebling, seine Tochter Pocahontas, in ihrem fürstlichen Aufzug zu ihren Freunden in Patoamecke zog, wo es sich ergab, dass Kapitän Argall dort eintraf, den Pocahantas, die ihre Freundschaft mit den Engländern erneuern wollte, sich freute sie zu besuchen. Als Kapitän Argall davon erfuhr, überlegte er mit seinem adoptierten Bruder Iapazeus, wie und auf welche Weise er sie gefangen nehmen könne, wobei er versprach, sie freundlich zu behandeln. Als Lösegeld für sie wollte er von ihrem Vater, dass dieser einige bewaffnete Engländer freilasse. Iapazeus erklärte sich einverstanden, mit seinem Bruder und seiner Frau und mit Pocahontas zum Fluss zu kommen. Dort sollte seine Frau großes Verlangen bezeugen auf das Schiff zu gehen. Als nun ihr Ehemann, durch ihre falschen Tränen gerührt, ihr den Wunsch erfüllte, sollte auch Pocahontas bewogen werden, sie zu begleiten. Mit vieler Mühe konnten sie Pocahontas dazu bewegen, auch an Bord zu gehen. Dort angekommen, wurde Pocahontas für die Nacht die Kabine des Kannoniers zugewiesen. Pocahontas, immer noch ohne Misstrauen, stand am Morgen früh auf und drängte Iapazeus zur Rückkehr. Kapitän Argall sagte ihm jedoch, dass er Pocahontas zurückhalten werde, worauf diese sehr nachdenklich und wütend wurde. Von dem Abkommen mit Iapazeus wusste sie jedoch nichts. […] Sie wurde nach Jamestown gebracht und ein Bote zu ihrem Vater Powhatan geschickt mit der Nachricht, dass seine einzige Tochter im Besitz der Engländer sei. Diese würden sie so lange festhalten, bis der sie mit der Freilassung unserer Leute und der Rückgabe von deren Schwertern, Waffen und anderen Dingen, die er heimtückisch an sich gebracht habe, freikaufen werde. Diese Nachricht war wenig willkommen."

Die Entführung geschah um den 13. April 1613. Wenige Tage später übergab Argall in Jamestown die entführte junge Frau dem Gouverneur der kleinen englischen Siedlung, Sir Thomas Gates, in der Erwartung, dass dieser Pocahontas gegen englische Gefangene und Waffen eintausche.

Nach Gates' Rückkehr nach England wurde sie an seinen Nachfolger Sir Thomas Dale weitergereicht. In dieser Zeit wurde sie als Einleitung der *rite de passage* zum zweiten Frauwerden von den beiden anglikanischen Pfarrern der Siedlung und von einem jungen Siedler namens John Rolfe in christlichen Lehren unterwiesen.

Lässt sich die Heirat Pocahontas mit einem Häuptling als Aufnahme der jungen Frau in die Welt der erwachsenen Powhatan auffassen, dann wird man die Gefangennahme Pocahontas durch Argall als zeitweilige gewaltsame Vereinnahmung Pocahontas durch die englische Gesellschaft begreifen können, und zwar nicht als verheiratete Frau, sondern als Tochter Powhatans und als Objekt zur Erpressung der Powhatan. Nicht die Tatsache, dass sie Powhatans Tochter war, war wichtig, sondern die *Wertschätzung* Powhatans machte Pocahontas zum idealen Erpressungsmittel. Dies sollte nicht aufgehen. Bei zwei Gelegenheiten lehnte Powhatan den Austausch der englischen Soldaten mit ihren Waffen gegen die Rückkehr von Pocahontas ab.

Lange vor dem zweiten Besuch von Gouverneur Dale war ein englischer Siedler namens John Rolfe „in love with *Pocahuntas* and she with him", wie Hamor berichtet. Im April 1614 schrieb Rolfe einen Brief an den Gouverneur, bestritt heftig niedere und fleischliche („carnal") Motive für seine Liebe und bat um Erlaubnis, Pocahontas heiraten zu dürfen. Seinen Gemütszustand beschrieb er in dem Brief so:

> [M]y hartie and best thoughts are, and have a long time bin so intagled, and inthralled in so intricate a laborinth, that I was even awearied to unwinde my selfe thereout. But almighty God, who never faileth his, that truly invocate his holy name hath opened the gate, and led me by the hand that I might plainely see and discerne the safe paths wherein to treade. ([Rolfe], S. 240–241)

Dies war eine durchaus lebhafte und im zeitgenössischen Kontext glaubwürdige Zustandsbeschreibung des jungen Brautwerbers. Dale verschloss sich nicht dem Begehren, Powhatan willigte gleichfalls ein und der Bund fürs Leben wurde nach der Taufe von Pocahontas am 5. April 1614 vollzogen. Ein Jahr später wurde am 30. Januar 1615 dem Paar ein Sohn geboren; sie reisten nach England, Pocahontas und ihr Gatte wurden von Königin Anna empfangen und von der englischen High Society gehätschelt; auf der Rückreise nach Virginia erkrankte Pocahontas in Gravesend und verschied am 21. März 1617.

Wie lassen sich diese Vorgänge und Ereignisse deuten? Ausgangspunkt war die ‚zeitweilige gewaltsame Vereinnahmung Pocahontas' durch Argall als ‚geschlechtsneutrales Objekt zur Erpressung der Powhatan'. Zwei Ereignisse trugen dazu bei, dass sich dies änderte: Die Entdeckung Pocahontas als liebenswertes Objekt – andere würden sagen als Lustobjekt, wiewohl Rolfe dies energisch bestritt. Nach Hamor war dies keine einseitige, unerwiderte Zuneigung, sondern Pocahontas entdeckte auch ihre Gefühle für den feschen englischen Beau. Damit war Pocahontas aus der Sicht der englischen Siedler mit dem Segen des Gouverneurs als Frau erkannt, definiert und in die englische Gesellschaft aufgenommen. Was ursprünglich ‚geschlechtsneutrales Objekt' gewesen war, war nun eine begehrte Frau, die durch Taufe und Heirat in den Kreis der englischen Gesellschaft aufgenommen worden war. Der Prozess des ‚Frauwerdens' war zum zweiten Mal beendet, nun aber im korrekten zivilisatorischen und christlichen Kontext. Mit der Heirat hatte Pocahontas ihren Status als indigene Frau verloren und war zur Christin und Engländerin mutiert.

Wir haben die Wegscheide erreicht: An den Motiven von John Rolfe für die Heirat mit Pocahontas ebenso wie an den Motiven und Beweggründen der englischen Siedler scheiden sich die Interpretationen der Historiker. In der romantischen Perspektive des 19. Jahrhunderts bis hin zum zweiteiligen Walt-Disney-Film *Pocahontas* I und II (1995, 1999) war Liebe ein Hauptmotiv für die erste spektakuläre Verbindung zwischen Amerika und Europa. In der postkolonialen Sichtweise waren die Entführung Pocahontas und die Erpressung Powhatans typische Verhaltensweisen von Kolonialmächten; aus feministischer Sicht war die Entführung Pocahontas Ausdruck männlichen Überlegenheitswahns, der allerdings im 18. und 19. Jahrhundert verschwiegen wurde. Aus der Perspektive der heutigen Literaturwissenschaft veränderten sich nach Leslie A. Fiedler in der Geschichte von Pocahontas in den Jahrhunderten danach die Wahrheiten. Was zuerst Realität war, wurde im 20. Jahrhundert die Wahrheit von Träumen und Legenden (Fiedler, S. 573). Bei all diesen Deutungen spielte offensichtlich keine Rolle, dass mit der Taufe und mit der Heirat nach christlichem Ritus auch aus der europäischen Sicht alle normalen Regeln gesitteten Umgangs eingehalten und Pocahontas in die europäisch-christliche und zivilisierte Gesellschaft aufgenommen worden war.

Mit ihrer Taufe auf den Namen Rebecca wenige Wochen vor ihrer Heirat am 5. April 1614, der Geburt eines Sohnes, der Thomas getauft wurde, am 30. Januar 1615 und der Reise der kleinen Familie nach England im folgenden Jahr verband sich das Problem ‚Pocahontas' mit der Einführung von Tabak als wichtigster Nutzpflanze Virginias durch John Rolfe zum imperialen und atlantischen Problem – und blieb dies über den Tod von Pocahontas in Gravesend am 21. März 1617 hinaus bis heute. Zugleich wurde sie im Kontext englischer sozialer und kultureller Prozesse zum Symbol für das zweifache Werden einer indigenen Person. Die Annahme der *Queer Theory*, die eingangs zitiert wurde, wird durch die Textanalyse bestätigt.

Querverweise

- Tzvetan Todorov: *Die Eroberung Amerikas* (1982)
- Duke Redbird: *We Are Metis* (1980)
- John Ford: *The Searchers* (1956)
- *Civilization Fund Act* (1819)
- Mary Rowlandson: *The Sovereignty and Goodness of God* (1682)

Literatur

Döring, Tobias: Pocahontas/Rebecca. In: Ders. / Claudia Breger (Hrsg.): *Figuren der/des Dritten: Erkundungen kultureller Zwischenräume.* Amsterdam: Rodopi 1998, S. 179–207.

Fiedler, Leslie A.: The Indian in Literature in English. In: *Handbook of North American Indians*, Bd. 4. Washington, DC: Smithsonian Institution 1988, S. 573–581.

Finzsch, Norbert: Becoming Gay. Deleuze, Feminism and Queer Theory. In: *Invertito. Jahrbuch für die Geschichte der Homosexualitäten* 12 (2010), S. 104–124.

Gentleman of Elvas: *Virginia Richly Valued by the Description of the Maine land of Florida, Her Next Neighbour: ... Written by a Portugall Gentleman of Eluas, Emploied in all the Action ; and Translated out of Portuguese by Richard Hakluyt.* London: Printed by Felix Kyngston for Matthew Lownes 1609.

Greenblatt, Stephen: *Marvellous Possessions. The Wonder of the New World.* Chicago, IL: University of Chicago Press 1991.

Hamor, Ralph: *A True Discourse of the Present State of Virginia, and the Successe of the Affaires there till the 18 of June, 1614.* http://etext.lib.virginia.edu/etcbin/jamestown-browse?id=J1004 (Zugriff am 07.05.2014).

Jonson, Ben: *The Staple of News* [1625]. Manchester: Manchester UP 1988.

[Rolfe, John]: The Coppie of the Gentlemans Letters to Sir Thomas Dale, that after Married Powhatans Daughter, Containing the Reasons Moving Him thereunto. In: *Narratives of Early Virginia, 1606–1625*, hrsg. v. Lyon Gardiner Tyler. New York: Charles Scribner's Sons 1907, S. 239–244.

Smith, John: A True Relation of Such Occurrences and Accidents of Note as Hath Hapned in Virginia Since the First Planting of that Colony, Which is now Resident in the South Part thereof, till the last Returne from thence. Written by Captaine Smith one of the Said Collony, to a Worshipfull Friend of his in England. London: Printed for John Tappe 1608. In: Ders.: *The Complete Works of Captain John Smith (1580–1631) in Three Volumes*, hrsg. v. Philip L. Barbour. Chapel Hill: University of North Carolina Press 1986, Bd. 1, S. 23–97.

—: The Proceedings of the English Colonie in Virginia (1612). In: Ebd., S. 199–279.

Stratchey, William: *The Historie of Travell into Virginia Britannia (1612)*, hrsg. v. Louis B. Wright / Virginia Freund. London: The Hakluyt Society 1953.

Filme

Pocahontas (USA 1995, R: Mike Gabriel / Eric Goldberg).

Pocahontas II: Journey to a New World (*Pocahontas 2: Die Reise in eine neue Welt*, USA 1998, R: Tom Ellery / Bradley Raymond).

Verzeichnis der Autorinnen und Autoren

Felix Axster ist Historiker an der TU Berlin.

Hanjo Berressem ist Amerikanist an der Universität zu Köln.

Eva Bischoff ist Historikerin an der Universität Trier.

Claudia Bruns ist Historikerin und Kulturwissenschaftlerin an der HU Berlin.

Pablo Dominguez Andersen ist Historiker in Berlin.

Andreas Eckert ist Historiker an der HU Berlin.

Elisabeth Engel ist Historikerin am Deutschen Historischen Institut in Washington, DC.

Uta Fenske ist Historikerin an der Universität Siegen.

Robert Fischer ist Historiker an der Universität Erfurt.

Johnny Golding ist Philosophin an der Birmingham City University.

Bernd Greiner ist Historiker am Hamburger Institut für Sozialforschung.

Silke Hackenesch ist Historikerin an der Universität Kassel.

M. Michaela Hampf ist Historikerin an der FU Berlin.

Lois E. Horton ist Soziologin an der George Mason University.

Karin Hostettler ist Geschlechterforscherin und Philosophin an den Universitäten Basel und St. Gallen.

Jens Jäger ist Historiker an der Universität zu Köln.

Sebastian Jobs ist Historiker an der FU Berlin.

Frank Kelleter ist Amerikanist an der FU Berlin.

Kristoff Kerl ist Historiker an der Universität zu Köln.

Christiane König ist Literatur- und Filmwissenschaftlerin an der Universität zu Köln.

Nora Kreuzenbeck ist Historikerin in Berlin.

Astrid Kusser ist Historikerin in Sao Paulo.

Hartmut Lehmann ist Historiker in Kiel.

Ursula Lehmkuhl ist Historikerin an der Universität Trier.

Gudrun Löhrer ist Historikerin in Düsseldorf.

Barbara Lüthi ist Historikerin an der Universität zu Köln.

Nina Mackert ist Historikerin an der Universität Erfurt.

Inge Marszolek ist Historikerin in Bremen.

Jürgen Martschukat ist Historiker an der Universität Erfurt.

Stefan Micheler ist Historiker in Hamburg.

Maren Möhring ist Historikerin und Kulturwissenschaftlerin an der Universität Leipzig.

Silvan Niedermeier ist Historiker an der Universität Erfurt.

Ansgar Nünning ist Anglist und Kulturwissenschaftler an der Justus-Liebig-Universität Gießen.

Vera Nünning ist Anglistin an der Ruprecht-Karls-Universität Heidelberg.

Dominik Ohrem ist Historiker an der Universität zu Köln.

Anke Ortlepp ist Historikerin und Amerikanistin an der Universität Kassel.

Massimo Perinelli ist Historiker an der Universität zu Köln.

Barbara Potthast ist Historikerin an der Universität zu Köln.

Kay Schaffer ist Kulturwissenschaftlerin in Adelaide.

Hanno Scheerer ist Historiker und Amerikanist an der Universität Mainz.

Axel Schildt ist Historiker an der Forschungsstelle für Zeitgeschichte in Hamburg.

Björn A. Schmidt ist Historiker an der Universität zu Köln.

Sabine Sielke ist Amerikanistin an der Rheinischen Friedrich-Wilhelms-Universität Bonn.

Olaf Stieglitz ist Historiker an der Universität zu Köln.

Heiko Stoff ist Historiker an der Medizinischen Hochschule Hannover.

Susan Strasser ist Historikerin in Washington, DC.

Hermann Wellenreuther ist Historiker in Göttingen.

Simon Wendt ist Historiker und Amerikanist an der Goethe-Universität Frankfurt am Main.

Doro Wiese ist Literaturwissenschaftlerin an der Universität Utrecht.

Michael Zeuske ist Historiker an der Universität zu Köln.

Abbildungsverzeichnis

Barbara Lüthi: Gloria Anzaldúa: *Borderlands / La Frontera: The New Mestiza* (1987).

Abb. 1: Laura Aguilar: *Three Eagles Flying*, 1990. Silbergelatineabzug; Triptychon, 24" x 60" (60,96 cm x 152,4 cm); courtesy of the artist and Susanne Vielmetter Los Angeles Projects; © Laura Aguilar.

Silvan Niedermeier: Harry W. Harnish / Josephine P. Barnes: *Mixed Family – Mr. Bennet (American) and Filipino Wife* (1902).

Abb. 1: *Mixed Family – Mr. Bennet (American) and Filipino Wife* (1902), Harry Whitfield Harnish Collection, University Library, University of the Philippines.

Robert Fischer: *Pinturas de Castas* (18. Jahrhundert).

Abb. 1: Unbekannter Künstler, 18. Jh., Museo Nacional del Virreinato, Tepotzotlán, Mexico. http://es.wikipedia.org/wiki/Pintura_de_castas#/media/File:Casta_painting_all.jpg (Zugriff am 16.09.2015).

Abb. 2: Unbekannter Künstler, ca. 1780, private Sammlung, Palma de Mallorca, Spanien. http://colonialart.org/essays/the-print-in-the-painting-1/the-print-in-the-painting (Zugriff am 16.09.2015).

Abb. 3: Unbekannter Künstler, ca. 1780, Sammlung von Malú und Alejandra Escandón, Mexiko-Stadt, Mexiko. http://www.lasalle.edu/~mcinneshin/356/wk08/casta.htm (Zugriff am 16.09.2015).

Register